리볼트

리볼트

세계화에 저항하는 세력들

나다브 이얄

최이현 옮김

까치

REVOLT : The Worldwide Uprising Against Globalization
by Nadav Eyal

Copyright © 2018 Nadav Eyal
Korean-language edition copyright © 2021 by Kachi Publishing Co., Ltd.
All rights reserved.
Korean translation rights arranged with The Deborah Harris Agency, Jerusalem through Danny Hong Agency, Seoul.

역자 최이현(崔肄泫)
연세대학교에서 행정학을 공부했다. 독서와 글쓰기에 마음을 뺏겨 10년 가까이 다니던 안정된 직장을 그만두고 전문 번역가의 길로 들어섰다. 글밥아카데미를 수료하고 바른번역 소속 번역가로 활동 중이다. 옮긴 책으로『쿠데타, 대재앙, 정보권력』,『정치는 어떻게 시간을 통제하는가?』,『자본주의가 대체 뭔가요?』,『침묵하지 않는 사람들』,『여자들에게, 문제는 돈이다』등이 있으며, 계간지「뉴필로소퍼」와 격월지「하버드 비즈니스 리뷰」한국어판 번역에 참여하고 있다.

편집, 교정_이예은(李叡銀)

리볼트 :
세계화에 저항하는 세력들

저자 / 나다브 이얄
역자 / 최이현
발행처 / 까치글방
발행인 / 박후영
주소 / 서울시 용산구 서빙고로 67, 파크타워 103동 1003호
전화 / 02 · 735 · 8998, 736 · 7768
팩시밀리 / 02 · 723 · 4591
홈페이지 / www.kachibooks.co.kr
전자우편 / kachibooks@gmail.com
등록번호 / 1-528
등록일 / 1977. 8. 5
초판 1쇄 발행일 / 2021. 2. 22

값 / 뒤표지에 쓰여 있음

ISBN 978-89-7291-732-8   03300

타마르에게
"칠 년을 며칠같이 여겼더라."

"투쟁이 없으면 진보도 없습니다."

_ 프레더릭 더글러스, 서인도제도 노예해방 연설(1857)

차례

한국어판 서문

2020년에 전 세계는 어렵고 힘든 시간을 보냈다. 이 상황은 2021년 초에도 지속될 것이고, 그 여파는 아마도 향후 수십 년간 이어지리라고 본다. 국제 협력과 세계화는 코로나-19(COVID-19)로 한계를 드러냈지만, 그와 동시에 커다란 가능성을 인류에게 증명했다. 그 어느 때보다 서로 긴밀하게 연결된 세상에서 사람과 물건, 자본과 사상 등이 활발하게 이동하는 지금, 인류는 공동의 숙적을 맞닥뜨렸다. 그것은 바로 신종 질병, 즉 새로운 바이러스의 출현이다. 최근 몇십 년간 발생했던 다른 전염병과 달리, 코로나 바이러스는 독특한 생물학적 특성을 가지고 있어 위협적이다. 코로나 바이러스는 치사율이 높다기보다(사스나 메르스보다 낮다) 전염성이 몹시 강하다. 세계화된 세계는 **확산성(virality)**이라는 비유를 즐겨 사용한다. 그런데 지금, 세계는 처음으로 그 말의 어원인 바이러스의 위협을 받고 있다. 위기가 닥치면 상황의 실체가 드러나기도 한다. 코로나-19는 현 사회구조와 관련된 중요한 진실 하나를 드러냈다. 전 세계 과학자들이 한데 힘을 모아서 치료제와 백신을 개발하고 있는 동안 정치권, 주로 서양의 정치인들은 위기를 타개하는 일에 무능하고 부적합하다는 사실을 보여준 것이다.

그러나 예외도 있다. 한국은 신속하고 적극적인 진단과 추적을 통해서 다른 여러 나라에 모범을 보였다. 동아시아 국가들은 저마다 다른 방식으로 코로나-19에 대처하고 있지만, 중요한 특징 한 가지는 공유한다. 현실을 부정하거나 포퓰리즘에 기대지 않고, 전염병 문제를 진지하게 다룬 것이다. 한국, 타이완, 중국 등은 전문 관료의 힘을 보여주었을 뿐만 아니라 구태의연하고 분열된 서양과 달리 동양 특유의 강력한 통제의 효과를 증명했다. 반면에 서양의 지도층은 극적인 상황을 연출하고 슬로건을 내걸며 대중에 호소하는 일에 푹 빠져 있었다. 코로나-19라는 폭풍이 닥쳤을 때, 다른 나라들보다 더 잘 대처한 정부는 독일과 한국이었다.

그렇다면 극적인 상황은 줄이고 약속은 크게 하되, 통치는 강력하고 신중하게 하는 것이 지속 가능한 21세기를 만드는 방법일까? 도널드 트럼프가 낙선하고 노련한 전문가가 당선된 미국의 대선 결과가 그 가능성을 암시한다. 코로나-19가 미국을 강타하지 않았다면 아마 조 바이든이 낙선했을 것이다. 시절이 어려울 때일수록 사람들은 극단주의에 기대기 마련이다. 이때 극단주의자가 권력을 쥐고 있다면 사람들은 대세에 따른다. 트럼프의 고립주의와 비논리적인 화법은 시대착오적이지만, 그럼에도 불구하고 그는 이번 대선에서 2016년 선거에서보다 더 많은 표를 얻었다. 그러니 아직은 민족주의적 포퓰리즘을 잊지 말아야 한다.

분명한 사실은 세계화된 세계에서 한 지역의 위기는 처음에는 그 지역에만 머물지만, 곧 전국으로 퍼지고 그다음에는 이웃 나라로 흘러가서 결국에는 전 세계로 확산된다는 점이다. 그 예로는 2008년에 미국 서브 프라임 모기지 사태로 시작된 세계 금융 위기와 같은 경제적 위기도 있고, 이번 코로나-19처럼 신종 바이러스의 대유행도 있다. 정부 관계자들이 지역적 위기를 다룰 때에 흔히 저지르는 첫 번째 실수는 위기를 억제할 수 있다는 믿음을 가지는 것이다. 그들은 그 위기를 "자신들"의 문제로 생각하기 때문에 그것이 국가와 결국 전 세계에 어떤 의미가 있고 어떤 결과를 낳을지 깨닫지 못한다.

지금 우리는 유례없는 시대에 살고 있다. 국제무역으로 생산과 분배가 좀더 효율적으로 이루어지면서 수십억 명의 인구가 극빈 상태에서 벗어났다. 눈부신 경제 발전을 이룬 한국의 놀라운 이야기는 자유시장의 성공을 증명한다. 또한 한국의 사례는 내가 이 책에서 이름 붙인 "책임의 시대"에 뿌려진 안정이라는 씨앗이 어떻게 평화롭고 풍요로운 세계를 만들었는지도 보여준다. 이는 내가 사는 중동에서부터 한반도에 이르기까지 과거 분쟁 지역이었던 곳에서 모두 사실로 드러났다.

그러나 세계화는 암울한 이면도 존재하는 복잡한 현상이다. 그것은 수많은 사람들을 끔찍한 빈곤에서 신속하게 구해냈지만, 그 과정에서 새로운 착취 고리를 만들어냈다. 하지만 이 책에서 설명했듯이, 다행스럽게도 세계화가 만든 착취 고리는 지속 가능하지 않다. 사상과 지식, 진리가 확산되면 결국 그 고리는 끊어질 것이고 학대받던 사람들은 해방될 것이다. 말하자면 세계화라는 단단한 지면 아래에 있는 깊은 곳에 좋은 바이러스가 들어 있는 셈이다.

빈곤과의 전쟁은 아직 진행 중이다. 만약 민족주의자와 포퓰리스트의 행동과 화법, 코로나 바이러스 등으로 세계화가 억지로 후퇴하게 된다면, 인류 역사상 가장 중요하고 유익하다고 여겨지는 빈곤과의 전쟁에서 얻은 수많은 혜택들마저도 사라지게 될 것이다. 이런 결과는 도덕적으로 정당하지 않을뿐더러 위험한 일이기도 하다. 인간은 기존에 가지고 있던 것을 빼앗기면 좌절한다. 좌절은 분노를 낳고, 분노는 폭력으로 이어진다.

1970년대부터 경제 호황을 누리고 있는 동아시아는 19세기 후반부터 제1차 세계대전이 발발한 1914년까지 지속되었던, 벨 에포크(좋은 시대)의 교훈을 잊지 말아야 한다. 당시 국제기구와 제국주의 동맹국들은 과거의 영광에 사로잡혀 있었다. 그러는 동안 국가 간 갈등과 경제적 불안이 고조되었고, 이런 상황이 쇠락한 구체제와 결합하면서 세계는 끔찍한 전쟁에 휘말렸으며, 결국 분열과 해체의 시대로 진입했다. 제1차 세계대전이 발생하기 이전의 유럽과 오늘날 동아시아의 상황이 유사하다고 보는 사람들이 많다. 이것은 피상적인 비교일지도 모르지만, 그런 경고는 계속 필요하다. 분쟁이 지속되는 가운데 해결되지 못한 문제가 계속 쌓이면 서로 마찰을 일으켜서 순식간에 달아오를 수 있다. 한국은 다른 나라들보다 이 점을 잘 이해하고 있다.

지구촌에서는 진보와 진리 추구를 우선하지 않으면 살아남을 수 없다. 각종 제도에 대한 불신이 바보들의 행진이나 다름없는 반진보 투쟁으로 바뀌고 있다. 이제 우리는 지역의 위기를 감시하고 그것이 확산되지 못하도록 적극적으로 막는, 책임 있고 강력한 국제기구를 만들어야 한다. 세계가 긴밀하게 연결될수록 그런 기구가 절실해진다. 2020년에 인류는 전염병이 대유행하는 세상을 경험했다. 이후에는 지역 분쟁이 눈덩이처럼 커져서 세계대전으로 이어질지도 모르고, 경제적 위기나 궁극의 도전인 기후 위기가 한 번 더 우리를 나락으로 떨어뜨릴지 모른다. 오늘날처럼 각국의 경제가 복잡하게 얽혀 있고 광범위하게 무역 거래가 이루어지며 사람과 물자 등이 활발하게 이동하는 환경에서는 병원균보다 더 빠른 속도로 문제가 증식된다. 만약 이것이 전 세계를 위협하는 문제라면, 그 해법 역시 세계적이어야 한다.

2020년 12월
나다브 이얄

서문 : 시대의 죽음

그날 내가 방문한 고층 건물은 뉴욕의 맨해튼이나 런던, 텔아비브 같은 부유한 도시에서 흔히 볼 수 있는 사무용 건물이었다. VIP 손님은 뒤편 복도를 통과해서 작은 업무용 엘리베이터로 안내받았는데, 이날의 행사와 좀처럼 어울리지 않아 보이는 엘리베이터가 오히려 신비한 분위기를 자아냈다. 엘리베이터를 타고 지하로 내려가자 문이 열리면서 연회장이 나왔다. 연회 주최자가 그곳이 가족의 와인 저장고이자 비밀 장소라고 말해주었다. 한쪽에서는 유명 셰프가 만찬을 준비하고 있었다. 벽면마다 유리로 된 장식장이 세워져 있었는데, 그 안에는 전 세계에서 공수해온 와인들이 진열되어 있었다. 손님들(첨단기술과 관련한 기업의 경영자, 전 총리, 군 고위 간부 출신의 사회적 사업가, 선도 기업의 CEO 등)은 연회장의 멋진 모습에 감탄했는데, 이들은 쉽게 감탄하는 부류가 아니다. 그곳의 모든 사람들이 (아니 전 세계 대부분의 사람들이) 그 관대한 연회 주최자의 이름을 알고 있다. 사람들이 테이블에 둘러앉았고 나는 주위를 둘러보며 부자들의 숫자를 세어보았다. 이곳에 범퍼가 덜렁대는 소형차를 타고 온 손님은 분명 나밖에 없을 것이다.

나는 세계화와 그에 대한 저항, 그리고 국제 정세에 관한 강연을 하기 위해서 그곳에 있었다. 와인 저장고에서 나오는 불빛을 받으며 경청할 준비를 마친 청중에게, 나는 현 세계 질서가 가져다준 번영을 누리지 못한 사람들의 이야기와 거대 기술 기업들이 자신들의 기술로 연결된 세상의 문제점들에 대한 책임을 어떤 식으로 회피하고 있는지를 설명했다. 나는 자유주의의 가치가 부활한 진보의 적들에게 도전받고 있으며, 젊은이들이 민주주의를 위해서 싸우려고 하지 않고 그 대신에 급진적인 해결책을 요구한다고 주장했다. 또한 각종 통계 자료를 보여주며, 오늘날에는 인류의 삶이 전반적으로 나아졌다고도 말했다. 그런데 그때 왜 그렇게 많은 청중이 덫에 걸린 사람처럼 반응했을까?

　나는 그 반응이 어떤 의미인지 알았어야 했다. 대체로 상위 1퍼센트 집단은, 2008년 금융 위기가 지나가는 구름에 불과했고 트럼프의 당선은 역사에서 한 번뿐인 우연으로 발생했으며, 자신들이 생각하는 진보는 결코 멈추지 않는다고 믿는다. 인심 좋은 연회 주최자와 손님 한둘은 이런 분석의 요지를 이해하겠지만 인정하지는 않을 것이다. 몇몇 청중은 멈칫거렸다. "지나친 비관론이네요." 갑자기 누군가가 그렇게 말했다. 다른 사람들은 음절을 하나하나 짚어가며 "비–관–론"이라고 함께 외쳤다. 그리고 재빨리 사회 통념으로 내게 응수했다. 그들은 "포퓰리즘의 물결"이라는 표현을 사용했다. 그러니까 큰 피해 없이 짧게 지나가는 반발 현상이라는 의미였다. 우리의 대화는 1950년대와 1960년대에 태어난 사람들에게 익숙한 주제인 무정부주의로 옮겨갔다. "자신감이 성공을 낳는다", "행운은 용감한 사람 편이다", "젊은이는 철이 들 것이다", "우리는 어둠의 시대로 되돌아갈 수 없다" 등 진부한 표현들이 등장했다. 그들 대부분은 내 이야기에 관심이 없었다. 오히려 내게(그리고 내 세대에게) 그저 긍정적으로 생각하면 모든 것이 잘 될 것이라고 가르치고 싶어했다. 디저트가 나왔고, 우리의 토론은 그 디저트처럼 우아하게 끝이 났다. 안전 자산으로 자녀의 미래가 보장된 사람들은 반박도 그렇게 정중하게 하는 모양이다.

그날 연회에서 나는 2년 전에 취재했던 대단히 극적인 사건 하나를 떠올렸다. 그때처럼 지금 이 연회장 곳곳에서도 불안감이 느껴졌다. 초조한 슈퍼 리치(super-rich)가 낙관주의로 불안감을 감추고 있었다. 이런 상황에서 중산층은 훨씬 더 단순한 전략을 택한다. 바로 분노이다.

2016년 11월 8일, 맨해튼의 저녁 날씨는 상쾌했고 분위기는 흥겨웠다. 유리 천장을 통해서 구름 한 점 없는 맑은 하늘이 보이던 재비츠 센터는 새로운 자유세계 지도자의 탄생을 축하하는 행사를 준비하고 있었다. 센터 밖에서는 행상인들이 열심히 물건을 팔고 있었다. 그들은 슈퍼우먼 복장을 한 힐러리 대통령 티셔츠, 퍼스트허즈번드 빌 클린턴이라고 프린트된 티셔츠, 알록달록한 선거운동 배지, 그밖에 역사적인 날을 기념할 물건들을 팔고 있었다. 현장에는 수백 명의 경찰관과 안전 요원이 배치되었고, 수많은 방송 차량과 각 방송국의 기자들이 장사진을 이루고 있었다. 그곳에서 직선거리로 1킬로미터도 채 되지 않는 트럼프 선거 본부에 있던 언론사보다 그곳에 모여든 언론사가 훨씬 더 많았다.

2008년에 시인 마야 안젤루는 힐러리 클린턴에 대해서 "그녀는 부상할 것이다"라고 썼다. 이것은 지금 힐러리가 녹슨 쇠사슬을 끊고 세상에서 가장 강력한 인물이 되려고 한다는 의미였다.

인종, 출신, 연령 등을 가리지 않고 다양한 미국인이 무대 위에 있었다. 이성애자와 동성애자, 히스패닉과 백인과 흑인, 여성과 아이들이 한데 어우러져 있었다. 이 사람들은 클린턴의 당선으로 시작될 새로운 시대를 상징했다. 이들은 미국의 첫 여성 대통령과 함께 있는 자신의 모습이 텔레비전 화면에 잡히면, 그것을 본 자녀들이 그 순간을 영원히 기억하지 않을까 하는 기대로 그곳에 참을성 있게 오랜 시간 동안 앉아 있었다. 날이 어두워졌지만, 이들은 미동도 하지 않았다.

물론, 클린턴은 그곳에 나타나지 않았다. 그녀는 자신의 당선 축하 행사를 보지 못했다. 밤이 찾아왔고, 모든 것들을 휩쓸어버렸다.

기자의 시선에는 잔인한 구석이 있다. 어떤 장면이 펼쳐질 때에 기자는 멀리서 그 모습을 관망한다. 기자인 나는 그날 클린턴 지지자들이 충격에 빠져 결과를 부인하고 눈물을 흘리던 모습과 그들 사이에 인간의 모든 흔한 감정들, 즉 실망감과 비통함과 절박한 희망이 서서히 퍼지는 모습을 보았다.

선거 결과가 도착했을 때, 클린턴 지지자들은 눈을 스마트폰에 고정한 채 믿을 수 없다고 중얼댔다. 정말 그랬다. 그들은 결과를 믿을 수 없었고, 그것이 도대체 무슨 일인지 이해할 수도 없었다. 많은 사람들이 울었다. 어떤 사람은 내게, 유대인 동성애자로서 자신은 제2의 홀로코스트가 일어날까봐 두렵다고 말했다.

그래서 나는 홀로코스트는 그저 비유적인 말일 뿐이지 않냐고 물었다. "아니에요." 그가 흐느꼈다. "전 정말 두려워요."

그 가을밤, 충격과 공포에 빠진 클린턴 지지자들과, 내가 와인 저장고에서 만난 자신감 넘치던 부자들은 겉보기에는 서로 아무런 연관도 없어 보인다. 부자들은 몹시 낙관적이었으며, 자신들에게 유리한 현 세계의 질서가 모두에게도 얼마나 좋은 체제인지 직접 설명할 생각도 있었다. 클린턴 지지자들은 민주주의가 위험해졌고, 자신들은 미래를 도둑맞았다고 생각했다. 그러나 핵심은, 양쪽 모두 입 밖에 내지는 않았지만 깊은 두려움을 공유하고 있었다는 사실이다. 상위 1퍼센트는 현실을 외면한 채 행복감에 젖어 두려움을 다스렸다. 클린턴 지지자들은 재비츠 센터 바닥을 눈물로 적시며 두려움을 표현했다. 이들이 겁을 먹는 이유는 트럼프, 브렉시트 지지자, 유럽의 민족주의자, 이슬람 근본주의자 등이 세상을 파멸로 몰고 가리라는 예상 때문만은 아니었다. 어쨌든 그런 대재앙이 일어난다면, 그것이 오히려 자유주의나 시장경제가 올바르다는 사실을 증명하기 때문이다. 정작 이들이 두려워한 것은 대재앙이 아니라 그 반대, 즉 트럼프가 성공할지도 모른다는 생각이었다. 그의 성공이란 반자유주의 질서가 유지되고, 국제 협력이 제대로 이루어지지 못하는 세상을 의미한다.

이런 세상은 그동안 우리를 지탱해주던 믿음을 덧없게 만든다. 지금까지 우리는 제2차 세계대전에서 선이 악을 이겼고, 번영의 전제 조건은 자유이며, 편협함을 거부해야 하고, 여성의 자기 신체 결정권을 존중해야 하며, 무엇보다 가장 중요한 진보의 가치를 열심히 믿어야 한다고 생각해왔다. 그러나 그들이 보기에 이제 역사는 멈추고 역행할 것이다. 그 이후 몇 년 동안 벌어진 일들은 이미 그런 변화가 시작되었음을 증명해주었다.

***

나는 미국인도 아니고 유럽인도 아니다. 나는 미국이라는 제국의 보호를 받지만, 미국에서 멀리 떨어진 나라에서 살고 있다. 그 덕분에 나는 다가오는 폭풍을 조금은 무심하게 바라보는 호사를 누릴 수 있다. 2016년 미국 대선이 있기 몇 달 전에, 나는 미국 전역을 돌며 다음과 같은 간단한 질문에 대한 답을 찾아다녔다. 만약 트럼프가 승리한다면 무슨 일이 벌어질까? 여론조사상으로는 그의 승리가 거의 불가능했지만, 나는 그 조사를 믿지 않았다. 비가 내리고 바람이 세차게 불던 어느 날, 나는 산업혁명의 초석이 되었던 펜실베이니아 주의 어느 광산 노동자의 집을 방문했다. 광산 노동자의 가족은 내가 방문한 날의 날씨만큼이나 암울하고 낙담해 있는 상태였으며, 내가 믿어왔던 미국식 낙관주의의 흔적이 그들에게는 전혀 남아 있지 않았다. 필라델피아의 흑인 인권 운동가들은 오바마 대통령이 자신의 무고한 이웃들을 살해한 백인들보다 가면을 하나 더 쓰고 있었을 뿐이라고 말했다.

그들은 "그 힐러리라는 사람"을 뽑지 않겠다고 단언했다. 노스캐롤라이나 주 샬럿에 사는 어린 소녀는, 반 친구에게 엄마가 트랜스젠더라고 말한 다음부터 친구의 생일 파티에 초대받지 못했다며 울었다. 아이의 이야기를 들으면서 새로운 미국에 대한 반감이 차올랐다. 노스캐롤라이나 주에서 내가 참석한 주일 예배를 이끌던 목사는, 에볼라보다 더 나쁜 동성애를 미국이 인정하면 벌을 받게 될 것이라고 주장했다. 나는 그에게 그가 생각하는 미국의 시대는 저물고 있지 않느냐고 물었다. 그는 "이봐요, 아직은 우리를 포기하지 마요!"라고 대답했다.

트럼프가 통치하는 미국에서 일어나는 일들은 평범한 정치적 변화도 아니고, 논리 정연한 새로운 정치사상에 근거한 혁명도 아니다. 또한 브렉시트 결정과 달리, 배경이 되는 일관된 정치사상도 없다. 브라질, 이탈리아, 헝가리 등에서 부상하고 있는 포퓰리즘과 민족주의는 아직 힘이 분산되어 있지만 어쨌든 오늘날 세계화를 공격하고 있으며, 그동안 불평등한 대우를 받아왔던 선진국 중산층 사이에서 점점 지지를 얻고 있다. 미국과 유럽, 아시아와 아프리카에서 벌어지는 사건들에만 집중하면, 우리 시대의 중요한 사회적, 문화적, 정치적 현상을 놓치기 쉽다. 마치 점을 찍어 그린 그림처럼, 작은 점들이 모여서 저항이라는 그림이 완성되었다. 경제적, 문화적, 보편적 가치 체계로서의 세계화를 수많은 사람들이 받아들이지 않고 있다. 반세계화 운동은 일정한 체계를 갖추지 않은 채 세계 곳곳을 이리저리 옮겨 다닌다. 또한 새로운 권력구조의 구체적인 모습을 두고 논쟁하기보다는, 그저 현재의 권력구조를 거부한다.

반세계화 운동은 근본적으로 성격이 상반된 두 집단에서 시작되었다. 하나는 급진적인 무정부주의 집단이고, 다른 하나는 종교적인 근본주의 집단이다. 사회적 불안이 커지면서, 과격한 반동주의가 중산층을 파고들기 시작했다. 중산층의 저항은 부자 및 부가 집중된 사회에 대한 분노, 급진 좌파에 대한 지지뿐만 아니라 브렉시트 결정, 유럽 극우파의 약진, 근본주의의 확대 등의 현상으로도 나타났다. 이런 위기 상황을 정치인들은 필사적으로 이용하려고 한다. 미국 대선이 끝난 후, 트럼프 대통령은 미국과 국제 정치 담론에서 단골 주제가 되었다. 그의 요란한 트위터 활동에 한눈을 팔고 있는 우리는 그가 승리했을 때에 모두가 깨달았던 교훈을 잊어가고 있다. 그것은 트럼프가 어떤 광범위한 현상을 대변하고 있으며, 그 현상은 2016년과 2020년 대선 이전부터 존재했다는 사실이다. 이제 몇 년만 지나면 우리는 다시 해야 할 일을 할 수 있고, 최근 몇십 년을 정치사의 한 장면으로 돌아볼 수 있다. 저항의 시대는 트럼프 한 사람 혹은 그에게 중독된 언론으로만 그 특징을 규정하기에는 너무나 중요한 시대이다.

반세계화 운동은 이질적인 집단들의 연합으로 일어난다. 혹자는 세계화, 세계화와 밀접한 자유주의 가치, 그리고 세계화가 탄생시키고 발전시킨 기술이 사람들의 삶과 공동체, 오랜 신념과 가치관 등에 해를 끼쳤다고 주장한다. 어떤 사람들은 말 그대로 들고 일어나기도 하는데, 세계화가 상위 1퍼센트에게 이익을 가져다주는 동시에 모두에게 번영을 가져다줄 것이라고 약속한 정치인들에 맞서는 것이다. 과거에 그들은 세계화가 세상을 균등하게 만든다고 들었다. 또한 필요한 모든 것이 자신의 앞에, 손닿는 곳에 놓여 있으니 그것을 즉시 가질 수 있다고 들었다. 말할 것도 없이 이것은 헛된 생각에 불과했는데, 그 이유는 세계경제가 불평등 위에 세워졌기 때문이다. 그들은 자녀 세대가 자신들의 문화를 포기하는 모습을 보았고, 좌절감은 감추되 정치적 올바름(political correctness : 인종이나 성별, 종교 등 편견이 섞인 표현을 일체 쓰지 말자는 운동/옮긴이)은 전파하라고 강요받았다. 그러나 이제 그들은 안보와 정체성, 생계가 위협받게 되자 들고 일어났다. 그들이 보기에 테러 공격은 언제든 일어날 수 있고 이민자는 어디든 가고 싶어하며, 고용주는 끊임없이 자신들을 해고할 생각만 한다. 2020년 전 세계를 강타한 코로나-19는 오늘날처럼 밀접하게 연결된 세상에서 퇴보한 20세기 정치방식으로는 신종 바이러스의 확산과 같은 문제를 제대로 해결할 수 없다는 사실을 보여주었다. 정치 체제와 지도자는 기계적으로 허울 좋은 통제방식을 제안하고, 그 방식이 확실하고 안전하다고 주장한다. 역사를 통틀어서 전염병은 그런 환상을 깨뜨렸다. 또한 똑똑하고 유능한 통치자가 누구이고, 위험하고 무능한 통치자가 누구인지 보여주었다. 14세기에 밀라노를 통치했던 루키노 비스콘티는 흑사병이 창궐하자 주민들을 격리하는 조치를 취해서 수많은 생명을 구했다. 국민이 죽어갈 때에도 여름 궁전으로 도피한 통치자들도 있었는데, 이들은 코로나-19가 전 세계를 휩쓸 때에도 골프 여행을 떠났던 트럼프를 연상시킨다. 미국 시인 시어도어 로스케는 "어두울 때, 눈은 보기 시작한다"라고 썼다. 바이러스가 퍼지자 여러 나라에서 저항운동이 확산된 것은 우연이 아니다. 코로나-19가 분열된 세계 질서에 대한 저항을 촉진한 것이다.

이렇게 분출된 불만과 급증한 분노가 세상을 바꾸고 있다. 종종 언론이 묘사하는 모습과 달리, 지금 일어나고 있는 국제무역, 빈부 격차, 보편적 가치에 대한 저항은 충동적인 증오나 무지의 산물이 아니며, 그냥 지나가는 바람도 아니다. 서구 사회의 반이민 정서가 항상 국수주의나 맹목적인 애국주의의 선동에 의해서만 발생하는 것은 아니다. 세계화가 인간의 조건을 개선했지만, 공동체를 약화시키고 생태계를 훼손했으며 반발의 씨앗도 심었다. 책임의 시대(the age of responsibility)가 끝나갈 무렵, 저항이 시작되었다.

***

제2차 세계대전이 끝나고 각국이 사명감을 가지고 신중하게 행동하면서, 세계는 비교적 안정된 시대에 진입했다. 바로 책임의 시대였다. 이 시대는 유권자와 그들이 선출한 대표자들이 섬뜩한 경험을 하고 난 후에 얻은 깊은 깨달음에서 탄생했다. 그들은 불에 타고 폐허가 된 채 충격에 빠진 세계를 보았다. 또한 인종주의자와 국수주의자들이 저지른 끔찍한 만행들, 경기 침체, 무역 전쟁, 극단주의 현상 등도 경험했으나, 그들은 그 모든 것들을 물리 쳤다. 전쟁이 끝나고 잠시나마 인류는 가뭄 끝에 단비를 맞은 듯이 낙관론에 흠뻑 젖었다. 프랭클린 루스벨트 대통령은 전쟁이 끝나기 2년 전인 1943년에 이미 이런 식으로 낙관론을 표현한 바 있다. "20세기 중반에 선의를 가진 사람들이 무지, 편협함, 노예 상태, 전쟁 등을 종식하기 위해 연합해서 싸울 방법을 찾았다는 사실을 미래 세대가 알게 되리라고 확신합니다."[1]

루스벨트가 말한 단순한 목표는 달성되었다. 소련, 미국, 중국, 영국, 프랑스 등이 선의를 가진 사람들의 싸움이 정의로운 전쟁이라는 데에 동의했고, 자신들이 목격한 공포의 심각성을 이해했다. 그러나 공감대가 형성된 범위는 딱 거기까지였다. 루스벨트는 미래 세대를 언급했지만, 당시 사람들은 히로시마와 나가사키에서 일어난 일을 알고 있었으며, 곧이어 1949년에 소련이 행한 첫 번째 핵실험에 겁을 먹었다. 새로운 세계가 탄생했지만, 그 세계는 언제든 멸망할 가능성이 있었다.

흔들리고 있던 세계는, 냉전 시대의 위험한 반목이 제3차 세계대전으로 이어질지도 모른다는 생각에 몹시 두려워했다. 곧이어 극심한 비관론이 낙관론을 압도했다. 제2차 세계대전이 끝난 직후, 미국은 소련이 세계 평화를 실현하는 데에 협력하리라고 생각했지만 그로부터 불과 1년 후에 소련을 믿는 미국인들이 거의 사라졌고, 65퍼센트는 사반세기 내에 제3차 세계대전이 일어날 것이라고 전망했다. 한 조사에 따르면, 당시 미국인 10명 중에서 6명이 더 강한 국제연합(UN) 혹은 심지어 세계 정부를 원했다.[2]

불안과 두려움은 이따금 통치자들에게 특히 도움이 된다. 불안과 두려움의 한 가지 이점은 사람들에게 신중한 태도를 요구할 수 있다는 점이다. 그리고 신중함은 책임을 부른다.

사실 책임의 시대라는 용어는 1947년에 여론조사기관 갤럽의 편집자인 윌리엄 리드게이트의 장황한 분석 보고서에서 처음 사용되었다. "'모스크바에 핵폭탄 몇 개 떨어뜨리자'라는 식의 극단주의는 우리 국민에게 통하지 않는다……하지만 상황을 대단히 암울하게 바라보는 인식 자체는 건강하다는 증거일지도 모른다. 1918년 이후 많은 사람들이 전 세계의 민주주의가 안전하다고 생각했지만, 오늘날의 국가들은 그런 비현실적인 생각 대신 평화를 유지하려면 노력이 필요하다는 사실을 냉정하게 인식하고 있다."[3]

향수는 사람을 기만하기 때문에 위험하다. 각국들은 냉전 시대를 책임의 시대처럼 느끼지 않았다. 서구는 마지못해 개발도상국 식민지를 포기했고, 그 과정에서 종종 폭력 사태가 일어났다. 쿠바 미사일 위기, 동독과 서독의 긴장관계, 한국 전쟁과 베트남 전쟁 등이 세계를 제3차 세계대전 직전까지 몰고 갔다. 두 초강대국은 수많은 대리전쟁을 치렀고, 그 과정에서 핵전쟁을 막는다는 미명하에 이른바 제3세계 사람들이 희생되었다.

그럼에도 불구하고 당시는 여전히 책임의 시대였고, 지금 돌이켜보더라도 그 사실을 아는 것은 의미가 있다. 지금은 무엇이 선인지를 구별하기가 어렵고, 민첩하게 움직이는 악의 궤적을 파악하는 것조차 힘들어졌다. 제2차 세계대전이 끝나고 전 세계 지도자들은 또다시 끔찍한 전쟁이 일어날까봐 끊임없이 두려워했다. 이들이 군국주의에 빠지지 않은 것은 대부분 그런 두려움 덕분이었다. 훨씬 더 중요한 사실은 여론이 이들을 통제했다는 점이다. 소련과 미국 모두 선전과 선언 등을 통해서 평화가 가장 중요한 가치라고 말했으며, 적어도 지도자들은 자신들이 평화를 추구한다는 사실을 국민이 믿어주기를 바랐다. 심지어 호전적인 맥아더 장군조차 평화를 자주 이야기했다. 그는 "무엇보다 군인은 평화를 위해 기도합니다"라고 말했으며, "우리가 전쟁에서 쟁취한 평화를 유지할" 필요성도 언급했다. 또한 평화를 위해서라면 심지어 명예도 포기해야 한다고 말했다.[4] 이렇게 지도자들을 책임이라는 끈으로 묶어서 구속한 것은 이념이었을까? 꼭 그렇지는 않았다. 여기에는 훨씬 더 중요한 힘이 작용했는데, 그것은 전쟁의 참혹함에 대한 개인 및 집단의 기억과 전쟁 경험에서 얻은 도덕적 교훈이었다. 1961년에 베를린에서 동독과 서독의 긴장감이 높아졌을 때, 케네디 대통령은 "모든 전쟁은 어리석음에서 시작된다"라고 말했다.[5] 쿠바 미사일 위기가 불거졌을 때, 미군 수뇌부가 케네디 대통령에게 (모스크바에만 원자폭탄과 수소폭탄 170개를 터뜨리는 계획을 포함해서) 소련 전역을 파괴할 핵 선제공격안을 제시했을 때, 그는 소스라치게 놀라며 회의실을 떠났다. 그는 집무실로 가면서 딘 러스크 국무장관에게 비통한 어조로 "그러고도 우리가 스스로를 인류라고 부르는군"이라고 말했다고 한다.

미국의 존 케네디, 소련의 니키타 흐루쇼프와 레오니트 브레즈네프, 유고슬라비아의 요시프 티토, 서독의 콘라트 아데나워, 이스라엘의 다비드 벤구리온, 영국의 클레멘트 애틀리, 프랑스의 프랑수아 미테랑 등 당시 전 세계 지도자들은 참혹하고 파괴적인 전쟁을 경험했고, 어떤 이는 양차 세계대전을 모두 겪었다. 이들은 순진한 평화주의자가 아니었다. 세계 안정, 국제 질서, 전쟁 억제 등 국제사회의 실용적인 목적이 각국의 이익과 일치했을 뿐이다.

서구에서 책임 있는 모습은 좌파와 우파 모두에서 극단주의 세력이 약화되고 민주주의가 강화되는 형태로 나타났다. 정치학자 로베르토 포아와 야샤 뭉크는 1930년대에 태어난 미국인의 70퍼센트가 민주주의 사회에 사는 것을 "대단히 중요하게" 여긴다는 사실을 증명했다. 같은 시기에 태어난 영국인들 역시 비슷하게(65퍼센트) 생각했다. 1940년대와 1950년대에 태어난 사람들도 민주주의를 핵심 가치로 여겼다.[6] 서구 사회는 참혹한 전쟁을 함께 겪었다. 현 세대의 부모와 조부모 세대는 국경을 초월해서 어떤 정신을 공유했다. 이들은 대단히 근면하고 양심적이었으며, 미래라는 환상을 품기보다는 현재를 더 중요하게 생각했다. 주류 정치권에 책임 있는 태도를 요구했으며, 그 요구 조건은 충족되었다.

더디고 힘들었지만, 책임의 시대는 비교적 안정되고 평화로운 세계를 만들어갔다. 미국과 소련은 적대적이고 경쟁적인 관계를 형성했으나, 양국 모두 기본적으로는 합리적이고 책임 있는 태도를 견지했다. 이들은 포퓰리즘을 멀리했으며, 냉전에서 승리하고 사회의 물질적인 조건들을 개선하기 위해서 과학기술에 집중했다. 각자 자신들의 세력권 안에서 영향력을 행사하며 국제사회에서 이상적인 협력 관계를 유지했다.

공산주의가 붕괴하면서 일시적으로 분쟁이 증가했던 상황을 제외하고는, 실제로 제2차 세계대전 이후에 국가 간의 전쟁 횟수는 줄어들었다.[7] 기갑부대가 동원된 전쟁은 2003년 제2차 걸프 전쟁이 마지막이었다. 전 세계에서 분쟁으로 사망하는 사람의 수가 급감했고, 하루 2달러 미만으로 생활하는 사람의 비율과 유아 사망률도 감소했다. 1950년에 전 세계 문맹률은 50퍼센트가 넘었지만, 오늘날은 86퍼센트가 문맹에서 벗어났다.[8] 2003-2013년에 전 세계의 중위 소득은 거의 2배로 증가했다.[9] 이런 성과는 우연히 얻어지지 않았다. 전쟁으로 상처 입은 사람들과 전후 시대의 영리한 지도자들이 안정이라는 나무를 심었고, 그 나무가 열매를 맺은 것이다.

우리는 책임의 시대에서 두 가지를 기억해야 한다. 첫째, 그 시대는 전쟁으로 피폐해진 격동의 현대사에서 예외적인 기간이었다. 제2차 세계대전은 극단주의와 포퓰리즘을 억제했다. 두 세력은 한동안 침묵했으며, 이 책의 독자들 대부분은 바로 이 시기에 태어났을 것이다. 이제 전쟁의 기억은 희미해지기 시작했다. 1930년대에 태어난 세대와 달리, 1980년대에 영국과 미국에서 태어난 사람들은 민주주의를 핵심 가치로 여기지 않는다. 이들 중 30퍼센트만이 민주주의가 중요하다고 생각한다.[10] 이들의 조부모는 민주주의를 지키기 위해서 노르망디 해안에서 목숨을 바쳤지만, 이들은 민주주의를 별로 중요하게 생각하지 않는다.

책임의 시대와 관련해서 두 번째로 기억해야 할 것은 독자들도 이미 아는 내용이다. 바로 책임의 시대가 이미 끝났다는 사실이다.

***

책임의 시대는 세계무역 센터가 무너졌을 때에 끝이 났다. 우리는 아직도 9-11 테러의 여파 속에서 살고 있다. 알카에다가 미국 본토를 공격한 사건은 미국이 대표하는 보편주의에 반대하는 근본주의자들이 일으킨 전쟁이었다. 테러범들은 기독교 문화와 이슬람 문화가 서로 싸우는 세계적인 전쟁을 모색했고, 그 과정에서 이전까지 억눌려 있던 악마들이 탈출했다. 이런 악마들 중 대부분은 기독교나 이슬람과 전혀 상관없는 집단이었다. 전 세계의 운명이 걸린 싸움이 시작되었으며, 이것은 종교 전쟁이 아니라 사상 전쟁이었다. 한쪽에는 세계가 정치적, 문화적으로 서서히 통합되고 있다고 믿는 사람들이 있었고, 다른 한쪽에는 그런 전망은 악몽이나 다름없으므로 그렇게 되지 않도록 기꺼이 전투에 나서겠다는 사람들이 있었다. 그리고 전 세계, 특히 서양의 중산층이 국민국가와 세계화 사이에서, 개별 정체성과 보편적 가치 사이에서 머뭇거리고 있었다.

오늘날과 같은 세계화는 지속 가능하지 않다. 제2차 세계대전이 끝나고 비교적 평화로웠던 세상은 위험해지고 있으며, 불안의 징후가 곳곳에서 나타나고 있다. 가장 심각한 위협은 기후변화이다. 산업이 고도로 발달한 시대에 누리는 풍요로움은 현재와 미래의 자연을 남용해서 얻은 결과물이다.

이 책은 저항의 참호 속으로 떠나는 여행이며, 그 과정에서 눈에 보이는 이야기는 물론 이면에 숨겨진 어두운 이야기도 들여다본다. 나는 스리랑카 북부 지역의 가난한 농민들이 국제무역에 대처하기 위해서 숲을 파괴하는 바람에 마지막 남은 코끼리 무리가 서식지 밖으로 쫓겨나는 모습을 보았다. 시리아 난민 청소년들은 철로를 따라 그리스에서 독일로 가는 긴 여정에서 내게 자신들의 미래에 관한 이야기를 들려주었다. 전례 없는 인구 위기를 맞이한 일본의 한 노부인은 버려진 학교에서 아이들이 뛰노는 소리를 듣고 싶다고 말했다. 2000년대 초반에 나는 심각한 경기 침체로 고통받는 그리스인들의 시위 현장을 보았고, 1930년대 대공황 이후 최악의 금융 위기가 일어났던 2008년에는 런던에 있었다. 그리고 꿈꾸는 듯이 희망에 차서 자신들의 미래를 이야기하던 인종주의자와 민족주의자들과도 대화를 나누었다.

이 책은 특정 장소와 시간에 특정 지역 문제와 싸우고 있는 사람들을 관찰하고 그들과 나눈 대화를 담고 있지만, 이런 이야기들 속에서 크고 중요한 이슈를 발견할 수 있다. 그것은 지리적, 문화적 경계를 초월하는 세계적인 의식의 출현이나 세계화가 도덕적 민감성에 변화를 주는 방식 등에 관한 것들이다. 지금처럼 비교적 평화로운 시대에도, 대재앙이 닥친 조국에서 벗어나 안전한 서양으로 탈출하려는 수많은 난민들이 만들어낸 행렬이 있다. 엄청난 규모의 경제 위기는 지나갔지만, 그 여파는 중산층을 무너뜨리고 세계화와 그 제도들을 위협한다. 전 세계가 힘을 모아서 기후변화 같은 최악의 세계 위기를 해결해야 하는 이때, 개인과 국가들은 점점 더 협력하지 않는다. 빈곤율이 급격히 줄고 교육, 의료, 소득 수준은 높아지는 이 시대에 근본주의가 득세하고, 사람들은 점점 자녀를 덜 낳는다. 합의를 거쳐서 자유주의의 비전에 따라 탄생한 국제사회는 점점 극단으로 치닫고 있다.

이런 긴장관계가 진보에 반대하는 운동을 일으킨다. 계몽주의 관점에서 보면, 진보는 이성과 사실을 신뢰하고 과학기술을 통해서 인간 조건을 개선하며 비판적인 사고를 거부하지 않는 전통이 확립된 열린 사회에서 이루어진다. 진보의 숙적과 새로운 적들은 반세계화 동력을 이용한다. 이들은 지속 가능하지 않은 세계 체제에 대한 불만을 해결하는 대신 그 불만을 이용하겠다는 야심을 품는다. 포퓰리즘적 인종주의자 정치인, 과학을 거부하는 사기꾼, 바쿠닌을 신봉하는 무정부주의자, 근본주의자, 소셜 네트워크에서 활동하는 가상의 공동체, 전체주의 선동가, 신러다이트주의자, 음모론 숭배자 등이 지금 일을 벌이고 있다.

그러나 저항하고 싶은 열망과 거기에서 나오는 에너지를 좀더 공정하고 강력한 국제 체제를 만드는 데에 활용할 수도 있다. 이 체제는 지역과 세계를 균형 있게 발전시키고 기회를 더욱 평등하게 보장하며, 생존에 중요한 환경 분야에서 협력을 강화할 수 있다. 그러나 이런 낙관적인 시나리오는 명확하지도 않고 불가피하지도 않다. 지난 20년간 우리가 얻은 교훈이 있다면, 정해진 것은 아무것도 없으며 되돌리지 못할 진보란 없다는 사실이다.

진보는 강한 척하지만, 실은 대단히 연약하다. 공동체가 진보를 위해서 기꺼이 싸울 준비를 갖추고, 지도자들이 어리석지 않게 행동하겠다는 의지를 다질 때에야 비로소 세상은 진보할 수 있다. 세상에는 혁명적인 순간을 사는 사람들이 있다. 이 책은 그들의 이야기에 귀를 기울이려는 하나의 시도이다.

1

언론사가 공격받다

언젠가 나는 무장괴한 20여 명이 파키스탄 신문사를 공격한 사건에 연루된 적이 있다. 나로서는 전혀 뜻밖의 사건이었으며, 당연히 내가 바란 일도 아니었다. 나는 가해자와 피해자 모두 전혀 알지 못했다. 사실 그 신문사에는 가본 적도 없었다. 파키스탄은 내가 사는 이스라엘과 외교가 단절된 국가이다. 그러나 세계화된 세계에서는 한 나라에서 일어난 사건이 멀리 떨어진 나라에 사는 사람들에게 끔찍한 결과를 초래하고, 때로 불가항력적인 피해를 입히기도 한다. 그리고 그 영향력의 범위와 규모는 종종 우리의 예상을 훨씬 넘어선다.

2004년에 나는 당시 파키스탄 장 미디어 그룹의 선임 편집자이자 파키스탄 최대의 영자 신문 「뉴스 인터내셔널(*News International*)」의 기고자인 암마라 두라니를 만났다. 우리는 다른 기자들과 함께 보스턴의 유명 공영 라디오 WBUR이 주관한 언론인 세미나에 참석했는데, 이 지루한 행사를 지원한 기관은 미국 국무부였다. 행사를 주최한 측은 언론인 세미나를 개최하는 것이 훌륭한 아이디어라고 생각했다. 서로 적대 관계에 있는 이스라엘과 팔레스타인, 그리고 인도와 파키스탄 국민을 한자리에 모을 수 있다는 이유에서였다. 겉보기에 세미나는 분쟁지에서 언론인의 역할을 강조하고 있었으나, 실은 여론을 악화시켜 분쟁을 부추기지 말라고 점잖게 경고하고 있었다. 당시 미국의 부시 행정부는 테러 전쟁과 이라크 전쟁을 치르는 중이었으므로 이런 행사에 관심이 많았다. 각종 치부를 가리고 싶었던 미국 정부로서는 서로 적대적인 국가의 국민들에게 대화의 장을 마련해줌으로써 국제 분쟁을 평화적으로 해결하려는 의지가 있음을 보여줄 필요가 있었다. 행사를 주최한 측은 이스라엘인과 팔레스타인인이, 그리고 이들과 유사한 갈등을 겪고 있는 인도인과 파키스탄인이 각자의 나라에서 수천 킬로미터 떨어진 곳에서 만나면 공통점을 찾을 수도 있겠다고 생각했는지도 모른다. 그러나 그것은 헛된 희망이었다. 다른 세미나 참석자들처럼, 이스라엘인과 팔레스타인인은 저마다 오랫동안 견지해온 입장이 있었다. 그리고 이것은 파키스탄인과 인도인도 마찬가지였다. 그럼에도 불구하고 문화를 초월해서 우정을 쌓는 경우도 더러 있었다. 암마라는 모든 사람들과 잘 어울렸다. 그녀는 전형적인 옥스퍼드 출신의 엘리트로, 세련된 영어를 유창하게 구사했으며 태도는 진지했다. 이스라엘인이든 팔레스타인인이든 너나없이 모든 중동 사람들이 그녀를 부러워했다.

여느 파키스탄인처럼, 암마라의 여권에도 이스라엘을 제외한 모든 나라를 여행할 수 있다고 명시되어 있다. 이스라엘은 파키스탄의 오랜 적국이다. 양국의 갈등은 대영제국이 식민지를 포기하고, 두 나라가 각각 독립한 때부터 시작되었다. 서로 적국의 국민이었지만, 나와 암마라는 언론인 세미나가 끝난 후에도 계속 연락을 주고받았다. 2005년에 암마라는 이스라엘과 파키스탄의 비공식적인 관계와 이것이 대사급 외교 관계로까지 격상될 가능성에 관한 심층 기사를 작성하기 시작했다. 그녀는 아리엘 샤론 이스라엘 총리를 인터뷰하고 싶다며 내게 이메일을 보냈다. 내 생각에 샤론 총리를 인터뷰하기란 쉽지 않아 보였다. 그래서 그녀만 괜찮다면 내가 개인적으로 잘 아는 시몬 페레스 부총리와의 인터뷰를 주선해주겠다고 말했다. 암마라는 그 기회를 놓치지 않았다. 페레스는 전 이스라엘 총리이자 노벨상 수상자였으며, 샤론 총리 못지않은 세계적인 명망가였다. 어쩌면 샤론 총리보다 페레스가 더 유명했을지도 모르겠다. 그런데 문제가 있었다. 양국은 외교가 단절된 사이였으므로 파키스탄 카라치에서 예루살렘으로 전화를 걸 수가 없었다. 2005년에는 스카이프 같은 인터넷 전화 서비스가 없었으며, 그런 서비스가 있었다고 해도 나와 암마라는 그것을 이용하는 방법을 알지 못했다. 그래서 내가 이메일로 그녀의 질문지를 받아서 부총리실 공보관을 통해서 인터뷰를 진행하는 방식이 어떻겠냐고 제안했다. 나는 페레스 부총리가 암마라의 질문에 답한 내용을 녹취해서 그녀에게 보냈다.

부총리실은 파키스탄의 유명 신문사와 인터뷰했다는 사실 자체에 열광했으며, 페레스 부총리는 지칠 줄 모르는 자신의 낙관적 정치관을 널리 알리는 일을 항상 기쁘게 생각하는 사람이었다. 2005년 1월 중순의 어느 날, 나는 페레스 부총리와 함께 국회 건물 내의 카페에 앉아 있었다. 그날 나는 그에게 늘 묻던 노동당 내의 당권 탈환 가능성(정치부 기자로서 내가 일상적으로 다루는 이슈)에 관한 질문 대신 암마라가 보내준 질문지에 내 질문 몇 개를 추가해서 인터뷰를 진행했다. 그리고 그의 대답을 정리해서 암마라에게 보냈다. 그녀는 만족해하며 「뉴스 인터내셔널」에 실을 기사를 작성했다.

그로부터 14년이 지난 지금도 여전히 이스라엘과 파키스탄은 공식적으로 외교가 단절된 사이이다. 그러나 지금 암마라와 나는 카라치와 텔아비브에서 영상 통화를 하며, 과거 페레스 부총리와 했던 인터뷰를 이따금 회상한다. 암마라는 인터뷰 기사를 쓸 때에 자신의 감정에 솔직하지 못했다고 말했다.

"난 두려웠어요. 그건 이스라엘의 고위 인사가 파키스탄 언론사의 인터뷰에 응한 최초의 사례였으니까요. 전례가 없던 일이잖아요. 그래서 너무 무서웠고, 나쁜 결과를, 그러니까 엄청난 후폭풍을 가져올 거라고 예상했어요. 하지만 동료 기자들의 응원 덕분에 자신감을 얻을 수 있었어요. 동료들이 옆에서 '그래, 해보자'라고 말했거든요." 암마라의 동료들은 정말 그렇게 했다. 페레스의 인터뷰가 1면에 실렸고, 암마라가 이스라엘 정부 관계자의 말을 인용해서 정리한, 파키스탄과 미국의 관계에 관한 기사가 뒤이어 4면에 걸쳐서 자리했다.

기사의 헤드라인은 "페레스, '파키스탄과 인도가 외교 관계를 회복할 수 있다면 이스라엘과 파키스탄도 할 수 있다'"였다. 그리고 부제는 "페레스는 '평화에는 부끄러움이란 없다. 파키스탄이 중동 평화 협상에 참여하고 싶다면, "원격 조종"만으로는 불가능하다'고 말했다"였다.

암마라의 기사는 평화를 실현하지도, 양국의 외교 관계를 회복시키지도 못했다. 기사가 난 다음날, 오토바이를 탄 30여 명의 무장괴한이 한밤중에 장 미디어 그룹 본사에 나타났다. 이들은 허공에 총을 쏴서 경비원들을 제압하고, 편집실을 부수고 들어가 불을 지르려고 했다. 천만다행으로 사망자는 없었다. 괴한들은 "알라후 아크바르(Allahu Akbar : '신은 위대하다'라는 뜻의 아랍어/옮긴이)!"를 외친 후 현장을 떠났다. 파키스탄인이라면 누구나 그 공격이 페레스와의 인터뷰에 대한 자국민의 솔직한 심정이 표출된 행동이라는 점을 분명히 알 수 있었다. 그들은 페레스의 발언 내용보다는, 국가를 대표하는 언론사가 평화를 주장하는 이스라엘의 고위 인사와 인터뷰한 내용을 보도하는 선례를 만든 것에 반발했다. 이런 전후 사정을 잘 알고 있던 로이터 같은 국제 통신사는 이 사건을 대대적으로 보도했다. 국경 없는 기자회는 물론 파키스탄 정부도 그 공격을 비난했다. 이는 사건의 진원지였던 이스라엘에서도 보도되었다. 뉴스가 뉴스를 만든 셈이었다.

그럼, 이제 이 사건을 좀더 자세히 들여다보기로 하자.

서로 다른 변방국에서 자란 두 언론인이 지구 반대편 대륙에 있는 나라가 지원한 교육 프로그램에서 만났다. 그리고 그 지원국은 세계 곳곳에서 벌어지는 분쟁을 중재해서 자국의 위상을 높이고자 했던 초강대국이자 중동 일대를 점령한 나라였다. 두 언론인의 조국은 서로 적대 관계에 있었지만, 이들을 가로막는 외교적, 정치적 장벽과 먼 거리를 기술이 극복하게 해준 덕분에 둘은 자유롭게 교류할 수 있었다. 그런데 극단주의자들이 평화와 화해의 가능성을 암시하는 인터뷰에 폭력적으로 반응했다. 파키스탄 신문사 공격 사건은 전 세계에 보도되었으며 이스라엘에서도 뉴스거리가 되었다.

언론사 공격 사건은 발생한 지 불과 며칠 만에 종결되었다. 그러나 이 사건으로 사람들이 서로 연결되어 있으며, 사상은 확산하는 성질이 있다는 점이 드러났다. 이 사건은 편협한 정치에 대한 기술의 도전, 근본주의, 언론 간섭 등에 관한 이야기이다. 또한 신문사는 판매 부수를 늘리기 위해서 화제성 뉴스를 찾기 마련이라는 점에서, 이윤 창출이 목적인 자본주의에 관한 이야기라고 생각할 수도 있다. 사실 이 자본주의적 이익이 전체 사건의 근본 원인이다. 언론사 공격 사건의 폭력적인 결말은 초국가적인 교류가 어떻게 지역의 권력구조와 전통 및 신념을 위협하는지를 보여준다. 초국가적 교류에 반대하는 세력은 한가하게 앉아서 기다리지 않으며, 그럴 생각도 없다. 이들은 저항할 것이다.

파키스탄 언론사가 공격을 받은 지 채 3년도 지나지 않아서, 그런 사건이 파키스탄에서만 일어나는 것이 아니라는 사실이 분명해졌다. 세계 곳곳에서 다양한 모습으로 유사한 사건이 벌어지고 있기 때문이다. 나는 런던에 있으면서, 전 세계가 대공황 이후 최악의 금융 위기로 빠져드는 모습을 지켜보았다.

***

런던 시내를 걷다 보면 어느샌가 시간을 잊은 채 원래 스케줄과는 다르게 움직이는 자신을 발견한다. 우리의 눈은 수백 년간 쌓여서 광물이 되다시피 한 인류의 유산을 바라보느라 쉴 틈이 없다. 다양한 인간들이 모여 사는 모습은 영국 역사에서 대단히 흔한 풍경이었고, 오늘날 런던의 전형적인 특징이기 때문에 런던 사람들 모두가 인간의 다양성을 당연하게 받아들인다고 생각하기 쉽다. 하지만 그렇지 않다. 수많은 사람들이 거리를 걸으며 소외감과 이질감을 가슴 깊이 느낀다. 이런 감정은 런던을 불안하게 하면서 동시에 자극한다. 런던 거주자 중 약 40퍼센트는 영국 밖에서 태어난 사람들이고, 그들 중 대부분이 유럽 이외의 지역에서 출생했다. 런던에서 사용되는 언어는 무려 300개이다. 현대 런던의 정체성에는 소외감이 뿌리내리고 있다.

나도 런던의 이방인들 중의 한 명이었다. 아내와 나는 이스라엘이라는 좁은 울타리를 벗어나고 싶었다. 우리는 한번쯤 다른 곳에서 살아보고 싶었기 때문에 이스라엘에서 멀리 떨어진 나라에서 학위를 취득하기로 했다. 뉴욕이든 워싱턴이든 런던이든 파리든, 우리가 어디에 정착할지는 별로 중요하지 않았다. 이방인인 우리에게는 그 모든 도시들이 세계의 중심이었고, 너무나도 낯선 곳이었으며, 희망에 들뜨게 하는 장소였다.

학교에 갈 때에 나는 늘 같은 길을 이용했다. 블룸즈버리 가를 따라서 시어볼스 로까지 간 다음, 내가 좋아하는 장소까지 성큼성큼 걸었다. 그곳은 좁고 오래된 골목길로, 주요 도로와 이어진다. 골목길에는 튀김 냄새가

진동하는 낡은 술집과 맛없는 샌드위치를 파는 저렴한 카페가 몇 군데 있었다. 그곳에서 나는 흑사병을 옮기는 쥐가 들끓고, 사람들이 거리로 오물을 내다버리는 모습을 상상했다. 골목길의 더러운 벽과 혼잡함이 그런 인상을 풍겼다. 도시가 현대화되면서 이 작은 골목길은 완전히 바뀌어 이국적인 장소가 되었다. 요즘 이곳은 아침 출근 시간대에 정장을 입고 바쁘게 걷는 사람들로 북적인다.

골목길 끝에 있는 작은 공원을 지나면, 홀본 역과 영국박물관에서 멀지 않은 런던 정치경제 대학교의 도심 캠퍼스에 도착한다. 그곳은 옥스퍼드나 케임브리지와 다르다. 그곳에는 자전거도로와 녹지 대신, 야심을 품고 자신의 일에 몰두한 채 부산스럽게 움직이는 도시인의 모습이 있다.

때는 2007년 9월이었고, 당시 부시 정부와 국제사회의 극심한 이념적 갈등으로 세계가 양분된 상황이었음에도 불구하고 세상은 비교적 일관된 모습이었다. 귀가 예민한 사람들은 변화라는 고속열차가 쏜살같이 전진할 때, 이전 시대에 깔린 선로가 삐걱거리는 소리를 들을 수 있었다. 그러나 9-11 테러와 그 여파의 진짜 의미를 이해하는 사람들은 아직 별로 없었다. 나와 친구들은 런던 정치경제 대학교에서 글로벌 거버넌스, 세계은행 같은 국제 경제기구를 위협하는 문제들, 국제무역, 금리 정책, 후기 제국주의, 평등, 점점 벌어지는 세계적 소득 격차, 이민 정책 등을 다루는 세계 정치를 공부할 계획이었다. 나는 중동의 작은 나라 출신이었고 오랜 시간 격동의 정치사를 공부해왔기 때문에 국제무역 정책이나 해외 직접 투자 같은 이슈에 대해서는 동기들보다 지식이 부족했다. 그러나 동기들과 달리 나는 기자였다. 다양한 선거운동을 취재했고, 곤란한 질문을 받을 때면 화를 내는 총리들도 만나보았다. 또한 제2차 레바논 전쟁을 취재하면서 이스라엘 북부 지역에 로켓이 쏟아질 때에 피할 곳을 찾아 뛰기도 했고, 공식 취재차 백악관의 대통령 집무실에도 가보았다. 이런 경험들이 내가 가진 밑천이었다. 바꾸어 말하면, 파란만장을 겪은 모든 기자들처럼 나 역시 부족한 지식을 (파키스탄 신문사 공격 사건과 같은) 일화들로 메울 수 있었다. 그러나 다른 학생들처럼 내 밑천도 곧 바닥을 드러낼 것이었다. 불과 몇 달 후, 우리가 한창 공부를 하고 있을 무렵에 세계는 대공황 이후 최악의 위기를 맞았다. 세계 질서를 뒷받침하던 가정들이 무너지며 국제 정세가 변하기 시작했다.

전 세계 정치와 경제를 뒤흔드는 이런 지각 변동은 우리가 공부하던 두꺼운 교과서나 강의 자료에는 없던 내용이었다. 왜냐하면 교과서와 강의 자료 모두 위기가 발생하기 전에 쓰였기 때문이다. 현실에 안주하던 전문가들을 충격에 빠뜨린 금융 위기는 강의계획서에서 가장 급진적이라고 표현한 접근법에서만 다루었을 뿐이다.

2007년 말, 미국의 중앙은행인 연방준비제도 이사회는 서브프라임 모기지론(비우량 주택 담보대출/옮긴이)의 대량 부도로 유동성 위기가 임박했음을 인지했다. 곧이어 파생상품 시장이 붕괴했고, 미국은 대규모 금융 위기에 빠지고 말았다. 2008년 초, 부시 정부는 경기 부양책으로 위기를 돌파하려고 했지만 아무런 효과도 거두지 못했다. 같은 해 봄과 가을 사이에 베어스턴스와 리먼 브라더스 같은 거대 미국 기업들이 파산하기 시작했다. 그곳은 내 동기들이 들어가고 싶어했던 기업들이었다.

거대 기업의 파산 사례는 우리가 읽어온 책들을 모조리 쓸모없게 만들었는데, 그 이유는 책에서 소개한 이론들이 시험대에 오르자마자 오류를 드러냈기 때문이다. 금융 위기가 각종 경제 모형과 전문가의 의견을 무용지물로 만들어버렸다. 우리는 옳다고 확신했던 생각들 대부분에 의문을 제기할 수밖에 없었다. 1980년대나 1990년대 초에 태어난 동기들과 나는 전 세계가 긴밀하게 연결되고, 놀라운 속도로 변하는 환경에서 자랐다. 확실히 세계는 단일경제로 통합되고 있었고, 그 덕분에 모든 사람들이 더욱 풍요롭게 살 것처럼 보였다. 하지만 그 이후 세계화가 불가피한 현상이라는 잘못된 전제는 무너져내렸다.

끊임없이 계속되는 혁명

지난 10년 동안 세계화는 빛을 잃어갔다. 「이코노미스트(*The Economist*)」가 "슬로벌라이제이션(slowbalization : 느리다는 의미의 'slow'와 세계화라는 의미의 'globalization'의 합성어로, 2008년 금융 위기 이후 세계화의 후퇴를 가리킨다/옮긴이)"이라고 부른 현상을 각종 자료로 확인할 수 있었다. 이 현상은 국경을 초월한 투자와 금융 거래, 국제무역 규모가 제자리걸음이거나 세계 국내총생산(GDP) 규모에 비해서 줄어들고 있음을 의미한다. 세계경제 위기가 세계화의 기본 가정들을 무너뜨렸다는 사실은 의심할 여지가 없었다. 어쩌면 사람들이 세계화의 어두운 면을 무시하며 위험하게 낙관적 예언이나 하던 세상에 신물이 났는지도 모르겠다.

대중 담론의 주제는 수시로 바뀌는 경향이 있지만, 세계화가 끊임없이 계속되는 혁명이라는 강력한 진실은 바뀌지 않는다. 나는 아득한 옛날부터 유지되던 사람들의 생활방식을 세계화가 지속적이고 집요하고 적극적으로 바꾼다는 점을 강조하기 위해서 '끊임없는'이라는 단어를 사용하겠다. 세계화는 인류가 물질적으로나 개념적으로 세계를 하나의 통합된 장소로 인식하게 했다. 그리고 그런 지형이 자리잡는 순간부터 우리가 사는 환경은 끊임없이 급진적으로 변해왔다. 세계화는 지역과 세계 사이에서 점점 증가하는 정치적인 긴장감을 동력으로 삼아서 작동하는 영구 기관이다.

세계화는 부침을 겪으면서 국제 환경의 모습을 새롭게 바꾸고 있으며, 이 작업은 가까운 미래에도 계속될 것이다. 세계화는 고대 중국과 로마 제국 때부터 현재에 이르기까지 인류 역사에 내재된 근본적인 불확실성을 드러낸다. 과연 세계는 단일 체제로 통합될 것인가, 아니면 각자 분리된 지역 공동체의 집합이 될 것인가?

전 세계를 위협하는 문제가 발생할 때마다 광범위한 의미의 세계화는 우리 시대의 핵심 이슈가 되었다. 프랜시스 후쿠야마가 『역사의 종말(The End of History and the Last Man)』에서 예측했던 것과 달리, 인류 역사는 무적의 자유민주주의가 군림하면서 끝나지 않았고, 새뮤얼 헌팅턴의 책 제목대로 문명의 충돌이 일어나 세상이 더 나빠지지도 않았다. 그러나 지금 우리는 아주 오래된 질문 하나와 격렬하게 싸우고 있다. 궁극적으로 언제까지 인류가 통합된 세상에서, 즉 기본 가치를 공유하고 지역공동체가 초국가적 경제로 융합된 세상에서 살 수 있을까? 늘 그랬듯이 이 질문은 정말로 어려운 문제이다. 세계화와 반세계화 모두 그 질문의 답이 될 수 있다. 오늘날 레제프 타이이프 에르도안 터키 대통령에서부터 에마뉘엘 마크롱 프랑스 대통령을 거쳐서 도널드 트럼프 미국 대통령에 이르기까지, 점점 더 많은 지도자들과 정치운동이 세계화와 그 가치관에 대한 지지 혹은 반감에 근거해서 핵심 정책을 마련하고 있다.

주류 경제학자들에게 세계화는 빈곤을 종식시켜주겠다는 약속이다. 그러나 프랑스 농부에게 세계화는 공동체는 물론 생계마저 위협하는 해로운 전염병이다. 세계화의 작동방식을 모르고서는 아시아에서 시작된 유행성 독감이나 경쟁이 치열한 아시아의 스마트폰 시장을 이해할 수 없다. 세계화는 곳곳에 퍼져 있으므로, 모 아니면 도라는 식의 세계화에 대한 평가는 무의미하고 진부할 뿐이다. 그러나 하나의 개념으로서 세계화의 의미는 명확하다. 세계화는 모든 사물과 사람 사이의 관계를 더욱 강화하며 그 결과 국가 간의 통합을 촉진한다.

이에 불가피하게 전 세계적으로 자본, 노동, 지식, 문화, 기술 등을 교류할 필요성이 커지게 되었고, 실제로 선진국들 사이에서 활발한 교류가 이루어지고 있다. 지금 인류는 세계 여러 나라의 상표가 찍힌 옷과 액세서리를 걸치고 걸어다니는 지도나 다름없다.

조부모님을 떠올리게 하는 거실 장식장이 있다고 해보자. 장식장의 두꺼운 유리문 안쪽에는 가족의 소중한 물건들, 예컨대 중국 도자기가 있고, 그 중 일부는 실제로 중국산일 것이다. 어쩌면 이란에서 건너온 색이 칠해진 작은 사자상이 있을지도 모르겠다. 한편, 은촛대는 영국이나 독일에서 유행했을 것이다. 사람들은 바다 건너온 물건들을 탐내기 마련이다. 부유해질수록, 사람들은 그런 물건을 더 많이 소유했다. 육로든 해로든 장거리 운송과 무역에는 늘 위험이 따른다. 그래서 먼 지역에서 생산된 물건은 운송비가 포함되어 가격이 비쌌다. 찻잎, 섬유, 자기, 향신료 등 주로 극동 지역에서 생산된 물건들은 "이국적"이라고 여겨졌고, 그런 탓에 특별히 더 비쌌다. 이국적인 물건은 이질적인 문화 간의 유대관계가 얼마나 빈약한지를 상징하기도 했다. 하지만 오늘날은 크게 달라졌다. 가족의 물건이 들어 있던 장식장은 분해되어 버려졌다. 혹시라도 아직 그런 물건이 남아 있다면, 수입품보다 자국 생산품이 더 비싼 선진국에서 전시용으로 만들어지는 특산품으로 존재할 것이다. 이제는 지역 간 거리가 멀어도 더 이상 관계가 빈약하지 않다. 각 지역은 서로 깊고 폭넓고 강력한 관계를 맺는다.

우리는 안경 렌즈부터 보석류, 심장박동 조율기에 이르기까지 여러 대륙에 속한 수십 개의 나라에서 생산된 부품과 디자인으로 제작된 물건을 사용한다. 그렇게 우리는 먼 지역에 사는 전혀 모르는 사람들의 사연과 기회를 몸에 지니고 살아간다.

가난에서 벗어나게 해준 혁명

세계화는 자기 영속적일 뿐만 아니라 가난에서 벗어날 기회도 제공한다. 인간이 이룬 최대의 발전은 1990년 이후로 10억 명이 넘는 인구가 비참한 가난에서 벗어난 것이다.[1] 이전에는 그렇게 많은 사람들이 그렇게 빠른 속도로 생존 투쟁에서 벗어나서 기회를 추구하는 삶으로 옮겨간 적이 없었다. 그 기회라는 것이 그다지 대단하지 않더라도 말이다. 2000년에 UN은 극빈율을 절반으로 줄이겠다며 "밀레니엄 개발 목표"를 설정했는데, 여기에서 극빈율이란 세계은행이 정한 개념으로, 일일 생활비가 1.25달러에 미치지 못하는 사람의 비율을 가리킨다. UN은 최종 기한보다 5년이나 앞당겨서 2015년에 이 목표를 달성했다. 극심한 빈곤에서 벗어난 사람들의 대부분은 인도와 중국에 사는 사람들이지만, 베트남과 방글라데시, 에티오피아와 르완다 같은 나라에서도 많은 사람들이 빈곤에서 탈출했다. 일반적으로 극빈율은 1인당 일일 소득이나 소비 규모로 측정하지만, 유아 사망률 감소, 기대 수명 증가, 문맹률 감소 등 다른 지표들 역시 전 세계의 물질적 여건이 나아졌음을 보여준다. 경제 성장과 소득 증가로 혜택을 입은 모든 지역에서는 국제무역을 통한 기술 진보의 막대한 영향력이 드러난다.[2] 광범위한 역사적 맥락에서 보면 그런 지표들은, 산업혁명과 그 여파로 전 세계가 서로 연결되기 시작했고, 인류의 환경이 지속적으로 개선되고 있음을 직접적으로 보여준다.

약 200년 전까지 전 세계 신생아의 기대 수명은 30-40세였다.[3] 19세기 중반에 영국에 살았던 다섯 살배기 아이는 50대 초반에 사망할 것으로 예상

되었다.[4] 오늘날의 화폐 가치로 환산했을 때, 당시 사람들은 1년에 400달러 정도로 생계를 유지했다. 대부분의 사람들이 글을 읽지 못했고, 건강하지 않았으며, 궁핍했다. 많은 사람들이 다양한 방식으로 노예처럼 살았다. 그들 가운데 유색인은 인종주의의 산물이었고, 유럽과 아시아의 소작농과 농노, 계약 노동자들은 어떤 의미에서 보면 귀족과 자본가의 재산이었다.

비민주적이고 여성을 차별하는 나라에도 법적 자유인이 일부 존재했지만, 이들은 끈질긴 가난의 노예였다. 경제학자들의 추산에 따르면, 20세기 전까지 적어도 인구의 84퍼센트가 날마다 생존에 전력을 다해야 하는 극빈자였고,[5] 따라서 이들은 자원을 효율적으로 활용할 기회가 없었다. 예를 들면, 장작을 패고 그것을 내다 팔아서 생계를 유지하는 농노에게 도끼가 없는 식이다. 아니, 도끼가 있더라도 자신이 팬 나무를 시장으로 운반할 마차가 없었을 것이다.

평범한 사람들이 삶에서 겪을 수 있는 가장 고통스러운 경험은 자녀가 죽는 모습을 무력하게 바라보는 것이었다. 19세기 초 각 가정에서는 자녀의 약 40퍼센트가 5세 이전에 사망했다. 대부분의 지역에서 높은 유아 사망률은 1920년대와 1930년대까지 이어졌다.[6] 대부분의 시대에 사람들은 비참한 상태로 살았으며 그런 환경을 거의 참을 수 없어했고, 때로는 의식하지 못한 채로 살았다.

사람들은 변함없이 순환하는 세상을 열망했고, 그런 믿음과 가치관 덕분에 정당화된 계급제도가 각종 사상을 왜곡했다. 인류 역사에서 가난은 자연스럽고 불가피한 현상으로 간주되었으며, 엘리트 집단은 그 생각을 합리화하려고 애썼다. 조지타운 대학교의 마틴 라발리온 교수는 그런 왜곡된 사상들을 조사해서 어떻게 가난을 합리화했는지 분석했다.[7] 1771년에 한 영국 작가는 "하류층은 가난하지 않으면 절대로 열심히 일하지 않는다는 사실을,

바보를 제외한 모두가 알고 있다"라고 말했고,[8] 한 18세기의 경제학자는 "비참한 환경에서 사회가 행복하고 편안해지려면, 많은 사람들이 가난하고 무지해야 한다"라고 했다.[9] 이들이 보기에, 가난이란 건전한 사회의 자연스러운 특징이자 필수 요소이다. 그 이유에 대해서 프랑스의 의사 필리프 엑케는 이렇게 말했다. "가난한 사람들은⋯⋯그림 속 그림자와 같다. 이들은 그림에 필요한 대비(contrast)를 제공한다."[10]

인간의 조건은 우주적 사건이나 신의 선물로 개선되지 않았다. 변화를 일으킨 것은 **사상들**이었고, 이는 과학혁명과 계몽주의의 산물이었다. 이제 인류는 미신에서 벗어나 사상의 자유를 누릴 수 있게 되었고, 가톨릭 교회가 더 이상 지식을 독점하지 않았다. 또한 개인의 자율성을 존중하는 환경이 조성되면서, 인류는 선대의 끔찍하고 비참한 환경에서 구원받을 수 있었다. 15세기 초 유럽은 치열한 정치적 경쟁 덕분에 과학기술과 군사학 등 여러 학문이 발전했고, 그 결과 새로운 경제제도가 필요해졌다. 계몽주의 가치관이 각종 사회제도를 확립했고 사유재산제도의 토대를 마련했으며 그 덕분에 유럽 사회는 발전할 수 있었다. 칸트는 "계몽주의란 인간이 스스로 가둬놓은 미성숙이라는 감옥에서 탈출하는 것"이라고 썼다. 그에 따르면, "미성숙은 다른 사람의 지도를 받지 않으면 이해력이 부족해지는 상태이다. 이해력이 부족해서가 아니라 다른 사람의 지도 없이 이해력을 발휘할 용기와 의지가 부족할 때에 인간은 스스로 미성숙한 상태에 빠진다. 사페레 아우데(Sapere Aude)! '자신의 이해력을 발휘할 용기를 가져라!' 이것이 계몽주의의 표어이다."[11] 계몽주의 가치관은 과학혁명의 업적을 보호하는 무기였고, 그 덕분에 산업혁명도 일어날 수 있었다. 그 뒤를 이어서 산업과 자본주의가 생존하려면 세계를 무대로 물건을 팔아야 했으므로 세계화가 필요했다.

너무나 효율적인 혁명

19세기 영국 맨체스터에 사는 방직 공장주를 생각해보자. 1764년에 발명된 다축 방적기(spinning jenny)와 그로부터 20년 후에 발명된 역직기(power loom)를 사용해서 섬유를 생산하는 혁명적인 방식 덕분에 생산 속도가 빨라졌고, 지역 시장의 요구량보다 더 많은 양을 생산할 수 있었다. 혁신적인 운송방식과 통신기술은 증가된 생산성을 이윤으로 바꾸어주었다. 이미 막대한 돈이 투자되었고 지역 시장에 경쟁업체들이 넘쳐나고 있었으므로, 방직 공장주가 가급적 신속하게 이윤을 남기려면 런던에서 아시아 지역까지 가능한 한 모든 지역으로 판로를 개척할 필요가 있었다. 또한 기술이 끊임없이 발전하고 있었으므로 새 기계를 들이고 최신 정보를 수집해서 공장의 경쟁력을 강화하고 사업도 확장해야 했다. 이는 채권자에게 더 많은 돈을 빌려서 자본을 조달해야 한다는 의미였다. 여기에서 시장 개척에 실패하는 방직 공장주는 파산할 수밖에 없었다.

이제 공장주들을 구하려고 정치인들이 나섰다. 이들은 식민지에 현지 물건이 아닌 영국 제품을 사도록 강요하거나, 신흥 시장에 군대를 보내서 시장을 개방하라고 압력을 넣었다. 1848년에 마르크스와 엥겔스는 그런 사정을 잘 이해하고 있었다. "끊임없이 시장을 확대해야 할 필요성이 전 세계 부르주아들을 쫓아다닌다. 그런 필요성이 곳곳에서 사람들의 마음을 움직여 협력 관계를 유도한다."[12]

『공산당 선언(*Manifest der Kommunistischen Partei*)』이 완성되고 얼마 지나지 않았을 때, 영국은 이미 전 세계 면직물 생산량의 절반을 만들고 있었다. 영국에는 목화가 자라지 않는데도 말이다.[13] 이는 부르주아가 생산수단의 통제권을 보호하기 위해서 정치권력을 휘둘렀기 때문도 아니고,

자본가가 폭력적인 수단을 사용했기 때문도 아니었다. 산업혁명으로 생산비가 저렴해졌고 장거리 운송도 가능해진 덕분이었다. 영국이 섬유산업을 지배할 수 있었던 이유는, 산업혁명으로 생산 효율성이 높아지면 풍요롭게 생활할 수 있다는 엄청난 유혹에 사람들이 넘어갔기 때문이다.

세계화는 질문하지 않는다. 세계화는 명령을 내릴 뿐이며, 그 명령어는 효율성이다. 이때 효율성을 판단하는 기준은 기업의 수입이다. 지역에 대한 관심은 이익 창출에 도움이 되는 정도에 따라서 달라진다. 그러므로 오늘날 인도네시아 의류 공장에서 벌어지는 노동 착취나 저개발국에 유독성 폐기물을 대량으로 버리는 일 등은 세계화의 본질에서 유래한 행위이다. 만약 도덕규범이나 유의미한 규제가 없다면, 세계화는 수요와 공급의 법칙에 따라서 맹목적으로 효율성만 좇는 단순한 기계가 되고 말 것이다.

세계화는 무서운 기세로 광범위하게 영향을 미치는 과정이다. 세계화에 관한 담론에서는 그것이 기술 발전에 힘입어서 진행되므로 되돌릴 수 없다는 입장과 전 세계가 세계화에 분노하리라는 예언이 서로 대립한다. 세계화의 명암이 함께 존재하는 현실은 좀더 복잡하다. 산업혁명과 이것이 전 세계로 확대되는 과정에서 긍정적인 결과가 나타났는데, 강력한 사회제도가 출현했고 무엇보다 교육이 중요해졌다.

산업혁명이 가속화될수록, 공장은 기초 교육 이상을 받은 노동자들이 필요해졌다.[14] 공립학교든 성인 노동자를 대상으로 한 이른바 공장학교든 간에, 학교는 자본가에게 두 가지 중요한 도움을 제공했다. 우선 학교는 노동자들에게 기본적인 직업 기술과 글을 가르쳤는데, 이는 직원에게 환어음(발행자가 소지자에게 기한 내에 일정 금액을 지불할 것을 제3자에게 위탁하는 어음/옮긴이) 발행, 통지서 처리, 문서 작성 등의 업무를 맡겨야 하는, 수습 과정이 있는 업계에서 요구하는 능력이었다. 두 번째 도움은 행동과 관련된다. 농장이나 가정에서 일하던 과거와 달리 큰 공장에 고용된 노동자들은 규칙과 시간을 지키는 방법을 배우고, 공동 책임을 숙지해야 했다. 자본주의에서 대중 교육은 무척 중요했다.

그러나 시간이 흐르면서 공교육은 당초의 목적에서 벗어나서 그 나름의 가치를 가지기 시작했다. 그것은 바로 평등의 실현이었다. 19세기에만 전 세계에서 기초 교육을 받은 15세 이상 인구의 비율이 17퍼센트에서 33퍼센트로 거의 2배가 늘었다. 20세기 중반에는 그 비율이 50퍼센트였고, 2000년에는 무려 80퍼센트에 달했다.[15]

교육수준의 향상은 자본가들이 양질의 노동력을 필요로 한 덕분에 얻어진 역사적인 결과였다. 여기에는 착취적인 측면도 있었지만, 공교육 덕분에 그동안 억압받던 대중은 자율권을 누리게 되었다. 이제 대중은 계급구조를 일부나마 무너뜨리고, 민주주의와 노동자의 권리를 강화함으로써 개인적, 정치적 삶을 개선할 도구를 쥐게 되었다.[16]

불평등한 혁명

세계화는 끊임없이 반복되고, 자유를 주는, 무서울 정도로 효율적인 혁명이다. 세계화는 국적과 인종이 다양한 사람들이 한자리에 둘러앉아 '쿰바야(Kumbaya : "주여, 이곳에 오소서"라는 뜻의 흑인 영가/옮긴이)'나 부르는 마을이 아니다. "평평한 세계(「뉴욕 타임스[*The New York Times*]」 칼럼니스트 토머스 프리드먼은 자신의 책 『세계는 평평하다[*The World is Flat*]』에서, 냉전 종식 이후 세계화 덕분에 지식과 정보, 기술 등의 장벽이 무너져서 전 세계가 상향 평준화되었다고 주장했다/옮긴이)"라는 표현은 세계화가 자생하려면 시행착오가 필요하다는 진실을 가리는 신기루나 다름없다. 사실 현재의 세계화 모델에 관한 최악의 시나리오는 전 세계가 평등주의 사회가 되는 것이다. 세계경제의 활력소는 불평등이다. 해외 생산과 국제무역이 활발해지려면 나라마다 인건비, 구매력, 상품과 원자재 가격, 환율 등이 달라야 한다.

베를린 장벽이 붕괴된 이후 전 세계적으로 교역이 활발해지자 기업들은 이윤 창출을 위해서 각국의 격차를 이용해왔다. 그와 동시에, 25년간 날마다 약 12만8,000명의 사람들은 가난에서 벗어났다.[17] 각국의 불평등한 조건과 이를 이용해서 이익을 내려는 노력은 사람들의 소득과 생활수준을 높이는 핵심 동력이었다.

모든 현상은 종착점이 매우 중요하다. 오늘날의 세계화는 전례가 없는 현상이다. 규모의 차이는 있지만, 전 세계로 상품이 이동하는 국제무역은 인류 역사 동안에 늘 존재했다. 그러나 오늘날과 달리 과거에는 국제무역으로 삶의 수준이 높아지지 않았고, 당연히 극빈자의 수도 줄지 않았다. 착취당하고 억압받는 사람들은 항상 잃기만 하는 제로섬 게임을 했다. 어쨌든 세계는 '맬서스의 함정(Malthusian trap)'에 갇혔다. 즉 기술 발전은 더뎠고, 식량 생산이 늘면서 인구는 증가했으며, 늘어난 인구만큼 분배할 자원이 더 많이 필요해지면서 결국 생활수준은 과거의 비참한 상태로 되돌아갔다.

18세기에 계몽철학자 볼테르는 사치를 옹호했고, 자신을 비판한 사람의 위선을 맹비난했다. 볼테르는 자신을 비판한 사람이 커피 한잔을 포함해서 삶의 온갖 즐거움은 누리면서도 고상한 척 소비문화를 비판한다고 생각했다. 볼테르는 커피를 마시며 이렇게 말했다. "인류가 아랍 들판에서 재배한 이것을 좀 즐기면 안 되는 것인가? 섬세하게 유약이 발린 이 아름다운 중국 자기는 당신을 위해 수천 명이 굽기를 반복하고 색칠하고 장식해서 만들어졌다. 세로로 홈이 파인 이 고급 은찻잔 세트는 포토사라는 신대륙 땅을 파헤쳐서 얻은 것이다. 우주 전체가 당신을 위해 일하고 있는데, 자기만족을 위해서 경건한 척하며 독설을 퍼붓는다면, 이는 당신에게 아낌없이 즐거움을 주는 전 세계를 모욕하는 일일 것이다."[18]

볼테르는 사치와 소비주의가 고용을 창출하고 무역과 산업을 일으켜서 전 세계를 결속시킨다는, 낙수효과 경제이론의 초기 버전을 제시했다. 그의 주장은 확실히 틀렸다. 경제사학자 그레고리 클라크는 다음과 같이 간단명료하게 정리한다. "1800년에 살았던 평범한 사람들의 삶은 기원전 10만 년에 살았던 사람들보다 더 낫지 않았다. 사실 1800년에는 대부분의 사람들이 자신의 먼 조상보다도 더 가난하게 살았다."[19]

볼테르의 주장과 달리, 18세기 파리의 향락주의자들을 위해서 일했던 것은 우주 전체가 아니었다. 인종차별로 노예가 되어 죽도록 일만 했고, 물질적으로 부족한 삶을 개선할 기회도 없었던 사람들이 그들을 위해서 일했다. 외국에서 만든 사치품을 누린 사람들은 볼테르처럼 소수의 귀족과 부유한 부르주아였다. 당시에는 대중도 가난했고, 경제도 번영하지 못했다. 1500-1820년에 서유럽의 노동 생산성 증가율은 평균 0.14퍼센트였다.[20]

그러나 산업혁명과 뒤이은 세계화는 모든 것들을 완전히 바꾸어놓았다. 이 거대하고 자유로운 산업화는 인류의 역사를 뒤흔들었고, 최초로 대부분의 인간에게 기회를 제공했다. 세계화는 착취의 조력자인 **동시에** 빈곤의 해결사이다.

세계화는 너무 강압적이어서, 우리는 그것이 자연스러운 현상이 아니며 지구촌의 진보를 돕는 과정도 아니라는 사실을 잊기 쉽다. 세계화는 모든 사람들에게 좋든 싫든, 세계 정치와 경제에 참여하라고 강요한다. 이따금 그런 이야기는 런던이나 카라치에서 쓰인다. 그러나 가장 많은 이야기가 쓰이는 곳은 바로 베이징이다.

2

한 달에 두 번 목욕하는 사람들

마이클 윙은 세계화된 중국에서 자란 첫 세대이다. 수년 전에 친구가 된 우리는 가끔 그의 화려한 고향 상하이와 찌는 듯이 더운 내 고향 텔아비브를 주제로 대화를 나눈다. 우리는 둘 다 1979년생인데, 그 시기는 정확히 아날로그 시대와 디지털 시대의 중간이었다. 당시 중국에서는 전대미문의 개혁이 진행 중이었다. 마이클이 태어났을 때, 중국의 1인당 GDP는 (달러로 환산해서) 200달러에도 미치지 못했다. 같은 시기에 이스라엘의 1인당 GDP는 중국의 3배였다. 그러나 이후로 두 나라의 격차는 급격히 줄어들었다. 근면하고 진지하며 늘 미소를 짓는 마이클은 서양 힙합과 중국 힙합을 두루 섭렵했으며, 직접 춤을 출 줄도 안다. 나는 다양한 문화현상의 핵심을 정확히 짚어내는 마이클을 좋아한다. 그는 너그럽고 멋진 사람이다.

몇 년 전 어느 겨울밤에 나는 마이클을 포함해서 몇몇 친구들과 함께 샌프란시스코 근교에서 시간을 보냈다. 우리는 각자 어린 시절을 추억하며 대화를 나누었다. 나는 방과 후 컴퓨터 수업이 있던 요일을 가장 좋아했다고 말했다. 나는 프로그래밍에 별 관심이 없었고 집에 컴퓨터도 없었는데, 학교에서는 수업이 끝날 무렵에 학생들에게 몇 분 정도 '몬테주마의 복수'

같은 1980년대식 저화질 컴퓨터 게임을 하게 해주었다.

그런데 마이클이 가장 좋아했던 날은 나와 완전히 달랐다. 그는 부모님과 함께 공중목욕탕에 가는 날을 가장 좋아했다.

마이클의 부모님은 상하이 1세대 이주민이다. 문화혁명이 진행되는 동안 마이클의 부모님이 다니시던 고등학교는 문을 닫았고, 사회 재건을 기치로 내건 마오쩌둥의 명령에 따라서 가족 대부분은 농장으로 보내졌다. 당시 중국은 격동의 시대였으므로, 마이클의 아버지는 "고등학교 과목을 독학하셨다"고 한다. 대학이 다시 문을 연 후에야, 마이클의 아버지는 기계공학을 공부하실 수 있었다. 그후 프로그래밍을 독학하셨다.

"유치원과 초등학교 시절에 정말 어렵게 살았어." 마이클이 말했다.

"너무나 고생스러웠지. 우리 가족은 조부모님과 사촌들과 함께 한 아파트에 살았거든. 나는 창문이 없는 아주 작은 방에서 잤고, 책상이나 침대 같은 건 없었어. 아빠가 나무 몇 개를 가져다가 침대를 만들어주셨어. 우리 가족에게는 식량 배급표가 필요했는데, 항상 음식이 부족했기 때문에 고기는 거의 먹지 못하고 주로 밥이랑 채소만 먹었어. 명절과 특별한 날에는 온 가족이 커다란 식탁에 앉아 함께 식사를 했지만, 고기는 오직 어린이와 노인들만 먹을 수 있었어. 식사를 할 때 부모님은 자식을 위해 고기를 먹지 않았어. 그래서 우리는 모두 외동이야."

마이클의 집에는 냉장고가 없었다. 그래서 음식을 식힐 때에는 마당에 있는 작은 우물의 차가운 물을 이용했고, "여름철에는 음식이 상하지 않도록 소금에 절여두었다." 또한 마이클의 집에는 목욕 시설도 없었다. 화장실은 집 밖 뒷마당에 있었다고 한다. 마이클은 양동이에 물을 받아서 씻었다. "계단 아래에 아주 작은 공간이 있었는데, 사람들은 거기에 커튼을 치고 직접 물을 떠 와서 그곳에서 샤워를 했어. 그리고 한 달에 한 번 혹은 격주로 부모님과 함께 공중목욕탕에 갔지. 거기에서는 몸을 아주 깨끗하게 씻을 수 있었어. 하지만 공중목욕탕도 자주 가지는 못했어. 돈이 드니까."

이런 생활 모습은 1980년대 초까지 중국이나 아시아에서 흔한 풍경이었다. 당시 중국의 기준으로 보면, 마이클의 가족은 가난하지 않았다. 시골에 사는 사람들은 마이클보다 훨씬 더 어렵게 살았다.

그런데 1980년대 말, 거의 상상하지 못했던 방식으로 사람들의 생활이 나아지기 시작했다. 마이클은 이렇게 회상했다. "우선 상점에서 품절현상이 사라졌어. 이제는 물건이 없어서 못 사는 일이 없어진 거지. 두 번째로는 민간 시장이 들어섰어. 사람들이 마음껏 물건을 사고팔 수 있게 된 거야. 그때부터 수많은 자영업자들이 생겨났고, 우리도 자유시장을 가지게 되었어." 간단히 말하자면 "삶이 나아지고, 해마다 달라졌어."

마이클의 부모님은 각기 다른 지역에서 생산된 부품을 조립해서 흑백 텔레비전을 생산하는 전자제품 공장에서 근무하셨다. 마이클은 상하이 수학 경시대회에서 상을 받았고, 그 상이 그를 성공으로 이끌었다.

1990년대 초, 마이클은 전자 게시판 시스템(Bulletin Board System)을 통해서 파일을 내려받기 시작했는데, 이 시스템은 전화로 컴퓨터들을 연결하는 초창기 기술로, 말하자면 초보적인 수준의 인터넷이었다. 그런데 이러한 추억을 나누는 과정에서 흥미로운 일이 일어났다. 어느 순간 나와 마이클의 개인적인 추억이 비슷해지기 시작한 것이다. 그 전까지는 각자의 어린 시절 이야기가 달랐다. 나는 이따금 해외여행을 즐길 여유가 있는 이스라엘의 중산층 가정에서 자랐다. 우리 집에는 자동차도 2대나 있었다. 나와 마이클의 가정환경은 몹시 달랐지만, 인터넷에 관한 추억은 서로 같았다. 인터넷을 사용할 수 있게 된 때부터 우리가 자란 세상이 비슷해졌다. 나와 동갑인 마이클은 1980년대에 자란 여느 어린이들처럼, 전화 연결방식으로 인터넷에 접속해서 파일을 공유하고 소통했다. 우리는 인터넷이 생활의 중요한 부분을 차지하기 시작한, 인터넷 1세대였다.

마이클의 어린 시절 이야기는 단순히 자유시장과 그 영향에 관한 것만이 아니다. 어렸을 때 정부가 학교의 교육제도에 투자한 덕분에 그는 재능을 발견할 수 있었다. 교육을 가족의 최우선 목표로 생각하는 중국의 전통적 가치관과 기술에 정통한 부모님의 지원도 한몫했다. 마이클은 주저하지 않고 자신이 운이 좋았다고 인정했다. 격주로 공중목욕탕에 가기 위해서 돈을 모으던 부모님 밑에서 자란 상하이 출신의 마이클은, 지금 뉴욕 증권거래소에 상장된 기업의 설립자들 가운데 한 명이다. 이 책의 독자들 중 상당수는 마이클의 회사가 개발한 애플리케이션을 사용하고 있을 것이다. "우리 세대는 늘 고마움을 느껴." 그가 말했다. "당연한 건 아무것도 없다는 생각은 내게 정말 귀한 깨달음이 되었어. 실제로 어린 시절에 겪은 어려움 덕분에 우리는 많은 것들에 감사하게 되었지. 우리가 부모님과 발전된 사회, 정부에 고마워하는 이유는 우리 스스로 변화를 경험했기 때문이야."

마이클이 경험한 변화는 덩샤오핑과 그의 지지자들이 주도했다. 1978년에 덩샤오핑은 강력한 리더십을 발휘해서 대대적인 개혁을 단행했다. 그는 제한적이지만 민간 시장의 거래를 허용했고, 경제특구를 지정해서 상품의 생산과 수출을 장려했다. 민간 기업들은 날마다 빠른 속도로 중국인의 생활을 바꾸어놓았다. 그와 동시에, 외국 투자자들이 저렴한 노동력을 이용하기 위해서 중국으로 몰려들었다. 중국 경제는 곧바로 성장하기 시작해서 연평균 성장률이 10퍼센트에 이르렀고, 최근에는 15퍼센트를 기록했다. 중국의 1인당 GDP는 1980년에 195달러였다. 그러나 2018년에는 9,770달러를 기록했다.[1] 1980년과 1990년 사이에 중국의 극빈자 수는 1억6,700만 명까지 줄었다.[2] 2013년에는 8억5,000만 명 이상이 지독한 가난에서 벗어났다.[3] 세계화는 상호의존관계를 가속화하는데, 중국의 사례는 번개처럼 빠른 속도로 변화를 주도했다는 점이 중요하다. 중국의 경제 정책은 결과를 증명하는 데에 수십 년이 걸리는 복잡한 개발 계획이 아니었다. 중국은 삶의 모든 부문이 순식간에 실질적으로 개선되었다. 1990년에 중국은 인구의 20퍼센트(수억 명)가 문맹이었다. 그로부터 20년 후에는 전체 인구의 95퍼센트가 글을 읽고 쓸 수 있게 되었다. 1990년대 초에는 중국 여성의 68퍼센트만 글을 읽을 수 있었지만, 2010년이 되면서 그런 성별 격차는 사라졌다.[4] 또한 1990-2017년에 5세 이하 유아 사망률은 83퍼센트까지 급감했다.[5] 모든 영역에서 중국인의 삶은 크게 개선되었다. 사실 정도의 차이는 있겠으나, 세계 유일의 공산주의 독재국가인 북한을 제외한 아시아 전역에서 생활수준이 향상되었다.

여기에서 핵심은 산업화이다. 산업화로 인한 생활수준의 향상이 인류의 운명을 좌우했다. 중국은 산업혁명의 후발 주자였다. 산업혁명이라는 기차는 19세기에 출발했지만, 중국은 20세기에야 그 열차에 탑승했다. 그러나 그 정도의 시간 차는 인류 역사에서 보면 눈 깜짝할 정도의 짧은 시간일 뿐이다. 1978년에는 중국인 10명 가운데 7명이 농업에 종사했다. 2018년 현재는 상황이 완전히 바뀌어서, 10명 중 7-8명이 상공업과 서비스업에 종사한다. 이따금 나는 강연에서 청중에게 20세기 지도자들 중에서 가장 중요한 인물이 누구인지 묻는데, 대부분은 처칠, 히틀러, 스탈린의 이름을 댄다. 그러면 내가 좀더 동쪽으로 눈을 돌려보라고 제안한다. 스탈린은 자신이 건설한 소련이라는 초강대국이 영원히 유지되고 인류의 미래가 되리라고 생각했다. 처칠은 대영제국을 구하기를 바랐고, 히틀러는 천년 제국을 꿈꾸었다. 이들 세 사람은 모두 실패했다. 물론 그 과정에서 처칠은 서구 문명을 구하기는 했다. 20세기 지도자들 중에서 오직 한 명만이 낙후되고 가난한 나라를 물려받았음에도 불구하고 초강대국 자리를 예약했는데, 그가 바로 덩샤오핑이다. 유일하게 덩샤오핑만 세계화를 자신의 가까운 동지로 삼음으로써 그렇게 할 수 있었다.

글로벌 아바타

마이클을 포함해서 수많은 사람들의 삶은 전 세계가 빠르게 변한다는 사실을 입증했다. 우리보다 자녀 세대가 더 나은 삶을 살게 되리라는 예상은 막연한 기대가 아니며, 우리의 생활방식을 즉각적으로 변화시키는 힘으로 작용한다. 수돗물도 없이 생활했던 수백만 명이 이제는 소프트웨어와 애플리케이션을 개발하는 회사나 수출 지향 기업에서 일한다.

　국가 간의 거래나 문화 교류는 그 자체로 새로운 현상이 아니다. 고대 로마 시대에 대(大)플리니우스는 사치품 시장의 범세계적 특성을 비판했다. 그는 이렇게 썼다. "우리는 이럴 것이다……옷감을 사러 세레스(중국)로, 진주를 캐러 깊은 홍해로, 에메랄드를 찾아서 땅속 깊은 곳까지 갈 것이다." 또한 "아무리 적게 잡아도, 우리 제국에서 매년 1억 세스테르티우스(고대 로마의 화폐 단위 가운데 하나/옮긴이)가 인도와 세레스, 아랍 반도로 빠져나갈 것이다. 우리는 사치품과 여자들에게 그렇게나 많은 돈을 쓰고 있다."[6] 이 글은 2,000여 년 전에 쓰였는데, 이는 아마도 수입이 수출을 초과할 때에 발생하는 무역 적자를 비판한 최초의 (남성 우월주의자의) 장광설일 것이다. 대플리니우스의 비판은 제국에서 사치품을 즐길 수 있는 소수 상류층에 국한된다. 사실 대략 200년 전까지 전 세계 대부분의 사람들은 그런 물건을 살 여력이 없었다. 이들은 바닐라 향신료나 비단옷을 살 수 없었다. 이들은 일용할 양식을 구하느라 인생의 대부분을 보내야 했다.

국제무역은 제한적으로 이루어졌다. 소수의 귀족층과 부유층 사이에서만 거래가 이루어진 것이다. 또한 거대한 대륙을 횡단하는 교역은 거의 없었다. 실크로드가 전 세계를 무대로 삼았다는 신화는 19세기에 퍼지기 시작했다. 실크로드 이야기 속 세상은 풍요롭고 다채로운 고대 세계였는데, 여기에서는 서로 다른 대륙과 문화권 사이에서 개방적, 기능적으로 거래가 이루어졌고 온갖 이야기들이 오고 갔다. 오늘날 우리는 대상(隊商)의 행렬로 혼잡한 실크로드의 이미지가 잔뜩 부풀려진 낭만적인 환상임을 잘 알고 있는데, 이 이미지 속 상인들은 로마에 팔 비단을 잔뜩 실은 낙타를 거느리고 아시아를 횡단한다. 그러나 당시 일일 화물 운송 거리는 16-21킬로미터에 불과했으며, 화물을 실은 마차는 주민에게 생필품을 제공하던 각 마을의 회관 같은 곳만 오고 갔다. 운반자는 발레리 한센이 『실크로드 : 7개의 도시 (*The Silk Road : A New History*)』에서 언급한 "행상"이었다.[7]

오늘날의 무역이 얼마나 광범위하게 적용되는지는 선진국 국민의 가정용 품들 가운데 **대부분**이 원거리 생산품이라는 사실을 통해서 확인할 수 있다. 사실 하루 만에 비행기로 물건을 지구 반대편까지 운반하고, 광케이블을 이용해서 초 단위로 돈이나 정보를 전송하는 세상에서 "가깝다", "멀다"는 말이 무슨 의미가 있겠는가?

1881년에 영국 왕립 지리학회는 전무후무한 대형 지도 하나를 제작했다. 지도는 녹색, 노란색, 오렌지색, 파란색으로 가득했는데, 이 색들은 런던에서 출발해서 목적지까지 가는 데에 걸리는 시간을 나타냈다. 마차와 배로 여행하던 시절에, 고된 장거리 여행을 계획한 사람에게는 그런 지도가 꼭 필요했다. 이 지도에서 유럽 전역은 진한 녹색으로 표시되었는데, 이는 런던에서 출발할 경우 열흘 안에 목적지에 도착한다는 의미였다. 미국 동부 해안은 노란색으로 표시되었다. 이는 런던에서 출발하면 목적지까지 20일이 걸린다는 의미였는데, 여기서 20일은 비교적 빠른 배로 대서양을 횡단한다고 가정했을 때에 걸리는 시간이었다. (예를 들면, 동아시아같이) 정말로 먼 목적지는 갈색으로 표시되었는데, 이는 목적지에 도착하기까지 적어도 6주일은 걸린다는 의미였다.

오고 가는 데에 시간이 많이 걸리고, 종전 소식이 전달되는 속도도 풍속이나 파고, 돛의 크기와 강도에 좌우되던 세상이, 정보와 상품이 초고속으로 이동되고 거래 실행과 종료가 즉각적으로 이루어지는 세상으로 바뀌었다. 그러나 더욱 중요한 사실은 그런 변화가 가속화되고 있다는 점이다. 전화기가 발명된 이후, 미국 가정의 절반에 전화기가 놓이기까지 50년이 걸렸다. 라디오가 발명되고 미국 청취자가 5,000만 명으로 증가하는 데에 38년이 걸렸다. 텔레비전의 경우는 13년이 걸렸다.[8] 이와 반대로, 페이스북은 개설된 첫 해의 사용자 수가 600만 명이었고, 그 수는 5년 후에 100배로 늘었다.[9]

이와 같은 발전은 무역과 기술뿐만 아니라 1945년에 시작되어 베를린 장벽 붕괴 이후 공고해진 정치적 안정(어쩌면 이것이 주된 원인일지도 모른다) 덕분이다. 세상에 정보와 자본, 상품이 풍부해진 것은 책임의 시대를 살았던 신중하고 세심한 의사 결정자들과 유권자들 덕분이다. 책임의 시대에는 전 세계적으로 관세법과 과세 기준 등이 마련되었고, 운송비는 저렴해졌으며, 세계 시장에 대한 투자는 더욱 안전해졌다. 강력한 제도가 없으면 경제가 발전할 수 없듯이, 세계화 역시 국제 질서가 제대로 갖추어지지 않고는 확대될 수 없다.

***

세상에는 힘들게 얻는 교훈이 있다. 1910년대에는 과학기술과 이윤이 거부할 수 없는 진보의 자양분이 되리라는 믿음이 정치 엘리트 사이에 퍼져 있었다. 그러나 이 믿음은 제1차 세계대전으로 산산조각이 났다. 프로이센-프랑스 전쟁이 끝난 1871년부터 세계대전의 첫 포성이 울린 1914년 8월까지 유지되었던 초창기의 세계화는 좋은 시대라는 의미의 '벨 에포크(Belle Époque)'로 자주 불린다. 이 시기에 인류의 문화는 아름답게 꽃을 피웠다. 수많은 사람들이 자유롭게 이동할 수 있었는데, 당시 이민자의 주 목적지는 북아메리카였다. 이탈리아인, 아일랜드인, 유대인, 네덜란드인, 독일인, 체코인, 영국인, 스코틀랜드인, 폴란드인 등 수많은 사람들이 새로운 미래를 개척하고자 구세계를 떠났다. 새로운 미래는 자주 나타났다. 과학적 발견이 끊임없이 이루어지고 새로운 기술이 등장했다. 퀴리 부부는 방사능의 비밀을 파헤쳤다. 파스퇴르와 코흐는 박테리아가 발효를 일으키고 또 질병을 유발하는 과정을 밝혀냈다. 헨리 포드는 자동차의 대량 생산 시대를 개척했고, 벨은 실용적인 전화기를, 에디슨은 백열등을 최초로 발명했으며, 뤼미에르 형제는 최초로 영화를 만들어 상영했다. 이런 발명품들 가운데 하나만 있어도 사람들의 생활은 크게 바뀐다. 그러나 불과 몇십 년 사이에 여러 발명품들이 한꺼번에 등장하면서 세상은 완전히 달라졌다.

또한 벨 에포크는 인상주의, 후기 인상주의, 입체파, 표현주의 등 오늘날까지도 많은 사랑을 받는 예술 사조들이 꽃을 피운 문화 융성기였다. 문학에서는 사실주의 작품과 더불어 토마스 만과 마르셀 프루스트 같은 혁신적인 모더니즘 작가들이 인간의 심리를 파헤치는 작품들을 발표한 위대한 시대였다. 그런데 오늘날의 세계화가 (기술은 더욱 발전했지만) 이전 시대를 단순히 재현하고 있다는 주장을 뒷받침하는 자료가 있다. 세계 GDP와 선진국의 GDP에서 국제무역이 차지하는 비율이 바로 그것이다. 1913년에 영국의 GDP에서 국제무역은 44퍼센트를 차지하고 있었는데, 이후 60년간 한번도 그 수준에 도달하지 못했다.[10] 제1차 세계대전이 일어나기 직전까지 세계 GDP에서 수출이 차지한 비중은 14퍼센트였는데, 이는 1980년대까지 최대치였다.[11]

세계대전은 그 모든 것들을 무너뜨렸다. 유혈전이 시작되기 직전에 에드워드 그레이 영국 외무장관은 "유럽 전역에 불이 꺼질 것이며, 우리는 생전에 그 불이 다시 켜지는 것을 보지 못할지도 모른다"라고 말했다. 1914-1918년까지 계속되었던 피투성이 참호전이 끝나고 시작된 격동의 1920년대와 1930년대는 다시 제2차 세계대전으로 막을 내렸다. 제2차 세계대전이 끝난 후에는 서구 세력과 소련이 대립하는, 장벽과 관세, 철조망의 시대가 시작되었다.

한 일본인 친구는, 냉전이 전 세계에 미친 영향이 일본에서 겨울 추위와 벚나무의 관계와 같다고 말했다. 그는 겨울 날씨가 추울수록 봄에 벚꽃이 잘 핀다고 했다. 책임의 시대에 확충된 기반시설은 추위가 지나면서 그 진가를 드러냈다. 베를린 장벽과 동구권이 붕괴하면서 국제무역의 규모가 엄청난 속도로 커지기 시작했다. 새로운 세계화가 벨 에포크 시절의 모든 기록들을 갈아치웠다.

또다른 현상도 일어났다. 국가 간의 의존관계가 점점 더 빠른 속도로 확대되었을 뿐만 아니라, 개인들 사이의 관계도 돈독해졌다. 지금 인도네시아 공장 노동자의 생계는 미국 웹사이트의 수요와 공급에 영향을 받는다. 이 노동자는 미국에서 특허를 받고 중국에서 제조된 휴대전화를 사용하고, 직장을 계속 다닐 수 있는지 여부가 미국 연방준비제도 이사회가 정한 금리에 영향을 받아서 결정된다. 독일 국민은 베를린에 거주하면서 동시에 활동 근거지를 다른 대륙에 둘 수도 있다. 거주지에서만 사업을 하거나 친구를 만나거나 취미를 즐길 필요가 없다. 태블릿 단말기로 인터넷에 접속해서 세 대륙에서 발간하는 전문지를 구독할 수 있다. 해외 사이트에서 물건을 구입하고, 다른 지역에 본사를 둔 회사에 투자하며, 다른 문화권의 가치관, 종교, 운동법, 식이요법 등을 따라 할 수도 있다.

이처럼 현실에서 글로벌 아바타로 살기로 선택한 사람들이 점점 많아지고 있다. 이제 인류가 한번도 맞닥뜨린 적이 없는 질문과 딜레마가 등장할지 모른다. 세계화는 우리 마음에 깊이 침투하고, 기질을 바꾸며, 유전자 검사방식이나 자녀 양육방식에도 영향을 미친다.

글로벌 의식

BBC는 수년간 정기적으로, 세계 여러 나라의 국민들에게 "나는 한 나라의 국민이기보다 세계 시민이다"라는 문장에 대한 의견을 묻고 있다. 세계 시민이라는 단어가 대유행했던 2016년에는 처음 조사 대상이 된 나라들의 국민 절반이 자신을 세계 시민으로 생각한다고 답했다.[12] 2017년 미국의 한 연구에서도 비슷한 결과가 나왔는데, 당시 응답자의 절반 정도가 "글로벌 인간 공동체"에 의무감을 느낀다고 말했다. 이 조사에서는 인구 통계학적으로 유의미한 차이는 없었다.[13] 자신이 세계 시민에 가깝다고 응답한 사람은 자신의 삶이 특정 지역에 얽매여 있지 않다고 여기거나 그렇게 생각하고 싶어했다. 영화 「메리 포핀스」에서 버트의 말처럼 "온 세상이 발아래에 있다"고, 그래서 세상을 즐기는 것이 "새들과 별들과 굴뚝 청소부"뿐이어서는 안 된다고 생각하는 것이다.

거의 모든 인류 역사에서 그 말은 사실이 아니었다. 아무리 크고 중요한 사건이라도, 멀리서 일어난 일은 사람들의 삶에 물질적 영향을 거의 미치지 않았다.

런던 대화재가 그 좋은 예이다. 1666년에 런던은 이미 해외에 넓은 영토를 거느린 해상 제국의 수도였다. 런던 대화재는 제국의 거대하고 중요한 수도의 많은 부분을 파괴했다. 중세 모습을 오롯이 간직한 도시의 75퍼센트(주택 1만3,000여 채, 교회 87곳 등)가 불에 탔다. 대화재는 문화, 건축, 문학, 사회, 심지어 종교에도 영향을 미쳤다. 그런데 사람들은 이 사건에 대해서 알고 있었을까? 소식을 들은 사람은 누구였을까?

당연히 런던 사람들은 알고 있었다. 잉글랜드 전역에서는 거의 대부분의 사람들이 알았고, 브리튼 섬으로 확대하면 그보다 적은 수의 사람들이 알았을 것이다. 영국 의회 조사에 따르면, 영국인들은 화재의 책임을 "교황파"에게 돌렸다고 한다. 한동안 편협한 종교관과 외국인 혐오를 지지하는 사람들이 런던 대화재를 외국인과 가톨릭 신자를 박해하는 구실로 삼았다. 런던 대화재 기념비에서 가톨릭을 비난하는 내용은 1830년에야 비로소 삭제되었다.

그러나 전 세계인, 아니 유럽인 대부분에게 런던 대화재는 일어나지 않은 사건이나 다름없었다. 이들은 화재 소식을 듣지 못했거나 들었다고 하더라도 관심이 없었고, 굳이 관심을 둘 이유도 없었다. 이들이 사는 세상은 몹시 좁았다. 늘 그렇듯이, 소문과 이야기는 주일 예배를 드리는 교회나 동네 술집과 같은 사교 장소에서 퍼지기 마련이다. 하지만 그런 소문과 이야기는 찬란한 지식이자 더 큰 세상에 대한 정보였다. 사람은 공동체 혹은 출생지와 자신과의 관계 속에서 스스로를 정의한다. 성직자, 귀족, 부유한 상인들은 지식과 여유 시간, 돈을 소유한 엘리트 계급이었고, 그 덕분에 세계를 많이 알았다. 오직 소수의 특권층만 세상을 이해하고, 세상에서 벌어지는 일을 알 수 있었다.

런던 대화재로 평범한 영국인이 얼마나 큰 불편을 겪었을지 상상하기란 어렵지 않다. 영국인들의 집 근처 나무들은 런던을 재건한다는 이유로 잘려 나갔다. 평범한 영국인들은 벌목 때문에 여러 가지 방식으로 영향을 받았는데, 이들은 런던 대화재 사건과는 무관한 사람들이었다. 이들은 독단적인 체스판에 놓인 보잘것없는 말에 불과했다. 지방 영주가 고용한 일꾼들이 숲을 벨 때, 그저 현장에서 바라만 볼 수 있을 뿐이었다. 이들이 벌목의 이유와 관련해서 약간의 정보를 얻었을지도 모르겠다. 어쩌면 어딘가에서 화재가 일어났다는 이야기를 들었을 수도 있다. 그러나 그럴 가능성은 별로 없었다. 화재 소식을 들었더라도 이들이 살던 시대에 그런 정보가 얼마나 쓸모가 있었겠는가? 자신들의 결정에 영향을 주고 삶을 통제할 수 있는 유일한 장소는 집이었으며, 그마저도 자신들의 소유가 아닌 경우가 많았다.

오늘날 한 사건의 파급력은 런던 대화재 때와 크게 다르다. 이를테면, 2001년 9월 11일에 알카에다의 공격으로 미국의 세계무역 센터 건물이 무너진 사건을 떠올려보자. 당시 20억 명이 넘는 사람들이 건물이 붕괴되는 장면을 보았다.[14] 줄잡아도 세계 인구의 절반 이상이 비행기 충돌로 세계무역 센터가 무너지고, 2,606명이 사망한 현장을 본 것이다. 9-11 테러는 광범위한 지정학적 의미를 담고 있는 대단히 중요한 사건이었다. 맨해튼에서 벌어진 이 참사는 그럼에도 불구하고 아우슈비츠나 제2차 세계대전이 끝날 무렵 히로시마와 나가사키에서 일어난 일들보다 덜 중차대했다.

세계무역 센터가 무너지는 장면은 생방송으로 중계되었다. 바로 이 점이 핵심이다. 건물이 무너지는 충격적인 장면은 국경을 넘어서 전 세계인의 뇌리에 각인되었다. 그 장면을 보고 거의 모든 사람들이 충격에 빠졌지만, 파키스탄인과 미국인은 전혀 다른 방식으로 사건을 이해했다. 두 나라의 국민들은 같은 장면을 보았지만 완전히 상반된 추론을 했고, 느끼는 감정도 완전히 달랐다. 그러나 그들 모두 사건의 내용을 알고 있었고 붕괴 영상을 어디에서나 볼 수 있었으며, 그 결과 그것이 수천, 수백만 명의 개인적인 결정을 바꾸는 계기가 되었다.

장소와 사람의 관계가 오늘날처럼 밀접하고 강력할 때에는, 먼 곳에서 일어난 사건이라고 하더라도 개별 지역사회에 미치는 영향이 상당하다. 그래서 사람들은 사상과 사실, 이미지의 공통 토대를 만들고 싶어한다. 그러나 눈에 띄는 점은 사람들이 자신의 삶에 직접 영향을 미치고, 도움이 되는 지식이라고 해서 더 많이 아는 것은 아니라는 사실이다. 오히려 사람들은 겉보기에 당장 중요하지는 않은 것들을 더 많이 안다. 1997년에 영국 다이애나 비의 장례식 장면을 약 25억 명이 시청했다. 2018년 월드컵 개막전은 35억 명이 시청했다. 2010년에는 칠레의 광산이 붕괴되었는데, 그곳에서 일하던 광부들이 구조된 사건에 대해서 들었거나 그 장면을 지켜본 사람들은 10억 명 정도였다. 끔찍하게 가난하지 않고, 생계를 걱정하지 않는 사람들이 오늘날의 세계를 만든다. 몇백 년 전에는 외딴 수도원에서 웅크리고 앉아 책이나 보던 베네딕트회 수도사들이 누리던 특권을 지금은 거의 모든 사람들이 향유한다.

사람들이 읽고 쓰는 법을 알고, 수도와 전기, 인터넷 등을 사용할 수 있는 세상은 모 아니면 도이다. 즉, 전부를 누리거나 하나도 누릴 수 없다. 전부를 누릴 수 있을 때에 인간의 조건은 바뀌고, 변화를 추구하는 사람들은 넓은 시야를 가지게 된다. 끊임없이 연결된 세계가 일종의 공통 의식을 창조한다. 아이들은 온라인 비디오 게임에 관해서 친구와 이야기하고, 어른은 세계무역 센터가 무너질 당시 자신이 어디에 있었는지를 정확하게 기억한다. 서로 모르는 사람들끼리 얼굴과 이름이 알려진 정치인의 바보 같은 행동을 함께 조롱한다. 사람들의 관계가 밀접해질수록 더 많은 사고방식을 공유하게 된다. 여기에 지식이나 이미지, 패러다임이 추가되면 사람들이 공유하고 있던 세계관도 보강된다. 모든 사람들이 포르노그래피, 패스트푸드, 할리우드 연예물, 달러의 위력, 테러에 대한 공포, 스마트폰, 종교적 근본주의, 여성의 자율권 등을 지지하거나 받아들일 필요는 없지만, 이것들은 모두 인간의 공통 의식의 범위를 넓힌다. 이렇게 확장된 의식은 사람들에게 공통된 열망과 두려움을 심음으로써, 소비자의 수요에서부터 국내 정치에 이르기까지 모든 영역에서 사회 관습에 영향을 준다. 그리고 기술이 그 과정을 가속화한다.

영국 뉴캐슬 대학교의 수가타 미트라 교수가 교육과 컴퓨터 사용 능력의 관계를 연구하기 위해서 시도한 "벽에 난 구멍"이라는 실험이 그 좋은 예이다. 이 실험은 비카스 스와루프의 소설 『Q&A』와 이를 각색한 영화 「슬럼독 밀리어네어」에 영감을 주었다. 1999년에 미트라는 뉴델리의 한 빈민가 건물 벽에 구멍을 내고 컴퓨터 모니터를 설치했다. 그 옆에는 인터넷 접속 시에 사용하라고 마우스를 두었다. 실험의 제목처럼, 그곳에는 벽에 난 구멍에 컴퓨터만 있었다. 보호자도, 감독할 어른도 없었다. 미트라 교수는 아이들의 반응을 살피기 위해서 카메라 한 대를 숨겨놓았는데, 처음에 아이들은 대부분 인터넷을 하러 그곳에 왔다. 아이들이 어떻게 스스로 혹은 친구들과 함께 공부하는지, 어떤 공식적인 설명도 없는 자리에서 어떻게 컴퓨터를 사용하는지, 어떻게 웹사이트에 접속하고 소프트웨어와 게임, 음악을 내려받는지 등을 설치한 카메라로 녹화했다. 미트라 교수는 다른 도시로까지 이 실험을 확대했는데, 인터넷이 없는 외딴 지역을 포함한 빈민가만을 대상으로 삼았다. 그는 게임과 교육용 소프트웨어가 담긴 디스크들을 같이 두었는데, 디스크의 내용은 전부 영어로 되어 있었으며 그곳 아이들은 아무도 영어를 할 줄 몰랐다. 그가 실험 장소들 가운데 한 군데를 방문했을 때, 아이들에게서 "성능 좋은 프로세서와 마우스가 필요해요"라는 말을 들었다.

아이들은 또한 이렇게 말했다. "아저씨가 영어로만 작업할 수 있는 기계를 주셔서 영어를 공부했어요."

미트라의 연구는 아이들이 어른의 감독을 받지 않아도, 컴퓨터가 없어서 받지 못했던 교육과 지식, 능력을 인터넷 접속을 통해서 획득할 수 있음을 보여주었다. 여기에는 컴퓨터 작동에 필요한 기본 지식뿐만 아니라 정보 검색 방법, 수학적 지식과 언어의 습득, 비판적 사고능력 등이 포함된다. 쌍방향으로 작동하는 인터넷과 컴퓨터의 속성 덕분에 아이들은 혼자 힘으로 지식을 획득할 수 있었다.[15] 심리학자 허버트 저주이는 "미래의 문맹인은 글을 읽지 못하는 사람이 아니라, 학습하는 방법을 배우지 못한 사람일 것이다"라고 말했다.[16] 뭄바이에서 스마트폰 하나를 나누어 쓰는 (혹은 과거에 인터넷 카페에서 시간을 보냈던) 아이들은 스스로 학습 방법을 깨우친다. 이따금 아이들은 만만치 않은 장애물에 부딪히기도 하겠지만, 그런 장애물은 구세계를 얽맸던 무지의 굴레보다는 덜 억압적이다. 오늘날에는 어떤 사실을 파악하려면 클릭 한 번이면 된다. 그러나 우리가 알고 있는 바와 같이, 거짓 정보도 그렇게 쉽게 입수할 수 있다.

***

2010년 튀니지에서 민주화 혁명이 일어났을 때, 서구 언론은 그 사건에 붙일 적당한 이름이 필요했다. 그래서 튀니지의 국화(國花) 이름을 따서 '재스민 혁명'이라고 불렀다(튀니지 사람들은 그 이름에 의미를 담아서 '품격 있는 저항'이라고 부른다). 튀니지에서 일어난 봉기는 불과 몇 주일 만에 북아프리카와 중동으로 확산되어 '아랍의 봄'이라고 불리는 혁명으로 이어졌다.

튀니지 혁명은 극동 아시아, 특히 중국에도 반향을 일으켰다. 2011년 2

월, 베이징을 비롯한 중국의 몇몇 도시에서 정치 개혁을 요구하는 시위가 일어났다. 시위대는 정치 변화의 상징물로 재스민을 사용했는데, 이 꽃은 중국 문화에서 역사가 깊다. 시위대는 중국인에게 친숙한 노래인 "모리화(茉莉花)"를 부르면서 사람들에게 재스민을 나누어주었다. 중국인들도 튀니지에서 일어난 일을 잘 알았으므로, 다른 슬로건이 필요하지 않았다. 맥락이 분명했기 때문이다. 중국 정부는 검열 단어에 "재스민"을 넣었다. 소셜 미디어와 애플리케이션에서 "재스민 혁명"이라는 단어가 검색되지 않도록 통제했다. 시위가 이집트로 확산되었을 때, 몇몇 중국 웹사이트에서는 "이집트"라는 단어도 검색어에서 사라졌다.[17] 검열은 광범위하게 이루어졌다. 후진타오 전 중국 주석이 과거에 부른 '모리화' 영상도 인터넷에서 갑자기 사라졌다. 중국은 매년 국제 재스민 축제를 열고 있는데, 2011년에는 갑자기 행사가 연기되었다. 일부 지역에서는 경찰이 재스민 판매를 막았고, 이 때문에 베이징 외곽에 위치한 다싱구의 재스민 재배 농민들이 막대한 손실을 입었다. 「뉴욕 타임스」에 따르면, 일부 꽃 시장 상인들은 재스민에 관심을 보이는 사람들이 있으면 신고하고, 구입을 문의하는 사람들의 자동차 번호판을 적어두라는 말을 들었다고 한다.[18]

　사상의 세계화와 그 사상을 위한 투쟁을 간단히 정리하면 이렇다. 여기에서 사상은 자유라는 가치이며, 이 가치가 튀니지에서는 그 나라의 정치 상황에 맞게 재스민으로 표현되었다. 중국 국민이 튀니지의 민주화 혁명에 관해서 아무런 정보가 없었다면, 재스민은 단순한 꽃일 뿐 별다른 의미를 가지지 못했을 것이다. 재스민이 여러 지역에서 어떤 상징성을 가지게 되는 순간, 그 내용을 아는 사람들 사이에 공통점이 만들어진다. 이 공통점이 기본적인 가치와 관련되어 있기 때문인지는 모르겠지만, 어쨌든 그것이 모든 곳에서 권력구조를 위협했다.

글로벌 의식이 확산되지 못하도록 적극적인 조치를 취한 사례도 있다. 언젠가 나는 중국인 친구에게 야심 있는 시진핑 주석이 마오쩌둥 이후 가장 강력한 중국 지도자인 것 같다고 말했다. 그 친구는 그렇지 않다고 대답했다. "그가 마오쩌둥보다 더 강하지." 내가 놀라서 이유를 물었다. 친구는 이렇게 대답했다. "마오쩌둥도 강력한 지도자였고 모든 것을 통제했지만, 국민들이 무슨 생각을 하는지는 몰랐어." 그는 오늘날의 중국 공산당이 역사상 가장 강력한 감시와 감독, 통제 정책을 시행하고 있다는 점을 말하고 있었다. 중국 정부는 빅데이터 분석 기술을 통해서 대중의 담론을 통제할 수 있다. 독재자는 정치적, 사회적 권력구조에 의식의 세계화보다 더 큰 위협은 없다는 사실을 잘 알고 있다. 사상은 세계화의 강력한 무기이다.

오늘날 세계화를 비판하는 사람들은 세계화가 잘못된 의식을 만들어낸다고 말한다. 세계화가 상위 0.1퍼센트 혹은 세계 최강국의 억압 도구를 뒷받침하는 것은 사실이다. 실제로 비판자들은 "세계화"란 미국의 소비 지상주의에 굴복하고, 할리우드 영화처럼 전 세계가 미국화되는 과정이라고 주장한다. 가장 뼈아픈 비판은 잘못된 미국식 행복론이 전 세계로 확산된다는 주장이다.

1941년에 미국 출판업자 헨리 루스는 자신이 창간한 잡지들 중 하나인 「라이프(Life)」에 "미국의 세기"라는 제목의 글을 기고했다. 이 글은 미국적인 방식이 전 세계에 하나의 모델로 자리잡고 있다고 대대적으로 선전하는 에세이이다. 그는 "한없이 소중하고 특별히 미국적인 가치들, 예컨대 자유에 대한 사랑, 기회의 평등, 자립과 독립, 협동의 전통 등의 가치를 옹호했다."[19] 루스는 중국에 파견된 선교사 가정에서 태어났다. 그는 부모님의 전통적인 선교방식에 익숙했지만, 그의 표현대로 "모험으로 가득한" 나라에 감추어진 새로운 세속적 복음에 매료되었다.

미국적인 가치는 등장한 순간부터 세계 곳곳에서 지역의 정체성과 권력 구조, 전통을 위협했다. 세계화가 가져다준 번영을 의심하는 사람은 거의 없었지만, 글로벌 의식의 등장, 특히 미국의 영향력은 많은 이들이 거부했다. 문화가 경제에 미치는 영향력은 어마어마하고, 그 반대의 경우도 마찬가지이다. 베트남의 쌀 수입업자가 저렴한 가격에 쌀을 판다고 해보자. 그러면 현지에서 쌀농사를 짓던 사람들은 수입이 줄어든다. 만약 베트남 어린이들이 갑자기 서양 아이들처럼 감자튀김을 좋아하게 된다면 더욱 심각한 위험이 발생한다. 미국의 패스트푸드가 베트남 문화에 침투하면, 짐작하건대 쌀 수요는 줄어들 것이다. 이 시나리오에서 현지의 쌀 농사꾼은 경쟁 시장에 참여하지 못한다. 이들은 시장에서 쫓겨나게 될 뿐이다. 문화가 통합되어 사람들의 취향이 변하면, 현지의 쌀 재배는 종적을 감추게 된다.

국제무역은 시장과 생활방식을 바꾸지만 사상은 이것들을 새롭게 창조하거나 아예 파괴할지도 모른다. 글로벌 의식의 출현은 새로운 세계를 만들지만 그와 동시에 힌두교 경전 『바가바드기타(*Bhagavadgītā*)』에서 크리슈나가 "나는 전능한 시간이며, 시간은 모든 것들을 파괴한다"라고 말한 상황을 만들기도 한다.[20]

세계화는 밀실과 기관실, 그리고 갑판 아래에 불편한 진실을 숨겨놓은 호화 여객선과 같다. 이 어두운 공간에서 수많은 사람들이 배가 앞으로 나가도록 노를 젓는다. 「라이프」에 발표된 루스의 "미국의 세기"는 정말 시의적절한 글이었다. 잡지 표지에는 "할리우드 파티"라는 제목과 함께, 이브닝 드레스를 차려입은 할리우드 스타의 사진이 함께 실렸다.

3

세계화 전쟁

"산 넘어 산"
_ 아이티 속담

세계화가 극심한 빈곤을 퇴치하고 글로벌 의식을 기를 수 있는 토대를 마련함으로써 인간의 생활수준이 개선되었다. 그 과정에서 전 세계 어디에서나 전통과 공동체의 권력구조가 위협받게 되었다. 또한 무역과 자본주의를 이용해서 강대국이 약소국을 착취하고, 약소국의 지도층이 폭력을 동원해서 상대적으로 취약한 지역과 계층을 착취한다. 이런 지속 불가능한 착취방식은 반복되는 전쟁과 분쟁에서 고스란히 드러난다.

2017년, 베이징

나를 태운 전기 자전거가 베이징 중심가를 달리고 있었고, 나는 뒷좌석에서 앞사람의 허리를 두 손으로 꽉 잡은 채 두려움에 떨고 있었다. 이곳 도로에서 신호등은 그저 참고물일 뿐, 모든 운전자들이 제멋대로 달렸다. 헬멧도 쓰지 않은 채 운전 중이던 내 친구는, 한 손으로 핸들을 잡고 빠른 속도로 자동차 사이를 지나가면서 틈틈이 스마트폰을 확인했다. 이 거대한 공산국가의 도로는 전동 스쿠터 부대로 가득했고, 운전자들은 짙은 스모그 때문에 흰색 마스크를 쓰고 있었다.

베이징에 가면 순식간에 압도된다. 비약적으로 도약했지만 여전히 개발의 활기가 느껴진다. 중국은 아직 초강대국이 아니지만 베이징은 초강대국의 수도가 될 준비를 마쳤다. 베이징은 준비된 상태에서 탄생한 도시였다. 이곳은 뉴델리처럼 시끄럽지 않고 정신없이 바쁜 뉴욕과도 확실히 달랐다. 베이징은 거대하지만 질서 정연했고, 사람들이 바글거렸지만 이국적인 느낌은 없었다. 도시계획에 대한 결정은 신속하고 이성적으로 이루어졌다. 내가 탄 전기 자전거는 속도가 줄어들다가, 버려진 쇼핑센터의 건너편 도로에 멈췄다. 친구는 조금 무심한 말투로, 인구가 적은 지역의 주민들을 몰아내고 저 쇼핑센터를 지었다고 말했다. 지역 주민은 불과 며칠 만에 그곳을 떠나야 했는데, 실제로 멀리 떨어진 교외 지역으로 내쫓겼다. 쇼핑센터는 장사가 잘되지 않아서 입점 상점들이 문을 닫았으며, 지금은 호텔 부지로 재지정되어 다시 철거될 예정이라고 한다. 개발업체는 자랑스럽다는 듯이 큰 글씨로 적힌 공사 계획 안내판을 벌써 세워놓았다. 수천 명의 삶을 바꾼 그 모든 일들이 벌어지는 데에 고작 20개월밖에 걸리지 않았다.

운이 좋다면, 변화무쌍한 도시의 열기를 피해 도심 내의 작은 전통 마을에서 잠시 휴식을 취할 수도 있다. 이런 마을은 대체로 공동 마당의 주변에 낮은 주택들이 옹기종기 모여 있는 형태를 취하는데, 공동 마당의 한가운데에 오래된 우물이 있는 마을도 있다. 이 지역은 대부분 고급 의류점들이 장악했지만, 곳곳에는 아직도 회색과 갈색의 도시 한가운데 떠 있는 녹색 섬처럼 소수의 전통 마을이 남아 있다. 이곳에서는 노인들이 파자마 차림으로 산책하는 모습과, 이들이 집 밖에 앉아서 행인들을 구경하는 이웃들과 인사하는 모습을 주말마다 볼 수 있다. 이들은 가끔 하늘을 바라보고는 하는데, 그런 날들 중 절반은 희뿌옇고 우중충한 하늘만 볼 수 있다.

베이징은 날마다 대기오염과 싸우고 있다. 무모하게 전기 자전거를 몰던 내 친구의 말에 따르면 "공기가 좋을지 나쁠지를 에그(egg)가 알려준다." "에그"란 가정용 부유 분진 측정기로, 도시 거주자에게는 대단히 중요한 기기이다. 오염도가 높은 날에는 부모들이 아이들을 밖에서 놀지 못하게 한다. 부유층 아이들을 유치하고 싶은 학교들은, 실내 운동장과 경기장의 지붕이 보호용 돔으로 되어 있어서 매연이 걸러지며 따라서 아이들이 편하게 숨을 쉬면서 운동할 수 있다고 광고한다. 베이징에서는 나쁜 공기를 걸러주는 공기청정기가 필수 가전이다. 이것은 가구의 소득 계층을 알려주는 지표이기도 한데, 첨단기술이 적용된 제품은 가격이 수백 달러에 이르기 때문이다. 벽걸이 에어컨처럼 벽에 부착하거나 휴대할 수 있는 고급 제품은 6개월 간 사용할 수 있는 필터가 들어 있는데, 베이징은 매연과 먼지가 많아 공기청정기 흡입구가 자주 막히기 때문에 몇 주일에 한 번씩 필터를 교체해야 한다.

2017년까지 베이징의 오염도는 최악의 수준으로 치달았다. 몇 주일 내내 짙은 먼지로 하늘이 누런 잿빛이었고, 운전자들은 앞을 제대로 볼 수 없어서 충돌을 피하기 어려웠다. 신문사들은 신선한 산소가 절실한 아기와 노인들로 병원이 가득하다고 보도했다. 2013년에 「뉴욕 타임스」는 대기오염이 중국 어린이의 삶을 바꾸어놓았다고 발표했다. 그 기사의 제목은 "중국 어린이는 숨 쉬는 것도 위험하다"였다.[1] 오염도가 최악이었던 날에는 세계보건기구가 건강을 직접적으로 위협한다고 경고한 수준을 뛰어넘었다. 그때 이후 대기 질은 계속 개선되고 있지만, 마스크는 여전히 필수이다. 스모그가 심한 날에는 마스크를 쓰지 않은 채 20분만 걸어도 메스꺼움을 느낀다.

부유 분진의 대부분은 하얼빈이나 허베이 성 같은 산업도시에 세워진 공장과 화력발전소, 그리고 대도시에서 나온다. 여론에 민감한 공산당은 엄격한 목표를 세웠고, 공장과 화력발전소들이 배기 가스 감축을 위한 세부 지침을 채택하게 했다. 겉보기에 이 계획은 성공했다.

　그러나 최근 발표된 다수의 연구에 따르면, 실제로 중국 정부가 한 일은 발전소의 절반 정도를 베이징 밖으로 이동시킨 것뿐이다. 한 연구에서 제공한 수치를 살펴보면, 중국 전역의 탄소와 미립자 배출량은 베이징의 대기 개선을 위한 조치가 시행된 이후에도 사실상 증가했다. 즉, 중국 정부는 오염물질을 배출하는 공장들을 지방의 가난한 시골 마을로 옮겼을 뿐이다.[2] 이런 지역들의 오염도는 국내외에서 관심을 받지 못하며, 주민들은 정치적으로 힘이 없기 때문에 이들이 겪는 곤경 역시 눈에 잘 띄지 않는다. 흥미로운 다큐멘터리「돔 아래에서」에는 중국 내의 최대 오염 지역들 가운데 한 곳인 산시 성의 광산 지역에 사는 여섯 살짜리 여자아이가 등장한다.

　"별을 본 적이 있니?" 기자가 아이에게 묻는다. "아니요." 아이가 대답한다. "푸른 하늘은?" "약간 푸른 하늘은 본 적이 있어요."

　"그럼 흰 구름은 본 적이 있니?" "아니요."[3] 아이가 한숨을 쉬었다. 전 중국 CCTV 아나운서 차이징이 독립적으로 제작한 이 다큐멘터리는 공개된지 일주일도 지나지 않아서 조회 수가 3억 회에 달했지만, 얼마 후 중국의 소셜 미디어 사이트에서 삭제되었다.

　세계보건기구의 통계에 따르면, 매년 전 세계에서 420만 명이 실외 대기오염으로 사망하고 있고 그중 상당수가 중국에서 살았다.[4] 가장 취약한 계층은 어린이인데, 매년 전 세계에서 170만 명 정도의 어린이가 환경오염으로 사망하고 있다. 그중 대부분은 유독성 물질과 중금속 중독으로 인한 호흡기 질환으로 사망했다.[5] 또한 오염물질로 인한 사망자의 90퍼센트는 빈곤

국, 주로 아시아와 아프리카 지역에서 사는 사람들이다.[6]

착취 허브

심각한 환경오염은 급격한 산업혁명의 대가이다. 과거에 "스모그"라는 용어가 처음 등장한 런던과 맨체스터에서 일어났던 일들이 오늘날에는 베이징에서 벌어지고 있다. 그러나 중국 전역에서 과거보다 훨씬 더 많은 공장들이 엄청난 양의 제품을 생산함에 따라서 중국의 하늘과 물이 오염되고 있는데, 이렇게 생산되는 제품들 중 상당수는 해외, 특히 서양의 소비자에게 팔린다. 여기에서 자주 간과되는 사실이 있다. 동아시아 지역으로 공장을 옮기면 선진국에서 배출되던 오염물질이 개발도상국가로 이전된다는 사실이다. 2017년 「네이처(*Nature*)」에 발표된 한 연구에 따르면, 외국에서 소비될 물건을 자국에서 생산함으로써 발생한 대기오염으로 2007년 한 해에만 전 세계에서 75만 명이 사망했다.[7] 그 이후에도 당연히 사망자 수는 계속 증가하고 있다. 또한 같은 해에, 해외 공장에서 자국으로 유입된 먼지 입자 때문에 41만1,000명이 더 사망했다. 연구진은 "생산지의 느슨한 환경 규제 덕분에 생산비가 적게 들어서 수입품의 가격이 저렴해졌다면, 이는 어딘가 다른 곳에 사는 사람들이 그들의 목숨을 희생한 대가일 것이다"라고 썼다.[8]

아시아의 저렴한 인건비 덕분에 스마트폰 가격이 적당한 수준이 되었지만, 그것을 제작할 때에 발생하는 오염물질은 생산지에 그대로 남아서 사람들을 죽인다. 시카고 대학교는 대기오염도가 기대 수명에 미치는 영향을 수치화한 대기질 수명 지수(Air Quality Life Index)를 분석했는데, 그 결과에 따르면 환경오염 때문에 평균 수명이 인도인은 5.2년, 중국인은 2.3년이나 단축되었다고 한다.[9] 세계화는 대기 속에서도 일어나고 있으며, 그것은 출국 수속이나 관세 규제가 필요 없고 국제기구의 지시를 따르지 않아도 된다. 분진은 온실 가스처럼 아무런 방해도 받지 않고 국경을 넘나든다.

세계화는 첨단기술 허브뿐만 아니라 착취 허브도 조성한다. 첨단기술 허브는 기술과 혁신의 중심지이다. 착취 허브는 느슨한 규제, 무능하고 부패한 정부 감독기관, 외세에 휘둘리는 나약한 주민 등의 요인이 복합적으로 작용한 결과물이다. 아프리카에서 원자재를 수입하고 아시아에서 제품을 생산하는 유럽과 미국 기업들은 자본주의의 속성인 값싼 노동력을 착취하고 저개발국의 느슨한 규제 기준을 이용한다. 또한 저렴한 노동력, 현지 소비시장 독점, 원자재의 이용, 저렴한 에너지 비용 등으로 착취 허브의 토대를 마련한다. 이곳 노동자들은 열악한 노동 환경에서 일하고, 환경오염의 위험에 고스란히 노출되며, 제대로 된 노동조합이나 참정권을 가지지 못한다. 바로 이런 특징이 국내외 투자자들을 착취 허브로 끌어들인다. 그리고 외화와 일자리가 절실한 빈곤국이 그 덫에 걸린다. 만약 이들 국가의 정부가 국민의 압박에 대응하고 노동 조건을 개선하며 노동법과 규제를 강화하면, 제조업체는 그 나라에서 공장을 철수할 것이고, 그 결과 실업이 증가해서 경제가 큰 타격을 입게 되며, 이미 훼손된 환경은 되돌리지 못하게 될 것이다. 또한 선진국에 수출할 제품을 생산하는 공장들은 대체로 현지 노동자들에게 더 나은 노동 조건을 제공한다. 착취 허브가 만들어지면, 착취 행위로 이익을 얻는 집단(세금으로 벌어들이는 수입이 느는 지방정부와 이윤이 증가하는 기업들)이 기득권을 가지게 된다. 그래서 착취 허브에는 강력한 이익 단체가 존재한다.

몇몇 학자들은 이런 관계를 중심부와 주변부 혹은 대도시와 시골의 분업으로 설명했는데, 그 학자들 중에서도 가장 유명한 인물은 최근 작고한 이매뉴얼 월러스틴이다.[10] 그러나 그런 식의 관점도 현대의 착취와 과거의 착취 사이에 존재하는 근본적인 차이점을 충분히 설명하지 못한다. 오늘날의 착취 허브는 자본과 상품, 노동력의 이동처럼 유연하고 유동적이다. 예를 들면, 발전소와 유해 물질을 배출하는 시설을 정치적인 영향력이 없고 빈곤한 지역으로 옮기는 문제에서 중국 정부는 그런 지역들을 착취 허브로 이용한 것이다. 실제로 중국 정부가 자국의 농촌 지역에 한 일은 선진국이 중국과 저개발국에 한 행위와 일치한다.

그리고 이런 현상은 점점 확대되고 있다. 최근 중국은 이산화탄소를 배출하는 수많은 공장들을 방글라데시와 베트남 같은 남아시아 국가들로 이전함으로써, 서구의 선진국을 따라 하고 있다.[11] 현재 아시아에서 대기오염이 가장 심각한 지역은 델리이다. 착취 허브는 세계화된 세계의 스미스 요원과 같다. 영화 「매트릭스」의 스미스 요원처럼, 착취 허브는 자기 복제를 한다.

공장에서 흘러나온 납은 농작물과 가축에 남아서 이것을 섭취하는 사람들의 몸에 쌓이고, 대기로 배출된 매연은 어린이들에게 천식과 폐기종을 유발함으로써 사회와 환경에 막대한 비용을 초래한다. 오염된 농산물은 폐기하고 감염된 동물은 살처분해야 하며, 오염된 물은 따로 필요한 처리를 해야 한다. 세계 시장에서는 제품의 소매가에 그런 비용이 포함되지 않는다. 건강과 환경, 삶의 질 등과 관련된 비용을 경제학자들은 "외부 효과"라고 부르는데, 세계 시장에서는 그런 비용을 무시한다. 그 비용은 지구와 사망자들이 지불한다.

***

중국은 세계화 역사가 길기 때문에 세계화의 어두운 면을 찾아보기에 아주 좋은 장소이다. 오늘날의 세계화를 이해하려면 19세기에 일어난 아편전쟁에 대해서 알아야 한다.

경제사학자들은 지난 2,000년 동안 인도반도와 중국이 전 세계 GDP의 거의 60퍼센트를 생산했다고 주장한다.[12] 동양의 나라들은 이미 오래 전부터 알고 있던 중국의 경제력을, 유럽은 1300년경이 되어서야 비로소 마르코 폴로를 통해서 제대로 인식하게 되었다. 훗날 지식인과 예술가들은 이따금 중국을 서양이 본받아야 할 대상으로 이상화했다. 1699년에 독일 철학자 고트프리트 라이프니츠는 중국이 수학과 군사력은 뒤처졌지만, 법체계와 윤리학은 대단히 발전한 나라라고 썼다. 그리고 이후 라이프니츠는 중국에서 수학과 군사력이 발전하지 못한 이유는 "무지 때문이 아니라 의도적인 것이다. 왜냐하면 중국에서는 인간의 잔인함을 불러일으키거나 부추기는 모든 것들을 경시하기 때문이다"라고 말했다.[13]

그러나 서양과 중국의 관계는 주로 상업적이었다. 고대 로마 시대에는 중국산 비단의 인기가 대단했는데, 기원후 14년에 로마 원로원은 남성에게 어울리지 않는다며 비단옷 착용을 금지했다. 그러나 사실 로마 지도층은 비단을 구입하기 위한 거액의 돈과 막대한 금이 동방으로 보내지는 것에 대해서 우려하고 있었다.

해상운송이 편리해지자 거대 상업제국들은 (비단과 자기류 및 향신료는 물론, 17세기부터 대유행한 차를 포함하여) 거의 모든 중국 물건들을 대량으로 구입하려고 했다. 물건을 가득 실은 배들이 중국 항구를 출발해서 중국 제품에 열광하던 서양의 구매자들에게 물건을 전달했다. 그러나 무역상들은 오늘날의 무역수지 적자와 비슷한 문제에 시달렸다. 중국은 서양에서 사고 싶은 물건이 없었고, 대등한 무역 관계를 맺는 일에도 관심이 없었다. 청나라 건륭제는 1793년에 영국 국왕 조지 3세에게 "우리 제국은 모든 것이 아주 풍족하고, 제국 안에는 부족한 것이 아무것도 없소. 그러므로 우리 물건을 외부 오랑캐가 만든 물건과 교환할 필요가 없소"라는 내용의 편지를

보냈다.[14]

중국 황제는 영국 상인들이 우수한 중국 물건을 구입할 수 있는 이유는 중국이 은혜를 베풀었기 때문이라는 점을 영국 국왕에게 알려주고 싶었다. 그는 "바다에 가로막혀 세상과 차단된 외딴 섬나라를 잊지 않았기 때문에" 그 나라에 동정심을 베풀 준비가 되어 있었다.

영국 상인들은 청나라의 금고로 은괴가 끊임없이 들어가는 것을 막고자 중국에 팔 수 있는 물건을 필사적으로 모색했다. 합법적인 물건으로는 중국의 관심을 받지 못했기 때문에 상인들은 불법적인 것, 즉 아편을 이용했다. 중국의 황제들은 양귀비를 재배하거나 아편을 거래하고 사용하는 일을 금지해왔는데, 그 때문에 오히려 아편에 대한 수요가 커졌다. 당시에는 최초의 다국적기업인 동인도 회사가 인도와 극동 지방에 강한 통제력을 행사하고 있었다. 동인도 회사는 국왕의 허락을 받아서 용병을 고용할 수 있었으므로 벵골 지역에서 아편을 독점 재배할 수 있었다. 그리고 하청업자들이 벵골에서 생산한 아편을 중국으로 수출하거나 밀수했다. 그때부터 동인도 회사가 중국에 아편을 팔아서 번 돈은 영국인이 소비할 비단과 자기, 찻잎을 사는 데에 사용되었다. 그렇게 무역 적자는 해소되었다.

19세기 초반에 동인도 회사는 세계 최대의 마약 생산자이자 판매자였고, 금융업자이면서 모든 사업 과정에 필요한 군사를 공급하는 곳이기도 했다. 아편은 대영제국의 경제에 대단히 중요했고, 어쩌면 당시 인도에서 생산된 상품들 중에서 가장 활발하게 거래되었을 것이다.[15]

중국 내의 수많은 도시들에서 아편 중독자가 속출하고 사망자가 늘어나자, 중국은 아편 거래를 막으려고 애썼다. 막대한 양의 아편과 아편 파이프를 소각했지만 수요는 줄지 않았다. 이는 마치 오늘날 미국이 마약성 진통제인 오피오이드(opioid)와 전쟁을 벌이는 모습과 비슷했다.

세계 최초의 마약 단속 책임자

오늘날 자금성 경내를 걷다 보면, 수많은 관광객들과 이들이 터뜨리는 카메라 플래시 사이로 누군가 의도적으로 주입한 것 같은 열등감과 초라함을 느끼기 쉽다. 자금성 안을 드나들던 신하들은, 황제의 뒤를 따라서 신무문을 지나 태화전으로 갈 때에 혹시라도 금지된 문턱을 넘을까봐 두려워서 떨었다고 한다. 19세기 초에는, 국가의 고통을 깊이 헤아리고 있던, 선한 황제 도광제의 신하들이 절망에 빠져 이곳을 걸었다. 이 유서 깊은 장소에서 도광제는 국가의 주권을 지키기 위해서 최선을 다했다. 그는 중국의 자존심을 지키면서 아편 거래를 막기 위해서 용의주도한 관리이자 충신이었던 임칙서를 등용했으나, 그 결정은 오히려 처참한 결과를 낳았다.

낡은 그림 속에서 품위 있게 옷을 차려입은 채, 눈에 총기를 머금고 하얀 수염을 길게 늘어뜨리고 있는 임칙서는 전형적인 중국 현자의 모습이다. 임칙서는 아편을 합법화해달라는 영국의 제안을 거절하도록 황제를 설득했다. 그는 관할 지역에서 아편을 효과적으로 퇴치하여 그 공을 인정받고 있었다. 그래서 황제는 그를 세계 최초의 마약 단속 책임자로 임명했다. 임칙서는 자신에 대한 황제의 신임이 틀리지 않았음을 신속하게 증명해 보였다. 막대한 양의 아편을 폐기한 그는 청렴결백한 사람이었다. 언젠가 그는 더러운 아편으로 바다를 오염시킨 것에 대해서 바다의 신에게 용서를 구하는 비가(悲歌)를 짓도 했다.[16] 그가 영국의 빅토리아 여왕에게 보낸 유명한 편지에는 영국이 중국에 저지른 부당한 조치에 항의하는 내용이 담겨 있다. 그는 이렇게 주장했다. "여왕님의 배들이 우리와 거래하기 위해서 앞다투어 이곳으로 오는 이유는 이익을 얻고 싶다는 단순한 열망 때문입니다. 그런데 어찌하여 그들은 중국인들을 말살하는 독약을 가져오는 것입니까?……이러한 이유로 우리는 하늘이 모든 인간의 가슴에 심어준 양심이라는 것이 무엇인지에 관해서 묻지 않을 수 없습니다."[17]

아마도 빅토리아 여왕은 회신하지 않았을 것이다. 대영제국은 마약 거래권을 보호하기 위해서 노력하고 있었다. 최초의 현대판 세계화 전쟁인 제1차 아편전쟁은 1839년에 시작되었다. 중국은 1차전과 2차전에서 모두 패했다. 중국은 어쩔 수 없이 아편 거래를 허용하고, 영국에 영토도 내주었다. 그러나 이는 대재앙의 시작에 불과했다. 세계 GDP에서 중국이 차지하던 비율이 절반으로 줄어든 것이다.[18] 오늘날 중국에서는 아편전쟁 이후의 시대를 굴욕의 세기라고 부른다.

발전된 기술과 세계화는 중국에 활력을 주기도 했지만 패배도 안겼다. 당시 국제사회는 수요와 공급에 따라서 움직이고 있었고, 국제기업은 황제의 지원을 받고 있었다.[19] 영국 역시 아편 판매가 부도덕한 일이라는 점을 알고 있었다. 중국 내 대규모 아편 밀수업자들 가운데 한 명이던 윌리엄 자딘은 자신의 배에 승선할 예정이던 한 승객에게 배에 실린 화물이 무엇인지 설명하는 편지를 썼다. 내용은 이러했다. "우리는 회사의 주 거래 물품이 아편임을 거리낌 없이 공개적으로 알려드립니다. 많은 사람들은 그것을 부도덕한 거래라고 생각하지만, 모든 배의 비용을 충당하려면 꼭 필요한 거래입니다."[20] 훗날 총리가 되는 윌리엄 글래드스턴은 아편 거래에 반대하면서, 의회에 이렇게 경고했다. "이처럼 동기가 부당하고, 영국을 영원히 불명예에 빠뜨릴 전쟁을 나는 알지도 못하고 본 적도 없습니다."[21]

글래드스턴의 비난에도 상황은 크게 달라지지 않았다. 중국의 격렬한 반대에도 불구하고, 중국의 약한 군사력과 영국의 자본주의는 중국을 거대한 마약 독점 회사에 예속된 지역 시장, 즉 착취 허브로 만들어버렸다.

1920년, 작고 삐쩍 마른 중국인 소년 한 명이 교환학생 사절단 자격으로 프랑스행 배에 올랐다. 그의 나이는 열여섯으로, 학생 사절단 내에서 가장 어렸다. 외국으로 떠나는 어린 아들이 걱정된 아버지는 아들에게 왜 여행을 가는지 물었다. 소년은 선생님들에게 들은 대로 "중국을 구하려면 서양의 지식과 진리를 배워야 하니까요"라고 말했다.[22] 아편전쟁에 패한 이후 중국인이 느낀 치욕감이 너무나 강했던 나머지, 이 시기에 자란 청소년들은 빼앗긴 땅을 되찾고 낙후된 경제를 개선하려면 국가가 근대화되어야 한다고 생각했다. 오늘날에도 중국 공산당은 영국과 영국 물품에 대한 건륭제의 오만한 경멸 때문에 경제 세계화의 1단계에서 중국이 배제되었다고 믿는다.[23]

그 소년의 이름은 덩샤오핑이다. 그와 아버지의 대화는 중국에서 유명한 이야기이다. 덩샤오핑은 파리에서 수학하면서 마르크스주의와 혁명을 접했다. 그로부터 50년 후, 그는 중국의 지도자가 되어서 중국을 세계경제에 편입시키는 개혁을 주도한다.[24] 세계 GDP에서 중국이 차지하는 비율이 1979년에는 2퍼센트도 되지 않았지만 2019년에는 19퍼센트까지 올랐다. 그런데 2018년에 홍콩 중문 대학교 연구진의 추산에 따르면, 2010년 중국에서 환경오염으로 조기 사망한 인구는 110만 명이 넘는다고 한다.[25]

아이티 혁명

상품과 시장, 그리고 노동자와 소비자 사이의 거리가 멀면, 수요와 공급의 법칙 때문에 사회규범과 윤리가 무너질 수 있다. 그래서 착취 허브에서는 폭력 사태가 빠른 속도로 확산된다. 영국이 중국에 그랬듯이, 벨기에의 레오폴드 2세는 콩고에 만행을 저질렀다. 레오폴드 2세의 대리자들이 만든, 이른바 콩고 자유국의 공포정치하에서 콩고인 수백만 명이 살해되었다. 콩고 자유국은 자유롭지 않았고, 국가도 아니었다. 그곳은 벨기에라는 국가의 식민지도 아니었고, 레오폴드 2세의 사유지에 불과했다. 레오폴드 2세는 다양한 문화와 언어가 공존하는 광활한 중앙 아프리카에 강제 노동수용소를 짓고 사익을 취했다. 당시 전 세계에서는 고무를 필요로 했고, 따라서 수많은 사람들이 고무나무의 수액을 채취하는 작업에 강제 동원되었다. 할당량을 채우지 못한 노동자들은 끔찍한 벌을 받았고, 자녀들은 볼모로 잡혔다. 또한 지역 주민 중에서 노예들을 부릴 군인을 모집한 다음, 이들이 맡은 역할에 충실할 수 있게끔 비생산적인 노예의 손을 베어왔을 때에만 이들에게 급료와 탄약을 지급했다. 실제로 그곳에서는 절단된 손이 화폐처럼 사용되었다.

콩고 이야기는 외세가 착취 허브에서 인간성을 말살한 극단적인 사례이다. 군사력과 경제력을 갖춘 외세는 그 우월한 지위를 이용해서 값싼 노동력을 착취하고, 양심의 가책도 느끼지 않은 채 이익을 극대화한다. 텔레비전 시리즈 「스타트렉」에서 인공지능의 문명을 파괴하려는 보그족은 이렇게 말한다. "우리는 보그다⋯⋯너희의 생물학적, 기술적 특징은 우리에게 추가될 것이다. 너희 문화는 우리를 위해서 일하도록 조정될 것이다. 저항은 무의미하다."

그러나 사람들은 저항한다. 그리고 그 저항이 항상 무의미하지는 않다. 18세기 아이티 노예들이 일으킨 반란과 혁명이 바로 그렇다. 카리브 해의 히스파니올라 섬에서 일어난 이 봉기는 고대 로마 시대의 스파르타쿠스 반란과 달리 오늘날 세계화의 일부가 된 권력구조에 대한 반발로 일어났다. 이 사건은 세계화된 세계에서 반복적으로 발생하는 착취와 대립의 전형적인 사례이다.

당시에는 생도맹그라고 불렸던 아이티는 세계에서 수익성이 가장 높은 식민지들 가운데 하나였으며, 확실히 프랑스 왕국에는 고수익 식민지였다. 아이티는 영국과 프랑스가 소비하는 설탕의 40퍼센트를 공급했는데, 당시 설탕은 사치품이었다. 또한 전 세계 커피의 60퍼센트가 아이티에서 생산되고 있었다. 18세기 초 아이티의 수출량은 북아메리카에 있는 영국 식민지 13곳의 총생산량과 맞먹었다.[26] 아이티는 농장 주인들과 이들의 투자자에게 고수익을 보장하는 천국이나 다름없었지만, 부를 생산하는 데에 동원된 사람들, 즉 노예들에게는 그냥 지옥이었다.

1697-1804년에 약 80만 명의 노예들이 아프리카에서 생도맹그로 팔려 갔다. 많은 노예들이 운항 과정에서 사망하거나 가혹한 노동으로 사망했기 때문에 노예 수입은 활발하게 이루어졌다. 아이티 농장 주인들의 잔혹성은 악명 높았다. 용기를 내서 저항하는 노예들은 다양한 방법으로 고문을 당했다. 이들은 자루에 담겨 물속에 처넣어지거나, 십자가에 매달려 늪 한가운데에 세워지거나, 펄펄 끓는 사탕수수 시럽 통에 산 채로 던져지거나, 죽을 때까지 거꾸로 매달려진 채 있었다고 한다. 그리고 이것은 증언의 일부에 불과하다. 시간이 흐르면서 노예 신분에서 벗어나는 사람들이 생기기도 했다. 유색인이면서 자유인인 이들은 백인과 아프리카 노예 사이에서 태어난 혼혈인이었다.[27]

프랑스인이 유색 자유인이라고 불렀던 이 혼혈인들은 토지와 권력을 가질 수 있었으므로, 식민지에서 중요한 구성원이 되었다. 무엇보다 중요한 사실은 이들이 자신들의 권리와 식민지 경제에서 자신들의 역할을 인식하기 시작했다는 점이다. 아이티는 계급제도가 발달한 나라였다. 이곳에서는 사람들을 흑인 자유인, 물라토(mulato : 라틴 아메리카에 사는 백인과 흑인의 혼혈/옮긴이), 부유한 백인, 가난한 백인("힘없는 백인"이라는 뜻의 프랑스어인 쁘띠 블랑[petits blanc]으로 불렸다), 그리고 그 아래로 사회의 절대 다수를 차지하는 수십만 명의 노예와, 산속에서 살면서 프랑스어로 마롱(marron)이라고 불리던 탈주 노예로 구분했다.

유색인의 힘이 커지자 노예 주인들은 점점 불안해졌다. 1750년대에 프랑스인 식민지 행정관들은 프랑스 해군성에 이런 편지를 보냈다. "식민지에 유색인의 수가 늘어나고 있으며, 가장 큰 문제는 백인보다 재산이 많은 유색인이 계속 증가한다는 점입니다……이들은 무척 검소해서 자신들의 수입을 매년 은행에 저축하고 이렇게 막대한 자산을 축적하며, 부유해지면서 점점 오만해지고, 그들의 오만함은 재산에 비례해서 커집니다. 이런 식으로 여러 지역에서 좋은 땅을 혼혈인들이 소유하고 있습니다……이 유색인들은……백인의 생활방식을 모방하며 자신들의 출신과 관련된 모든 기억을 지우기 위해서 노력하고 있습니다."[28]

당연히 백인들은 좌절감을 느꼈다. 흑인 자유인과 그 후손, 물라토로 구성된 아프랑시(affranchis : 해방이라는 뜻의 프랑스어)가 백인들이 노예와 아프리카인에 대해서 개념화한 생각을 깨부수었다. 이를테면, 흑인 노예는 이들이 본래 열등한 인종일 때에야 정당화된다. 카리브 해 전역에서 유색인의 힘이 커지자 프랑스 국왕은 백인이 아닌 사람은 영원히 씻을 수 없는 흔적을 지닌다는 점을 분명히 했다. 그는 이렇게 말했다. "그들은 영원히 노예의 낙인을 가진다."[29]

흑인 자유인들이 식민지 농장의 권력구조에 위협이 되자, 부유한 백인 상인들과 노예 주인들은 우리가 오늘날 인종차별 정책이라고 부르는 내용을 제도로 만들어서 서둘러 집행했다. 이는 아마도 세계 최초였을 것이다. 이런 차별제도는 18세기 말로 갈수록 더욱 강화되었다. 무엇보다도 아프랑시는 백인처럼 옷을 입거나 식사하지 못했고 도박도 하지 못했으며 저녁 9시 이후에 모일 수 없었고 법조계와 의료계, 공직에서 일할 수 없었고 여행도 금지당했다.[30] 위반자에 대한 처벌 방법은 벌금 부과에서부터 신체 절단에 이르기까지 다양했다.

이때 프랑스 혁명이 일어났다는 소식이 들렸다. 아프랑시는 프랑스에서 국왕이 퇴위했고 귀족들이 쫓겨났다는 소문을 식민지에 알리고 널리 퍼뜨렸다. 이 소식은 새로운 질서에 대한 희망을 품게 했다. 몇몇 흑인 자유인과 물라토들은 자유주의 혁명 원리가 자신들에게도 적용되리라고 믿었다. 이들 중 물라토 출신인 뱅상 오제는 백인의 지배를 종식시키겠다는 사명감에 불타서, 혁명이 일어난 파리에서 생도맹그로 돌아왔다. 그는 저항운동을 주도하다가 체포되어, 거열형(車裂刑)을 받아서 사지가 찢긴 후에 참수되었다.[31] 훗날 파리 혁명가들이 몇몇 물라토와 흑인 자유인에게 시민권을 주었지만, 노예는 제외되었다. 1791년 8월, 부아 카이망(악어 숲)에서 비밀리에 부두 의식을 치르던 노예들은 혁명을 선포했다. 이것은 우발적 봉기라기보다는, 프랑스의 식민 통치하에서 작지만 기초가 튼튼한 문명사회를 가까스로 만들어오던 사람들이 주도면밀하게 계획한 일이었다.

1938년에 C. L. R. 제임스가 그때까지 역사의 수면 아래에 가라앉아 있던 아이티 혁명에 관한 책을 출간했다. 그의 책 『블랙 자코뱅(The Black Jacobins)』은 노예 반란의 배경이 된 아이티 계급제도를 비판적인 시각으로 바라본다. 제임스는 농장주와 그 노예들의 싸움이 아이티를 어떻게 파괴했는지를 설명한다. 그는 아이티 혁명에서 대단히 중요했던 지도자인 투생 루베르튀르에게 집중했는데, 해방 노예였던 투생은 초상화 속에서 거의 항상 프랑스 장군의 제복을 입고 있다. 제임스는 투생이 유럽인들과 이들이 만든 경제 체제를 있는 그대로 이해했기 때문에 혁명 지도자로서 성공할 수 있었다고 생각했다. 투생이 저항한 이유는 전통과 (미국 건국의 아버지들이 말한) 자유주의의 가치를 배웠기 때문이 아니라, 억압 체제가 급진적으로 전복된 사례를 경험했기 때문이다.

제임스는 이렇게 썼다. "투생은 유럽의 문명을 가치 있고 필수적인 것으로 생각하고, 그 문명의 기초를 자기 민족 안에 세우려고 노력하면서도, 유럽 문명이 도덕적으로 우월하다는 환상에 빠지지 않았다. 그것이 바로 그가 가진 최고의 장점이다."[32] 투생은 동맹국을 프랑스, 스페인, 영국으로 빈번하게 바꾸면서 이 강대국들이 서로 싸우도록 만들었다.

아이티 혁명은 서로 잔인하게 공격하고 고문하며, 대량 학살을 자행한 총력전이었다. 이것은 단순히 노예와 물라토가 백인 유럽인에 대항한 이야기가 아니다. 처음에 일부 물라토는 백인 편에 서서 노예 반란군에 맞섰고, 백인들 역시 서로 분열되었다.

당시 매우 적게 잡더라도 20만 명 이상이 목숨을 잃었다. 합의란 합의는 전부 깨졌고, 휴전 협정도 아무런 소용이 없었다. 나중에 투생은 배반을 당해서 체포되었다. 제임스는 "부자들은 패배하고 필사적으로 도망갔다"라고 썼다.[33]

결국 부자들은 아이티를 떠났다. 프랑스 혁명이 일어나고 몇 해 지난 1801년에, 과거 노예였던 아이티 사람들은 그때까지 한번도 시도된 적이 없었던 급진적인 정책, 즉 실질적 평등 정책을 도입했다. 이들은 미국 헌법과 유사한 자체 헌법을 만들어 공포했다. 그러나 미국 헌법과 달리 아이티 헌법은 부당한 인종차별을 거부했다. "모든 사람들은 피부색과 상관없이 어떤 직업도 가질 수 있다……능력과 재능, 그리고 공적 역할을 수행하는 데에 필요하다고 법에서 정한 자격 요건에 근거하지 않고는 어떤 차별도 받지 않아야 한다."[34]

아이티 혁명은 프랑스 백인 정착민을 대량으로 학살하면서 1804년에 끝이 났다. 이 승리자들은 카리브 해의 최초 현대 국가이자 세계 최초의 흑인

공화국을 세웠다. 이들은 노예제도를 금지했는데, 그 이후 반세기가 넘도록 미국에서는 노예제도가 유지되었다. 그러나 프랑스 혁명이 그랬듯이, 아이티에서도 혁명이 일어나고 몇 년이 지나자 민주주의를 실현할 가능성이 희미해졌다. 아이티 군부는 농노제를 도입했다. 채찍질은 금지되었지만 식민 시대 유산의 상당수는 그대로 남았다.

아이티의 국토는 완전히 파괴되었다. 신생 국가의 관건은 생존이었다. 아이티는 백인 제국주의자와 노예 상인이 다스리는 세상에 저항하던 흑인 노예들이 세운 독립국가였으나, 이들 중 상당수는 전쟁 이후 노동 현장에서 일하기에는 부적합한 사람들이었다. 다른 나라들이 아이티를 멀리하고 반복해서 공격했다. 노예 주인이었던 토머스 제퍼슨을 비롯한 미국 건국의 아버지들은 아이티를 멀리하는 정책을 마련했고, 아이티와의 거래를 금지했다.[35] 어떤 나라도 아이티를 인정하지 않았으므로, 한때 서반구의 경제 강국이었던 아이티는 고립되었다. 쿠바의 노예 주인들은 황폐한 아이티를 재빨리 이용하기 시작했고, 결국 아이티는 착취 허브로 전락했다. 쿠바는 카리브 해의 최대 설탕 생산국이 되었으며, 1791년부터 1821년까지 쿠바의 노예 수입은 4배나 증가했다.

1825년, 프랑스는 보복할 목적으로 아이티에 함대 한 척을 보냈다. 저항은 무의미했다. 어쩔 수 없이 아이티 지도부는 국가로 인정받는 대가로 프랑스와 모욕적인 조약을 맺었다. 이 조약에 따라서, 아이티는 복리로 계산한 막대한 배상금을 프랑스 정부와 과거 노예 주인들에게 지불해야 했다. 현대에는 국가 채무가 채찍을 대신할 수 있다. 아이티는 프랑스 정부로부터 수금 독점권을 받은 한 프랑스 은행으로부터 고금리로 대출을 받아서 첫 지불금을 냈다. 프랑스 군대가 부과한 이 보상금을 아이티는 1947년까지도 계속 갚았다.

2003년에 아이티 정부는 국가 재건에 사용할 수도 있었을 자금 중 최소 210억 달러를 100년이 넘는 기간 동안 보상금으로 지급했다고 밝혔다. 프랑스는 지금도 그 보상금에 대해서 아무런 언급도 하지 않는다. 왜 그렇지 않겠는가? 영국은 아편전쟁으로 인해서 중국이 입은 손실을 보상하지 않았고, 벨기에도 콩고에 입힌 끔찍한 상처에 대해서 아무 말도 하지 않았다.

아이티는 일어서지 못했다. 자유를 위해서 싸웠지만, 이제는 자본의 굴레를 쓰게 되었다.[36] 아이티 혁명은 노예들에게 자유를 확보해준 봉기로만 끝나지 않았다. 아이티는 노예 상태에서 벗어난 후에도 수요와 공급의 법칙에 따라서 움직이는 착취 허브가 되어 황폐한 나라의 전형이 되었다.

부건빌 반란

부건빌 섬은 솔로몬 제도에서 가장 큰 섬으로, 열도의 북서쪽에 있다. 문화적으로나 인종적으로 부건빌 섬의 주민들은 솔로몬 제도에 속한다. 그러나 1920년에 식민국들의 협상 결과에 따라서, 부건빌 섬은 1,000킬로미터나 더 가까운 솔로몬 제도가 아니라 파푸아뉴기니에 합병되었다.

1960년대 말, 부건빌 섬에서 수백억 달러에 달하는 막대한 양의 구리와 금이 매장된 지역이 발견되었다. 영국과 오스트레일리아의 대형 합작 회사인 리오 틴토의 자회사인 부건빌 코퍼가 그 채굴권을 사들였다. 이 회사는 1970년대에 세계 최대 노천광인 판구나를 지었다. 채굴 작업에는 산을 깎는 일도 포함되기 때문에 지역 환경이 완전히 바뀐다. 섬 주민들은 광산 쓰레기가 자바 강과 그 지류로 흘러든다고 주장한다.[37]

처음에 광산업은 가난한 파푸아뉴기니의 전략 산업 가운데 하나에 불과했는데, 어느 순간 이 산업에서 창출된 수입이 전체 수출 수익의 45퍼센트 정도를 차지하게 되었다. 물론 광산업의 발달은 부건빌 경제에 도움이 되었지만, 파푸아뉴기니에서 부건빌 섬으로 노동자들이 유입되면서 섬 주민의 구성이 대대적으로 바뀌었다. 이 때문에 섬 주민과 본국 사이에 갈등이 빚어졌다. 광산이 개발된 땅의 원래 주인들이 받은 돈은 형편없었다. 지역 주민들 역시 광산으로 일하러 오는 이주 노동자와 구리를 추출한 후에 나오는 부산물 때문에 환경이 훼손되는 것에 불만이 많았다. 지금까지도 부건빌 섬의 농촌 지역에서는 광산 폐기물로 인해서 아이들이 중독되고 강이 오염된다고 주장한다.

부건빌 섬의 주민들은 섬에서 채취한 금속으로 창출된 가치에 따른 어떤 몫도 받지 못했다. 주민들은 섬에서 멀리 떨어진 파푸아뉴기니 정부에 처음부터 애정이 없었기 때문에 이들의 분노는 더욱 커졌다.

1988년, 일부 섬 주민들의 인내심이 극에 달했다. 원래 이 땅의 주인이었던 사람들 중 일부가 광산에 침입해 광석을 캘 때 사용되는 폭발물을 가져가버렸다. 이들은 판구나의 송전선도 폭파했다. 부건빌 지방정부는 본국 수도인 포트모르즈비에 군대를 요청했다. 이내 부건빌 섬은 제2차 세계대전 이후 태평양에서 벌어진 최악의 분쟁에 휘말렸다. 파푸아뉴기니 정부는 오스트레일리아의 지원을 받아서 수년 동안 이 작은 섬을 봉쇄했다. 군함이 해안을 둘러싸고, 식량과 약품, 각종 물품들이 섬 안으로 공급되지 못하게 막았다. 그와 동시에 섬 안에서는 파벌 싸움이 시작되었고, 수많은 희생자들이 발생했다. 자료에 따르면, (섬 전체 인구의 6-10퍼센트에 해당하는) 1만5,000명 정도가 목숨을 잃었고, 그중 수백 명의 아이들은 말라리아에 걸려서 사망했다. 섬 주민들의 20퍼센트가 쫓겨났다.

부건빌 섬의 반란군이 파푸아뉴기니 군대를 섬 밖으로 몰아냈다. 이들은 뛰어난 지략을 발휘하여 코코넛 오일을 추출했고 배와 자동차, 트럭의 연료로 사용했다. 또한 강에 댐을 건설해서 수력발전소를 만들었으며, 지역 주민들은 반란이 시작되기 전까지 등한시했던 관개농업과 같은 전통적인 농업방식으로 되돌아갔다.

수년간의 투쟁 이후, 부건빌 섬 주민들은 가까스로 전쟁에서 승리할 수 있었다. 이들이 얻어낸 평화조약에는 자기 결정권과 섬의 천연자원에 대한 권리를 인정한다는 내용이 들어 있었다. 2014년에 파푸아뉴기니 총리는 부건빌 섬에서 벌인 전쟁에 대해서 섬 주민들에게 공식적으로 사과했다.[38]

아이티처럼 부건빌 섬에서 일어난 반란도 저항과 자유에 관한 이야기이다. 그러나 광산이 문을 닫으면서 부건빌 섬의 지역 경제는 무너졌고, 취약하고 분열된 공동체는 상처를 입었다. 섬 주민들 중에는 채굴권을 두고 파푸아뉴기니 정부와 계속 씨름하는 사람들도 있었다. 유독성 물질이 들어 있는 물웅덩이에는 대형 트럭이 녹슬어가고 있었다. 2019년에 부건빌 섬의 자치 정부는 추가 공지가 있을 때까지 광산을 닫겠다고 발표했는데, 이는 사업을 재개했을 때에 분쟁이 재점화될 것을 우려한 조치였다.

거대 광산업체인 리오 틴토는 파푸아뉴기니에 대한 관심을 거두었다. 「시드니 모닝 헤럴드(Sidney Morning Herald)」는 부건빌 섬 주민들이 자신들이 입은 환경 피해에 대한 보상을 원한다는 소식에 리오 틴토가 어떻게 반응했는지 보도했다. 리오 틴토는 부건빌 자치 정부를 이끄는 존 모미스에게 이런 편지를 썼다. "우리 회사는 당시 규제 요건과 적용 기준을 잘 지켰다고 생각합니다."[39]

세계화의 적(敵)은 지역공동체에 속한 개인이다. 개인은 문맹률의 감소, 스마트폰, 일자리 등 세계화가 가져다준 혜택은 기쁘게 누리지만, 개성과 권리, 정체성은 고수하고자 한다. 부건빌 반란이 증명했듯이, 어떤 섬도 세계화의 힘을 간과하거나 세계화로부터 영향을 받지 않기를 기대해서는 안

된다. 카이사르의 말을 현대식으로 바꾸면, 세계화는 들어와서 착취하고 떠난다.

그러나 오늘날 부건빌 섬의 주민들은 과거 어느 때보다도 천연자원에 대해서 더 많은 권리를 누리며 더 자율적으로 생활한다. 2019년에 부건빌 섬은 국민투표를 거쳐서 파푸아뉴기니 섬으로부터의 독립을 결정했다.

***

중국, 아이티, 부건빌 섬의 사례는 교역과 세계화가 진행되는 방식 및 과정을 잘 보여준다. 세계화된 사회에서는 전 세계를 대상으로 원자재를 확보하고, 노동력과 자본이 자유롭게 이동한다. 또한 각국의 시장 개방을 통해서 원료와 각 시장에서 생산된 제품들을 가능한 한 많은 사람들에게 팔 수 있다. 수요와 공급이 이 모든 일들을 일으키는 동력이다. 앞에서 나온 세 가지 사례에서 보았듯이, 수요가 있는 물질을 확보하고 재배하고 판매할 기회가 개인의 권리와 국가의 주권, 그리고 지역사회를 착취하는 환경을 만들었다. 기업들은 목적을 달성하고자 국가를 동원하여 폭력을 행사하고 사람들을 억압하며 자신의 이익을 보호하기 위해서 정치인들을 끌어들인다. 외국인들은 지역 생태계를 파괴하는 과정에서 현지 주민이나 식민지 주민에게 적절한 보상을 하지 않는다. 기업들과 이따금 자국 정부도 주요 도시 밖에서 사는 사람들과 환경을 소모품으로 여기고, 심지어 효율성을 제고할 수 있다면 주요 도시마저도 착취 허브로 삼을 수 있다고 생각한다.

그러나 변화도 일어난다. 아이티에서 노예 반란이 일어나기까지 수백 년이 걸렸다. 아편전쟁에 패한 중국은 100년간 억압받았다. 레오폴드 2세와 콩고 내에 있는 그의 대리인들은 20세기의 저명한 정치인과 문인이 중심이 된 국제 집단으로부터 비난을 받았고, 레오폴드 2세의 극악무도한 계획은 순식간에 무너졌다. 몇십 년 후에는 부건빌 섬에서 저항운동이 시작되었다.

자유주의 가치가 담긴 현대적 세계화는 개인을 이용함과 동시에 자율권도 준다. 결국 착취 허브를 무너뜨리는 것은 자율권을 가진 개인이다. 전례없이 세상이 연결되고 글로벌 의식이 확산되는 상황에서, 어떤 정치 단체나 기업도 영국과 동인도 회사가 아편전쟁 당시 저질렀던 부도덕한 행위를 할 수 없다.

예를 들면, 최근까지 중국은 선진국에서 사용하고 버린 막대한 양의 플라스틱과 종이, 금속을 받아들인 세계 최대의 폐기물 재활용 국가였다. 이 폐기물들이 심각한 환경문제를 일으키자, 2018년에 중국 정부는 플라스틱 폐기물을 수입하지 않겠다고 선언했다. 그러자 폐기물 수거업체들은 중국이 받지 않겠다고 한 폐기물을 동남아시아 국가들에 버리려고 했다. 그러나 같은 해에 말레이시아와 베트남, 태국 모두 선진국의 폐기물이 들어오지 못하도록 막는 법률을 통과시켰다. 말레이시아의 환경부 장관은 말레이시아를 세계의 쓰레기장으로 만들지 않겠다고 선언했다. 필리핀 대통령은 아예 대놓고 캐나다가 필리핀에 보냈던 쓰레기 1,500톤을 캐나다 영토에 버리겠다고 협박했다.

착취 허브의 수명은 줄어들고 있다. 전 세계의 경각심이 커지고 지역의 자율권이 강화되고 있다는 사실은 착취 허브가 오래 유지될 수 없음을 의미한다. 그 결과 이런 착취 허브들은 신속하게 다른 지역으로 이동한다. 착취의 주체인 기업과 국가기관들은 그들이 끼치게 될 폐해를 의식하지 못하거나 저항하지 못할 정도로 취약한 지역을 필사적으로 찾아나선다. 마치 서양에서 베이징으로, 베이징에서 주변 도시로, 그 주변 도시에서 시골이나 다른 나라로 착취 허브를 옮기는 것과 같다. 그리고 착취자들은 호황 뒤에 찾아올 불경기에 대비하듯이, 자유주의 가치에 따라서 자율권을 얻은 개인들이 착취 허브를 파괴하기 전에 가능한 한 많은 수익을 올리려고 서두른다.

장기적으로 볼 때 세계화는 소득과 기대 수명, 건강 등 인간의 조건을 끊임없이 개선해왔으므로 긍정적인 현상이라고 할 수 있다. 그러나 단기적으로는 착취 허브와 지구온난화처럼 강력하며 난폭하다. 이때 세계화로 인해서 가장 심각하고 광범위하게 피해를 입는 부문은 환경이다.

4 | 코끼리의 마지막 땅

이제 삼파트 에카나야카가 흙탕물이 가득한 수로를 뛰어넘을 것이다. 그러면 나도 그 뒤를 따를 것이다. 해가 뉘엿뉘엿 지고, 그 빛을 받아서 수풀의 그림자가 길어지고 있었다. 해가 완전히 지면, 우리는 조사를 계속할 수 없을 터였다. 오물투성이의 땅에 생긴 커다란 틈에서 모기떼가 나와, 모기약을 바르지 않은 사람의 피부를 찾아다닐 것만 같았다. "소리가 들릴 거예요." 에카나야카가 작은 언덕 위에 서서 무질서하게 헝클어진 정글을 바라보며 말했다. 그가 데려온 사냥꾼은 소형 비디오카메라를 자랑스럽게 매달고는 내 앞에서 걸어가고 있었다. 앞으로 나아가다가 물러서고 거침없이 달려가다가 멈추는 두 사람의 모습이 보였다. 둘은 계속 움직였다.

"지금 우리는 코끼리들의 땅에 들어와 있어요." 갑자기 에카나야카가 말했다. 오는 내내 그의 얼굴에서 떠나지 않던 미소가 사라졌다. 그는 나뭇가지가 부서지는 소리가 조금이라도 들리는 쪽으로는 절대 다가가지 말라는, 경고성 부탁을 하고 있었다.

우리는 스리랑카 북서쪽의 갈가무와에 있다. 스리랑카의 고온 다습한 수도 콜롬보와 달리 이곳은 난개발로 혼잡하지도, 일광욕하는 관광객들로 해변이 붐비지도 않는다. 이곳 사람들은 자신의 땅을 일구며 살고 있다. 강가에는 벼들이 바람에 살랑거리는 논이 지평선까지 펼쳐져 있다. 그러나 지금 우리가 있는 이곳 땅은 완전히 다르다. 별로 넓지 않은 땅들이 옹기종기 모여 있었고, 땅들 사이의 경계는 스리랑카의 북동부 지역의 대부분을 차지하는 건조한 삼림지대에서 잘라온 나무들로 구분했다. 이런 땅만 경작하며 살아도 사람들은 극빈 상태로 추락하지 않는다. 이 계절에, 아니 올해 내내 이곳 사람들을 괴롭히고 있는 상대는 코끼리들이다.

코끼리들과의 싸움은 전쟁이나 다름없었다. 스리랑카에서는 해마다 수십 명이 코끼리와 싸우다가 사망하는데, 그 과정에서 죽는 코끼리의 수는 200마리나 된다. 갈가무와 들판의 가장자리에는 코끼리가 농작물을 향해 돌진하지 못하도록 깊은 해자가 만들어져 있다. 그 부근에는 이동식 전기 울타리도 둘러져 있다. 요즘 이 울타리는 갈가무와에서 인기가 아주 많다. 서너 개의 임시 감시탑도 드문드문 보였는데, 감시탑은 내가 어릴 적에 친구들과 만들던 나무집처럼 생겼다. 하지만 이 감시탑들은 놀이터가 아니다. 이것들은 대개 외딴곳에 있는 나무 꼭대기에 설치되어 있다. 감시탑의 지붕은 낮고 입구는 다소 큰데, 그 입구가 향하는 곳은 작지만 위협적인 숲이다. 사람들은 코끼리에게 겁을 주기 위해서 커다란 손전등과 금속 냄비 등 다양한 도구들을 들고 들판 주위를 잰걸음으로 뛰어다닌다. 기운 넘치는 젊은 남자들은 울퉁불퉁한 흙길을 따라 작은 자동차를 운전하면서, 코끼리가 침입하지 않는지 살핀다. 우리가 왔다는 소문이 퍼진 모양이다. 에카나야카가 데려온 사냥꾼이 들판 반대편에서 나는 코끼리 소리를 들었다. 흥분과 두려움을 느끼며, 모두 그쪽으로 급히 움직였다. 우리가 다른 장소로 이동하려고 에카나야카의 소형 트럭 쪽으로 갔을 때, 사냥꾼이 달려와서 코끼리가 다른 곳에 있다고 알려주더니 다시 미친 듯이 코끼리를 추적하기 시작했다. 이쪽에는 코끼리 배설물이, 저쪽에는 코끼리 발자국이 있었다. 지금은 다른 곳에서 코끼리 소리가 들리지만, 어젯밤에는 코끼리 한 마리가 이곳에 있었다는 사실만큼은 틀림없었다.

나는 젊은 남자들이 차를 타고 돌아다니고 감시탑에서 망을 보는 모습을 떠올려본다. 안절부절못하면서도 열정을 불태우던 그 모습이 친숙하기도 하고 이국적이기도 한 어떤 추억을 불러일으킨다. 횃불과 손전등. 수색과 추격. 공포와 폭력. 위협적인 적과 그 적에 공동으로 대응하는 사람들까지. 그때 갑자기 무엇인가가 떠올랐다. 그것은 1950년대 미국 남부 도시에서 린치를 준비하던 모습을 그린 미국 영화였다. 여기에서는 그 대상이 코끼리라는 점만 다르다.

그러나 이내 그런 생각을 떠올린 나 자신이 부끄러워졌다. 내 주위에 있는 가난한 사람들은 코끼리를 죽이기 위해서가 아니라 막기 위해서 최선을 다하는 중이었다. 일부 숲은 작고 공격받기 쉽다. 몇몇 사냥꾼이 총 한두 자루를 들고 나가서 숙적인 코끼리를 죽이는 편이 농부들에게는 훨씬 더 편할지도 모르겠다. 하지만 이들은 그렇게 하지 않는다. 이들의 방식은 선진국과 중동 지역의 조상들과는 다르다. 이곳 사람들은 힌두교와 불교의 교리이자 모든 생물에 대한 비폭력을 의미하는 '아힘사(ahimsa)'를 따르고 있다.

스리랑카에 사는 코끼리는 아시아에서 가장 큰 코끼리 종으로, 학명은 엘레파스 막시무스(Elephas maximus maximus)이다. 이 코끼리 종은 어깨 높이가 3.5미터이고, 몸무게는 6톤에 달한다. 상아가 있는 수컷은 10퍼센트 미만인데, 이는 우연이나 정상적인 진화의 결과는 아닐 것이다. 오늘날 상아가 없는 수컷이 많아진 이유는, 스리랑카를 실론이라고 부르던 영국 식민지 시절에 상아나 가죽 등을 노린 밀렵꾼들의 남획과 이로 인한 서식지 감

소로, 상아가 있는 코끼리가 도태되었기 때문이다.[1]

빅토리아 시대에 영국의 잔인한 코끼리 사냥꾼들 중에서 가장 유명한 사람은 새뮤얼 베이커였다. 탐험가인 헨리 모턴 스탠리와 ("하르툼의 고든"이라고도 불리는) 찰스 고든과 절친했던 베이커는 자신의 사냥 열정을 장황하게 서술한 『실론의 총과 사냥개(The Rifle and the Hound in Ceylon)』라는 책을 썼다. 베이커의 책은 조지 오웰의 깊은 관찰력이 돋보이는 수필 "코끼리를 쏘다(Shooting an Elephant)"와는 거리가 멀다. 베이커는 코끼리를 불쌍하게 여기는 사람들을 경멸한다. 그는 이렇게 썼다. "한심한 사람들이다, 정말! 뒤에서 쫓아오는 사나운 코끼리를 피해 힘껏 뛰면서 코끼리를 동정할 수 있는 사람이 있다면 내 눈으로 직접 보고 싶다." 베이커는 자신이 집착했던, 어미 코끼리와 새끼 코끼리를 죽이는 이야기를 반복해서 언급한다. "다음날 저녁에도 우리는 웅덩이를 관찰하고 있었는데, 어미 코끼리와 새끼 코끼리가 물을 마시러 나타났다. 내가 어미를 죽이는 동안 W와 B는 새끼를 처리했다." 이 책에서 역겹기 짝이 없는 대목은, 그가 죽인 어미 코끼리의 가슴에 젖이 가득 들어차 있었는데 그 젖을 직접 짜 마셨다는 부분과 "원주민들에 대한 노골적인 혐오"를 언급한 부분이다.[2]

베이커는 하나의 예일 뿐이다. 대영제국 시절의 전설 중에는 영국 장교 한 명이 코끼리를 1,000마리나 죽였다는 이야기도 있다. 스리랑카가 식민 통치에서 해방되자 마구잡이식 코끼리 사냥은 끝났지만, 난개발로 인해서 코끼리 서식지의 대부분이 훼손되었다. 소수 타밀족과 스리랑카 정부가 벌인 참혹한 내전 역시 사람들의 생활은 물론 동물의 생태계에도 막대한 피해를 입혔다. 세계자연기금에 따르면, 20세기 초부터 스리랑카의 코끼리 수는 거의 65퍼센트까지 줄었다고 한다.

오늘날 스리랑카는 코끼리 수가 감소하는 문제에 관심이 많다. 코끼리는 여전히 끔찍한 환경에서 사육되고 있는데, 수많은 불교 사원에서 코끼리를 신령한 존재로 여기고 관광 상품으로 이용한다. 민족 구성이 복잡한 스리랑카에서 코끼리는 민족마다 다른 정체성을 통합하는 역할을 하므로, 스리랑카 사람들에게 자부심의 원천이 되기도 한다. 그래서 이곳 사람들은 코끼리 이야기를 즐긴다. 외딴 자연보호 구역에 서식하던 마지막 남은 코끼리 두 마리가 곤경에 빠졌을 때, 정부가 이에 대한 조치를 취해야 한다고 촉구하는 기사가 신문 1면을 장식한 적도 있다. 코끼리를 밀렵하면 공식적으로 사형에 처해질 수 있다(그러나 1970년대 이후로 밀렵꾼에게 사형이 집행된 적은 없다). 스리랑카의 최대 관광지 가운데 한 곳은 핀나왈라에 있는 코끼리 "보호소"이다.

에카나야카는 갈가무와의 자연보호 연구 센터의 지원을 받아, 스리랑카 사람들과 코끼리 사이의 갈등을 해소하는 방안을 마련하는 연구에서 현지 조사 업무를 맡고 있다. 실질적으로 자연보호 연구 센터는 농민과 마을 주민이 코끼리 때문에 겪는 고충을 제3자의 입장에서 듣고 차분히 문제 해결을 돕는다.

이 지역 사람들은 여전히 강에서 목욕과 빨래를 하고, 말라리아의 전조 증상인 발열이 있는지를 관찰하며, 매주 사원에 가서 제물을 바친다. 이곳 사람들은 개발을 주도하는 정부의 대리자 역할을 하는 사람이 에카나야카라고 생각하며, 그와 대화하면서 불안감을 떨쳐낸다.

코끼리 문제의 본질은 단순하다. 코끼리 떼는 몰려다니면서 들판과 주택을 망가뜨린다. 먹이를 찾아서 옛 서식지로 돌아오려는 것이다. 코끼리는 하루 24시간 중 16시간 동안 먹이 활동을 하는데, 스리랑카 코끼리는 하루에 140-180킬로그램의 식물을 먹어치운다. 스리랑카 정부는 빈곤 가정에 땅을 나눠주는 정책을 시행하고 있었는데, 인구가 늘어나면서 불가피하게 야생동물과 인간 사이에 갈등이 빚어졌다. 사람과 코끼리가 충돌하는 모습을 휴대전화로 짧게 찍은 영상은 유튜브에서 흔하게 볼 수 있다. 영상은 자기 땅에 들어온 코끼리에게 겁을 주어서 쫓아내려고 애쓰는 사람을 보여주는데 코끼리는 농부를 짓밟고 죽이려고 한다. 사냥꾼들이 자신을 공격하는 코끼리에게 삽을 휘두르는 장면이나, 도로 한복판에서 코끼리가 자동차를 길 밖으로 밀어내는 영상도 있다. 매년 스리랑카 사람들이 코끼리 때문에 목숨을 잃지만, 거주지와 서식지를 두고 사람과 코끼리 사이에서 벌어지는 이런 다툼은 늘 같은 결말로 끝난다. 결국 인간이 승리한다.

굶주린 코끼리를 막기 위해서 가장 널리 사용되는 도구는 전기 울타리이다. 어디에나 전기 울타리가 있다. 땅 주변은 철선으로 둘러싸여 있으며, 그것을 건드리면 누구든지 죽지 않을 정도로 강한 충격을 받게 된다. 마을 전체를 전기 울타리로 두른 곳도 있고, 일부 집들만 두른 마을도 있다. 학교와 공공건물에도 자체 울타리가 있다. 울타리는 아주 흔했다. 그리고 사람들은 울타리 안에서만 생활했다. 나는 마음씨 좋은 에카나야카가 화내는 모습을 딱 한 번 본 적이 있는데, 정부가 새 가족에게 정착할 땅을 주면서 그들에게 꼭 필요한 전기 울타리는 연결해주지 않았다는 이야기를 들려줄 때였다. 그들은 코끼리가 속기를 바라면서 가짜 울타리를 세웠지만 소용이 없었다. 사실 코끼리는 상당히 영리해서 진짜 울타리와 가짜 울타리를 구분한다. 에카나야카가 어느 커다란 집 앞에 차를 세웠다. 그가 짧은 영어로, 내게 주의 깊게 보라고 말했다. 그 집 마당에는 바나나와 코코넛 나무를 포함해서 먹을 것이 많았다. 그래서 그 집에는 전기 울타리가 둘러져 있었다. "이제 코끼리들이 알아요." 그가 말했다. "코끼리는 울타리가 있으면 그 안에 아무것도 없어도 거기에 먹을 게 있다고 생각해서 울타리를 부수려고 해요. 적응한 거죠." 코끼리는 울타리가 곧 먹이라고 생각할 뿐만 아니라 울타리를 부술 방법도 개발하고 있다. 종종 어린 수컷 코끼리는 울타리 주변의 나무를 쓰러뜨려서 그것을 밟고 울타리를 넘으려고 한다. 이를 막기 위해서 농부들이 울타리 주변의 나무를 전부 뽑아버렸다고 한다. 그러자 코끼리는 다른 곳에서 나무를 가져와서 그것을 울타리에 던진다고 한다. 그는 "그 방법을 알고 있는 녀석이 네다섯쯤 있어요"라고 말했다. "코끼리를 녀석이라고 부르세요?" 내가 이렇게 묻자, 그가 싱긋 웃는다.

언젠가 나는 에카나야카와 함께 마당이 넓고 관리가 잘된 집을 방문했는데, 그 집의 주인인 소만와티는 8년 전에 뒷마당에 침입한 굶주린 코끼리 때문에 남편을 잃었다. 소만와티는 참숯 오븐에 구운 렌틸 콩과 쌀 과자를 매운 처트니(과일, 채소, 향신료 등을 넣어서 만든 인도 조미료/옮긴이)와 함께 내온 다음, 죽은 남편의 흑백사진을 가져왔다. 그녀의 현재 남편은 통역자를 통해서 상황이 "훨씬 더 나빠졌다"고 투덜댔다. 먹이 부족 때문만은 아니다. 어린 수컷 코끼리들은 인간과 자동차를 일종의 위협처럼 생각하고 공격하는 것 같다. 누군가 아파서 병원에 데려가야 할 때에도 소형차나 소형 트럭으로는 갈 수 없다고 한다. 대형 트럭만 코끼리를 막을 수 있기 때문이다. 만약 트럭이 없다면 "온 마을 사람들"이 환자와 끝까지 동행할 수밖에 없다고 한다.

"화나지 않으세요?" 내가 소만와티에게 물었다. "동물에게 화를 내봤자 무슨 소용이 있겠어요." 그녀가 호탕하게 웃으며 말했다. 그녀는 가끔 안전한 울타리 안에 서서 재미로 울타리를 바라본다고 한다. 나는 수천 킬로그램이나 되는 동물을 막고자 집에 전기 울타리를 설치하면서까지 이곳에 살고 싶어할 서양인이 과연 몇 명이나 될지 생각해보았다. 서양인이라면 상황이 악화되기 전에 코끼리를 처리해달라고 진작에 정부에 요구했을 것이다.

어둠 속에서 울음소리가 계속 들렸지만, 그날 밤 코끼리는 숲 밖으로 나오지 않았다. 배고픈 새끼 코끼리들이 낑낑거리며 우는 소리가 작게 들리기도 했지만, 대개는 코끼리들이 나뭇가지를 잡아당겨서 우걱우걱 씹는 소리만 계속 들렸다. 어쨌든 코끼리들이 숲 밖으로 나오기를 바라는 사람은 나밖에 없었다.

안타깝게도 코끼리들은 자신의 수많은 친구들과 똑같은 운명을 맞을 것이다. 굶주리거나 인간과 싸우다가 목숨을 잃고, 결국 개체 수는 줄어들 것이다. 일부는 해자에 빠지거나 무리에서 벗어나 혼자가 될 것이다. 운이 좋으면 핀나왈라로 보내질지도 모르겠다. 코끼리 보호소라고 불리는 이곳 주위에는 호텔과 레스토랑, 기념품 가게가 늘어나고 있다. 관광객들에게 인기 있는 구경거리 중의 하나는 코끼리들이 하루에 두 번 강으로 가서 목욕하는 모습이다. 코끼리들은 창을 든 보호자와 함께 강으로 간다. 우르르 몰려가지 못하도록 수컷의 다리에는 사슬을 채운다. 코끼리들의 행렬은 고대 로마 시대에 패전국에서 잡혀온 죄수들이 사슬을 차고 걸을 때마다 쨍그랑 소리를 내던 모습과 흡사하다. 마치 "한때 우리는 자유로웠지만, 지금은 아니라네. 한때 우리는 우리 땅에서 살았지만, 지금은 사람들의 구경거리라네"와 같은 구슬픈 노래를 부르는 것 같다.

해가 진 후, 우리는 사료용 옥수수밭을 따라서 걸었다. 노부인 한 명이 감시탑에 앉아 있었다. 손전등 불빛에 그녀의 얼굴 윤곽이 드러났고, 그 모습은 마치 고대 불교 전설에 등장하는 인물처럼 보였다. 나는 전기 울타리 아래에서, 그녀는 울타리 위의 감시탑 안에서 서로 큰 소리로 대화를 나누었다. 통역자를 통해서 그녀는 불쌍한 자신의 가족 이야기를 들려주었는데, 가족들이 코끼리를 쫓아버리려고 수개월째 감시탑에서 불침번을 선다고 했다. 그녀는 손주도 돌보고 옥수수밭도 돌보고 있다고 했다. 오늘 밤은 여기 감시탑에서 솥과 냄비로 코끼리를 쫓을 준비를 한 채 캄캄한 숲을 감시 중이라고 했다.

나는 에카나야카에게, 그의 아들이 자라서 오늘 우리가 보았던 야생 코끼리를 볼 수 있을지 물었다. 그가 손바닥에 사각형 하나를 그리면서 말했다. "사진에서만 보겠죠. 계속 이렇게 된다면 코끼리는 사진 속에만 있을 거예요. 어쩌면 동물원에서 볼 수도 있고요." 그는 어색한 미소를 지었다.

***

세계화의 가장 심각한 문제는 소비 지상주의와 산업 생산으로 지구 생태계가 파괴되고 있다는 점이다. 현 세계 질서에 대한 가장 강력한 불만은 단순하다. 세계가 더는 지속 가능하지 않다는 사실이다. 즉, 우리가 바뀌지 않으면 인간과 동물 모두 살아남지 못할 것이다. 인간과 지역공동체를 착취하고 파괴하는 행위는 문명이라는 이름으로 태곳적부터 자행되어왔다. 그러나 지금 인류가 지구에 가하는 치명적인 공격은 새로운 것이며, 그 피해는 회복 불가능할지도 모른다.

스리랑카의 코끼리 도살은 방식의 차이는 있겠지만 어디에서나 늘 모든 동물들에게 일어나는 일이다. 오늘날 멸종하는 종이 그 어느 때보다 많아진 주된 이유는 서식지가 파괴되고 있기 때문이다. 1970년 이후 척추동물의 60퍼센트 이상이 자연 서식지에서 사라졌다.[3] 서식지가 파괴되면서 포유류 종의 수도 급감했다. 일부 과학자들은 이 과정을 "생물학적 전멸"이라고 부른다. 우리는 1,000만 년 만에 지구에서 종이 가장 급격하게 멸종하는 사태를 목도하고 있다.[4]

생물 종의 급감은 명백히 인간의 잘못이다. 20세기에 전 세계 치타의 90퍼센트가 사라졌는데, 이는 1930년에 1,000만 마리였던 아프리카코끼리가 지금은 41만5,000마리만 남아 있는 것보다 더욱 심각한 상황이다. 2009-

2011년에는 상아 밀렵꾼들 때문에 모잠비크에서만 코끼리 7,000마리가 사라졌다.[5] 북아프리카에 사는 조류는 1970년보다 30억 마리나 줄었는데, 이는 당시 개체 수의 30퍼센트가 줄어든 것이다.[6] 2017년에 독일에서 선구적이지만 충격적인 연구 결과가 발표되었다. 독일 내의 곤충 개체 수가 최근 몇십 년 사이에 75퍼센트나 감소했다는 내용이었다. 이 연구는 가급적 환경 피해를 적게 받아야 하는 자연보호 구역에서 이루어졌다.[7] 곤충의 개체 수가 충분하지 않으면 지구에 어떤 생물들이 계속 살 수 있을지 알 방법이 없다. 곤충은 인간에게 꼭 필요한 식물들의 수분 역할을 하므로 먹이사슬에서 대단히 중요한 연결 고리이다. 전 세계 농업 생산의 75퍼센트 이상이 동물의 수분 활동에 의존한다. 2014-2018년에 미국 양봉업자들은 '벌집 군집 붕괴 현상' 때문에 벌집의 40퍼센트를 잃었는데, 이것은 수분 활동을 해야 할 벌들이 떼로 폐사하는 현상이다.

멸종은 육지에서만 일어나지 않는다. 지난 200년 동안 해양 산성도가 30퍼센트 증가하면서 어류의 개체 수도 줄고 있다. 대형 어선과 저인망 어선들이 최소 남아메리카 면적에 해당하는 해양 지역에서 어류를 남획하고 있다. 어류 산업으로 인한 결과 중의 하나는 상업적인 가치가 없는 종까지 마구잡이로 파괴되는 "혼획(bycatch)" 문제이다. 저인망은 번식지를 파괴해서 수많은 어류의 개체 수를 줄인다. 1950년 이후로 대형 육식성 수생동물의 60-90퍼센트가 사라졌다.[8] 한 연구에 따르면 낚시로 잡히는 상어의 수는 시간당 1만1,000마리이며, 하루에 약 260만 마리에 달한다.[9]

한번은 남아프리카공화국 웨스턴케이프 주의 간스바이에서 백상아리를 구경하는 다이빙 체험을 한 적이 있다. 그때까지만 해도 간스바이는 전 세계에서 백상아리를 가장 잘 볼 수 있는 장소였다. 그러나 어느 날 갑자기 백상아리들이 간스바이 해안에서 자취를 감추었는데, 이 상어들이 어디로,

왜 사라졌는지는 아무도 알지 못한다. 그후 나는 해변으로 떠밀려온 연약한 펭귄들을 보호하는 시설에서 아프리카 펭귄에게 먹이를 먹이려고 애쓰는 사육사들의 모습을 보았다. 먹이 담당 사육사인 졸라니 라오는 펭귄들을 가둬놓고 먹일 수밖에 없다고 했다. 본능적으로 펭귄은 움직이는 물고기만 먹는다고 한다. "원래 펭귄은 움직이지 않는 물고기를 먹지 않아요. 어떤 녀석들은 누가 먹이를 먹여주는 것도, 먹이가 미리 준비되어 있는 것도 싫어하죠."그는 펭귄의 목을 차례대로 잡고 날카로운 부리를 강제로 벌린 다음, 목구멍으로 물고기를 밀어넣었다. 멸종 위기에 처한 펭귄은 해안의 보금자리와 서식지가 줄어들었을 뿐만 아니라 물속에서 함께 살던 물고기들이 남획되면서 지금은 먹이를 찾을 수 없다는 중요한 문제에 직면하게 되었다.*

졸라니가 펭귄에게 먹이를 주는 동안 나는 새끼 펭귄을 쓰다듬었다. 내 손가락이 펭귄의 연약한 피부에 닿았다. 펭귄은 먹이를 먹지 못해서 죽어가고 있었다. "매주 90마리가 죽어요." 졸라니가 종 전체의 상황을 언급하며 그렇게 말했다. 보호시설에서는 동물에게 먹이를 주는 일이 일상적이므로, 수영과 사냥에 능한 펭귄에게 억지로 먹이를 먹여서라도 종을 보호해야 하는 이 상황이 얼마나 어처구니없는 일인지를 잊기 쉽다. 보호소의 동물 간호사 시어네트 스탈은 눈물을 글썽이며 멸종 위기에 처한 아프리카 펭귄을 구하려는 필사적인 노력에 대해서 이야기했다. "이 펭귄들은 우리의 펭귄도 아니고, 남아프리카공화국의 펭귄도 아니에요. 우리 모두의 펭귄이죠."지

---

* 또한 아프리카 펭귄은 비료용으로 구아노를 채취하는 작업 때문에 피해를 입고 있다. 펭귄들을 천적과 날씨로부터 보호해주던 그들의 보금자리가 구아노 채취 작업으로 인해서 파괴된 것이다. 그뿐만 아니라 펭귄 알은 별미 음식이 되었다. 남아프리카공화국 의회 건물 내의 식당은 일주일에 한 번씩 펭귄 알로 만든 음식을 내놓았다.

금 추세라면, 아프리카 펭귄은 2026년쯤 완전히 사라질 것이다.

생물 다양성 과학기구의 2019년 보고서는, 100만 종의 동식물이 멸종 위기에 처해 있으며 그중 상당수는 몇십 년 내에 사라질 것이라고 예측했다. 이 보고서에는 "전환적 변화"라는 표현이 반복적으로 등장한다. 보고서를 작성한 과학자들은, 그런 변화가 없다면 상황은 점점 나빠질 것이라고 주장한다. 멸종이 확산되면 당연히 전 세계의 생태계가 바뀌어서 인류는 전례 없는 위기를 맞을 것이다. 연구에 참여한 독일 생태학자 요제프 제텔레는 이렇게 썼다. "생물 종, 야생 개체군, 재래종 동식물이 줄거나 사라지면서 생태계가 파괴되고 있다. 지구 생물에게 필수적인 생명의 그물망은 점점 좁아지고 해어지고 있다. 이런 폐해는 인간 활동의 직접적인 결과이며, 세계 곳곳에서 인류 복지의 안녕을 심각하게 위협한다."[10]

과학 연구 보고서 같은 글에서는 기본적으로 팽팽한 긴장감이 느껴진다. 심각한 현실을 대중에게 "이해시키려면", 과학자들은 인류가 정말 위험에 빠졌다고 경고해야 한다. 멸종 위기에 처한 생물은 개구리와 벌, 치타와 코끼리뿐만이 아니다. 책임 있게 행동하지 않으면 인류도 안전하지 않다. 인류가 부채질하고 있는 파괴와 죽음이라는 대재앙을 인류도 피하기 어려울 것이다.

언론과 국제 비정부기구들은 지원을 받기 위해서 인류가 처한 위험을 강조한다. 그러나 이런 마케팅 전략이 전제로 삼은 가정은, 사냥을 즐겼던 식민주의자 새뮤얼 베이커가 굳이 말로 표현하지는 않은 생각, 즉 그가 죽인 어미 코끼리의 젖을 포함해서 자연이란 인간을 위해서 존재한다는 생각이다. 인류 문명은 대개 세계를 자신들의 필요에 따라서 사용할 수 있는 자원의 화수분으로 생각했다.

진정한 전환적 변화가 무엇인지 상상하기란 어렵지 않다. 동물 종이 대량 멸종해도 인간은 그럭저럭 생존할 수 있다고 하더라도, 동물의 멸종이 지나친 문명화의 잘못된 결과라는 주장을 유권자들이 지지한다면 전환적 변화는 일어날 수 있다. 또한 생물 다양성 보호가 주의 깊게 보호해야 할 가치가 있는 최고의 사회적 가치라는 사실을 확신할 때, 그리고 동물에게도 소중한 권리가 있음을 우리가 받아들일 때에도 전환적 변화는 일어난다.

어쨌든 기업은 우리의 기본적인 욕구를 채워주지 못한다. 기업은 공기를 만들거나 정화하지 못하며, 물을 깨끗하게 유지하거나 식량을 재배하지도 못한다. 그런 일들은 다양한 생물이 어울려 사는 생태계 덕분에, 그리고 그 생태계의 풍요로운 자원 덕분에 가능한 일들이다.

역사적 관점에서 보면, 그런 입장이 급진적인 사고방식은 아니다. 인류는 태곳적부터 그런 생각을 가지고 살아왔지만, 그 생각은 잊혔다. 유대교에서 가장 중요한 철학자인 마이모니데스가 그런 사고방식을 간결하게 정리했다. 그는 『방황하는 자들을 위한 안내서(*Guide for the Perplexed*)』에서 "우주는 인간을 위해서 존재하지 않는다"라며, 오히려 "모든 것은 스스로를 위해서 존재하지, 다른 것을 위해서 존재하지 않는다"라고 썼다.[11]

남아프리카공화국의 호스푸르잇

스리랑카의 전기 울타리는 코끼리의 침입을 막기 위한 설치물이다. 그러나 남아프리카공화국의 전기 울타리는 그 반대이다. 남아프리카공화국에서는 동물이 밖으로 나가지 못하고, 사람이 안으로 들어오지 못하도록 막기 위해서 설치한다. 면적이 약 2만 제곱킬로미터나 되는 크루거 국립공원 주변에는 전기 울타리가 설치되어 있다. 호스푸르잇에는 수많은 농부들이 공원에서 멀지 않은 곳에 대규모 사설 사파리를 만들었으며, 이들은 전국 각지에서 동물을 구입해서 보유 동물의 수를 늘렸다. 그 주변에는 바닐라 향이 나는 차가운 수건 같은 것들로 손님을 맞이하는 호화 호텔도 문을 열었다.

당연히 이 모든 시설은 비즈니스용이다. 사설 사파리에는 동물을 보러 오는 사람도 있고, 사냥을 하러 오는 사람도 있다. 그곳의 동물은 땅 주인의 사유재산이기 때문에 관광과 사냥 모두 합법이다. 그러나 호스푸르잇 주변에 있는 대부분의 사파리는 사냥용이 아니다. 이들 사파리는 거의 모든 구역이 수백 개의 흙길로 덮여 있어서 생태계가 거의 제 기능을 하지 못하는데, 이 길들은 관광객들이 표범이나 코끼리, 코뿔소의 사진을 최상의 각도에서 찍을 수 있도록 하기 위해서 만들어진 곳이다. 그곳은 당연히 셀프 카메라로 사진을 찍기에도 좋다.

이곳의 걱정거리는 코뿔소, 아니 좀더 정확히 말하면 아시아의 암시장에서 거래되는 코뿔소의 뿔이다. 뿔의 가격은 베트남과 중국 같은 나라에서 킬로그램당 5만 달러에서 10만 달러를 호가하는데, 그곳에서는 물소나 코뿔소 같은 커다란 기제류(奇蹄類)의 뿔이 특효가 있다고 생각한다(이것에 대한 과학적인 근거는 전혀 없다. 뿔은 거의 인간의 머리카락과 손톱의 주성분인 케라틴으로만 이루어져 있기 때문이다). 고가의 뿔은 밀렵꾼들이 사파리에 무단으로 침입하도록 유혹한다. 코뿔소를 부분 마취시킨 다음에 뿔을 잘라내는 경우는 그나마 낫다. 대부분은 코뿔소를 그냥 죽인다. 사파리 측은 접촉식 전기 울타리, 헬리콥터, 무장 감시대, 감시 카메라와 센서, 글라이더, 정보 수집과 정찰을 담당하는 팀, 덤불 속 잠복조 등 온갖 방법을 동원해서 밀렵꾼을 감시한다. 그러나 효과가 없다. 뿔의 수요는 점점 증가하고, 울타리 밖의 빈민가에는 가난에 허덕이는 사람들이 살고 있기 때문이다. 남아프리카공화국의 평균 월급은 (2018년 4/4분기 기준으로) 1,400달러인데, 진짜 문제는 실업에 있다. 일할 능력은 있지만 직업을 찾지 못한 사람이 전체 인구의 25퍼센트나 된다.

나콘시티와 프라이스는 밀렵꾼들로부터 사파리 동물들을 지키는 사설 보안업체, 프로트랙의 직원이다. 어느 날 밤 나는 호스푸르잇의 작은 공항에서 가까운, 사파리 입구의 임시 검문소에서 두 사람을 만났다. "밀렵을 막지는 못해요." 나콘시티가 말했다. "일자리가 없으니까요." 그는 사파리의 요란한 성공에 대해서 빈민가 거주자들이 느끼는 박탈감과 이들의 곤궁에 관해서 한참을 설명했다. "밀렵을 줄일 수는 있지만, 아예 막지는 못해요." 두 사람은 동네 사람들에게 직업을 말하지 않는다고 했다. 사파리에서 일하는 것이 알려지면 가족이 납치될 수도 있기 때문이다. 납치된 가족을 구하려면 밀렵꾼에게 정보를 건네거나 그들을 사파리 안으로 들여보내야 한다. 물론 이것은 어디까지나 시나리오일 뿐이다. "퇴근할 때 유니폼을 벗고 평상복만 입죠." 이번에는 프라이스가 말한다. "사람들이 제게 무슨 일을 하냐고 물으면 정비하는 일을 한다고 말해요. 사파리에서 일한다고 절대 말하면 안 돼요." 직업을 숨겨야 하는 안타까운 사연은 동물을 지키는 사람이 승자가 아니라는 점을 보여준다. 언제나 수요가 이긴다.

나는 남아프리카공화국의 저명한 환경 및 동물 보호 운동가이자, 전국 동물 학대 방지협회의 고위 인사인 카렌 트렌들러를 만나러 갔다. 우리는 그녀 집의 넓은 뒷마당에 앉아서 대화를 나누었다. 트렌들러는 수년간 동물, 특히 학대받는 야생동물을 구하기 위해서 꾸려진 신속 대응 팀에서 일하고 있다. "아시아 경제가 급성장하고 있어요." 그녀가 말했다. "인구가 크게 늘고 경제도 발전하고 있으니 가처분소득도 늘겠죠. 오늘날 사람들(일부 아시아 국가의 상류층)은 코뿔소 뿔이나 호랑이 뼈로 만든 와인 같은 사치품을 살 만큼 돈이 많아요." 호랑이 뼈를 넣어 발효시킨다는 호랑이 뼈 와인은 극동 지역에서 인기가 많다. 통증을 다스리고 허약한 체질을 고치는 데에 도움이 된다고 믿는 사람도 있고, 머리를 좋아지게 한다거나 정력에 좋다고 믿는 사람도 있다.

호랑이 뼈는 구하기 어렵기 때문에 호랑이 뼈 대신 사자 뼈가 주로 거래된다고 한다. 남아프리카공화국에서 사자와 다른 대형 고양잇과 동물은 완벽하고 효율적인 상업 고리를 형성한다. 이곳에 오는 관광객들은 "어미에게 버려진" 혹은 어미가 "사냥꾼의 손에 죽은" 새끼 사자를 보호하는 시설에서 "자원봉사"를 하기 위해서 많은 돈을 지불한다. 이곳은 디즈니 영화 「밤비」에서 영감을 얻은 듯, 관광객의 감성을 자극하는 장면을 연출한다. 그러나 트렌들러의 말은 다르다. "새끼가 어미에게 버려지는 게 아니에요. 태어난 지 얼마 안 된 새끼를 의도적으로 어미에게서 떼어놓아요. 자원봉사자들과 관광객들이 새끼들을 쓰다듬을 수 있게 해주고, 새끼들과 놀면서 같이 사진도 찍게 하는 일이 돈이 되거든요. 시간이 좀 지나면 관광객들은 사자와 놀 수 없어요. 사자가 몸이 커져서 위험하니까요. 작고 귀여운 새끼보다 매력이 덜 하죠." 사자가 자란 다음에는 사파리로 보내서 총을 쏘러 오는 관광객들의 사냥감으로 만들어서 돈을 번다고 한다.

원래 아프리카에는 호랑이가 살지 않기 때문에 지금은 외국에서 수입해 온 호랑이를 길러서 사냥용으로 판다. 겉만 번지르르한 보호소에서 자란 호랑이는 사람을 두려워하지 않으므로 사냥하기가 그다지 어렵지 않다. 사냥꾼은 동물을 죽인 후에 그 머리를 잘라 손님들에게 보여줄 전리품으로 챙긴다. 사파리의 주인이 죽은 호랑이의 뼈를 수거해서 아시아로 보내면, 그곳에서 보석, 부적, 술, 그리고 "호랑이 빵"이라고 부르는 전통 약재를 만든다. 또한 암컷들에게 반복적으로 새끼를 낳게 하며, 근친 교배도 자주 시킨다. 보호소에서 자원봉사했던 사람은, 근친 교배 때문에 장애를 가지고 태어나는 새끼들이 있다는 가슴 아픈 이야기를 들려주었다. 당연하게도 이런 체제에 갇혀 있는 동물들은 결코 자연으로 돌아가지 못한다. 이제 동물들은 기질적으로나 유전적으로나 혼자 힘으로는 야생에서 살 수 없게 되었다.

이러한 이야기들은 세계 시장뿐만 아니라 세계화도 지역 생태계에 악영향을 준다는 사실을 입증해준다. 이것은 거의 전적으로 외국인들에 의해서 작동되는 착취 체제이다. 관광객들은 아무런 의심 없이 동물을 돌보는 일을 돕고, 자원봉사자들은 자신도 모르게 동물들의 장기를 판매하기 위해서 그들을 사육하는 범죄의 방조자가 된다. 밀렵꾼들은 대개 미국이나 영국, 아시아 등에서 온 외국인이다. 그리고 동물 뼈는 온갖 방식으로 아시아로 들어간다.

아프리카 사자는 본래 아프리카에만 살지만, 상품이 되면서 세계 각지에서 살게 되었다. 아프리카 사자들은 태어나서 죽을 때까지 체계적이고 상업적으로 착취당하고, 그 과정에서 발생하는 이윤은 대부분 서식지 밖에 사는 사람들에게 흘러간다.

그러나 대형 고양잇과 동물은 코뿔소에 비하면 상황이 나은 편이다. 코뿔소처럼 웅장한 야수는 상업적인 가치가 크지 않다. 그래서 사람들은 코뿔소 새끼를 돌봐주지도, 코뿔소의 뼈를 얻기 위해서 포획하지도 않는다. 그저 사람들은 코뿔소를 사파리에 구경거리로 두고 싶어한다. 그리고 뿔도 원한다. 이런 목적으로만 코뿔소를 기르는 존 흄이라는 험상궂은 농부에게서 나는 이런 말을 들었다. "간단히 말하면, 코뿔소는 살아 있을 때보다 죽었을 때 더 가치가 있습니다." 세계 시장에서 코뿔소는 오직 한 지역, 그리고 오직 하나의 이유에서만 가치가 있다. 아시아 시장이 코뿔소 뿔 가루를 원하는 것이다.

2018년에 마지막 남은 북부흰코뿔소 수컷들이 죽었다. 2018년에 남아프리카공화국에서 뿔을 노린 밀렵꾼들 때문에 목숨을 잃은 코뿔소는 정확히 769마리였는데, 2017년에는 1,000마리 이상이 같은 이유로 죽었다. 이는 아프리카 야생에서 코뿔소가 과연 살아남을 수 있을지 의문이 들게 하는 수치이다. 밀렵에는 조직 범죄단이 관여하고 있는데, 이들 중에서 일부는 아시아권에서 활동한다. 범죄단이 조직원을 사파리로 파견하고, 조직원은 스마트폰으로 아시아의 잠재 구매자에게 뿔에 관한 정보를 보낸다.[12]

이런 일들은 지역 환경, 정치 규범, 공동체의 요구, 전통, 생태계 등과는 무관하게 철저히 수요에 따라서 움직인다. 반세계화 저항은 지역 집단이 전횡을 일삼는 외세로부터 끊임없이 도전과 공격을 받을 때에 일어난다. 때때로 그 지역 집단은 코뿔소가 되기도 한다.

5

"우리는 죽기를 거부합니다"

오늘날 스리랑카의 수도 콜롬보에 거주하는 500만 명은 전례 없이 변화무쌍한 기후로 몸살을 앓고 있다. 1950년대부터 스리랑카의 기후는 크게 변했다. 장맛비가 짧은 주기로 격렬하게 쏟아지고, 이 비가 갑작스러운 홍수를 일으켜서 가난한 동네들은 침수 피해를 입는다. 2016년에는 40년 만에 최악의 가뭄이 들었다. 그다음 해에는 기록적인 폭우(하루 동안 28-51센티미터의 비가 쏟아졌다)로 대규모 홍수가 발생해서 벼농사를 짓는 농지 대부분이 파괴되었다. 이 때문에 전년 대비 쌀 생산량이 거의 40퍼센트나 줄어서 수십만 명이 식량을 확보하지 못했다.[1]

오늘날 빈곤국들에서는 늘 이런 일이 일어난다. 2019년 봄에는 사이클론 2개가 아프리카 동부 해안을 연속으로 강타해서 모잠비크에 막대한 피해를 입혔다. 그중에서도 사이클론 이다이(Idai)는 모잠비크 농장에 광범위한 피해를 입혔는데, 특히 해안 지대의 옥수수 농장 대부분이 폐허가 되었다. 모잠비크는 UN에 인도주의적 원조를 요청해야 했다.

앞의 장들에서 세계화가 만들어낸 착취 허브들을 다루었는데, 이 착취 허브가 지역 주민과 공동체에 해를 미치는 범위는 고용 환경이나 광물 채취에만 국한되지 않는다. 궁극적인 착취는 환경이다.

산업혁명이 유발한 환경오염, 무절제한 소비 지상주의, 이산화탄소 과다 배출은 강대국보다 약소국에 더 많은 피해를 주는데, 이것은 단순한 선언적 주장이 아니다. 기후 위기로 인한 불평등의 사례들을 분석한 연구자들은 모두 비슷한 결론을 도출했다. 그것은 부유한 나라들이 환경 비용을 부담하고 있지 않다는 사실이다. 최근 스탠퍼드 대학교의 마셜 버크와 노아 디펜보는 가난한 나라들이 수십 년간 지구온난화로 피해를 입고 있었다는 사실을 입증하는 연구 결과를 발표했다.[2] 두 연구자는 날씨가 예년보다 따뜻했거나 추웠던 해에 나라별 경제 성적이 어떠했는지를 비교했고, 1961-2010년에 지구온난화 때문에 최빈국의 1인당 자산이 40퍼센트까지 감소했다는 사실을 발견했다. 그러나 온실 가스의 대부분을 배출하는 나라들의 1인당 GDP는 13퍼센트 증가했다.

이 결과는 충격적이다. 왜냐하면 최근 저개발국과 선진국과의 경제적 격차가 좁아지기 시작했는데, 만약 기후변화가 없었다면 저개발국들이 더 빨리 발전할 수 있었다는 사실을 의미하기 때문이다. 버크와 디펜보의 연구에서 확인했듯이, 추운 나라는 점점 따뜻해지고 있고 온실효과로 오히려 경제적 이익을 얻고 있다. 반면에 원래 더운 나라는 더 더워지는 바람에 큰 타격을 입고 있다. 인도, 나이지리아, 수단, 인도네시아, 브라질 같은 나라들의 1인당 GDP는 기후변화 탓에 크게 감소했다. 반대로, 노르웨이와 캐나다의 1인당 GDP는 지구온난화 덕분에 몇십 퍼센트포인트나 증가했다. 연구자들은, 연평균 기온이 13도일 때에 생산성은 최대가 되지만 그 이상 기온이 올라가면 생산성은 급격히 떨어진다고 설명했다. 버크에 따르면, "너무 덥거나 너무 춥지 않을 때 농작물은 더 많이 수확되고, 사람들은 더 건강해지며, 직장에서 더 생산적으로 일한다. 이것은 추운 나라에서는 경미한 수준의 온난화가 도움이 될 수 있다는 의미이다."[3] 산업혁명을 주도한 영국은 지구온난화로 1인당 GDP가 9.5퍼센트 더 증가했다. 이외에도 21세기 말이면 수십억 명의 평균 소득이 기후변화가 발생하기 전보다 75퍼센트 감소할 것이라고 예측한 연구도 있다.[4]

이는 명백한 불평등이다. 지구온난화에 가장 적은 영향을 미친 나라들이 지구온난화로 이미 커다란 경제적 손실을 입었고 앞으로도 계속 그렇게 될 것이라는 의미이기 때문이다. 이 나라들은 힘없고 가난하기 때문에 기후변화에 더욱 취약하며, 기후 모델로 예측한 바에 따르면 앞으로 이 나라들은 혹한과 혹서의 영향을 가장 많이 받을 것이라고 한다.[5]

세계화된 세계에서 경제 발전은 더 이상 제로섬 게임이 아니므로, 개인과 공동체는 산업화와 자유시장, 무역을 활용해서 극한의 가난에서 벗어날수 있다. 그러나 암울한 변수 하나가 새롭게 등장했는데, 역설적이게도 이변수는 정확히 세계화된 세계가 탄생시켰다. 그것은 바로 기후변화이다. 환경단체들은 앞으로 몇십 년간 기후변화 때문에 기아로 고통받는 사람들의 수가 10-20퍼센트 증가할 것으로 내다보았다.[6] 2050년까지 세계 인구의 약 20퍼센트에 해당하는 17억 명의 사람들이 기후변화 때문에 식량 부족을 겪을지도 모른다고 예측한 연구도 있다. 산업혁명과 세계화는 사람들을 굶주림에서 벗어나게 해주었지만, 그 후손들을 다시 빈곤하게 만들지도 모른다.

예를 들면, 캐나다의 한 악랄한 정치인이 다른 나라에 사는 가난한 유색인들에게만 피해를 주는 독성 화학물질을 퍼뜨리자고 제안했다고 가정해보자. 이 독성 물질은 표적이 된 사람들을 더욱 가난하게 만들거나 죽게 할테지만, 캐나다 경제를 성장시키고 날씨를 더욱 따뜻하고 화창하게 해주고 캐나다 사람들의 삶의 질을 향상시킬 것이다. 이것은 정말 비열한 행동이 아닐 수 없다. 하지만 그것이 바로 선진국들이 하고 있는 일들이다.

기후변화가 세계화로 줄어든 극빈율을 어떻게 다시 높이고 어떻게 세계를 과거처럼, 아니 과거보다 더욱 분열시키는지는 각종 통계로 파악할 수 있다. 스칸디나비아 국가들은 온화해진 날씨를 이용해서 포도를 심고, 덴마크령인 그린란드는 광물자원을 좀더 쉽게 개발하며, 영국은 난방비나 따뜻한 나라로 떠나는 여행비를 줄일 수 있게 되면서, 저개발국들은 선진국이 놓은 덫에 갇히게 된다.

방글라데시가 좋은 예이다. 1억6,800만 명이 살고 있는 방글라데시는 인구의 80퍼센트가 빈곤선 이하로 살았지만, 지금은 상당한 발전을 이루었다. 기대 수명도 크게 늘어나서 지금은 70세 정도이다. 한때 전체 국민의 44퍼센트가 극빈자였는데, 오늘날에는 13퍼센트 정도로 크게 줄었다. 이제 대규모 기근 사태는 과거의 일이 되었으며 문맹률도 크게 줄었다.[7] 이런 성과의 대부분은 기술과 산업, 해외 수출과 무역 덕분이다.

한편, 방글라데시는 갠지스 강과 바다가 만나는 벵골 만에 자리하고 있다. 그곳에 세계 최대의 삼각주가 있다. 방글라데시는 영토의 3분의 2가 해발 4.5미터 정도밖에 되지 않으며, 인구가 강가의 비옥한 농업지대에 집중되어 있다. 그런데 벵골 만에서 수심이 얕은 지역의 수온이 크게 올랐다. 날씨가 따뜻해지면 물의 양이 불어나기 마련이고, 따라서 방글라데시는 온난화로 인한 해수면 상승으로 저지대가 침수될 위험에 처했다. 최근 몇십 년 동안 방글라데시에서는 강력한 열대성 폭풍이 내륙으로 다량의 염수를 몰고 와서 농경지가 파괴되었다. 게다가 히말라야의 빙하가 녹는 바람에, 산꼭대기에서 삼각주를 거쳐서 만으로 흘러드는 강물의 양이 급격히 불어났다. 평균적으로 방글라데시는 영토의 25퍼센트가 이따금 물에 잠기고, 몇 년에 한 번씩은 영토의 60퍼센트가 홍수 피해를 입는다.[8] 그래서 경작할 땅이 줄어들고 인구 밀도는 더욱 높아진다. 거주할 만한 땅이 부족하기 때문이다.

방글라데시의 남동부 농촌 지역에 살던 사람들이 수도인 다카로 들어오고 있다. 매년 50만 명이 다카로 이주하고 있으며, 이주자들은 그곳에 이미 살고 있는 700만 명의 빈민들 사이에 자리를 잡는다.[9] 세계은행에 따르면, 2050년쯤이면 방글라데시에서 1,330만 명이 기후변화로 집을 잃고, 21세기 말에는 높아진 해수면으로 인해서 인구 3분의 1의 거주지가 영원히 침수될 것이라고 한다.[10] 세계화는 배고픔과 가난에서 5억 명을 구했지만, 세계은행은 기후변화 때문에 2030년까지 1억2,200만 명이 다시 가난해질 것이라고 추산한다.[11] 몇십 년 전까지만 해도 전 세계가 풍요로워지면서 방글라데시의 생활수준도 개선되었지만, 국민들이 그것을 즐기기도 전에 거대한 폭풍이 닥쳤고 해수면은 높아졌으며 농지는 훼손되었다.

2018년, 몰디브

몰디브는 기후변화의 대가를 톡톡히 치르고 있다. 해수면이 걷잡을 수 없이 높아지고 있어서 섬 전체가 사라질지도 모르기 때문이다. 몰디브로 몰려드는 관광객 대부분은 붐비는 수도 말레에는 굳이 가지 않는다. 비행기는 말레 공항에 착륙하지만, 관광객들은 곧바로 배를 타고 천상의 해변이 있는 고급 수상 빌라로 향한다. 몰디브의 섬과 해변, 산호초가 있는 곳은 전 세계에서 가장 유명하고 값비싼 관광지에 속한다.

취재차 몰디브를 방문한 나와 촬영기사는 북적이는 공항을 빠져나와 섬 주위로 우리를 데려다줄 배에 올랐다. 물 위에서는 방향감각을 잃고 일종의 착시를 경험하기 십상이다. 말레의 지대가 너무 낮아서, 그렇지 않아도 높지 않은 그곳의 빌딩들이 파도 뒤에서 바로 솟아오르는 것처럼 보였다. 마치 배가 땅 위에서 움직이는 듯했다. 바로 그 순간 이 군도가 얼마나 취약한지를 알게 된다. 몰디브 섬들의 평균 해발고도는 1.2미터에 불과하며, 가장 높은 지역도 2.4미터 정도이다.

우리가 탄 모터보트가 섬들 사이를 쌩하고 지나자 물보라가 일었다. 몰디브는 환초(環礁)들로 이루어져 있다. 우리는 말레 북단의 환초, 툴루스두로 가는 중이다. 이곳의 환상적인 아름다움은 오감으로 확실히 느낄 수 있다. 해변은 금빛이고, 코코넛 나무가 우리 머리 위로 높이 솟아 있으며, 소금기를 머금은 공기는 깨끗하다. 물은 수정처럼 맑고, 거리는 백사장으로 되어 있고, 아이들은 작은 부두 주변을 뛰어다니거나 해변의 키 큰 나무에 임시로 매달아놓은 그네를 타고 논다. 그러나 이곳은 실낙원이다. 툴루스두에는 코카콜라 공장이 있는데, 여기에서 생산되는 음료는 전 세계에서 유일하게 염분을 제거한 물로 만들어진다. 이 공장은 지역 자부심의 상징이다. 그래서 곳곳에 코카콜라 간판이 보인다. 세계화는 한계를 모르는 제국인 것이다.

툴루스두에 관광객만 있는 것은 아니다. 이곳에는 1,500명이 넘는 주민들이 살고 있고, 이들 중 다수는 날마다 바다에 그물을 치러 가는 어부들이다. 항구 근처에는 나무로 만든 생선 건조대들이 가지런히 세워져 있다. 저녁이 되면 여자들은 건조대를 씻고 건조대 아래에 난 잡초를 뽑으며 작은 빗자루로 바닥을 쓴다. 이렇게 건조대를 정리하는 작업은 남편들이 집으로 돌아올 즈음에 마무리된다. 만약 그들이 팔 수 있는 것보다 더 많은 생선을 가져오면, 남은 생선은 염장을 해서 보관한다.

이른 아침, 우리는 산호를 보러 갔다. 조용한 해변 위로 해가 떠올랐고, 산들바람이 상쾌하게 불었다. 소규모의 다이빙 용품점을 운영하는 아즈 이스마일이 우리를 작은 배에 태웠다. 파도가 높았다. 우리는 섬에서 꽤 떨어진 곳으로 산호초를 보러 가는 중이었는데, 그곳은 관광객이 많지 않았다. 산호초는 몰디브의 문화와 경제에서 중요한 부분을 차지한다. 그것은 어업과 관광업의 토대이며, 폭풍으로부터 섬을 보호하는 역할을 한다.

산호초에 가까이 갔을 때, 아즈가 닻을 내리고 스노클 없이 다이빙 마스크를 쓰더니 물속으로 들어갔다. 물 밖으로 나온 아즈가 이렇게 말했다. "물살이 좀 세네요. 내가 배 위로 올라가면, 당신들은 물속으로 들어가요. 내가 당신들을 보고 있을게요." 나는 물속에 들어가서야 아즈의 말이 경고였음을 깨달았다. 오리발이 망가진 것처럼 아무리 힘껏 발을 차도 발이 잘 움직이지 않았다. 물살에 쓸려 산호초 위까지 가는 데에 20초도 채 걸리지 않았다. 아즈가 다시 우리 옆에 배를 댔다.

그곳에는 볼 것이 많지 않았다. 화려한 물고기는 종종 발견했지만 산호초는 해골처럼 앙상했다. 그곳은 이미 오래 전에 산호초 백화현상이 나타났다. 죽어가는 산호초는 마치 난파선 같았다. 바다 바닥에 닿은 끝부분에만 산호초의 상태가 좋았던 시절에 살았을 법한 다채롭고 풍부한 생물들을 볼 수 있었다.

해안으로 돌아왔을 때, 아즈는 섬 주위의 산호초 중에서 약 80퍼센트는 이미 죽었다고 말했다. 지구온난화로 수온이 높아졌기 때문이다. 대기오염으로 해수에 더 많은 이산화탄소가 녹아들면서 산성도도 높아졌다. 산호초가 백화현상을 일으키고 죽어가는 데에는 두 가지 주된 원인이 있다. 군체 생물은 환경 변화에 유난히 민감해서 상태가 쉽게 나빠지고 빨리 죽는다. 산호초는 해양저(海洋底)의 0.1퍼센트만 차지하지만, 해양 생물의 약 25퍼센트가 산호초에 의지해서 살고 있다.[12] 세계 최대의 산호초 지역인 오스트레일리아의 그레이트 배리어 리프에 있는 산호초의 절반이 이미 죽었다.

1980년대 이후로는 전 세계 산호초의 거의 절반이 훼손되었다.

나는 아즈에게 지구온난화로 향후 20년 안에 암초를 형성하고 있는 산호초가 전부 사라질 것이라고 말했다. 이 말이 몰디브에 어떤 의미인지 아느냐고 묻자, 그가 이렇게 말했다. "무엇보다 산호초가 없어지면 몰디브도 사라져요. 몰디브 사람들의 생계가 산호초에 달렸거든요. 사람들은 이곳에 멋진 수중 세계를 보러 오죠. 어업은 몰디브에서 두 번째로 중요한 산업이에요. 산호초가 사라지면 어업과 관광업도 망할 거예요. 그렇게 되면 우리도 거의 최후를 맞게 되겠죠."

우리가 아름다운 해변에서 대화를 나눌 때, 저 너머에 있는 섬에서는 대형 공사가 진행 중이었다. 초대형 기계장치가 고급 호텔을 지을 땅을 마련하기 위해서 해저 바닥을 파내고 있었다. 우리가 대화를 나눈 곳과 건설이 진행 중인 곳은 서로 다른 세상처럼 보였지만, 사실 둘의 관계는 밀접하다. 전 세계 온실 가스의 약 8퍼센트는 관광업에서 배출한 것인데, 이 온실 가스가 몰디브의 주된 관광 상품인 산호초를 죽이고 있다.[13] 몰디브 정부는 인공 섬을 조성하고, 기존 섬이 바다에 잠기지 않도록 3미터 높이의 방벽을 설치한다는 계획을 세웠다. 그다음 단계는 위험 지역의 주민들을 대피시키고 섬의 고지대에 재정착시키는 것이다.

나는 해수면 상승에 관한 단편 다큐멘터리를 찍기 위해서 촬영기사와 함께 몰디브에 왔다. 이곳에서 우리는 위기감과 불안감, 그리고 보금자리에서 쫓겨날지도 모른다는 두려움 외에 다른 무엇인가가 더 있음을 발견했다. 아이러니하게도 지금 몰디브 사람들은 자신들이 대형 드라마의 일부이며, 세상과 더욱 연결되고 세상으로부터 덜 잊힌다고 느낀다. 이들은 배기 가스와 산성화, 그리고 세계경제에 관해서 장황하게 이야기를 늘어놓는다. 현지 가이드는 우리에게 섬 이곳저곳을 구경시켜주고 멋진 사진을 찍을 수 있는 장소를 소개하는 동안, 해변에 있는 플라스틱 쓰레기를 치우면서 그 쓰레기가 바다거북을 죽이고 있다고 말했다. 그러더니 우리에게 자연 분해되는 빨대를 사용하는지 물었다. 나는 그들만큼 친환경적인 사람들을 만나본 적이 없는데, 환경오염이 몰디브 사람들의 생사가 걸린 문제라는 점을 감안하면 그렇게 놀랄 일도 아니었다. 부유한 산업사회에 경제적으로 의존하던 나라가 지구 구하기 전쟁의 선봉에 선 격이다. 기후변화는 몰디브에서 벌이는 운동을 지지하라고 선진국 국민을 압박한다. 조만간 우리(안락한 선진국에 사는 이 책의 독자들 대부분과 나)도 그 전쟁에 참전하리라는 사실을 잘 알고 있다. 공감 능력이 부족한 사람들은 저개발국 사람들을 '탄광 속 카나리아(19세기 유럽 광부들이 탄광의 유해 가스를 미리 감지하기 위해서 카나리아를 이용했다는 이야기에서 유래한 표현으로, 위험이나 재앙에 대한 조기 경보를 의미한다/옮긴이)'로 생각할 것이다. 그러나 지구 구하기 캠페인에는 공동 운명 의식이나 동지 의식이 있다. 생태계 위기에 직접 맞서 싸우는 현장에서는 누구나 그런 감정을 느낀다.

위기는 최근에 시작되지 않았다. 말레 최대의 이슬람교 사원 근처에서 나는 모하맛 사우드를 만났다. 1990년대에 그는 가족과 함께 고향인 하 달마바이두를 떠났는데, 그 섬이 더 이상 거주할 수 없는 땅이 되었기 때문이다. 사우드는 세계 최초의 기후 난민 중의 한 명이다. 기후변화가 심각해지고 있기 때문에 앞으로 수백만 명의 사람들이 사우드와 같은 상황에 놓이게 될 것이다. 그는 무서운 폭풍이 섬 전체를 쓸어버리고 끊임없이 해변을 침식했던 상황을 이야기해주었다. 그는 이렇게 회상했다. "폭풍이 섬 쪽으로 밀어닥쳤어요. 섬 전체가 바다에 잠길 것 같았죠. 파도가……섬 한가운데 있는 습지로 밀려들어와 식물과 배를 망가뜨렸어요. 건질 만한 식량이 없더군요."

사우드는 폭풍이 몰아치는 상황에서 어떻게 배를 띄웠는지, 홍수가 어떻게 점점 더 심해졌는지 설명했다. 그가 떠난 후에 수많은 주민들이 집을 버리고 섬을 떠났다. 섬에 남아 있던 사람들도 결국 정부의 대피 계획을 받아들이기로 했다. 이 이야기가 영화로 만들어졌다면, 아마도 무슨 일이 있어도 섬에 남기로 한 사람들과 희망이 없다고 냉철하게 판단한 사람들이 충돌하는 모습이 클라이맥스에 그려졌을 것이다. 그러나 그런 극적인 장면은 거의 없었다고 사우드는 말했다. 섬에서 살 수 없다는 의견에 모두가 동의했다. 자신과 자녀가 조만간 익사할 것이라고 생각하면 감상에 빠질 여유가 없다. "제가 자란 곳이기 때문에 당연히 섬이 그립죠." 그가 그렇게 인정했다. "하지만 선택의 여지가 없었어요."

사우드의 이야기를 들으면서 나는 이전에 책에서 읽은 몰디브의 전설 하나가 기억났다. 내용은 이렇다. 섬의 양 끝에는 어마어마하게 큰 구리 벽이 세워져 있는데, 이 벽이 엄청나게 많은 양의 물이 섬 안으로 들어오지 못하게 막고 있다. 그런데 밤마다 악마들이 우악스러운 혀로 그 구리 벽을 핥아 먹는다. 아침이 되면, 악마들이 핥은 벽은 무너질 지경에 이른다. 단 몇 초 후면 벽이 무너지고 섬 안으로 물이 밀려들어서 주민들을 익사시킬지도 모른다. 그러나 매일 아침 섬에 사는 무슬림 주민들의 기도 덕분에 그런 대참사는 일어나지 않는다. 신자들이 자리에 서서 자신의 얼굴 앞으로 손을 모으는 행동(무슬림들이 간절히 기원할 때 하는 동작으로 '쿠누트[qunut]'라고 부른다)을 하는 순간, 구리 벽이 다시 복원되어 해질 녘까지 튼튼하게 유지된다. 그리고 다시 밤이 되면 악마들이 그 벽을 핥기 시작한다. 몰디브의 섬들은 언제든 파괴되고 침수될 수 있음을 옛 전설도 경고한다. 그러나 바다가 섬을 삼키기 직전에, 무슬림의 신앙 고백인 '샤하다(shahada)'가 파멸을 막아준다.[14] 앞에서 나온 사우드의 이야기에 비춰보면, 그 전설은 마치 예언과도 같다.

***

말레에서 가까운 어느 섬에서 나는 모하메드 나시드 전 몰디브 대통령을 만났다. 몰디브에서 국제적으로 가장 유명한 인물일 나시드 전 대통령은 여러 명의 수행원들을 대동하고 나타났다. 그의 걸음이 너무나 빨라서 나는 거의 뛰다시피 했다. 몰디브 초대 민선 대통령이던 그는 홍보의 달인으로, 국제 여론을 잘 이용한다. 상황이 날로 심각해지는 섬나라들에 2000년 이후로 전 세계가 관심을 가지게 된 것은 상당 부분 나시드의 공이다. 그는 물속에서 국무회의를 열고, 크리스티안 아만푸어 CNN 수석 특파원을 포함한 여러 기자들과 인터뷰를 했으며, 바다에 반쯤 잠긴 책상에 앉아서 법안에 서명을 하기도 했다. 그는 몰디브에 새로운 영토가 주어져야 하고, 그 비용은 산업국가들이 내야 한다고 주장했다. 또한 국제 포럼에 참석하거나 전문가들을 초빙해서 행사를 열고, 비상 대책을 마련하고 감정에 호소하는 연설을 했다.

그래도 해수면은 계속 높아졌다.

나시드는 해수면 상승과는 무관한 정쟁에 휘말려 대통령직에서 물러나 망명길에 올랐다. 그러다 2018년에 다시 몰디브로 돌아와서 여전히 막강한 영향력을 행사하고 있다.

나시드와 내가 만난 굴리라는 섬에는 크고 멋진 해변이 있었고, 바다 한가운데 커다란 그네가 있었다. 우리가 마치 호화스러운 휴가라도 온 것만 같았다. 그러나 우리가 서 있는 곳에서 불과 200미터 떨어진 곳에는 높아진 해수면과 사투를 벌인 흔적들이 있었다. 고고학 발굴 작업을 통해서 발견된 지층처럼, 그곳에는 파도를 막으려는 주민들의 투쟁의 흔적이 단계별로 드러나 있었다. 모두 시행착오의 결과물이었다. 콘크리트를 담은 자루가 바위 위에 층층이 쌓여 있었다. 그 옆에는 침식을 피하고 파도를 막기 위한 건축 폐기물이 산더미처럼 쌓여 있었다. 허물어지고 있는 콘크리트와 철벽은 벌어진 입 속의 부서진 치아처럼 보였다. 매우 의미심장한 광경이었다. 한쪽에서는 돈 많은 관광객들이 몰디브를 즐기고 있었고, 다른 한쪽에서는 섬 주민들이 지구온난화와 사투를 벌이고 있었다. 지구온난화에는 관광객들의 책임도 있었다.

나시드는 섬에서 대피하는 안건에 반대한다고 말했다. 지금 그는 "신기술"과 "획기적인" 방법으로 폭풍의 위력을 완화해줄 인공 산호초 같은 방벽을 설치하는 것에 집중하고 있었다. 나시드는 이렇게 말했다.

"(우리 해변이) 많이 침식되었어요. 전과 다르게, 물고기들이 수면까지 잘 올라오지 못해서 어획량이 줄어드는 바람에 식량 안보가 위협받고 있습니다. 수온이 계속 이렇게 오르면……더 이상 여기에서 살 수 없을 겁니다. 산호초가 죽고 섬도 망가지면 더 이상 생계를 유지할 수 없어요. 문화는 훼손되고 국민은 궁핍해질 겁니다. 선한 사람이라면 우리가 해야 할 일이 무엇인지 알 겁니다." 기후변화에 동의하지 않는 사람들에 대해서 어떻게 생각하는지 묻자 그는 단호한 태도로 이렇게 주장했다. "과학은 협상의 대상이 아닙니다. 사실을 마음대로 바꿀 수는 없어요." 그와 대화하면서 자꾸 트럼프 대통령의 모습이 머릿속을 맴돌았다. 나시드는 이런 말도 했다. "우리는 2,000년의 역사를 가지고 있습니다. 이런 식으로 쉽게 사라지지는 않아요. 나는 기후변화 때문에 죽을 생각이 없습니다. 우리는 죽기를 거부합니다. 살고 싶어요."

후쿠시마 순례

나시드와 대화하면서, 후쿠시마 현의 출입 금지구역인 나미에 마을 부근에서 만난 연로한 농부 2명을 만났던 일이 생각났다. 2014년에 나는 강력한 쓰나미가 원자력발전소를 덮친 이후 방사능 유출 사고가 일어난 곳이자 정부로부터 방사성 낙진 위험구역으로 지정되어 폐쇄된 지역을 촬영기사와 함께 찾아갔다.

우리가 걸었던 나미에 마을의 텅 빈 거리에는 바람에 갈가리 찢긴 옷들이 여전히 빨랫줄에 걸려 있었다. 집집마다 식탁에 찻잔이 놓여 있었고, 현관 틈으로 잡초가 삐져나와 있었다. 해가 질 무렵 마을의 중심부에 멧돼지 가족이 나타났다. 멧돼지 가족은 원자로의 중심부가 녹아내려서 대기 중에 노출된 핵 연료봉에서 눈에 보이지 않는 방사선 입자가 나왔다는 사실을 의식하지 않은 채 한가롭게 걷고 있었다.

근처 농장에서 긴 작업용 부츠를 신은 야마모토 치즈코와 유키오를 만났다. 두 사람은 조상으로부터 물려받은 땅에서 낮 시간에는 자신들의 소떼를 돌볼 수 있도록 정부의 허가를 받은 상태였다. 물론 이 소들에서 나온 우유와 고기는 먹을 수 없다. 그들은 이렇게 말했다. "이곳의 소들은 대부분 굶어 죽었어요. 하지만 우리에게 이 소들은 가족이나 다름없어요. 우리는 음식을 먹지도, 술을 마시지도, 인생을 즐기지도 못하고, 이 소들을 잊지도 못합니다." 나는 치즈코와 유키오가 세상을 떠나기 전까지 인생을 즐길 수 있기를 바랐다. 두 사람은 재난이 닥치기 전까지 살았던 집으로 나를 안내했고, 내게 사무라이 시대부터 조상 대대로 지켜왔던 가보를 보여주었다. 유키오는 자신의 재산을 포기하지 않을 것이라고 말했다. 아마도 나중에 그의 손주들이 집으로 돌아오면, 할아버지 덕분에 물려받을 재산이 남아 있다는 사실을 알게 될 것이다. 풀이 무성하게 자란 그들의 농장은 몰디브 해변만큼이나 아름다웠다. 나는 우리가 방사능 유출 지역에 있다는 사실과 그들의 트랙터가 일으키는 먼지를 들이마시면 안 된다는 사실을 거의 잊을 뻔했다.

나는 꽃이 핀 자두나무 아래에 있던 이끼 낀 바위 위에 방사능 측정기를 올려놓았다. 기계에 찍힌 숫자는 시간당 20마이크로시버트였는데, 이는 정상적인 상태에서 나타나는 방사선 수치의 약 80배에 해당한다. 이곳에 계속 거주하면 암에 걸릴 확률이 매우 높으며, 어린이에게는 더욱 치명적이다.

금지구역 밖으로 나가면, 보호복과 마스크를 착용한 정부 직원들이 특별 장소로 데려가서 방사능 검사를 받게 한다. "검사를 받지 않으면 밖으로 나갈 수 없습니다." 우리를 안내하던 현지 가이드가 그렇게 말했다.

***

기념물은 과거를 기리지만, 후쿠시마와 체르노빌은 가능한 미래를 기억하게 한다. 문제는 원자력이 아니다. 원전 사고는 일어날 수 있지만, 사실 원자력발전소는 대기를 오염시켜서 수백만 명을 죽음으로 내모는 화력발전소보다 안전하다. 후쿠시마와 체르노빌은 공동체를 파괴하고 환경을 오염시키며 여러 세대에 걸쳐 혹은 영원히 인류를 멸망시킬 수 있는 기술의 힘을 상징한다. 인류는 전쟁터가 아닌 곳에서도 자기 자신과 보금자리를 몰살시킬 수 있다. 후쿠시마 방문은 내게 강렬한 경험이었다. 그곳에서 나는 우리가 어떻게 자멸할 수 있는지를 보았다.

책임의 시대에 초강대국의 정치 지도자들과 국제사회는 양차 세계대전이라는 20세기의 어리석은 경험을 마음에 새겼다. 이들은 기본적으로 합리적인 사고와 과학적인 증거, 안정된 사회를 위한 국제 협력의 필요성을 인정했다. 또한 환경 재해도 예상하고 있었다. 1974년에 과학자들은 대기로 배출되는 프레온가스가, 유해한 자외선을 막아서 생물을 보호하는 오존층을 파괴한다는 사실을 알아냈다. 1985년에 영국 연구진은 남극 오존층에 커다란 구멍이 뚫린 사실을 발견했는데, 원래 남극의 성층권은 계절적인 요인에 따라서 오존 밀도가 상당히 낮다.[15] 그로부터 불과 2년 후, 산업계의 반대에도 불구하고 오존층 파괴 물질을 단계적으로 감축 생산하도록 규제하는 몬트리올 의정서가 채택되었다. 이 국제 협약은 197개국이 비준했다. 2018년 미국 항공우주국은, 과학자들이 측정한 결과 처음으로 성층권의 프레온가스 농도가 줄었고 오존층에 난 구멍도 작아졌다고 발표했다. 2019년은 오존 구멍이 발견된 이후, 구멍의 크기가 가장 작아진 해였다.

프레온가스를 규제한 사례는 논리와 과학, 그리고 책임의 시대에 관한 단순하지만 꼭 필요한 이야기이다. 2016년 5월로 빨리 감기를 해보자. 당시 미국 대선 후보였던 도널드 트럼프는 웨스트버지니아 주에서의 유세에서 광부들에게 이렇게 연설했다.

제 머리가 괜찮아 보이나요?……헤어스프레이 좀 주세요. 여러분도 아시겠지만 오존에 영향을 준다는 이유로 우리는 더 이상 헤어스프레이를 사용할 수 없어요. 다들 아시죠, 그렇죠?……여러분도 이렇게 말하고 싶을 겁니다. 헤어스프레이가 예전 같지 않다고……거울 좀 주세요. 옛날에 여러분이 쓰던 헤어스프레이는 품질이 좋았습니다. 요즘 헤어스프레이는 효과가 12분 동안만 유지됩니다. 안 그래요? 여러분이 아시는 것처럼, 그들은 헤어스프레이를 쓰지 말라고 말합니다. 그런데 잠깐만요, 헤어스프레이를 밀폐된 아파트에서 뿌리는데도 오존층이 파괴된단 말인가요? 전 그렇지 않다고 생각합니다. 절대로요.[16]

기업은 프레온가스가 오존층에 미치는 영향과 지구온난화 문제를 해결하기 위한 인간의 역할 등에 관한 과학적인 증거를 거부하고 싶어한다. 나오미 오레스케스와 에릭 콘웨이가 『의혹을 팝니다(The Merchants of Doubt)』라는 책에서 산업계와 석유 기업의 로비에 관하여 자세히 언급한 내용에서도 알 수 있듯이, 기업은 이윤을 위하여 과학적인 사실에 의혹을 제기한다. 몬트리올 의정서 채택 과정에서 깨달음을 얻은 이익 단체들은 화석연료 사용을 제한하는 협약이 체결되지 않도록 최선을 다하고 있다. 지구온난화를 일으킨 것에 대한 대가는 알래스카 주의 뉴톡 같은 지역에서 사는 주민들이 치르고 있는데, 그들은 마을 주변의 영구 동토층이 녹고 있어서 조만간 다른 곳으로 이주해야 한다. 8개월마다 인구가 100만 명씩 늘어나고 있는 이집트 역시 대가를 치르고 있다. 이집트에서 가장 비옥한 토지가 있는, 수천 년간 식량을 공급해온 나일 강 삼각주가 해수면의 상승으로 지중해에서 넘어온 염수 때문에 오염되고 있다. 미국 체서피크 만의 버지니아 탠지어 섬은 해수면 상승으로 서서히 사라지고 있다. 이들 지역이 처한 상황은 주변부에서부터 서서히 붕괴되고 있는 지구의 모습을 대변한다.

수많은 사람들에게 세계는 점점 더 불확실하고 위험한 공간이 되고 있다. 온실 가스 배출, 붉은색 육류의 소비, 물가 예측 등 이 모든 것들은 사람들의 생활에 직접적으로 피해를 입히지만, 현대 국가의 제도와 선출된 지도자들은 그것들을 통제할 수 없다는 사실이 증명되었다. 그 결과, 주변부뿐만 아니라 베이징이나 뉴욕 같은 대도시 사람들도 정부를 무능하다고 보고 불신한다. 사람들의 삶에 지대한 영향을 미치는 세력과 과정이 세계화되고 긴밀해짐에 따라서, 우리는 그것들이 변화무쌍하다는 인상을 받기 쉽다. 중앙정부와 지방정부의 안정적인 이미지를 파괴하는 것은 바로 이런 감정, 즉 국가는 우리에게 끊임없이 행동을 지시하지만 정작 우리의 생활은 통제하지 못하는 것 같다는 느낌이다. 기후변화가 이런 실망감을 더욱 강화했다. 더 이상 살아 있지 않은 사람들이 아직 태어나지 않은 아이들에게 치명적일 물질을 배출하는 공장들을 남의 나라 땅에 지었다. 이렇게 복잡한 세상에서, 날마다 정쟁과 거래, 타협을 일삼는 정치권은 문제 해결사로 부적합하고 무능력해 보인다. 더글러스 애덤스는 『은하수를 여행하는 히치하이커를 위한 안내서(The Hitchhiker's Guide to the Galaxy)』에서 지구가 파괴되는 순간을 이렇게 묘사했다.

"지구인들은 주목하라." 어떤 목소리가 말했다.

"나는 은하계 초공간 개발위원회의 프로스테트닉 보곤 옐츠이다." 목소리가 계속 이어졌다. "너희도 확실히 알고 있겠지만, 은하계 외곽 지역을 개발하려는 계획에 따라 너희 항성계를 관통해서 초공간 고속도로가 건설될 것이기 때문에, 유감스럽게도 너희 행성은 철거될 예정이다. 이 과정을 거치는 데에 너희 지구 시간으로 2분도 채 걸리지 않을 것이다. 협조에 감사한다."[17]

만약 정부와 의회 같은 국가 조직이 자신들이 통제할 수 없는 세계적인 세력에 종속되어서, 경제나 문화, 기후변화에 미치는 그들의 영향력에 불만을 제기할 수 없다면, 사람들에게 국가 조직은 무의미한 조직이나 세계적인 세력의 협력자로 보일 것이다. 오늘날 당신 나라의 대통령은 물가, 환율, 기후변화, 허위 정보 확산 등에 아무런 영향력도 행사하지 못한다. 그럼에도 불구하고 그는 계속해서 전능한 지도자의 역할을 수행한다. 그러나 오늘날의 지도자들은 힘을 잃고 무능해졌으며, 세계화를 통제하지 못하고 오히려 세계화에 굴복했다. 이렇게 국가가 제 기능을 하지 못하면, 사람들은 저항하기 시작한다.

도덕적 민감성

2017년에 영국의 유료 방송 스카이 TV는 스마트폰 배터리의 원료인 코발트를 생산하는 콩고의 광산을 취재해서 방송했다. 알렉스 크로퍼드 기자는 4세 이상의 어린이가 코발트 채굴에 고용된다는 (사실상 노예로 이용된다는) 사실을 폭로했다. 아이들은 일당 15센트 정도를 받고 일한다. 영상에는 도슨이라는 이름만 확인된 여덟 살 남자아이가 폭우를 맞으며 진흙투성이 도랑에서 일하는 장면이 나온다. 수염을 기른 남자 한 명이 아이를 감시하며 손으로 때린다. 도슨은 크로퍼드에게 하루에 12시간이나 일했는데도 지난 이틀 동안 음식을 살 만큼의 돈을 벌지 못했다고 말했다.[18]

도슨이 채굴하는 코발트는 복잡한 공급망을 통해서 스마트폰 제조사에 전달되고, 그곳에서 양질의 배터리로 만들어진다. 코발트는 하나의 예에 불과하다. 콩고에서 채굴되어 스마트폰 제조에 사용되는 자원으로는 콜탄(컬럼바이트와 탄탈석으로 이루어진 광물)과 금속 광석도 있다. 이 원료들로 만들어지는 스마트폰은 전 세계에서 팔린다.

세계화는 생산자와 소비자 사이에 존재하는 지리적, 경제적, 도덕적 거리와 상관없이 확산된다. 제조 및 마케팅 과정은 다면적이고 분산적이어서, 물건을 만들기 위해서 고생하는 사람들을 소비자가 보지 못하도록 일종의 안심 가림막을 친다. 도슨의 사례는 세계 곳곳에서 착취가 만연하고 생태계가 훼손되고 있다는 사실을 우리에게 일깨운다. 지금은 그 어느 때보다 정보 접근성이 높아졌으므로, 착취나 생태계 파괴 문제를 도외시하는 태도는 무고한 무지가 아닌 도덕적 선택의 결과라고 할 수 있다.

언젠가 프란치스코 교황은 시리아 내전에 대한 전 세계의 태도를 "무관심의 세계화"라고 표현했다. 타인에 대한 무관심, 즉 민족과 국적이 다른 사람들이 겪는 불평등을 외면하는 태도는 인류 역사에서 새로운 현상이 아니다. 과거에는 몰랐다고 하면 그만이었다. 하지만 지금은 그럴 수 없다. 오늘날에는 책임져야 할 잘못에 관해서 사람들이 얻을 수 있는 정보는 늘어나는 반면, 그 잘못을 바로잡아야겠다는 의식은 줄어들고 있다. 지금 인류는 그리스 비극 속의 "착취와 오염, 부끄럽고, 부끄럽고, 부끄럽도다"라는 코러스를 끊임없이 듣는다.

도덕적 의무가 과중하면 삶이 고되다. 어떤 사람은 사회와 관계를 끊음으로써 위안을 얻을 것이다. 또다른 사람은 광부들 앞에서 규제에 반대하는 장광설("그것이 오존층에 영향을 준다고요? 전 그렇지 않다고 생각합니다. 절대로요.")을 늘어놓는 트럼프처럼, 빈정거리며 도덕적 의무를 거부한다. 그들은 의도적으로 무지를 기치로 내건다.

저널리스트이자 작가인 나오미 클라인의 주장에 따르면, 기업들은 지금과 같은 세계화가 지속 가능하며 위험하지도 않다는 거짓말을 체계적으로 유포하고 있다.[19] 그러나 좀더 심오한 변화가 감지되기도 하는데, 이는 도덕적 민감성과 관련된다. 사람은 너무나 가혹한 진실을 마주하면, 바로 그 가혹함 때문에 온 마음으로 그 진실을 거부한다. 그리고 통제와 정체성이 필요하다고 상상하고, 신화와도 같은 과거의 영광에 의지할지도 모른다. 이런 태도는 트럼프처럼 품질이 더 좋았던 헤어스프레이를 그리워하는 행동으로 나타나기도 하고, 근대주의의 숙적인 극단적인 근본주의로 표현되기도 한다.

6

저항의 조짐

"사방이 불에 타고 있다.
곳곳에서 사람들이 죽어간다.
신의 도우심으로, 네가 훌륭한 일을 해냈구나!"[1]
– 뭄바이 테러범과 지휘관의 전화 통화 내용 중(2008. 11. 26)

책임의 시대가 지속되고 공산주의가 몰락한 이후, 세계화의 거센 물결과
지역 간의 밀접해진 관계가 사람들의 삶에 커다란 영향을 미치게 되자, 이
에 저항하는 세력도 늘어났다. 이들의 유형은 다양한데, 그중 몇 가지만 소
개하면 무정부주의자, 급진적 환경론자, 마르크스주의자, 포퓰리스트 등이
있다. 저항 세력들 중에서 가장 오래되고 거친 집단은 근본주의자들이다.
계몽주의 시대부터 이들은 벼랑 끝에서 변화의 폭풍에 휩쓸려서 나락으로
떨어지지 않으려고 철저히 대비해왔다. 일반적인 통념과 달리, 근본주의는
무지와 빈곤의 자연스러운 부산물이 아니며, 오히려 세계 통합에 따른 상실
감과 소외감 문제에 과격한 주장을 내놓는다.

2008년, 뭄바이

2008년 가을, 세계경제가 무너졌다. 마치 유서 깊은 낡은 건물이 치밀한 계획에 따라서 철거되듯이, 세계경제는 떠들썩하게, 서서히, 그리고 섬뜩하게 붕괴했다. 아내와 나는 런던이라는 공연장의 1열에 앉아서 그 무시무시한 쇼를 보았는데, 이전까지 런던은 장엄하고 자부심이 강한 도시였으나 지금은 난타를 당해서 병적인 흥분 상태에 빠져 있다.

리먼 브라더스가 파산하고 두 달이 지난, 세계경제 위기가 한창이던 어느날, 런던에 있던 나는 내가 소속된 이스라엘 일간지 「마리브(Ma'ariv)」의 편집부로부터 다급한 전화를 받았다. 당시 나는 무너지고 있는 경제에 관한 내용을 취재하느라 숨 쉴 시간조차 없었는데, 그 전화는 세계경제와는 무관한 내용이었다. "얼른 인도로 가줄 수 있나요?" 편집자가 내게 물었다. "뭄바이로 말이에요. 거기에서 끔찍한 사건이 벌어졌어요."

11월 중순, '쿠버'라는 낡은 저인망 어선이 인도 서부의 포르반다르 항구에서 출발했다. 배에는 선장과 인도인 어부 네 사람이 타고 있었고, 이들은 평소와 마찬가지로 인도와 파키스탄의 분쟁 해역인 서 만(灣)으로 가고 있었다. 아라비아 해와 연결되는 서 만의 입구는 장어를 포함한 여러 어종이 풍부해서, 밀수꾼은 물론이고 인도와 파키스탄의 어부들이 우르르 몰려드는 곳이다. 솔란키 아마르 싱 선장은 거의 매일 밤낮을 쿠버 위에서 보냈다. 그는 자신을 고용한 쿠버 선주에게서 매달 200달러 정도를 받았다. 훗날 싱의 처남은 「월 스트리트 저널(Wall Street Journal)」과의 인터뷰에서 "그는 낙천적이고 자녀 교육을 위해 열심히 일했습니다"라고 말했다.[2]

싱의 조업 활동은 순조로웠다. 그는 배의 상태를 궁금해하는 선주에게 날마다 아무런 문제가 없다고 보고했다. 그런데 11월 셋째 주에 싱이 사라졌다. 그다음 날 어부 몇 사람이 파키스탄 국경 부근에 있는 여울에서 시신 세 구가 떠 있는 모습을 보았다고 보고했다. 11월 26일 저녁, 뭄바이 항구에서 멀지 않은 곳에서 버려진 쿠버가 발견되었다. 갑판에는 목이 베인 싱의 시신이 있었다. 나중에 조사를 통해서 밝혀진 내용에 따르면, 쿠버는 카라치에서 온 큰 배의 습격을 받았다고 한다.[3] 쿠버의 선원 대부분이 즉시 살해되었다.

그날 저녁, 작은 고무 보트 하나가 뭄바이를 향해 출발했다. 그 배에는 10명의 남성이 타고 있었는데, 그중 6명은 부다와르 공원이라고 불리는 곳에서 내렸고, 4명은 인도 해군 사령부가 있는 유명 상업지구인 커프 가로 향했다. 이들은 화려한 셔츠와 카고팬츠를 입었지만, 완전무장을 한 상태였다. 이들은 곧바로 주변의 이목을 끌었다. 어부 몇 사람이 호기심에 큰 소리로 이 사람들을 불렀다. 그러나 이들은 구경꾼들을 무시한 채, 커다란 검은색 군용 가방을 메고 공원을 지나서 도시로 거침없이 걸어갔다. 석양의 흐릿한 빛에 이들의 형체도 희미해졌다. 2008년 뭄바이 테러는 그렇게 시작되었다.

테러범들의 첫 표적은 고급 호텔인 타지마할 팰리스 호텔이었다. 이들 중 한 팀이 호텔 로비로 뛰어 들어가서 야외 풀장 옆에서 차를 마시던 관광객들에게 총기를 난사했다. 다른 팀은 극장, 레오폴드 카페, 또다른 호텔, 뭄바이 중앙역 등을 공격했다. 테러범들은 택시를 빼앗아 여러 장소들로 옮겨 다녔고, 택시 안에서 기사를 살해하기도 했다. 2명이 유대교의 차바드 센터로 사용되는 나리만 하우스로 쳐들어갔다. 이곳은 하시디즘(Hasidism : 유대교 내의 신비주의적 경향의 신앙 부흥 운동/옮긴이) 단체가 운영하는 유대교 회당으로, 특히 젊은 유대인 배낭여행자들이 안식일을 지키고 유대교 계율에 맞게 조리된 음식을 먹는 공간이다.

뭄바이 테러는 피로 얼룩진 인도반도의 역사에서 불법 무장단체가 대단히 정교하게 작전을 펼친 사건이었다. 이 테러로 166명이 살해되고 수백 명이 부상을 입었다. 이 사건은 "인도판 9-11"이라고 불린다. 이 공격은 인도나 심지어 뭄바이에서 일어난 최악의 테러 사건은 아니었다. 불과 2년 전에도 뭄바이에서 일어난 철도 폭탄 테러로 200명 이상이 사망했다. 그러나 이번 사건은 주된 희생자가 가난한 사람들이 아니었고, 국경 부근에서 발생한 공격 또한 아니라는 점에서 하나의 선례가 되었다. 이번 테러범들은 권력을 상징하는 지역과 관광, 금융 중심지를 노렸는데, 그 때문에 처음에는 인질 납치 사건처럼 보였다. 경찰이 테러범들과 대화를 시도했을 때, 몇몇은 협상을 하고 싶다고 말했다. 그러나 그것은 술책이었다. 그들의 진짜 목적은 대량 살상이었다. 그들은 살아서 돌아오지 말라는 지령을 이미 받은 상태였다. 이 테러범들이 남긴 또다른 선례는 인도인뿐만 아니라 외국인도 공격 대상에 포함되었다는 점이다. 다른 나라의 국민 수백 명도 공격을 받았다. 과거 아시아에서 다른 테러 사건이 벌어졌을 때와는 전혀 다르게, 전 세계 언론은 이 사건을 집중 보도했다.

　나리만 하우스에 있던 이스라엘인들은 인질로 잡혔다. 그래서 편집자가 내게 이스라엘 인질들이 있는 지역으로 최대한 빨리 가달라고 요청한 것이었다.

　대도시가 갑자기 침묵에 빠진 모습을 보니 기분이 이상했다. 뭄바이 특유의 교통 체증이 사라진 덕분에 공항에서 택시를 타고 시내로 들어가는 데에 시간이 많이 걸리지 않았다. 뭄바이는 현기증이 날 정도로 활기가 넘치는 도시로 유명하지만, 지금은 쥐 죽은 듯이 조용했다. 거리에서 사라진 사람들의 부재가 느껴졌다. 북적이는 사람들이 없는데도 혼잡한 공간에서 나는 냄새가 퍼지는 듯했다. 테러 공격은 아직 진행 중이었다. 내가 사람들에게 말을 걸자 모두 나를 의심스럽게 바라보았다. 호텔 직원은 내게 방 열쇠를 건네주면서, "필요할 때를 대비해서" 비상구 위치를 잘 기억해두라고 조언했다. 그것은 뭄바이를 압도한 비정상적인 불안감을 상징하는 무의미한 몸짓이었는데, 그 이유는 다른 테러범들이 표적을 찾아서 뭄바이를 훑고 다닌다는 흉흉한 소문이 돌았기 때문이다. 과거에 나는 다수의 테러 공격과 군사작전, 그리고 한 차례의 전쟁을 취재했다. 그리고 여러 구의 시신과 수감자, 체포된 살인범들도 보았다. 그러나 뭄바이는 그때와 달랐는데, 조금 더 위협적이었다. 나는 장기전이 될 것 같다는 느낌을 받았다. 아니나 다를까, 뭄바이 공격은 며칠간 계속되었다. 테러범들은 공격도 하지 않았고, 살해되지도 않았으며, 바로 자살하지도 않았다. 그 대신에 이들은 있는 힘껏 싸우고 사람들을 죽이면서, 평범한 일상을 파괴했다. 내가 타지마할 호텔에 도착했을 때, 숙박객들 중 일부가 탈출하면서 이용한, 침구로 만든 임시 사다리가 호텔에 걸려 있었다. 침구는 바람결에 가볍게 흔들리고 있었는데 마치 죽음을 알리는 깃발 같았다.

테러범들은 내가 도착하기 36시간 전인 저녁 9시 45분경, 나리만 하우스에 들이닥쳤다. 몇몇 보도에 따르면, 이들은 들어와서 곧바로 총을 쏘기 시작했고, 랍비인 가브리엘 홀츠베르그와 그의 아내 리브카를 살해했다. 리브카는 임신 6개월이었다. 죽기 전에 그녀는 다른 방에 숨어 있던 인도인 유모, 산드라 사무엘에게 도와달라고 울부짖었다고 한다. 지역 언론에서는 사무엘이 랍비 부부의 방에서 부부의 시신을 발견했다고 보도했다. 시신 옆에는 랍비의 두 살배기 아들인 모세가 있었는데, 그는 아무런 상처도 입지 않았다고 했다. 사무엘이 아기를 안고 뒤도 돌아보지 않은 채 출구 쪽으로 뛰어간 덕분에 그들은 화를 면했다. 테러범들은 나리만 하우스에서 랍비 부부 말고도 4명을 더 살해했다.

지금까지 일어났던 다른 테러들과 달리, 이번 사건에 대한 사람들의 인식은 생존자의 증언과 인도 경찰의 조사에만 의존해서 형성되지 않았다. 테러범들은 공격을 하는 동안 전화로 파키스탄에 있던 지휘관들과 계속 대화를 나누었다. CNN의 유명 앵커인 퍼리드 저카리아가 이들의 대화 녹취록을 가까스로 입수해서 그 일부를 뉴스에서 공개했다.[4] 동료와 부하들과의 대화를 통해서 그들은 폭력적이고 단호한 근본주의 사상을 실시간으로 보여주었다. 통화 내용을 들어보면, 공격이 진행되는 내내 "와시 형제"라고 불리는 지휘관이 테러범들에게 종교적이고 전략적인 조언을 한다. 그의 지시 내용은 난폭하고 조급하며 교묘하다. 파키스탄 시골에서 자란 젊은 테러범들은 인도의 금융 중심지가 보여주는 화려함에 압도되었다. 타지마할 호텔을 공격한 테러범들 중 한 명은 "이곳 컴퓨터는 모니터가 30인치나 됩니다!"라고 외쳤다. "컴퓨터라고? 컴퓨터를 안 태웠단 말인가?" 와시가 그를 질책했다. "지금 불을 지르려고요. 곧 불에 타는 모습을 보실 수 있을 겁니다." 젊은 테러범은 그렇게 약속했지만, 파괴하라고 명령받은 도시의 화려한 모습에 여전히 얼이 빠진 채였다. "정말 멋지네요!" 그가 놀라워했다. "창문들이 엄청 커요. 호텔 안에 부엌이 2개나 있고, 목욕탕도 있고, 작은 가게도 있어요." 와시가 난감해하며 말한다. "형제여, 불을 질러. 제대로 불을 붙여야 해. 아주 중요한 일이야." 그는 테러범들에게 이름난 타지마할 호텔이 화염에 휩싸이는 모습 자체가 핵심 메시지라고 설명한다. 그는 애원하듯이 말한다. "형제여, 가장 중요한 표적이 너희에게 있어. 언론이 너희의 표적인 타지마할 호텔을 집중 보도하고 있다고."

녹취록에서, 테러범들은 공격을 시작하고 몇 시간이 지나자 의욕을 잃기 시작한다. 첫 살인에서 분출되었던 아드레날린이 점점 줄어들면서 겁을 먹은 것이다. 그러자 인질이 자신과 같은 사람처럼 보이기 시작한다. 어느 순간, 와시가 나리만 하우스에 있던 테러범들 가운데 한 명에게 인질들을 모두 죽이라고 명령한다. "지금 총을 쏴. 모두 죽여버려. 역습을 받을 수 있으니까 괜한 문젯거리는 남겨두지 마." 그러자 테러범 한 명이 와시에게 인질들이 전부 얌전히 있다고 말한다. 그러나 와시는 그 말을 귀담아듣지 않는다. "시간 끌지 마. 너희가 언제 공격을 받을지 모르잖아. 총을 잘못 쏘면 다른 곳을 맞고 튀어나올 수 있으니까 그 총알에 맞지 않도록 주의하고." 그 테러범은 "인샬라"라고 답한다. 이는 "신이 원하신다면"이라는 뜻이다. 수화기 너머에서 와시가 재촉한다. "시작해. 내가 듣고 있을 거야. 죽여." 그가 명령한다. 테러범이 다시 시간을 끈다. "누구요? 인질들을 쏘라고요?" 와시가 다시 명령을 내린다. "그래, 쏘라고. 인질들을 똑바로 앉히고 뒤통수를 쏴."

"그런데." 테러범이 주저하며 말한다. "우메르가 지금 막 잠이 들었어요. 몸이 안 좋은 것 같아요." 와시는 포기하지 않고 계속 재촉한다. 마침내 총소리가 들린다.

공격이 진행되는 동안 파키스탄에 있던 지휘관들은 공격 장면이 어떠해야 하는지에 초점을 맞추고, 현장에 있던 테러범들에게 전 세계 언론에 그들이 어떤 모습으로 비춰질지 생각하라고 강요했다. 이들은 전략뿐만 아니라 이미지도 중요하게 생각했다. 와시는 테러범 중 한 명에게 이렇게 말했다. "타오르는 불꽃을 보면 사람들은 두려움에 빠지기 시작하지. 형제여, 그때 수류탄을 던져. 수류탄 몇 개를 던져도 손해는 아니니까."

와시는 나리만 하우스에 있는 유대인 인질들을 이용할 방법을 찾는다. 심지어 그는 인질들 중 한 사람에게 직접 명령을 했는데, 자신의 요구에 응하면 가족과 안식일 "예배를 드릴 수 있다"고 말했다. 그와 동시에, 자신의 부하들에게는 유대인을 살해하는 것이 가장 존경받는 행위라고 설명한다. 그는 이렇게 격려한다. "내가 말했듯이, 너희가 거기에서 하는 일은 다른 곳에서 50명을 살해하는 것만큼의 가치가 있어." 우리는 와시라는 사람을 녹취록의 목소리로만 알고 있다. 그의 신원은 끝내 밝혀지지 않았다.

살해된 인질들

텔아비브의 히브리어 신문사 기자로서 내가 쓴 기사는 주로 나리만 하우스에 인질로 잡혀 있던 이스라엘인들의 최후에 관한 내용이었다. 테러범들이 나리만 하우스를 장악한 지 하루 하고도 반나절이 지난 금요일 아침에, 인도 특공대가 건물을 포위했다. 특공대의 작전은 몇 시간에 걸쳐서 진행되었다. 저녁 8시가 되기 3분 전에, 테러범들과 최후 교전이 시작되었다. 때는 안식일 밤이었는데, 나는 이스라엘 일간지 「하레츠(Ha'aretz)」의 통신원인 안셀 프페페르와 함께 나리만 하우스에 최대한 가까이 접근하기 위해서 혼잡한 뭄바이 거리를 걷고 있었다. 평상시 분주하게 움직이던 인도인들이 아니라, 끔찍한 결말을 예상하는 듯이 잔뜩 긴장한 표정으로 상황을 지켜보는 사람들이 그곳에 있었다. 군중은 해안을 향해 천천히 다가오는 파도처럼 몰려왔고, 특공대가 나리만 하우스로 접근하거나 건물 밖으로 나올 때마다 이따금 뜨거운 박수를 보내거나 "모국 인도 만세!"와 같은 구호를 외쳤다.

나와 프페페르는 얼른 나리만 하우스로 들어가고 싶었다. 이때 우리는 인질들이 이미 사망했다는 사실을 모르고 있었다. 거리는 인파로 완전히 막혀 있었고 모두 분노에 가득 차 있었다. 우리는 조금도 앞으로 나아갈 수 없었다. 절박해진 우리는 결국 기자증을 꺼내서 사람들에게 흔들어 보이면서 "이스라엘, 우린 이스라엘 사람입니다!" 하고 외쳤다. 뭄바이 남부 주민들이 조용히 우리를 바라보았다. 몇몇 사람들이 우리의 목소리를 듣고 같이 "이스라엘 사람!"이라고 외쳤다. 빠져나갈 통로가 하나 생겼고, 안내를 자청한 사람들이 점점 늘어나 우리 앞으로 길을 터준 덕분에 우리는 나리만 하우스 밖에서 침통하게 서 있던 이스라엘 대표단이 있는 곳까지 갈 수 있었다. 대표단에는 이스라엘 대사관의 보안관과 무관, 이스라엘 총리의 대리인 등이 있었다.

정말 우울한 밤이었다. 우리는 아무 말도 하지 못하고 그곳에 서서 폐허가 된 나리만 하우스로 들어가려고 기다리고 있었다. 매캐한 연기와 화약 냄새가 피어올랐다. 주위 사람들의 표정을 통해서 우리는 인질들이 모두 사망했음을 알았다.

저녁 8시 30분이 조금 지났을 무렵, 상황이 정리되기 시작했다. 테러범들이 모두 사망했다고 확신한 특공대가 나리만 하우스를 경찰에 인계했다. "들어오세요." 한 인도인 경찰관이 이스라엘 대사관에 소속된 무관에게 말했다. 이스라엘 대표단이 검은 전투 조끼를 입고 길게 늘어선 인도 특공대원들 사이를 천천히 왔다 갔다 했다. 특공대는 작전을 완수한 후에 저녁을 먹고 있었다. 건물 앞에는 콩 스프와 밥이 담긴 커다란 솥이 있었다. 몇몇 경찰관들이 나리만 하우스에서 수습한 시신의 신원을 확인하기 위해서 이스라엘인들을 구급차로 데려갔다. 그때 우리는 건물 안으로 들어갔다. 다음은 그 당시에 본 장면을 묘사한 글이다.

인도 특공대가 건물로 진입하면서 터뜨린 폭탄 때문에 창문이 전부 산산조각 났다. 우리 앞에는 인도 특공대원 몇 명이 앞서가고 있었고, 그들 중 한 명이 손전등을 들고 있었다. 바닥은 온통 유리 조각으로 가득했다. 1층은 폐허가 되었다. 폭탄에 벽면이 날아가면서 콘크리트가 그대로 드러났다. 곳곳에 전선이 삐져나와 있었다. 아수라장 속에서 수류탄이 보였다. 내일 공병대가 와서 그 수류탄을 해체할 예정이다. 조심스럽게 걸어야 했다. 하나 남은 화분에 심어진

열대식물의 굵은 가지는 여전히 푸르렀지만, 총격 때문에 이파리들은 모두 떨어져나갔다.

건물 내부는 몹시 어두웠다. 이스라엘 대표단이 덜컥거리는 계단을 말없이 올라갔다. "인도인들은 어디에 있나요?" 누군가 외친다. "그 사람들이 보이지 않아요. 손전등이 더 필요해요!" 대표단은 부지런히 방들을 살폈고, 어둠 속에서도 모두의 얼굴이 잿빛임을 알 수 있었다. 말소리는 전혀 들리지 않았고, 한때 방이었지만 지금은 먼지로 뒤덮인 곳에서 발을 질질 끄는 소리만 들렸다. 시선이 닿는 모든 곳에서 사람들이 몸부림쳤던 흔적이 보였다. 매캐한 냄새가 강하게 났다. 벽은 기관총에 의해서 구멍이 뚫렸고, 건물의 뼈대는 노출되었으며, 구부러진 쇠막대기들도 보였다. 그곳에서 살던 사람들의 삶이 산산조각이 난 채 무질서하게 바닥에 흩어져 있었다. 여행 가방. 종이. 피로 얼룩진 토라(유대교 율법/옮긴이) 두루마리. 유대교에서 가정을 축복하는 문구가 새겨진 은 접시. 층마다 시신이 있었다. 꼭대기 층으로 향하는 쪽에 테러범 2명의 시신이 있었는데, 교전으로 훼손된 상태였다. 시신 중 하나는 유도탄을 맞았다. 특공대는 어떤 신호를 보내듯이 창문에 붉은 깃발을 걸었다. 두 층 아래에는 인질 3명의 시신이 있었다. 시신 중 일부는 묶인 채 살해되었다.[5]

토요일 밤, 나는 인도인 유모 덕분에 목숨을 구한 아기, 모세의 외조부모가 있는 아파트로 갔다. 그들은 이스라엘에서 날아와 인도에 머물고 있었다. 두 살배기 아기는 얌전히, 그리고 수줍게 사람들 사이를 아장아장 걸어 다녔다. 할아버지가 팔로 안아 올리자, 모세의 금발 곱슬머리가 할아버지의 얼굴에 살며시 닿았다. 유대교 전통에 따르면 안식일에는 나쁜 소식을 전하지 않는다. 사람들은 그 전통을 존중해서 모세의 할아버지에게 딸과 사위의 사망 소식을 공식적으로 통보하지 않았다. 토요일 밤이 지나고 안식일이 끝나고 나서야 비로소 공식적인 통보가 이루어졌다. 나중에 아파트의 모든 주민들이 저녁 기도에 참여했다. 나도 함께했다.

독자적인 지하드의 탄생

지금부터 내가 하는 이야기를 들으면, 여러분은 두려운 마음이 들지도 모르겠다. 그러나 폭력적인 근본주의의 본질과 그들이 벌이는 광란의 원인을 이해하려면, 그 세부 내용을 들여다보고 무엇이 폭력 행위를 추동하는지 분석해야 한다. 뭄바이 테러범들은 '의로운 사람들의 군대'라는 의미의 '라 슈카르 에 타이바(Lashkar-e-Taiba)' 소속이며, 이 조직은 이슬람교 전파를 소명으로 삼는 파키스탄 정치 단체 '자마트 우드 다와(Jamaat-ud-Dawah)'의 군대이다.* 자마트 우드 다와는 파키스탄 전역에서 병원, 구급차 서비스, 학교, 이슬람교 교육기관(마드라사) 등에 자금을 댄다. 조직 운영은 팔레스타인 하마스와 레바논 헤즈볼라도 채택하고 있는 '무슬림 형제단'이 창안한 모델을 따른다. 2015년에 프랑스 통신사가 보도한 내용을 보면, 자마트 우드 다와로부터 자금을 지원받는 병원들에서는 치과 치료비가 미화 0.5달러였다. 자마트 우드 다와의 한 고위 인사는 "근시 교정 수술비가 무료"라고 말했다.[6] 또한 이들은 자연재해 피해자들을 돕는 자원봉사 단체도 운영한다. 이 단체는 파키스탄에서 산사태나 지진이 일어나면 아무리 외딴 지역이라고 해도 가장 먼저 재해 현장에 도착한다.

자마트 우드 다와의 창설자들 가운데 한 명인 압둘라 유수프 아잠은 글로

---

* 자마트 우드 다와의 신앙 체계는 19세기 인도에 등장한 수니파 이슬람 근본주의의 한 형태인 알 아이 하디스에서 나왔다. 이들은 자신들이 믿음의 "진정한 원천"이라고 부르는 것만 지지하며, 나중에 등장한 이슬람교에 대한 모든 해석을 거부한다.

벌 지하드(이슬람교를 전파하거나 방어하기 위해서 이교도와 벌이는 투쟁으로, 성전[聖戰]으로 번역하기도 한다/옮긴이)의 아버지로도 유명하다. 아잠은 알카에다를 창설했으며 오사마 빈 라덴을 발탁했다. 아잠만큼 국제사회에 커다란 영향을 미친 이슬람 근본주의자가 없다는 점을 감안하면, 그에 관해서 서구 사회에 알려진 내용은 대단히 적다고 할 수 있다.

아잠은 요르단 강 서안(西岸) 지구의 제닌 부근에 있는 실라트 알 하리티야 출신의 팔레스타인 성직자로, 1967년에 이스라엘이 서안 지구를 점령한 이후에(제3차 중동전쟁에서 승리한 이스라엘은 요르단 강 서안과 시나이 반도 등을 점령했으며, 그후로 팔레스타인 무장단체의 테러 활동이 격화되었다/옮긴이) 고향을 떠났다. 그는 팔레스타인 무장단체에 가입했지만, 성직자인 자신은 1960년대 범아랍주의를 특징으로 하는 사회주의적 민족주의와 맞지 않는다는 사실을 곧바로 깨달았다. 아잠은 이집트 알아즈하르 대학교에서 박사 학위를 받았는데, 그곳에서 무슬림 형제단의 신념, 특히 지하드를 무슬림 독재자와 그 제도에 저항하는 폭력 투쟁으로 해석한 극단주의 사상을 받아들였다.[7] 아잠은 무슬림 독재자와 제도가 무슬림을 "더럽히고", "노예들이 지배하는 세상"을 만들었다고 생각했다. 그는 이렇게 외쳤다. "선조들처럼 수모를 당하고 망각에 빠져 패배하는 역사를 계속 반복할 것인가?"[8]

여기에서 아잠이 무슬림의 전통과 최근의 역사, 그리고 빼앗긴 모국에 관하여 느낀 모멸감에 주목해야 한다. 근본주의자들이 전통의 유일한 수호자임을 자처하려면, 사회를 지탱하는 전통적인 토대가 파괴되어야 한다. 온건한 전통주의는 근본주의의 핵심 주장, 즉 근본주의가 참된 과거의 실질적인 대변자라는 주장에 반박한다.

아잠은 전체 이슬람 사회(그의 관점에서, 인도네시아에서부터 스페인까지)를 해방할 목적으로 지하드에 참여하는 일은 개인의 마땅한 의무임을 최초로 명확히 밝힌 이슬람주의 권위자였다. 어쩌면 그의 책『순례 행렬에 동참하라(Join the Caravan)』에 나온 다음 구절만큼 21세기에 세계인의 안전에 영향을 미친 글은 없을 것이다.

이런 약속이 있다……적이 이슬람의 땅 혹은 과거에 이슬람의 땅이었던 지역에 침입하면, 그 적과 싸우러 나서는 것이 그곳 주민들의 의무이다. 하지만 이들이 행동하지 않거나 무능하거나 게으르거나 싸울 사람의 수가 부족하다면, 적과 싸워야 하는 개인의 의무는 그 주변 지역으로 확대된다. 그런데 만약 주변 지역에 사는 이들의 수도 부족하거나 행동하지 않는다면, 그 의무는 다시 그 주변 지역으로 확대되며, 이런 식으로 지하드에 참여해야 하는 개인의 의무는 전 세계로 확대된다……그 결과 아들은 아버지의 허락을, 채무자는 채권자의 허락을, 여성은 남편의 허락을, 노예는 주인의 허락을 받지 않고도 지하드에 참여할 수 있게 된다. 이 개인의 의무는 불신자들로 오염된 땅이 정화될 때까지 유효하다.[9]

이 글은 이슬람 극단주의 무장단체(ISIS)의 등장에 디딤돌을 마련했다. 특히 급진적 근본주의는 사회의 근간을 흔들고 파괴하려고 한다. 아내들에게 결혼 서약을 무시하라고 명령하고, 부모의 말에 순종할 의무에서 아이들을 해방시킨다. 보수주의자는 가족을 우선시하므로, 근본주의자는 전통주의자가 아니라 혁명가이다. 이들은 자신들이 사회를 외세로부터 보호하고 있다고 주장한다. 아잠의 목표는 훨씬 더 과감하다. 그는 이교도를 상대로 한 성전에 참여할 의무를 받아들이고, 연못의 잔물결이 퍼져나가듯이 지역의 이야기를 전 세계로 확산시키고자 한다. 이것은 실용주의 개혁이다. 이교도와 싸울 의무는 지역을 가리지 않고, 국경이나 사회적 경계를 고려하지 않는다. 아잠은 이런 식의 전통을 수립해서, 국경과 국민국가의 관계가 느슨해진 세계에 맞춤 전략을 제시한다. 그는 세계화된 세계에서 근본주의를 세계화하는 전략을 채택한다.

1980년대에 아잠은 주로 소련의 침략에 맞서 싸웠던 아프가니스탄의 '무자헤딘(Mujahideen)'으로 활동했다. 무자헤딘은 냉전 시대에 소련과 대립하던 미국의 지원을 받았다. 1979년에 한 텔레비전 방송에서는 미국 국가 안보 보좌관인 즈비그뉴 브레진스키가 검은색 선글라스를 끼고 통역자를 통해서 파키스탄에서 훈련 중인 독실한 전사 집단을 향해 연설하는 장면을 내보냈다. 그는 불경한 소련과 전투를 벌이라고 전사들을 격려했다. "여러분은 여러분의 집과 모스크를 되찾을 겁니다. 여러분의 대의명분이 옳고, 신이 여러분의 편이기 때문입니다!"[10] 이런 식으로 미국이 뿌린 극단주의의 씨앗은 아잠의 동지 중의 한 명인 오사마 빈 라덴과 같은 열매를 맺었다.

자유주의와 근본주의의 전략적 동맹관계는 파국을 맞았다. 근본주의자들의 목표는 집으로 돌아가는 것이 아니었다. 이들은 공동체주의자나 보수주의자가 아니었다. 아잠은 이슬람 땅의 해방뿐만 아니라 계몽주의적 가치에 맞서는 일종의 전면전을 추구했다. 그는 이렇게 주장했다. "오직 지하드와 총만 필요하다. 협상도, 연맹도, 대화도 필요 없다."[11] 물론 대다수의 무슬림 종교 지도자들과 무슬림 공동체는 예언자 무함마드의 가르침을 왜곡하고 있는 극단주의 사상을 거부하고 비난한다. 폭력적인 근본주의자들은 대부분의 무슬림이나 무슬림이 다수인 나라들에 실질적인 영향력을 미치지 못하는 소집단에 속한다.

인터넷이 등장하기 전에는 아잠의 설교가 녹음된 카세트테이프가 전 세계의 지하드 전사들에게 배포되었다.[12] 이렇게 매체를 통해서 급진적 근본주의를 설파하는 방식은 획기적이었다.

자마트 우드 다와는 라슈카르 에 타이바의 위장 단체이다. 라슈카르 에 타이바의 원래 목표는 무슬림이 다수 거주하는 북인도의 카슈미르를 파키스탄에 편입시키는 것이었다. 파키스탄은 카슈미르 해방을 국가의 최우선 목표로 삼는다. 따라서 파키스탄 정부는 라슈카르 에 타이바에 대해서 기껏해야 모호한 태도를 보이지만, 대개는 지지하는 쪽이다. 파키스탄에서 라슈카르 에 타이바는 어떤 희생을 치르더라도 카슈미르를 파키스탄에 편입시킨다는 목표를 실현하기 위해서 노력하는 인기 많은 민병대로 간주된다. 이런 이유로, 비국가(이따금 국가) 폭력 단체가 사람들을 모집하는 행위를 정당한 일이라고 간주한다.

무슬림에게 카슈미르 해방운동은, 무슬림 공동체(움마[Ummah])에서 외세를 완전히 몰아내고 샤리아를 헌법으로 삼는 통일된 무슬림 국가를 건설한다는 원대한 목표를 실현하기 위한 중요한 전술이다. 파키스탄 보안군은 이런 광신자들을 카슈미르 해방이라는 국가 목표를 달성하기 위한 도구 중의 하나로 생각한다.

파키스탄 정부는 근본주의자들이 일으키는 각종 문제 때문에 고심하고 있다. 가장 유명한 사건은 10대 소녀 말랄라 유사프자이에 대한 암살 시도였는데, 훗날 유사프자이는 여성 교육을 금지한 파키스탄 탈레반에 저항하는 운동을 주도한 공로로 노벨 평화상을 받았다.

오늘날의 지하드는 종종 이념 지향적으로 보이지만, 테러는 근본주의자들의 생활방식이자 직업이고 사업이다. 아프가니스탄에서 소련을 몰아낸 것처럼 성공을 거둔 다음에도, 테러 집단은 무화과 나무 아래에서 휴식을 취하지 않는다. 이와는 반대로, 승리를 하면 식욕이 좋아진다. 파키스탄 정부가 사회경제 분야에서 제 역할을 하지 못하므로, 그 빈틈을 자마트 우드 다와와 같은 "자선단체"가 채운다. 조직원의 복지와 군사 활동에 필요한 돈은 무슬림 국가들, 주로 사우디아라비아의 부유한 후원자들이 댄다.[13]

자금의 또다른 출처는 범죄 수익이다. 라슈카르 에 타이바의 재정 후원자로 자주 언급되는 사람은 뭄바이에서 태어난 다우드 이브라힘이라는 인도인이다. 그는 아시아 최대의 범죄조직 가운데 하나인 디컴퍼니를 이끌고 있다. 이브라힘은 마피아 두목이며, 그의 악랄함은 인도반도를 넘어서 전 세계에 널리 알려져 있다. 1993년에 그는 250명 이상을 살해한 뭄바이 연쇄 폭탄 테러에 연루되었다는 혐의를 받자 파키스탄으로 도피했다. 미국 의회 조사국이 작성한 특별 보고서에 따르면, 그의 조직은 "범죄와 테러가 '결합된' 조직의 전형"이며 5,000명이 넘는 조직원을 거느린 대형 범죄조직이기도 하다.[14] 무엇보다 이브라힘은 거액을 받고 각종 밀수품 반입 경로를 지역 및 국제 테러 집단과 공유한다. 그래서 수년간 미국은 이브라힘이 라슈카르 에 타이바에 자금을 대고 있다고 주장해왔다. 그는 사업적, 이념적 이유로 테러 집단에 자금을 지원하지만 그의 이념은 전혀 금욕적이지도, 경건하지도 않다.[15] 현재 그는 인도의 1순위 지명 수배자이다. 2015년에 인도의 한 텔레비전 방송국은 이브라힘의 파키스탄 집 전화번호를 입수했다. 전화를 받은 여성은 자신이 이브라힘의 아내이며, 그가 낮잠을 자고 있다고 말했다.[16]

테러와 범죄의 연결 고리는 우연히 형성되지 않으며, 순환하는 양상을 보인다. 또다른 예로 알제리에서 활동하는 알무라비툰이 있는데, 이 지하드 조직은 2015년에 마그레브 국가(리비아, 튀니지, 알제리 등 언어와 종교가 같은 아프리카 서북부 지역/옮긴이)에서 알카에다와 합병함으로써 아프리카에서 가장 두려움을 사는 테러 집단이 되었다.[17] 알무라비툰의 지도자는 폭발 사고에서 한쪽 눈을 잃은 뒤에 "애꾸눈"이라고 불리게 된 모크타르 벨모크타르이다. 그는 미스터 말버러(Mr. Marlboro)라고 불리는데, 그가 지역 최대의 담배 밀수 조직을 운영하기 때문이다.[18] 그들은 대규모로 마약을 거래하는 레바논의 헤즈볼라처럼, 경계는 모호하지만 정체는 분명하다. 근본주의자들은 범죄를 이용하거나 가정을 망가뜨리는 데에 아무런 죄책감도 느끼지 않는데, 그 이유는 이들은 보수적인 사회의 협력자가 아닌 그 적이기 때문이다.

비디오 게임과 테러

살라 압데슬람은 2015년에 파리 시민 130여 명의 목숨을 앗아간 바타클랑 극장 테러 사건의 테러범들 중에서 유일하게 생포되었다. 브뤼셀에 거주하는 모로코 이민자 가정 출신인 그는 프랑스 시민권자이다. 테러범이 되기 전까지 그는 강도, 좀도둑질, 마리화나 소지 등과 관련한 전과가 있었다. 그가 바타클랑 극장을 테러한 혐의로 체포된 후에, 프랑스 언론은 그가 『코란(Koran)』을 읽은 적이 한번도 없다고 보도했다. 변호인이 『코란』을 읽었느냐고 물었을 때, 압데슬람은 정독한 적은 없고 "인터넷으로 해설본을 읽었다"라고 말했다. 그의 변호인은 압데슬람을 가리켜서 "자신이 비디오 게임 속에 살고 있다고 생각하는", "좀 바보 같고……아주 전형적인 GTA 세대"라고 말했는데, GTA(Grand Theft Auto)는 온라인 비디오 게임이다.[19]

2014년에 ISIS는 GTA와 비슷한 영상 하나를 제작했는데, 이 영상은 미군들을 학살하는 장면이나 군인들이 탄 트럭 아래에 설치된 폭탄이 터지는 장면을 정교한 액션 시퀀스로 보여준다. 영상 제작자들은 자신들의 목적이 "무자헤딘의 사기를 높이고, 아동과 청년들에게 서구 세계와 싸우는 방법

및 이슬람 국가에 반대하는 사람들에게 공포감을 심어주는 방법을 훈련시키는 것"이라고 주장했다. 영상에는 "여러분이 게임에서 하는 일들을 우리는 실제 전쟁터에서 합니다"라는 자막이 달려 있다.[20] 2015년 말, ISIS는 권총으로 무장한 6명의 어린이들이 성처럼 보이는 폐허가 된 유적지로 들어가는 끔찍한 영상을 만들었다. 리얼리티 텔레비전 쇼「빅 브라더」에서처럼 영상은 모든 각도에서 촬영되었다. 아이들은 각자 포로를 찾아낸 다음, 그 포로를 세워놓고 연기를 하듯이 잠시 자세를 잡고, 총을 쏴서 포로들을 죽였다. 카메라 각도와 빠른 움직임 등 영상에 사용된 모든 효과는 그 제작자들이 게임 문화에 깊이 빠져 있음을 알려준다. 실제로 성에서 포로를 찾는다는 설정은 2000년대 초에 유행한 비디오 게임을 직접 참고한 것이다.

혹자는 이런 현상들에서 어떤 인과관계를 찾고, 폭력적인 할리우드 영화와 게임, 대중문화가 폭력을 부추긴다고 추론하기도 한다. 하지만 그것은 현상을 지나치게 단순하게 보는 시각이다. 왜냐하면 어떤 연구도 폭력적인 영화나 비디오 게임을 즐기는 행위와 폭력 행위에 가담하는 것 사이의 인과관계를 증명해낸 적이 없기 때문이다.[21] 그보다는 대중매체가 유발하는 도덕적 거리감에 초점을 맞추는 편이 더 나을 것이다. 비디오 게임은 폭력을 유발하는 것이 아니라, 타자를 표적이나 조준점으로만 보게 한다. 이런 게임 속 세상은 소름 끼치는 이미지가 가득한 가상현실이다. 거기에는 작전 지시자와 수행자, 피해자와 아무런 피해도 입지 않는 게임 참가자가 있다. 게임 참가자는 미화된 학살 경험에 몰두해 있지만, 자신이 생성한 유해한 이미지들로부터는 멀리 떨어져 있다. 프랑스의 소설가 스탕달은 "나쁜 취향이 범죄로 이어진다"라고 쓴 바 있다.

이것은 『코란』의 가르침과 거리가 멀다. 뭄바이의 젊은 테러범들과 이들을 지휘한 와시를 떠올려보자. 와시는 테러범들에게 인질의 뒤통수를 쏘고,

호텔에 불길이 치솟는 모습을 보라고 명령했다. 이는 마치 대형 비디오 게임에서 와시가 열심히 조이스틱을 움직이며 게임 참가자들을 통제하는 모습과 같지 않은가? 유럽 무슬림의 테러 행위는 정말로 한 명의 수니파 칼리프의 심오한 사상의 산물일까? 아니면 사회의 소외 계층이 비디오 게임이 만든 환상에 빠져 저지른 행동인가?

비디오 게임이 만든 환상은 불법으로 간주하면서, 서구 세계의 군인은 조이스틱으로 드론을 조종해서 파키스탄이나 아프가니스탄의 테러 의심 집단을 공격한다. 그 때문에 완곡한 표현으로 "부수적 피해"라고 불리는 일들이 자주 발생한다. 테러범을 조종하든, 드론을 조종하든, 임무를 완성하는 데에 거리감은 필수 요소가 된다.

실제로 비디오 게임은 세계화를 상징한다. 전 세계에서 게임을 개발하고 배포하며 세계 각지의 사람들이 온라인으로 다른 사람들과 함께 게임을 즐긴다. 그러나 게임은 단지 문제의 일부일 뿐이다. 게임이 살인 장면을 일상의 흥밋거리로 만든다면, 국제 언론은 폭력적인 현실을 끝없이 반복해서 보여준다.

포스트모더니즘 철학자 장 보드리야르는 언론이 앞다투어 테러 공격과 그에 대한 각국의 반응을 반복적으로 보도함에 따라서 테러 공격이 일종의 퍼포먼스로 바뀔 것이라고 예견했다. 그는 이렇게 썼다. "언론은 그들 스스로 공포심을 정치적으로 이용하는 수단이자 테러리즘을 도덕적으로 비난하는 수단이 되기를 자처하지만, 그와 동시에 대단히 모호한 방식으로 테러 행위의 잔혹한 매력을 선전하기도 한다. 언론이 유혹적인 노래에 맞춰 행진을 계속하는 한 언론은 도리어 테러 집단이 되고 만다."[22] 언론이 테러 영상을 유포하지 않는다면, 근본주의자들의 계획은 세계화되지 못할 것이다.

세계화의 어두운 측면은 다음과 같이 계속해서 확장되었다. 첫째, 강대국들이 근본주의 집단을 이용해서 대리전을 벌였다. 둘째, 약소국들은 과격한 범죄조직이 득세할 수 있는 기반을 제공했다. 셋째, 사상과 자본, 기부금 등이 국경을 넘어 자유롭게 이동하면서 지역사회의 극단주의 집단을 지원했다. 근본주의자들은 기술을 광범위하게 활용한다. 이들은 사상과 이미지의 전파력을 이용하며, 언론이 현실을 창조한다는 사실도 잘 안다. 타지마할 호텔이 불타는 모습을 보지 못해 불만을 표출하던 와시가 그 좋은 예이다. 이 모든 상황은 1,000년도 훨씬 전에 무함마드가 통치하던 시대를 그리워하기 때문이 아니라 세계화 때문에 빚어진 것이다.

기본적으로 오늘날의 근본주의는 현대적이다. 이 말은 역설적이지만, 정확한 표현이다. 이슬람 근본주의자들은 유무형의 상호 연결방식을 통해서 엄격하게 종교적으로 통합된 무슬림 세상을 창조하기 위해서 '움마'라는 개념을 사용한다. 국경을 없애고 단 하나의 종교 공동체를 건설하겠다는 소명의식은 보편주의 담론과 잘 어울린다. 이들은 할리우드를 포함해서 세계화의 모든 부문을 기꺼이 활용한다. 국가와 민족 간의 흐려진 경계, 인류에게 적합한 해결책은 단 하나밖에 없다는 생각, 초국가적인 사상 등 이 모든 것들은 현재의 세계 질서와 이슬람 급진주의의 공통점이다. 현대 종교를 연구하는 토메르 퍼시코는 근본주의와 자유주의적 보편주의의 큰 차이점은 근본주의는 자유주의의 기본 가치인 개인주의를 거부한다는 점이라고 썼다. 자유주의적 보편주의는 개개인을 자주적이고 자유로우며 평등한 존재로 여기고 존중한다. 여기에서는 타자를 인정한다. 그러나 근본주의 세계는 가부장적 위계질서에 익숙하다. 이 세계는 폭력을 사용하는 사람들에게 유리하다. 미국의 록 밴드인 버펄로 스프링필드의 가사를 인용하자면 "저쪽에서 총을 가진 남자가 내게 조심하라고 말하면서" 모든 것들을 매우 단순하게 관리한다.[23] 아이러니하게도, 근본주의자들은 보편주의를 거부하지 않는다. 오히려 이들은 자유주의적인 보편주의 원리가 자신들의 보편주의 원리와 경쟁관계에 있다고 생각한다. 근본주의와 세계화는 물질과 반물질의 관계가 아니다. 둘은 동전의 양면이다.

근본주의 : 세계화의 제1의 적

근본주의자들은 반세계화 전쟁에서 가장 잔혹하게 행동하는 집단이다. 근본주의의 강점은 불굴의 종말론적 세계관이다. 아잠은 이렇게 말했다. "만약 준비(idad)*를 테러로 간주한다면, 우리는 테러범이다. 그리고 우리의 존엄성을 지키는 일을 극단적인 행동으로 간주한다면, 우리는 극단주의자이다. 또한 우리 적들에 대항하여……성전을 벌이는 일이 근본주의라면, 우리는 근본주의자이다."[24] 아잠의 이 발언이 알려지고 나서 몇십 년이 흐른 2001년에, 텔아비브 부근에서 일어난 자살 폭탄 테러의 녹화 영상에서 이 말들이 다시 사용되었다. 이 테러로 21명이 사망했다.[25]

아잠과 그의 추종자들은 자기 충족 예언(자신이 예언하고 바라는 것이 실제 현실에서 충족되는 방향으로 이루어지는 현상/옮긴이)에 의지한다. 예를 들면, 알카에다가 테러 공격을 감행하고 이 때문에 서구 사회가 이슬람교를 적대시하자, 알카에다는 서구 사회가 무슬림을 증오한다고 비난한다. 이 모든 일들의 목적은 압제자에 대항해서 움마를 결속시키는 것이다. 이는 사악한 전략이며 이슬람의 근본 원리를 심각하게 왜곡하는 일이다. 역사학자 버나드 루이스는 이슬람 세계가 서구에 대하여 보이는 태도의 밑바탕에는 굴욕감이 있다고 주장했다. 이슬람 세계는 서구를 변모시킨 산업

---

* 아잠의 교리에 따르면, 테러 공격은 이슬람교가 승리하기 위한 최후 수단이자 모든 무슬림의 의무이다.

혁명과 근대화에서 배제되었다. 루이스에 따르면, 무슬림의 자살 폭탄은 20세기에 처음 등장한 방식이다. 그는 이렇게 주장한다. "이슬람 역사에서 자살 폭탄은 전례가 없는 행동이며, 이슬람 신학이나 법, 전통의 관점에서 정당성을 인정받지 못한다. 안타깝게도, 자살 폭탄 테러범은 자신의 종교와 그 종교에 의해서 형성된 문화를 제대로 알지 못했다."[26]

"근본주의"라는 용어는 20세기 초에 미국의 장로파가 성서를 비판적으로 해석한 다원주의와 다른 근대 사상들에 맞서서 자신들의 우월함을 표현하기 위하여 만들었다.[27] 그들은 "진정한" 기독교인이 따라야 할 "기본 교리"를 만들고, 스스로를 "근본주의자"라고 부르기 시작했다. 그때부터 개념이 확장되어, 지금은 성스러운 문서를 문자 그대로 해석하거나 교조주의에 입각해서 종교적, 정치적 원칙을 엄격히 지키는 사람들을 가리키는 일반 용어가 되었다. 이들은 원시시대의 순수한 믿음을 회복해야 하고, (다른 신앙이나 이념을 가진 사람들을 포함해서) 모든 인간들이 타락하기 전의 상태로 돌아가야 한다고 주장한다. 근본주의자는 원문 자체를 가장 중요하게 여기며, 근대적 사고에 맞게 원문을 새롭게 해석하거나 근대주의와 절충 혹은 타협하는 행위를 거부한다. 이들의 가치는 당연히 두 종류로 나뉘는데, 여기에는 허용되는 것과 금지되는 것이 있다. 이들은 어디에서든 누구에게나 적용할 수 있는 단 하나의 해법을 열렬히 믿음으로써 의심과 망설임을 떨쳐낸다.[28]

물론 부분적으로 이것은 일종의 가식적인 행위이다. 오늘날 근본주의자들은 현실적인 문제와 딜레마를 해결해야 한다. 1988년에 이란의 최고 지도자는 이라크에 대한 지하드를 포기했다. 아야톨라 호메이니는 "완전한 승리"를 거둘 때까지 대(對)이라크 성전을 계속하겠다고 약속했다. 그러나 8년간 전쟁을 치른 후에, 그는 완전히 승리하지 못했음에도 불구하고 그 전쟁을 멈출 수밖에 없었다. 그는 암에 걸려 시한부 인생을 살고 있었기 때문에 혁명이라는 원대한 임무를 수행하는 것이 그에게 무엇보다 중요했다. 그러나 그로 인해서 수많은 사람들이 고통을 겪었고 막대한 경제적 손실도 발생했다. 그는 "이 결정은 독약을 마시는 것보다 더 괴로운 일이었다. 나는 신의 뜻에 따르고 신을 위해 이 잔을 기꺼이 받았다"라고 말했다. 그러나 이란은 이라크 영토를 지배하겠다는 야망을 결코 포기하지 않았다. 실제로 최근 몇 년간 이란은 그 목적을 상당 부분 달성했다. 근본주의자들은 공동체에 대한 통제력을 유지하기 위해서 최종 목표는 결코 포기하지 않되 실용적으로 행동한다.

19세기 중반에, 수많은 미국 기독교인은 성서의 내용과 과학적 사실을 양립시키고, 성서에 나오는 초자연적인 사건들을 합리적인 방식으로 설명하려고 했다. 근본주의는 그런 움직임에 반발했다. 성서에 어떤 기적이 묘사되었다면, 그것은 말 그대로 기적이라고 근본주의자들은 생각했다. 찰스 다윈의 『종의 기원(On the Origin of Species)』은 근본주의적인 가치관에 도전하면서 동시에 그것을 자극했다. 근본주의자들은 반진화론 투쟁을 이념 전쟁으로, 진보 정당과의 싸움을 정치 투쟁으로 분류했다. 그러나 이들의 투쟁은 대부분 실패했다. 심지어 1925년, 유명한 '스콥스 재판'에서 테네시에 사는 윌리엄 제닝스 브라이언은 배심원단을 설득해서 진화론을 가르친 교사에게 유죄 판결을 내리게 하는 데에는 성공했지만 여론전에서는 패배했다. 이처럼 근본주의자들이 구체적인 성공을 거두는 경우도 있었지만, 그때도 대중의 지지는 받지 못했다. 1930년대에 이르자, 미국의 근본주의자들은 점점 영향력이 커지는 과학자들을 이길 수 없음을 깨달았다. 그러자 이들은 세상에서 떨어져나와, 자신들만의 학교와 대학, 교회와 선교단체 및 자선단체, 신문사와 방송사 등을 설립했다. 같은 시기에 무슬림 형제단 역시 이집트에서 똑같은 일을 하고 있었다.

근본주의는 19세기에 문화와 종교가 다른 여러 지역들에서 출현했다.[29] 예를 들면, 19세기 초에 ("하탐 소퍼"라는 필명으로 더 유명한) 랍비 모세 소퍼는 "새로운 것은 토라에 따라 금지된다"라는 유명한 말을 했다. 그의 말은 상황이나 환경이 변해도 유대교 법은 절대 바뀌거나 수정될 수 없다는 의미였다. 이런 식으로 그는 오늘날의 하레디("초정통파") 유대교의 기초를 세웠다. 이것은 이슬람의 와하브 운동과 기본적인 사상이 같다.

역설적이게도, 순수한 진리를 대변한다고 주장하는 근본주의는 그 중심에 거짓말이 자리한다. 근본주의는 근본주의자들의 주장과 달리, 근대주의와 구별되지도 않고, 근대주의에 반대되지도 않는다. 근본주의는 근본주의의 이야기와 해석 및 전통을 신자들이 목숨을 걸고 반드시 지켜야 하는 원시적인 교리로 제시한다. 그러나 이런 원리들은 저항이라는 단 하나의 기본 원칙을 위해서 근본주의자들이 자체적으로 확립한 것들이다.

***

근본주의는 다양한 모습으로 나타난다. 중동과 동아시아에서는 근본주의가 종종 독재 정권에 저항하는 수단이자, 정권의 부당함에 항의하는 사람들을 위한 피난처 역할을 한다. 근본주의 사회는 종교를 중요하게 여기므로, 종교에 헌신하는 사람은 어느 정도 보호를 받을 수 있다. 기독교 사회에는 기독교의 나라인 미국이 최후의 구원자로서 영원히 신성한 임무를 수행해야 한다고 주장하는 근본주의자들이 있다. 이들은 대부분 복음 전도자들이다. 이스라엘에는 히브리 성서에 묘사된 신정 체제(神政體制)와 예루살렘 성전을 중요하게 생각하고 설파하는 유대교 근본주의자들이 있다. 이들 중의 일부가 1980년대에 테러 조직을 만들었고, 1983년 헤브론에서 이슬람 대학교에 다니던 팔레스타인 학생 3명을 살해했으며, 추가로 다른 테러를 일으켜서 수십 명을 다치게 했다. 이들은 유대인이 성전산이라고 부르고, 무슬림이 알하람 알샤리프라고 부르는 '바위 돔 사원'을 폭파하려고 했다는 혐의로 체포되었다. 21세기에 들어서는 아시아, 특히 태국과 미얀마의 불교계에서 폭력 조직이 늘어나고 있다. 2016년부터 미얀마는 이슬람교를 믿는 로힝야 소수민족을 학살해서 인종 청소를 하고 있다. 역사적으로 불교는 폭력과 가장 거리가 먼 종교이다. 불교에서는 연민을 강조하고, 살생을 금한다. 그래서 불교도 중에는 살인범 광신도가 없다고 생각하는 사람도 있을 것이다. 하지만 그렇지 않다는 사실이 속속 드러나고 있다.

대부분의 근본주의자들은 미국의 아미시파(현대의 기술 문명을 거부하는 보수적인 기독교 교파/옮긴이)처럼 정치적인 폭력 행위에 가담하지 않는다. 하레디 공동체들도 비슷하다. 이들은 자신들이 유일한 진리라고 믿는 길을 따르고 그렇지 않은 사람들을 불쌍하게 생각하지만, 타인을 지배하는 일에는 무관심하다.

근본주의자들만큼 많이 저항하는 집단도 없다. 앞에서 언급했던 장 보들리야르는 9-11 테러의 목적이 세계화를 뿌리째 흔드는 것이었다고 주장했다. 당시 테러범들은 세계화의 도구들을 사용해서, 자본주의의 세계화에 저항하는 전 세계 급진주의자들의 대표처럼 행동했다. 보들리야르는 "세계화의 무한한 확장이 세계화가 파괴될 조건을 만든다"라고 말했다. 그는 세계화가 전반적으로 비민주적이고 억압적이라고 생각했지만, 세계화가 수억 명을 가난에서 해방시켰고 세계 곳곳에서 자유주의 의제에 힘을 실어주었다는 점을 고려하면 이런 그의 주장을 선뜻 수긍하기는 어렵다. 그러나 보들리야르의 기본 논리는 세월이 지나도 여전히 통한다. 이슬람 급진주의자들은 자본주의를 악으로, 세계화를 적으로 생각한다. 그들과 대칭을 이루는 인종적 민족주의자들도 마찬가지이다.

7

민족주의자와의 대화

"세계화란 이민자가 들어와서 일자리가 사라지는 순간이다."
_ 프랑스 극우정당 국민전선의 옛 슬로건

볼테르는 18세기 런던 증권거래소의 모습을 아래와 같이 묘사하면서, 오늘
날의 세계화와 그것으로부터 불가피하게 파생되는 다양성을 예견했다.

수많은 재판소보다 더 존경스러운 런던 증권거래소의 모습을 한번 보라. 이곳
에는 각국 대표들이 인류의 이익을 위해서 모인다. 유대인과 무슬림, 기독교인
들이 마치 종교가 같은 사람들처럼 서로 거래하고, 파산한 사람에게만 이단자
라는 이름을 붙인다. 장로교 신자는 재세례파(16세기 종교개혁 당시 스위스에
서 만들어진 교파로, 유아 세례를 받은 사람도 다시 세례를 받아야 한다고 주장
한다/옮긴이)에게 속마음을 털어놓고, 성직자가 퀘이커 교도(17세기 청교도
운동에서 시작된 종교로 성직자나 교리 등을 중시하지 않는다/옮긴이)의 말을
믿는다. 이 평화롭고 자유로운 회합이 끝나면 어떤 이는 유대교 회당으로, 어떤
이는 술잔을 기울이러 간다. 누군가는 커다란 욕조 안에서 성부와 성자와 성령
의 이름으로 세례를 받고, 다른 누군가는 아들의 포피(包皮)를 자르면서 아이에

게 (알아들을 수 없는) 히브리어로 중얼거린다. 또한 누군가는 교회로 돌아가서 자신의 본분에 맞게 천국의 영감을 기다린다. 다들 그렇게 만족한다. 만약 영국에서 하나의 종교만 허용되었다면 정부는 아마 제멋대로 행동했을 것이다. 만약 두 종교만 허용되었다면 사람들은 서로를 잡아먹으려고 치열하게 싸웠을 것이다. 다양한 종교가 허용되면 모든 사람들이 행복하고 평화롭게 살 수 있다.[1]

볼테르의 글은 사람들이 더 이상 어떤 원시적 정체성이나 신학적 태도, 일부 정치 집단의 지시에 따라서 정의되지 않는다는 점을 분명히 밝힌다. 당연히 파산자를 제외한 모든 사람들은 실용적, 물질적 삶을 중심으로 연합할 수 있다. 볼테르는 정체성과 그 정체성이 주는 혜택을 누리지 못하는 사람들을 세계화가 어떻게 위협하는지 명확히 이해했다. 볼테르의 세계에서 위협받는 사람들은 누구일까? 그들은 바로 종교나 국적이 달라도 상업적인 거래에서 배제되지 않는다고 믿으면서, 타자에게 깊은 분노를 느꼈던 사람들이다. 가난한 사람들은 증권거래소 자본가들의 잔치에 끼지 못하므로 국제무역이 이루어지는 보편적인 질서를 거부하기 마련이다.

볼테르는 18세기 영국에서 종교적 다양성이 공존과 번영을 뒷받침한다고 결론 내렸다. 이런 도발적인 주장은 종교든 인종이든 국가든, 모든 유형의 고립주의에 도전한 계몽주의 시대의 전형적인 태도였다. 오늘날 볼테르가 살아 있었다면 분명히 브렉시트를 맹비난했을 것이다. 그는 사람들 사이의 다양성과 경제 협력이 번영을 가져오며, 더 큰 행복으로 이어진다고 주장했을 것이다. 이것은 제2차 세계대전 이후에 영국과 유럽의 주류 우파와 좌파 진영 모두에서 의사 결정자들이 취한 공통된 입장이었다.

그러나 새로운 밀레니엄 시대가 열리자마자 기본적인 입장이 바뀌기 시작했다. 볼테르가 무시했던, 정체성을 중요하게 생각하고 부를 누리지 못한 사람들이 반격에 돌입한 것이다. 민족주의자들이 날개가 꺾인 지 수십 년 만에 다시 중앙 무대로 돌아왔다.

영국에서 민족주의의 부활을 비주류 현상으로 여긴다면, 브렉시트는 풀기 어려운 수수께끼로 남게 된다. 민족주의라는 어둠을 부활시킨 세력은 극우 지도자들이었다. 이들이 수십 년간 주류 정치인들에게 밀려서 무시당해왔다는 사실을 생각하면, 이들의 계획은 대성공을 거둔 셈이다. 브렉시트 찬반 투표가 끝나고 몇 년이 지난 지금, 극우 세력은 다시 잊혔지만 그들의 사상은 계속 살아 있다. 오랜 역사를 자랑하는 중도 우파 정당들이 극우 사상을 이용하고 있기 때문이다.

웰시풀은 웨일스에 속한 작은 도시로, 잉글랜드 국경에서 불과 몇 킬로미터밖에 떨어져 있지 않다. 웰시풀은 푸른 언덕에 둘러싸여 있으며 이곳의 양(羊) 시장은 유럽 최대 규모를 자랑한다. 웰시풀은 전 영국국민당 당수인 닉 그리핀의 고향이기도 하다. 그리핀은 당에서 쫓겨나기 전까지 온갖 방법으로 외국인 혐오증을 퍼뜨렸던 사람이다. 그는 당 지도자로서 실패했고 개인적인 정치 야망도 펼치지 못했지만, 편협함이라는 열매를 유산으로 남겼다.

2007-2008년에 금융 위기가 세계를 강타했을 때, 그리핀은 극우 세력에 좋은 기회가 왔음을 재빨리 간파했다. 그는 금융 위기를 핑계로 삼고 반(反)이민 정책을 적극적으로 주장했으며, 특히 영국 내 극우파는 물론 주류 우파와 좌파도 몹시 싫어했던 유럽연합(EU)을 공격했다.

2008년, 나는 운치 있는 작은 술집에서 그리핀을 만났다. 그는 보통 키에 다소 뚱뚱한 중년 남성이었다. 그의 헤어스타일은 히틀러를 연상시켰다. 그의 한쪽 눈은 의안이었는데, 알려진 바에 따르면 캠프파이어에서 엽총 탄약이 폭발하면서 발생한 사고 때문이라고 한다. 그의 훈계조 말투는 거슬렸지만 태도는 평범했다. 그렇게 카리스마가 느껴지는 사람은 아니었다.

그리핀은 신세대 극우파에 속한다. 그는 케임브리지 대학교 출신의 가정적인 남자로, 1970년대와 1980년대의 스킨헤드족과 달리 머리가 짧지 않았다. 대화하는 동안 이따금 그리핀은 적의를 드러냈다. 예를 들면, 홀로코스트 수정주의에 관한 내 질문에, 그는 싱긋 웃으면서 자신은 "유대인 용어를 잘 모른다"라고 답했다. 1998년에 그리핀은 자신이 발행하는 극우 신문에 인종 간의 증오를 조장하는 글을 실은 혐의로 유죄 판결을 받았다. 그는 재판에서 이렇게 말했다. "유대인 600만 명을 가스실에서 학살하고 화장했으며 이들의 가죽으로 전등갓을 만들었다는 주장이 정설이라는 걸 잘 알고 있습니다. 그런데 지구가 평평하다는 의견도 한때는 정설이었습니다."[2] 또한 그는 유대인이 언론에 행사하는 영향력을 비판하기 위해서 "회유책을 쓰는 자는 누구인가?"라는 제목의 반유대주의 성명서를 발표하기도 했다.

그리핀은 금융 위기가 왔을 때에 아주 기뻤다고 말했다. "유럽 역사에서 정치적으로 중요한 모든 변화는 거의 아무것도 없는 상황에서 불쑥 일어났습니다. 20세기에 일어난 공산주의와 파시즘이 좋은 예죠. 위기가 급작스럽게 찾아왔어요. 그런데 저는 지금 서구 전체가 합의한 자유주의가 아무런 지지도 받지 못하고 있다고 생각합니다. 원래 그 합의는 정확한 자유주의 사상에 근거하지 않았고, 확실히 대중의 지지도 받지 못한 채 탄생했죠." 그는 점점 신이 나서 말했다. "사람들이 자유주의에 합의한 이유는 그 체제가 냉장고를 가득 채운 음식이나 해외여행 같은 것들을 약속했기 때문입니다. 이런 물질들이 계속 제공된다면 아무런 문제가 없겠죠." 그가 한참 동안 맥주를 들이켰다. "하지만 이제 끝났어요. 영국과 유럽, 미국에서 자유주의 엘리트 집단이 사회를 바꾸려고 시도했던 모든 일들은 '나는 자유주의 사상과 가치는 인정하지 않지만, 상관없어. 먹을 게 있으니까'라고 혼잣말을 하는 평범한 시민을 기준으로 삼았어요. 바꿔 말하면, 물질주의에 기반을 두었죠."

그리핀은 인종주의 혁명이 임박했음을 확신한다는 듯이 이렇게 말했다. "자본주의의 수레바퀴는 닳았어요. 자본주의는 끝난 거죠. 그래서 수십 년간 위기가 지속될 겁니다. 그 잔해는 파괴적인 혼란이고요." 그가 술집에 있던 사람들을 둘러보았다. "그래서 앞으로 모든 것들이 바뀔 겁니다. 경제적으로 안정된 시대라면 우리가 권력을 쟁취할 수 없다고 전망하는 게 맞겠죠. 하지만 지금은 무슨 일이든 일어날 수 있어요."

내가 그리핀의 이야기를 들었던 시점은 오바마가 미국 대선에 승리하고 한 달이 채 지나지 않은 때였다. 나는 시카고 그랜트파크에서 그의 당선 소감을 들었다. 그때 나는 가까스로 안전선을 통과해서 단상을 둘러싸고 있던 소규모 군중과 합류했다. 오바마가 단상에 올라갔을 때, 나는 바로 그 아래에 서 있었다. 주위를 둘러보니 감정에 복받쳐 어깨를 들썩이며 눈물을 흘리는 사람들이 보였다. 나는 오바마의 당선은 오랫동안 미국 사회의 활력소가 되었던 유연성과 개방성을 입증하는 강력한 증거라고 믿었다.

오바마가 미국 대통령에 당선되었다는 점을 생각하면 그리핀은 망상에 빠진 사람 같았다. 많은 사람들의 눈에는 미국이 다양성을 수용하고 편협함을 거부한 덕분에 새로운 전성기를 맞이한 것처럼 보였다. 그런데 지금 의안을 끼고 거친 목소리로 말하는 이 사람은 인종적 민족주의의 귀환을 축하하고 싶어했다.

그리핀의 근본주의는 마음속으로 그려왔던, 초창기 순수했던 영국으로 돌아갈 것을 요구한다. 그는 종교나 민족 공동체를 소중히 여기던 시절로 돌아가야만 세상이 전쟁을 피할 수 있다고 종말론적인 예언을 펼친다. 또한 학교에서는 아이들을 종교나 민족에 맞게 분리해서 교육해야 한다고 주장한다. 말하자면, 유대인 가정의 아이는 기독교나 인도인 가정의 아이와 함께 공부해서는 안 된다는 이야기이다. 그는 이렇게 이야기한다. "누구보다 아이들이 힘들어요. 원칙적으로 우리는 다문화주의와 문화 통합에 반대합니다. 인간의 다양성은 좋다고 생각해요. 당신의 정체성은 세계 시민이라서 형성된 것이 아니라, 특정 지역과 문화, 민족에 속한 덕분에 형성된 것이에요." 우리는 그가 분리나 차별을 정당화하려고 "다양성"이라는 단어를 언급했다는 점에 주목해야 한다.

그리핀 같은 사람들은 대화할 때마다 생물학적 비유를 들고 "멸종" 위협을 강조한다. "지금 인간의 다양성이 제거되고 있어요. 만약 이런 현상이 개미 같은 다른 종에서 일어나고 있다면, 이 나라는 희귀종 개미를 구하기 위해서 고속도로도 옮길 겁니다. 글로벌 자본주의는 전반적으로 다양성을 없애려고 하는데, 그 일을 과거 독재자들보다 훨씬 더 효율적으로 수행합니다. 가령 스탈린이 타타르족을 추방했던 일을 떠올려보세요. 그런 일은 자본주의가 훨씬 잘해요. 자본주의는 전멸을 주도하는 운동이에요."

그리핀은 종교나 공동체가 다른 아이들이 같은 학교에 다니는 것을 가리켜서 "다문화주의"라고 주장한다. 하지만 그렇지 않다. 그것은 단순히 한 국가 내에서 평등주의를 실현하는 방법이다. 시민권이라는 개념은 종교나 인종을 구분하지 않고, 같은 국민국가 안에서는 모두가 평등하다는 의미를 담고 있다. 오늘날 시민권은 종교적, 인종적, 민족적 정체성이 아닌 자유주의 가치와 국가의 가치관을 인정하고 채택하고 내면화했는지에 대한 판단을 바탕으로 주어지기 때문에 그리핀은 이를 받아들이지 않는다. 또한 배경이 다른 아이들을 같은 학교에 다니게 하면 "인간의 다양성이 제거된다"라고 주장했는데, 그 이유는 그에게 다양성은 찬란했다고 여겼던 과거에서 유래한 피부색과 관련되기 때문이다.

(근본주의자를 포함한 모든) 급진주의자들이 좋아하는 그들의 장점의 중 하나는 위선적인 자유주의자의 가면을 벗기는 능력이다. 그 위선은 주류 담론이 솔직하지 못하다는 사실을 증명한다. 정직함의 결여를 통해서 급진주의자는 강력한 힘을 얻는다. 진실성이 최고의 미덕이라면, 위선은 원죄나 다름없다.

그리핀은 영국의 정치인들이 국민의 동의 없이 영국을 이민자의 나라로 변화시키기로 했다고 비난한다. 일부는 맞는 말이다. 수년 동안 영국 정부는 자세한 이민 자료를 국민에게 제공하지 않았고, 정치인들도 이민 정책에 관해서 좀처럼 공개적으로는 논의하지 않았다. 또한 영국의 일부 명문 학교는 특정 종교와 연계된 사립학교이며 주로 부유층의 자녀가 다닌다는 그리핀의 말도 옳다. 그는 이렇게 주장한다. "사실 그런 학교를 다닌 엘리트 집단과 그 자녀는 분리 정책의 혜택을 누렸지만, 일반 학교를 다닌 사람들은 그러지 못했어요. 그러므로 부유층을 포함해서 모든 사람들에게 통합 정책을 적용하든지, 아니면 분리 정책이 부유층에게 도움이 되었다면 이것을 모두에게 적용해서 혜택을 줘야죠! 이 나라가 부유층에게는 통합을 강요하지 않으면서 가난한 사람들에게만 통합 정책을 적용하는 이유를 모르겠습니다."

내가 그리핀을 만났을 당시에 그는 완전히 비주류 정치인이었고, 이후에 그가 주도하던 정치운동이 대실패하면서 그는 정계에서 완전히 물러났다. 그러나 10년 전에 그가 적극적으로 선전한 정책들 중에서 상당수는 영국과 유럽 우파 정치인들에 의해서 채택되었다. 그가 영국이 EU에서 탈퇴해야 한다고 주장했을 때, 사람들은 그를 망상에 빠진 사람이라고 비난했다. 그러나 영국 국민은 정확히 그의 생각대로 선택했다. 국내 산업을 위한 보호주의 경제 정책이 다시 유행하고 있다. 무슬림들을 "고향으로" 돌려보내라는 논의도 늘고 있다. 그리핀처럼 이들도 자신들이 고향으로 돌려보내려고 하는 무슬림들이 영국에서 태어난 영국 시민권자라는 사실에 개의치 않는다. 내가 수백만 명을 어떻게 추방할 것인지 묻자, 그리핀은 간단하게 대답했다. "보상을 해야죠." 그렇게 하지 않으면 전쟁이 일어날 것이라고 했다.

나는 이따금 그리핀과 나누었던 대화를 떠올린다. 돌이켜보면, 오바마의 대선 승리를 목격하고 오바마가 선거운동 기간 동안 멋지게 비유를 든 미국의 "선한 천사(better angel)"[3]를 믿었던 나 같은 언론인보다, 국수주의자 그리핀이 미래를 훨씬 잘 예측했다고 생각한다. 오바마 대통령은 진보적인 지도자들에게 영감을 주는 존재로 늘 기억되겠지만, 새로운 시대정신을 형성하지는 못했다. 그리핀은 금융 위기의 영향을 훨씬 더 예리하게 파악했다. 오바마는 정말로 자신의 낙관적인 전망을 믿었을까? 아니면 충분히 믿을 만하고 설득력 있는 이야기를 하면, 그 이야기가 현실이 되리라고 기대했을까? 2012년 재선 운동에서 오바마는 취임 이후 첫 1년 동안에 했던 최대의 실수는 "특히 힘든 시기에 단결심과 목적의식, 낙관주의를 심어주는 이야기를 국민에게 들려주는 일"을 잊고, 오직 "정책을 바로잡는 일"에만 집중한 것이라고 말했다.[4] 오바마와 달리, 그리핀은 자유주의가 보기보다 취약하다는 사실을 잘 알고 있었다. 아마도 자유주의가 실패한 원인은 이야기를 전달하는 방식이 아니라 이야기 자체에 있는 듯하다.

***

10여 년 전에 나는 홀로코스트를 부인하는 신나치주의자들을 여럿 만났다. 여기에는 마린 르펜부터 그리스 극우파의 정신적 지도자에 이르기까지 유럽 극우파와 미국 내 반정부 민병대가 모두 포함된다. 그리핀은 그런 사람들 중 한 명이었을 뿐이다. 제2차 세계대전 이후 지난 10년간 신나치주의자들의 영향력은 그 어느 때보다 커졌다.

극우파는 제도 정치권에서부터 폭력 집단에 이르기까지 그 범위가 넓다. 테러를 자행하는 이슬람 근본주의자들과 달리, 그동안 극우파 인종주의자들은 구호를 외치는 정도로만 활동한다는 인상을 주었다. 그러나 지난 10년 동안 그렇지 않다는 사실이 입증되었다. 2017년 미국 의회에 제출된 정부 연구 보고서에 따르면, 2001년에 발생한 9-11 테러 이후에 미국 내에서 85건의 치명적인 테러 공격이 일어났다.[5] 그중 73퍼센트가 극우 성향의 개인과 집단이 벌인 공격이며, 27퍼센트는 이슬람 극단주의자들이 일으킨 공격이었다. 피해 규모는 두 집단이 거의 비슷했다. 극우 집단의 공격으로는 106명이, 이슬람 극단주의자들의 공격으로는 119명이 사망했다. 특히 이슬람 극단주의자들의 테러로 희생된 사람들의 41퍼센트는 플로리다 주의 올랜도에서 발생한 나이트클럽 총격 사건으로 사망했다.

당연히 미국 역사에서 가장 끔찍했던 테러 공격은 9-11이다. 그런데 9-11 이전에 가장 피해가 컸던 테러는 1995년에 티머시 맥베이가 오클라호마 시티의 연방정부 건물을 폭파해서 168명이 사망한 사건이다. 맥베이와 관련이 있던 정치 집단에 대해서는 논란이 뜨겁다. 그는 그릇된 자유지상주의를 신봉했으므로, 당연히 연방정부를 당면한 위협으로 인식했다.[6] 그는 오늘날에도 여전히 활동 중인 미시간 민병대 모임에 여러 번 참석했다. 2016년에 나는 몇몇 미시간 민병대원들의 무장 순찰에 따라나선 적이 있었다. 이들은 맥베이에 대한 언급을 하지 않았지만, 연방정부의 횡포에 대해서는 여전히 강박적일 정도로 많이 이야기했다. 이슬람 근본주의자들과 달리, 대개 극우 정치인들은 폭력을 지원하는 포괄적인 환경을 조성하면서도 테러와는 공개적으로 거리를 둔다.

서양 극우 사상의 대부분은 근본주의의 전형적인 특징을 보이므로, 일종의 현대판 근본주의라고 할 수 있다. 여기에서는 변함없이 한결같은 이상과 통합을 갈망하고, 위대한 과거를 상상 속에서 창조해낸다. 불순한 것들을 혐오하고 순수한 세상을 만들고자 노력하며, 경직된 이분법적 세계관을 유지한다. 또한 신자와 불신자를 엄격히 구분하고 근대주의에 반대한다.

2010년, 파리

나는 2010년에, 권위 있는 인터뷰 프로그램의 생방송 출연차 텔레비전 방송국을 찾은 마린 르펜을 방송국 입구에서 처음 만났다. 스윙 코트 차림의 르펜은 바삐 움직이는 소규모 수행단과 함께 나타났다. 그녀의 아버지 장 마리 르펜은 그런 프로그램에 정식 게스트로 출연하는 일은 꿈도 꾸지 못했을 것이다. 그는 당에서 쫓겨났고 홀로코스트를 비하하는 발언으로 유죄 판결을 받은 인물이다. 그의 고약한 인성은 악명 높다.[7] 프랑스의 좌파 진영이 보기에 그는 히틀러를 흉내 내는 사람이었다.

장 마리 르펜의 딸이 정계에 입문했을 때, 그녀 역시 축출해야 한다는 여론이 있었다. 그러나 마린 르펜은 정치적인 발언을 할 때에 좀더 세련되고 덜 직접적인 표현을 사용했다. 그녀는 반유대주의적인 발언을 하거나 법을 어기는 행위는 전혀 하지 않았다. 처음에 르펜 부녀의 정치적 관계는 창당자와 후계자 관계였으나, 지금은 그 관계가 틀어졌다.

내가 처음 마린 르펜을 알게 되었을 때, 그녀는 아버지가 창당한 국민전선의 거물급 정치인이었다. 마린 르펜은 아버지의 뒤를 이어서 당 대표가 되기 위하여 경쟁을 벌이고 있었고, 아버지의 지원도 받고 있었다. 고령의 장 마리 르펜은 딸이 당의 이미지를 쇄신하고 자신의 민족주의 사상을 수정한 다음, 마지막에 자신을 내쫓으려는 계획을 세우고 있다는 사실을 모르고 있었다. 마린 르펜은 단순한 선동가가 아니었다. 그녀는 실제로 대통령이 되고 싶어했다. 대선이 2년이나 남았지만, 르펜은 이미 대선 운동을 위한 준비를 시작했다. 그녀는 주류 정치인으로 보이고 싶어했고, 논란을 일으키는 아버지의 유산을 청산해서 정당성을 확보하고자 했다. 이스라엘에서 사는 유대인 기자인 나는 마린 르펜에게 유용한 도구였다. 그녀와의 인터뷰 날짜는 계속 바뀌었다. 그러다 가까스로 그녀를 만났는데, 유쾌한 분위기에서 시작된 인터뷰는 작별 인사도 없이 갑자기 끝나버렸다.

처음에는 분장실에서 대화를 나누었다. 분장사 하나가 바쁘게 움직이고 있었다. 니콜라 사르코지 대통령이 "법과 질서", "국민 통합" 등 르펜의 발언 중 일부를 차용했는데, 르펜은 그 점을 걱정하고 있었다. 그녀는 주류 우파가 점점 포퓰리즘으로 기울고 있는 것과 그녀의 공약을 도용하는 일에 신경을 쓰고 있었다. 스튜디오 밖에서 르펜과 인터뷰 진행자는 입장하는 장면을 연습했다. 두 사람은 사르코지를 반대하는 프랑스 유권자들에 관한 농담을 주고받았다. "3단계가 있어요." 르펜이 말했다. "프랑스 유권자는 처음에 정치인의 비위를 맞춰주다가 그를 버린 다음, 마지막에는 그에게 린치를 가합니다." 프랑스에서 이 표현은 카이사르가 갈리아를 정복했을 때에 말했다는 "아첨하라(Lèche), 버려라(lâche), 린치를 가하라(lynche)"를 인용한 농담으로 사용된다. "지금은 사르코지 대통령이 유권자에게 린치를 당하는 단계죠!" 인터뷰 진행자가 낄낄대며 새로운 정보를 알려주어서 고맙다고 말했다. 르펜은 즐거워했다.

10년 후, 마린 르펜은 기대했다가 실망하는 경험을 한다. 2017년에 그녀는 유럽 극우파로서 제2차 세계대전 이후 최대의 성공을 거두었다. 프랑스 대선의 결선 투표에서 34퍼센트를 득표한 것이다. 그러나 그녀는 마크롱에게 패했다. 이 결과는 준수한 성적이었지만, 그 이상은 아니었다. 그녀는 유럽의 다른 민족주의자들도 경험한 유리 천장에 부딪혔다. 여기에서 유리 천장이란 20세기 중반에 유럽을 폐허로 만들었던 파시스트에 대한 기억이다. 르펜의 입장에서는 자신의 정계 입문을 도운 가문이 지금 자신의 발목을 잡고 있는 셈이었다. 르펜이라는 성(姓)은 유권자들에게 국민전선의 뿌리와 독재성, 프랑스 사회에서 가장 지탄받는 집단의 후원 등을 떠올리게 한다. 이 지탄받는 집단에는 옛 비시 정부(Vichy regime : 1940년 6월에 프랑스가 독일에 항복한 후 비시에 세운 친독 정부/옮긴이) 지지자와 알제리에서 독립운동이 벌어졌을 때 철군을 결정한 프랑스 정부를 향해서 나라를 팔아먹었다고 주장하는 극보수주의자들이 포함된다. 한편, 마린의 경쟁자이자 자유주의 진영의 후보였던 마크롱은 대통령이 되자마자 심각한 어려움을 겪게 되었으며, 합리적인 정책을 집행하려는 노력이 오히려 문제를 악화시켰다. 마크롱의 복잡한 계획 때문에 상황은 점점 꼬여갔다. 2018-2019년에 세제 개편안을 포함한 여러 개혁 정책들이 촉발한 노란 조끼 시위는 프랑스 국민 다수가 세계화의 위협에 대한 르펜의 주장에 공감하고 있을지도 모른다는 사실을 보여준다. 지금까지 그녀는 아버지가 분출하던 노골적인 증오와, 프랑스 문화의 중요성을 강조하고 "아름다운 프랑스"를 찬양하는 긍정적인 메시지 사이에서 아슬아슬한 줄타기를 해왔다. 그러나 마린 르펜은 트럼프와 다르다. 그녀는 좀더 노련하고, 정교하며, 이론적으로 잘 무장되어 있다. 2010년에 그녀와 나눈 대화는 미래, 특히 반세계화 민족주의 운동에 관한 것이었다.

대화를 시작한 지 5분도 채 지나지 않아서, 마린 르펜은 유럽의 백인 민족주의의 실질적인 대부인 블라디미르 푸틴의 말을 인용했다. "당신도 알거예요." 그녀는 마치 푸틴 대통령이 공신력 있는 사회학적 분석 자료를 제공하는 사람이라도 되는 듯이 이렇게 말했다. "푸틴 대통령은 20년 후에 프랑스가 과거 자국의 식민지였던 나라들의 식민지가 될 것이며, 유럽이 무슬림 세상이 되리라고 믿는 지도자들도 있다고 말했습니다."

마린 르펜은 중요한 사람이다. 미국 온라인 뉴스 매체인 브라이트바트 뉴스와 스티브 배넌 전 백악관 수석전략가가 경제 민족주의를 공식화하기 수년 전에, 이미 마린은 그 원리를 지탱하는 두 가지 기둥을 파악했다. 바로 반세계화와 무슬림의 배척이다. 마린은 이렇게 설명했다. "21세기에는 새로운 전체주의가 등장할 겁니다. 그중 하나는 이슬람화인데, 이슬람교는 종교가 전부라고 가르칩니다. 다른 하나는 세계화입니다. 여기에서는 무역이 전부죠. 우리가 아무것도 하지 않으면, 그러니까 프랑스 공화국의 가치와 법을 지키지 못하면, 우리 문명은 심각한 위험에 빠질 겁니다."

마린 르펜은 생존과 멸망 사이에서 할 수 있는 선택은 하나라고 말했다. 그녀는 실존적 투쟁이 진행되는 동안 당연히 국민전선은 유대인을 보호하겠다고 했다! "프랑스 유대인들은 국민전선을 적으로 여기지 않아도 됩니다……그들은 국민전선보다 더 나은 보호자를 찾지 못할 거예요……우리가 프랑스의 멸망을 막을 테니까요." 솔직히 말하면, 프랑스 유대인들은 그녀의 약속을 회의적으로 바라본다. 나와 대화하는 짧은 순간에도 그녀는 위협적인 신호를 보냈다. 그녀는 프랑스 유대인대표자기구(CRIF)를 겨냥해서 이렇게 경고했다. "나는 장차 그들이 책임을 지게 될 거라고 생각해요." 그녀는 CRIF가 이민 정책을 지지함으로써 "이슬람화" 현상을 막는 노력을 방해한다고 비난했다. "그들은 그런 입장을 고수해서 우리 문명을 위험에 빠뜨리는 데에 일조하고 있어요."

마린 르펜이 정권을 잡으면, 프랑스를 괴롭히는 사람들을 어떻게 처리할지 의문이 남는다. 전에 르펜은 자신의 정치운동의 정당성을 확보하는 차원에서 이스라엘을 방문하겠다고 발표했다가 자신이 이스라엘 입국 거부자라는 사실을 알게 되었다. 내가 그때 일을 묻자 그녀는 매서운 눈길로 쳐다보더니 이렇게 말했다. "저는 이스라엘이 아직 고생을 덜했다는 결론을 내렸습니다."

나는 유대인들이 민족주의자를 두려워하는 이유를 아는지 물었다. "잠깐만요. 이스라엘은 아니죠." 그녀가 딱 잘라 말했다. "이스라엘인은 애국자예요, 조국을 보호하죠. 그들은 국민의 안전을 위해서 자국의 영토 안에서 주권을 인정받고 싶어합니다. 우리가 주장하는 내용과 다르지 않아요." 나는 유대인에 관해서 물었는데, 그녀는 이스라엘인에 관해서 답했다는 점을 내가 지적했다. 내 말은, 거의 모든 곳에서 유대인은 소수민족이기 때문에 각국의 민족주의에 불안함을 느끼기 마련이라는 의미였다. "미안합니다만" 그녀가 웃으면서 비꼬듯이 말했다. "우리도 소수민족이 될지도 몰라요!" 내 질문들이 거슬리기 시작했는지, 갑자기 인터뷰가 중단되었다.

그날 저녁, 나는 마린 르펜이 파리 교외의 한 지하에서 열린 국민전선 집회에서 연설한 내용을 들었다. 집회 장소 밖에서는 사람들이 안으로 들어가려고 줄을 서서 기다리고 있었다. 르펜의 지지자들이었다. 정당 관계자가 종이컵에 저렴한 와인을 따라서 군중에게 나눠주었다. (정치 집회에서 와인을 나눠주는 나라는 전 세계에서 프랑스가 유일할 것 같다.) 그녀가 군중에게 국민전선의 유명한 포스터 표어를 상기시켰다. "세계화란 이민자가 들어와서 일자리가 사라지는 순간이다." 마린이 지지자들을 둘러보았다. "여러분도 마음속으로는 이 사실을 잘 알고 있을 겁니다. 우리는 정당이 아니라 저항 단체예요……. 우리는 아이들을 위해서 조치를 취해야 합니다. 끔찍한 폭력이 난무하는 고통스러운 미래가 우리 아이들을 기다리고 있습니다. 우리가 승리하는 것 말고는, 쇠퇴와 고갈로 치닫고 있는 우리가 사랑하는 나라를 위한, 그리고 비틀거리는 문명사회를 위한 다른 대안은 없습니다!" 마린은 자신이 반유대주의자가 아니라고 여러 번 내게 말했지만, 나중에 나와 대화를 나눈 군중들 대부분은 "유대인 파워"를 언급했고, 시온주의자들(팔레스타인에 유대 국가를 건설하는 운동을 지지하는 유대인들/옮긴이)이 너무 많은 영향력을 행사한다고 말했다.

히틀러 이후 유럽에서 가장 유명한 극우 민족주의자인 마린 르펜이 세계화를 비판의 대상으로 선택한 것은 우연이 아니다. 그녀는 아버지 세대의 국수주의자들이 이해하지 못한 부분을 간파했다. 경제적 세계화는 국가의 정체성을 심각하게 위협한다. 세계화는 초국가적인 관계를 전제하므로, 불가피하게 지역적 담론에 보편적 가치를 주입하기 마련이다. 번영은 홀로 이루어낼 수 없으며, 전 세계가 서로 관계를 맺으며 형성되는 경제 체제는 배타적인 국민국가의 권력구조 및 공동체 가치와는 공존하기 어렵다. 마린 르펜은 21세기 정치인들 가운데 국수주의자로는 최초로 자신의 시대관을 일관되게 알리고 있다. 즉, 인종적으로나 종교적으로나 바르고 훌륭한 우리나라가 이방인과 이민자에게 위협받고 있다는 것이다. 또한 부패한 엘리트 집단(마린은 EU 관료들이 프랑스를 "지배하고 있다"면서, 그들을 "멍청이, 무능력자……바보 천치"라고 표현했다)은 우리가 권한을 주지도 않은 세계화된 정치, 경제 체제에 매여 있다. 엘리트 집단이 말하는 규범과 도덕성은 얇은 가면일 뿐이며, 거짓말쟁이 언론은 그들을 돕는다. 문제는 정부와 정치권력이 아니다. 핵심은 국가가 외국의 사상과 물건, 외국 이익 단체와 외국인의 침략을 막고 이들을 물리칠 수 있는지이다.

마린 르펜의 이야기는 정확히 도널드 트럼프의 주장과 일치한다. 민족주의가 늘 그렇듯이, 그들은 외부 요인에 집중한다. 그들에게 정치란 정부와 권력을 올바르게 사용하는 문제를 깊이 연구하는 것이 아니다. 그들이 생각하는 정치는 어둠 속에 숨어 있는 적을 처리하는 일이다. 마린 르펜이 말로 표현하지는 않았지만, 그녀의 이야기에서 추론할 수 있는 생각은 세계 질서가 완전히 뒤집힐 때까지 국가가 참고 견뎌야 한다는 것이다. 사람들은 흔히 민족주의자들이 자국에만 집중한다고 오해한다. 그러나 실제로 민족주의자들은 난민 협약에서부터 세계 금융시장과 자유무역에 영향을 미치는 각종 협약에 이르기까지, 기본적인 국제 규범들을 뜯어고치거나 파괴하려고 한다. 마린은 이 국제 규범들을 "글로벌리즘(globalism)의 조용한 독재"라고 부른다. 민족주의자의 목표는 지역적이지만, 계획은 세계적이다.

***

자유주의가 민족주의와 경쟁하려면, 포퓰리즘적 민족주의자들의 발언 내용과 행동방식에 주의해야 한다. 민족주의자들은 현 방식의 세계화를 무너뜨리려고 하고, 자유주의자들은 세계화를 산업혁명의 사생아 혹은 부끄러운 경제적 착취자로 여긴다. 보편적인 정체성이 확산되는 환경에서 살아남기 위해서 국수주의자는 그 정체성의 물질적 토대인 세계화를 무너뜨리고 싶어한다. 이들은 중도파가 세계화와 싸우지 않을 것이라는 점을 잘 안다. 그래서 이런저런 핑계를 대고 모호한 약속을 하며 민심을 흔든다. 마린 르펜과 그리핀 같은 사람들이 세계와 지역을 구분해야 한다고 끊임없이 강조하는 이유는 대안이 없을 때에 사람들이 자연스럽게 정체성이나 가족, 공동체 등에 끌린다는 사실을 알기 때문이다. 알베르 카뮈는 "정의와 어머니 사이에서 선택해야 한다면, 나는 어머니를 선택하겠다"라고 말했다고 한다. 민족주의자로 자처하는 트럼프는 글로벌리스트란 "제 나라는 별로 신경 쓰지 않고……세계가 잘 돌아가기만을 바라는 사람"이라고 나름의 정의를 내렸다.[8]

그런 잘못된 이분법은 세계 시민이면서 동시에 애국자일 수 없다는 의미를 내포하는데, 이는 오늘날 국수주의자들이 내세우는 주된 논리이다. 자유주의자들은 세계화를 무너뜨리려는 국수주의자들의 전략을 알려고 하지 않으며, 그렇다고 세계화를 열심히 지키려고 하지도 않을 것이다. 진보 좌파 진영은 세계화가 노동자를 억압하고 대량 멸종을 일으킬 수 있는 환경 유해 산업을 지원했다고 생각한다. 주류 우파가 보기에, 현재의 세계 질서는 각국의 주권과 공동체에 위협이 된다. 세계화에 대한 이런 비판들은 국수주의자들에게 그들의 중요한 목표를 실현할 수 있는 기회를 제공했는데, 이들의 목표는 세계화를 회복 불가능하게 파괴해서 권력을 획득하는 것이었다.

　　좌파는 물질적 풍요의 중요성을 강조하는 사상들을 무시해왔다. 그러나 제2차 세계대전 이후 세계 질서가 재편되던 시기의 핵심 전제는, 간단히 표현해서 사람들이 사람답게 살려면 생활이 안정되어야 한다는 것이다. 그러나 동유럽권 공산주의의 몰락 이후, 자유주의자들은 열린 사회의 가치관이 선진국을 만든다고 확신했다. 사실 열린 사회의 가치관은 의미 있는 사상이지만, 다툼의 여지가 전혀 없지는 않으며 경제 위기 때는 힘을 잃는다. 전후 질서를 구축한 훌륭한 지도자들(루스벨트, 처칠, 드골, 아데나워 등)은 지그문트 프로이트가 1920년대에 책에 썼던 다음과 같은 단순한 진리를 잘 알고 있었다. "수많은 사람들을 만족시키지 못하고 이들이 저항하도록 내모는 문명은 지속되지 못할 것이고, 지속될 가치도 없다는 말은 하나마나한 이야기이다."9 주류 정치는 항상 물질적인 조건이 나빠지면 사람들이 최악의 행동을 할 것이라고 가정한다. 공정한 제도, 교육, 사회적 안전망을 제공하지 못하면 민주주의는 심각한 군사 위협이나 경제 위기를 극복할 수 없다. 그러나 안전망은 시간을 벌어주기만 할 뿐, 위기가 지속되고 깊어지면 민족주의자나 독재자가 득세하기 마련이다.

내가 대화를 나누었던 국수주의자들은 경제, 특히 무역 정책에 거의 관심이 없었다. 그들이 보기에 무역 정책은 그저 속임수에 불과했다. 민족주의자들은 경제적인 어려움을 열심히 이용하는 한편, 국가 공동체를 신성화해서 사람들의 향수를 자극하고 자신들이 만들어낸 순수한 원시 공동체의 구성원이 아닌 사람들을 열심히 배척한다.

주류 자유주의 진영은 자각이 늦었다. 이들은 오랫동안 현실과 동떨어진 담론을 이어나가고 있다. 즉, 소득 재분배 정책을 강조하면서 경제적 관점에서만 민족주의를 이해하고 있다. 그러나 많은 연구 결과가 보여주듯이 경제 위기와 포퓰리즘적 민족주의의 부상은 상관관계가 입증되지 않았다. 예를 들면, 노암 기드론과 조나단 메이스가 오랜 기간에 걸쳐서 네덜란드 국민의 정치 성향을 연구한 결과에 따르면, 지난 경제 위기 때에 경제적으로 어려움을 겪은 사람들은 극우 성향을 보이지 않았다. 오히려 급진 좌파쪽으로 약간 기울었다. 이민을 배척하는 태도에도 큰 변화가 없었다.[10] 어려운 경제 상황과 급진파에 대한 지지도 사이에 상관관계가 있었다고 하더라도, 그 지지자들은 물질적인 어려움에 **직접적으로 영향**을 받은 사람들이 아니다. 위기는 불안을 일으키고 저항으로 이어진다. 극우파에 끌리는 사람들 모두가 경제 위기로 타격을 받은 사람들은 아니다.

그렇다면, 무슨 일이 벌어지고 있는 것일까?

자기 면역 질환처럼, 민주주의 사회에서는 정치가 사회경제적 질병으로 약해질 때에 민족주의가 부상한다. 그러나 몸이 건강해져도 질병이 완전히 없어지지는 않는다. 지난 10여 년간 전개된 상황은 이렇다. 우선, 경제나 안보가 심각하게 위협받으면, 정치 담론에 민족주의자의 논리가 들어온다. 그다음에는 잠재적인 위협이 사라졌음에도 불구하고 국수주의라는 병폐가 확산된다. 예를 들면, 2016년 이후에 헝가리로 들어오는 난민과 이민자의 수가 크게 줄었는데, 민족주의자인 빅토르 오르반 총리는 계속해서 난민과 이민자를 비난하고 있다. 외세의 위협을 반복해서 강조한 덕분에 오르반과 그가 이끄는 정당은 선거에서 계속 승리할 수 있었다.

한 연구에 따르면, 경제 악화와 국수주의 정당의 부상은 유럽에서 2013년까지 실질적으로 관계가 있었다. 그러나 경제가 좋아졌는데도 민족주의 정당에 대한 지지도는 계속 상승했다.[11] 또한 미국 경기는 2016년부터 2020년 코로나-19가 확산되기 전까지 좋아졌지만 트럼프 대통령이나 그가 주도한 정책들, 특히 그의 이민 정책은 별 영향을 받지 않았다.

스티브 배넌은 자신이 만든 용어인 경제 민족주의를 자주 언급했다. 그러나 나중에는 기조를 바꾸어서, 2019년에 "문화 전사를 양성하기 위한 검투사 학교"를 설립하겠다고 발표했다. 이런 발언은 무역 장벽이나 중산층의 몰락에 무관심한 사람이나 할 법한 소리이다. 이들은 그저 자신이 상상한, 타자의 위협에만 관심을 둔다.

포퓰리즘적 민족주의의 매력은 경제 정책보다는 정체성을 강조하는 메시지, 반이민 정책, 개인의 안전을 중시하는 국수주의적 태도 등에 있다.[12] 20세기 프랑스 소설가(그리고 전쟁 영웅)인 로맹 가리는 "애국심은 자기 민족에 대한 사랑이고, 민족주의는 타인에 대한 증오심이다"라고 정리한 바 있다. 국가 공동체를 찬양하고 정체성을 강조하는 전략은 주류 정치권의 입장처럼 보이지만, 그것은 세계 어디에서나 이민 배척주의와 외국인 혐오, 인종주의에 더 많은 권한을 부여하고 있다.

8

나치의 부활

"사람들이 우리를 향해서 말하기를,
유대인들이 이곳에 잿더미로 남았으니,
우리와 이야기를 나눌 수 없다고 합니다.
하지만 보세요.
당신은 여기 이렇게 멀쩡히 살아 있고,
모든 것들이 정상이잖아요."
_ 독일 신나치주의자와의 대화(2014)[1]

그리스의 정치가 콘스탄틴 플레브리스는 유럽의 인종주의자들 중에서 글을 가장 많이 쓴 사람이다. 내가 그를 인터뷰한 2014년에는 아테네 거리마다 성난 시위자들이 가득했으며, 이는 그리스에 심각한 경제 위기가 지속되는 동안 흔하게 볼 수 있는 광경이었다. 그즈음 나는 유럽에서 증가하고 있는 인종 증오 현상에 관한 다큐멘터리를 만들고 있었다. 약속 장소인 플레브리스의 사무실이 있는 건물 앞에 도착하자, 수상해 보이는 경호원 한 명이 내 여권을 검사한 후, 사람들이 가득한 엘리베이터를 나와 함께 타고 그의 사무실로 안내했다. 플레브리스는 홀로코스트를 부정하는 사람이지만, 다행히 시간을 내어서 내 질문에 성실히 답해주었다. 처음에 그는 이스라엘인과 대화를 나누고 있다는 사실 자체를 믿기 어려워했다. "저는 한번도 이스라엘에 가본 적이 없습니다." 그가 말했다. 나도 조심스럽게 이렇게 말했다. "저도 당신이 이스라엘을 방문하는 모습을 상상할 수 없군요."

플레브리스는 자신이 쓴 두툼한 책 『유대인 : 그들에 관한 모든 진실(*The Jews : The Whole Truth*)』을 자랑스럽게 보여주었다. 표지에는 검은 옷을 입고 위협적인 눈을 번득이고 있는 독실한 유대인의 모습이 담겨 있었다. 책에 이어서 사진도 몇 장 보여주었는데, 그는 그 사진들이 이스라엘의 잔인성을 보여주는 증거라고 생각했다. 나는 그에게 왜 그 사진들을 보여주는지 물었다. 그가 이렇게 답했다. "유대인들은 순진한 척을 하고 있어요. 유대인들은 '우린 아무도 죽이지 않았어'라고 말합니다. 그런데 당신네 신조차도 이집트의 어린이들을 죽이라고 천사를 보냈잖아요. 신에게서 다른 민족을 죽이라는 명령을 받은 민족은 유대인이 처음이에요."

확실히 플레브리스는 사람들이 자신에게 반유대주의자라는 낙인을 찍는 것에 개의치 않았다. 내가 예수도 유대인이었다고 말하자, 그는 "그는 갈릴리 사람이지, 유대인이 아니에요"라고 쏘아붙였다. "유대인이 은행을 장악했다고 쓰셨더군요." 내가 화제를 전환했다.

"그건 사실입니다. 아무도 부인할 수 없어요."

"저는 부인합니다."

"그럼 유대인이 장악하지 않은 은행의 이름을 대보세요. 하나만이라도!"

"좋아요. 바클레이 은행이 있습니다."

"어느 은행이라고요?"

"바클레이요."

"들어보세요." 그가 불쑥 말했다.

"씨티 은행. JP 모건. 알파 은행. 나는 유대인이 장악한 은행의 이름을 얼마든지 댈 수 있어요."

내가 알파 은행은 그리스 은행이라고 말하자 플레브리스가 뒤늦게 깨닫고 당황한다. 플레브리스가 이 지역의 금융기관이 유대인 소유라고 말했다고 내가 어딘가에 쓸까봐 두려웠던 모양이다. 그는 이렇게 말했다. "아니에요, 아니죠. 물론 알파 은행은 아니에요. 다른 은행은 내가 잘 모르지만 알파 은행은 확실히 아니에요!"

우리의 대화는 공포물과 코미디물을 섞어놓은 듯했다. 나로서는 유감스러웠지만, 갑자기 플레브리스가 자신은 이스라엘을 존경한다면서 "난 그들이 열등한 민족이라고 생각해요"라고 말했다. 나는 '그들'이란 누구를 말하는 것이냐고 물었다. 플레브리스가 의식의 흐름에 따라서 수시로 증오심을 표출하는 상황에서 나는 평정심을 잃지 않으려고 애썼다.

그는 내 질문에 깜짝 놀라며 "물론 아랍 사람들을 말한 거죠"라고 답했다. 그러더니 "당신은 모든 사람들이 동등하다고 생각하나요?"라고 물었다.

"당연히 저는 모든 사람들이 동등하다고 생각합니다." 내가 답했다.

"그럼, 정신도 모두 같다고 생각해요?"

"네."

"당신도 알겠지만, 자연에서 개나 말을 보세요. 개들 중에는 양몰이를 하는 녀석이 있고, 유희용 사냥에 이용되는 녀석이 있어요. 자연에는 서로 같은 것이 없습니다. 아무것도요."

플레브리스는 동성애자도 싫어했다. 내가 플레브리스의 인터뷰 영상을 보여주면 유럽과 북아메리카, 이스라엘 시청자들은 대개 폭소를 터뜨린다. 이미 오래 전에 정치 생명이 다한 그리스 극단주의자가 어처구니없는 대답들만 늘어놓기 때문이다. 그는 마치 광대처럼 온갖 터무니없는 거짓말을 진지하게 내뱉었다. 그러나 그는 극우 철학을 총망라한 책을 수십 권이나 쓴 사람이다. 그를 신봉하는 사람들은 그의 무미건조한 일반화와 지나친 단순화를 효과적으로 이용한다. 뻔한 거짓말을 대담하게 주장할 때, 특히 소셜 미디어에서 강력한 영향력을 발휘한다. 그리고 극단주의자와 논쟁을 벌이는 일은 이들의 거짓말에 귀를 기울이는 격이라고 주장하는 자유주의 자들의 오만은 플레브리스의 지지자들에게 오히려 도움을 준다. 극우 진영 은 모두 플레브리스의 후예이다. 그의 추종자 중에서 가장 중요한 인물은 신나치주의를 표방하는 황금새벽당의 당수 니콜라오스 미할롤리아코스이 다. 그는 1970년대에 플레브리스가 이끌던 8월 4일당(4th of August Party) 을 통해서 정치에 입문했다. 2019년까지 유럽 전역에서 일어난 신나치주의 운동 가운데 본국에서 가장 유명한 단체는 황금새벽당이다.

국수주의와 결합한 인종적 근본주의는 나치주의와 백인 우월주의가 부활 하는 데에 중요한 역할을 했다. 제2차 세계대전 이후, 지금까지 가장 많은 집단 폭력을 자행한 사람들은 인종적 근본주의자들이다. 2011년 노르웨이 에서 아네르스 베링 브레이비크의 폭탄 및 총격 테러로 77명이 사망한 사건 은 다른 극우 테러범들의 교본이 되었다. 이들은 무기를 모으고 행동 대원 을 모집해서 훈련시키며, 테러 현장을 촬영하거나 인터넷으로 생중계한다. 또한 이슬람 극단주의자들처럼 인터넷으로 지령을 내려서 더 많은 공격 대 원들을 동원한다. 이를 모방해서 테러를 저지른 인물로는 2019년 3월에 뉴 질랜드의 모스크를 공격해서 51명을 살해한 브렌턴 태런트와, 같은 해 4월 샌디에이고 유대교 회당에서 총기를 난사하여 1명을 살해한 존 어니스트가 있다. 그리고 2018년에 로버트 보어스가 피츠버그의 유대교 회당 '생명의 나무'에서 총기를 난사해서 미국 역사상 최악의 반유대인 증오 범죄로 기록 된 사건 역시 모방 테러에 해당한다.

이런 인종적 근본주의자들은 대단히 위험하다. 이들은 백인 기독교인으로 유권자의 다수를 차지하기 때문에 자신들의 메시지를 합리화하고 확산시킬 수 있는 에코 체임버(echo chamber : 같은 성향이나 의견을 가진 사람들끼리만 모여서 소통함으로써 편견이 강화되는 현상/옮긴이)에 갇히기 쉽다. 사법기관에 제도화된 인종주의가 존재할 경우, 백인은 불법 행위에 가담하더라도 의심받을 확률이 상대적으로 낮아진다. 이들의 시위는 1980년대와 1990년대보다 더 노골적이다. 이들은 자신들의 계획을 애써 감추지 않는다. 2017년 여름 버지니아 주의 샬러츠빌에서 열린 악명 높은 집회에서 백인 우월주의자들은 횃불을 들고 행진하면서 "유대인은 우리를 대신하지 못한다!"라고 외쳤다. 당시 반대 시위를 벌이던 서른두 살의 헤더 하이어는 군중을 향해 돌진한 신나치주의자의 차에 치여서 사망했다.

사악한 음모론과 인종적 국수주의로 이들 집단과 온라인 모임을 결집시키는 이념은 초국가적이다. 세계 곳곳에서 벌어지는 인종적 근본주의 운동에는 소수민족이 세상을 "장악하고", "자연의 질서를 왜곡하고" 있어서 다수자의 지위를 잃을지 모른다는 백인들의 불안감이 드러난다. 이들의 불만은 연쇄 살인으로 표출되기도 한다. 딜란 루프는 흑인들이 미국을 장악하고 있다고 주장하며 2015년 사우스캐롤라이나 주 찰스턴의 한 교회에서 총기를 난사하여 8명을 살해했다. 또한 텍사스 주 엘파소의 월마트에서 총기로 22명을 살해한 패트릭 크루시우스는 "히스패닉의 침략"을 주장했다. 백인들이 느끼는 이런 공포는, 20세기 초부터 세계가 점점 통합되고 인종이나 민족, 종교가 다른 집단과 개인들이 서로 연결되는 현상인 세계화와 밀접하게 연관된다. 이런 두려움은 볼테르 같은 사람들이 런던 증권거래소를 찬양하며 구상했던 다국적 유토피아와 근대성과 함께 탄생했다. 또한 그런 두려움은 오늘날 KKK(Ku Klux Klan : 백인우월주의를 표방하는 미국의 비밀 극우 집단/옮긴이)의 부활에 기여한 「국가의 탄생」 같은 영화를 통해서도 형성되었으며, 논리 정연한 이념으로 표현되었다. 그 전형적인 예로 로스럽 스토더드를 꼽을 수 있다. 악명 높은 백인 우월주의자인 그는 1920년에 『백인 세상에 맞서는 유색 인종의 부상(The Rising Tide of Color against White World-Supremacy)』이라는 책을 출판했다. 오늘날 극우주의자들이 자주 언급하는 "대전환"과 "백인 말살"은 온라인 세상에서 가장 널리 퍼지고 있는 음모론이며, "백인"을 위협하는 세력이 있다고 주장하는 옛 소설들을 단순히 현대식으로 바꾼 이야기이다. 극우주의자들은 특히 유대인에 집중한다. 이들은 고전적인 반유대주의를 끌어들여서, 유대인 일당이 경제력과 정보력을 이용하여 백인 기독교인을 말살하고 외국인과 이교도로 채운다고 주장한다.

2016년 말, 나는 미국에서 KKK의 지도자와 인터뷰를 시도했다. 자칭 제국의 현자라는 그 지도자는 내게 다음과 같은 답장을 보냈는데, 나는 크게 놀라지는 않았다. "당신을 우리 집회에 오게 할 생각을 하니 구미가 당기는군요. 당신네 민족이 예수님에게 했던 것처럼 당신을 십자가에 못 박아야겠어요. 그런 다음, 불타는 장작 위에 당신을 앉히고 우리 얼굴에 비치는 그리스도의 빛을 관찰하고 싶군요." 나는 그와 인터뷰를 하지 않기로 했다.

2014년, 옛 동독

폭우가 쏟아지던 어느 날, 나는 프로듀서 안토니아 야민과 함께 옛 동독의 작은 마을인 슐로이징엔에 도착했다. 우리는 사전에 받아놓은 주소지로 차를 몰고 갔지만, 그곳에는 아무도 없었다. 우리 신문사는 신나치주의자와의 인터뷰 약속을 불안하게 생각했다. 우리는 약속 시간에 우리가 무사하다는 전화를 받지 못하면, 독일 경찰에 신고하라고 편집장에게 말해두었다.

불안한 마음으로 몇 분을 기다리자, 검은색 차량 한 대가 나타났다. 곧 턱이 각지고 미간이 좁으며 키가 큰 금발의 패트릭 슈레더가 차에서 내렸다. 그와 함께 온 토미 프렝크는 신나치주의자로, 지방의회 선거에 출마한 상태였다. 과거에 프렝크는 불법 선동에 가담해서 유죄 판결을 받았다.

슈레더와 프렝크는 불안해 보였다. 그들은 경찰이 이 마을에서 모임을 열지 못하게 한다면서 이렇게 말했다. "우리를 따라오세요."

나와 야민은 두 사람의 차를 따라서 비포장도로로 들어섰다. 혹시 나치주의자들의 매복지로 들어가고 있는 것은 아닐까 의심스러웠다. 그러나 그때 다행스럽게도, 독일 순찰차 한 대가 우리 차를 세웠다. 제복을 입은 독일인을 보고 기뻤던 순간은 그때가 처음이었다. 관할 경찰서는 이들의 모임에 대해서 알고 있었다.

경찰관은 우리의 신원을 확인했다. "이곳은 토미 프렝크 씨의 땅입니다." 그가 우리에게 알아들을 수 있는 영어로 알려주었다. "저 사람들이 여기에서 무슨 일을 하는지 알고 있습니까? 총통? 나치? 독일에서는 극우파의 활동을 인정하지 않습니다." 그는 만약 우리가 모임에서 나치주의를 지지한다는 의사를 표시할 경우 재판에 회부될 것이라고 설명했다. "우리가 여기 있다고 독일 첩보기관에서 알려줬군요." 경찰 옆에 서 있던 슈레더는 관심을 끌었다는 사실이 기쁜 듯이 그렇게 말했다.

알려진 바에 따르면 슈레더는 새로운 유형의 신나치주의자라고 한다. 독일 언론은 그와 같은 사람들을 지칭하는 용어를 새로 만들었는데, 나치와 힙스터를 합쳐서 그들을 "닙스터(nipster)"라고 불렀다. 미국의 대중잡지 「롤링스톤(Rolling Stone)」은 국수주의 운동이 힙합이나 힙스터 스타일을 선호하는 젊은층을 수용해야 한다고 나치주의자들을 설득하는 슈레더의 온라인 프로그램과 캠페인을 소개하는 기사를 싣기도 했다.[2] 요즘 슈레더는 독일에서 나치 세력을 확대하고 정당성을 확보하기 위해서 노력하고 있다. 그래서 유대인인 내 인터뷰 요청에도 응한 것이었다.

독일 법은 나치를 연상시키는 문신을 포함해서, 인종주의와 나치주의를 지지하는 모든 표현을 금지한다. 슈레더도 이런 사실을 아주 잘 안다. 독일의 다른 인종적 민족주의자들처럼, 슈레더 역시 법망을 피하기 위해서 암호를 사용한다. 과거에 나치주의자였던 사람이 암호를 이용해서 활동하는 방식을 내게 설명해준 적이 있다. "예를 들면 저는 옛 나치가 애용하던 고딕체로 '반시온주의자'라는 단어를 셔츠에 인쇄할 수 있는데 이건 아무 문제가 없어요. 왜냐하면 표면적으로는 시온주의에 반대한다는 의사 표현으로 보이고, 이는 일종의 정치운동이니까요. 하지만 법을 아는 제 지지자들은 그것이 '반유대주의'라는 의미임을 알고 있습니다."

나와 야민은 작은 마당에서 신나치주의자들을 만났다. 그릴에서 고기가 구워지고 있었고, 그 옆에 놓인 커다란 양동이에는 양념장에 재운 돼지고기가 들어 있었다. 지역에서 활동하는 젊은 신나치주의자들이 주위에 우두커니 서 있었는데, 대부분 검은색 옷을 입고 있었다. 이들은 호기심 어린 눈으로 우리를 바라보면서 자기들끼리 소곤거렸다. 언젠가 나는 안전한 철창 안에서, 헤엄치는 상어들을 관찰한 적이 있다. 지금 주변에 신나치주의자들이 있는 상황은 상어와 함께 있던 순간과 똑같았는데, 내가 안전한 철창 안에 있지 않다는 점만 달랐다. 나와 야민은 함께 붙어 다니면서 조심스럽게 신나치주의자들 사이를 돌아다녔다. 표면상 이 모임의 목적은 지방선거 준비였지만 모임이 열린 5월 8일은 의미가 담긴 날이었고, 이날 바비큐를 하는 진짜 이유도 따로 있었다. 5월 8일은 1945년에 나치 독일이 연합군에 항복한 날로, 유럽 전승 기념일이라고 불린다. 그러니까 나치주의자에게는 슬픔의 날이었던 것이다.

뒷짐을 지고 꼿꼿한 자세로 서 있던 슈레더는 우리를 향해서 유창한 영어로 자신의 핵심 신조를 이렇게 쏟아냈다. 첫째, "쉽게 말해서 무슬림이 이 나라를 장악하고 있습니다." 둘째, "베를린에는 독일 어린이가 한 명도 다니지 않는 학교가 있습니다." 셋째, "몇십 년이 지나면 그런 현상이 우리 나라 전역으로 확대될 겁니다." 나는 그에게 "장악"이 어떻게 이루어지는지 물었다. 그가 예를 들었다. "그들은 독일 아이들이 학교에서 돼지고기를 먹지 못하게 금지합니다. 만약 독일 국민이 되고 싶다면 그런 식으로 행동해선 안 됩니다. 앞으로 50년 후에 독일 전역을 베를린의 노이쾰른처럼 만들고 싶은 사람이 있다면, 뭐, 그럴 수 있습니다. 하지만 그런 일이 일어나지 못하도록 내가 막을 겁니다." 노이쾰른은 베를린에서 무슬림이 가장 많이 사는 지역이다.

이른바 "무슬림의 위협"은 유럽과 북아메리카 지역의 극우파가 반복적으로 언급하는 주제이다. 최근 몇 년간 유럽에서 일어난 끔찍한 테러의 대부분은 무슬림이 일으켰으며, 극우파는 이를 활용해서 득표율을 높이고 있다. 무슬림은 유럽 전체 인구 중에서 고작 5-6퍼센트 정도이다. 유럽에서 무슬림이 가장 많이 사는 나라인 프랑스도 전체 인구의 7.5-10퍼센트만이 무슬림이다.[3] 유럽에 사는 모든 무슬림이 유럽의 모습을 바꾸고 싶다고 해도(이마저도 논란의 여지가 있는 주장이다), 이들은 그렇게 할 만한 정치력이 거의 없다. 유럽 어디에도 무슬림을 대표하는 정당은 없다. 비종교적 국가인 프랑스에서는 광신주의에 관대하지 않고, 오랫동안 다문화주의를 거부했던 독일에서는 당연히 광신주의를 배격한다. 유럽에서 소수민족인 무슬림의 수는 점점 늘어서 2050년에는 유럽 전체 인구의 10퍼센트를 차지할 것으로 예상된다. 만약 유럽이 (지금은 아니지만) 이민을 대대적으로 허용한다면 무슬림의 수는 14퍼센트까지 늘어날 것이다.[4] 간단히 말하자면, 앞으로 몇십 년 동안은 이슬람 근본주의자들이 유럽에서 실질적인 정치력을 확보할 방법이 전혀 없다. 그러나 유럽의 극우파는 다르다. 이들은 자신들의 미래가 밝다고 믿을 뿐만 아니라 권력도 이미 잡았다고 생각한다. 즉, 무슬림보다 훨씬 더 많은 대중의 지지를 받을 수 있다.

이곳, 옛 동독의 작은 마을에서 신나치주의는 이념이라기보다는 하나의 배경이자 생활양식이다. 나와 야민 주변에서 구운 돼지고기를 먹고 있는 젊은이들은 극우 성향의 헤비 록밴드를 홍보하는 스포츠 셔츠를 입고 오각별 모양의 은목걸이를 걸고 있었다. 신나치주의는 일종의 소속 집단이다. 그리고 슈레더와 프렝크는 그 집단을 이끄는 이론가들이다.

슈레더가 이렇게 말했다. "독일의 시대는 독일이 연합국에 항복한 1945년 5월 8일에 끝났습니다." 그의 전우인 프렝크는 "2,000년간 이어온 독일의 역사가 그날 막을 내렸죠"라고 덧붙였다. 그러자 슈레더가 다음과 같이 설명했다. "우리는 오늘날처럼 이렇게 노예였던 적이 없습니다. 여기에서 빠져나갈 수가 없어요. 이런 노예 상태는 나치가 패망한 날부터 시작되어서 지금까지 이어지고 있어요. 그날 주권이 사라진 겁니다. '민족공동체(Volksgemeinschaft)'*가 전성기를 구가하다가 그날 이후로 내리막길을 걷게 되었습니다……제 조부모님은 이렇게 말씀하셨죠. 유대인 문제를 고민할 필요가 없는 사회가 정말 완벽한 사회라고……제3제국은……그 나라에 살던 평범한 사람들에게 위대한 나라였습니다."

"평범한 사람들에 반체제 인사, 동성애자, 유대인, 로마인은 포함되지 않겠군요." 내가 말했다.

"그렇습니다." 그가 확인해주었다.

---

* 민족공동체는 히틀러가 연설에서 사용한 단어로, 총통의 통치하에 체계적으로 조직된 인종주의 공동체의 정신을 사람들에게 설명하기 위한 것이었다.

슈레더처럼 천년 제국을 그리워하는 마음은 근본주의자의 특징이다. 실제로 "근본주의"라는 용어는 대체로 종교와 관련되며 전통적인 의미에서 나치주의는 종교와 무관하다. 종교사회학자인 제임스 헌터는 이렇게 설명했다. "모든 근본주의 종파는 역사가 잘못 흘러왔다는 생각을 공유하며 깊이 근심한다. 역사적 '잘못'이란 다양한 형태의 근대성을 의미한다. 그러므로 근본주의자의 소명은 역사 바로 세우기이다."[5] 유럽 현대사를 연구하는 역사학자 알론 콘피노는 나치가 유대인 없는 세상을 어떻게 상상했고, 인종적 순수성에 대한 그들의 생각이 어떻게 세계 질서에서 "신기원"을 창조했는지에 관해서 썼다. 바꾸어 말하면, 이들은 영토를 정복하려고 했을 뿐만 아니라 유대인을 제거해서 기억과 역사도 정복하려고 했다. 원시적인 순수성에 대한 환상보다 더 근본주의적인 생각은 없다. 그 환상은 파괴와 살인과 대량 학살을 통해서 불순한 현대사회를 깨끗하게 만들라고 명령한다.[6]

나는 슈레더에게 홀로코스트라는 역사적 사실을 인정하는지 물었다. "독일에서는 얼마나 많은 마녀들이 화형을 당했는지만 질문할 수 있어요. 그밖의 다른 질문은 할 수 없습니다." 그가 시치미를 뗐다.

많은 근본주의자들처럼 슈레더도 정체성과 정치적 견해를 구분하는 논쟁을 벌일 능력도, 생각도 없다. 그들이 생각하기에 사람들은 그저 조상의 꼭두각시일 뿐이고 언제나 인종이나 종교가 규정한 역할만 맡는다. 슈레더는 신나치주의자가 민주적 권리인 언론의 자유를 누리지 못한다고 주장한다. "사람들이 신나치주의자는 전부 극단주의자이므로 감옥에 가야 한다고 말할 때, 혹은 제 생각이기는 하지만 유대인이 금융업에 막대한 영향력을 행사한다고 말할 때, 저는 하나의 집단으로서 우리와 유대인이 다르지 않다고 생각합니다." 나는 그에게 나치란 특정 정치 이념을 지지하기로 한 사람들이고, 유대인은 그냥 유대인으로 태어난 사람이라고 답했다. 유대인이라는 정체성은 선택의 결과가 아니라는 의미였다. 슈레더는 마지못해 "그래요"라고 말했다. 그러나 말을 멈추지는 않았다. 그는 선언이라도 하듯이 "만약 히틀러가 전쟁에서 승리했다면 그는 위대한 영웅이 되었을 겁니다. 패자는 언제나 악인이라고 비난받죠. 히틀러가 이겼다면 역사적 사실은 어떻게 되었을까요? 유대인 600만 명이 학살되었다는 이야기를 듣지 못했겠죠. 히틀러가 독일 역사상 가장 훌륭한 영웅이었다는 이야기를 역사책에서 읽었을 겁니다"라고 말했다.

그러나 나는 유대인 600만 명을 학살한 일은 엄연한 사실이라고 말했다.

"하지만 당신은 그 일을 전혀 몰랐을 수도 있어요." 그가 의기양양하게 대답했다. "실제로 일어난 일과 무관하게 말이죠."

갑자기 하인리히 힘러가 폴란드 포젠에서 한 악명 높은 연설이 떠올랐다. 그는 자신의 나치 친위부대가 비밀리에 '최종 해결책(유대인 대학살 시나리오/옮긴이)'을 실행에 옮기는 동안에도 품위를 유지했다고 주장했다. "시체 100구가 나란히 누워 있을 때, 500구나 1,000구도 마찬가지이지만 어쨌든 여러분 대부분은 그것이 무엇을 의미하는지 잘 안다. 임무를 끝까지 수행하는 동시에 (인간의 나약함에서 비롯된 예외가 있기는 하지만) 품위 있는 동료로 남는 것이 우리로서는 힘이 든다. 이는 지금까지 한번도 기록된 적이 없고, 앞으로도 기록되지 않을 영광스러운 우리 역사의 한 페이지이다."[7] 힘러와 신나치주의 힙스터들의 세상에서, 진실이란 아무 의미가 없고 사실 또한 고통스럽게 죽어간다. 그들에게 진실은 나치주의에 부합하는 주장밖에 없다. 그리고 그들에게 중요한 것은 실제로 무슨 일이 벌어졌는지가 아니라 역사에 어떻게 쓰이는지이다. 즉 권력만이 의미가 있다.

"우리는 너무 많은 오명을 뒤집어썼습니다." 프렝크가 불평했다. "사람들은 우리에게, 유대인들이 이곳에 잿더미로 남았으니 우리와 이야기를 나눌 수 없다고 말합니다. 하지만 보세요. 당신은 여기 이렇게 멀쩡히 살아 있고, 모든 것들이 정상이잖아요."

나는 지금이 정상이라는 생각이 들지 않았다. 나는 슈레더와 그의 친구들에게 이스라엘인이 베를린에서 살기 위해서 모여든다고 말했다. 슈레더는 무표정한 얼굴로 이렇게 말했다. "만약 사람들이 베를린을 장악하기 시작하면 문제가 되겠군요. 내가 원하지 않는 상황이에요." 그때 나와 야민은 이제 돌아가야겠다고 생각했다.

시시포스 같은 근본주의자

이번 장을 포함해서 지금까지 언급된 근본주의자들은 반세계화 운동을 이끄는 선지자들이다. 여기에서 근본주의자라는 개념은 통용되는 의미보다 좀더 광범위하며 종교적 극단주의자로만 한정되지 않는다. 구나치든 신나치든, 모든 근본주의 집단의 최대 강점은 일관성이다. 세계화가 일자리와 전통적 가치를 위협하는 급변하는 세상에서, 근본주의자는 정체성에서 의미를 찾는다. 무슬림은 이슬람교가 해답이라고 설파한다. 나치는 인종적인 순수성에서 행복을 찾을 수 있다고 말한다. 국수주의자는 영국인을 위한 영국, 프랑스인을 위한 프랑스, 미국인을 위한 미국 등의 표현을 남발한다. 근본주의자는 세상과의 불협화음을 자랑스럽게 여긴다. 또한 실체가 있든, 상상의 결과물이든, 원래 상태로 돌아가야 한다고 주장한다. 진실의 출처를 묻고, 순수 혈통이나 고매한 영혼, 신의 명령 등을 언제나 문자 그대로 받아들인다. 근본주의자는 다문화주의와 이질성에 반발하고 가부장제를 복원하려고 하며, 스스로 전통이라고 여기는 가치관을 반복해서 주장한다.[8]

엘리트 집단은 세계화된 세계에서 종교가 사람들의 삶에 의미를 준다는 주장을 마지못해 인정한다. 이것이 근본주의자에게 빌미를 제공한다. 종교에 관한 글을 쓰는 미국의 작가 게리 윌스는 이렇게 주장한다. "배운 사람들은 자신만의 신념이 있는데, 그중 유명한 것은 미신이 사라지리라는 믿음이다. 과학이 세상을 세속적인 용어로 설명한 이후부터 종교는 더 이상 필요하지 않게 되었고, 앞으로도 점점 시들해질 것이다……깊은 신앙심이 지식인의 관심을 끄는 경우는 하늘에 유성이 나타나는 경우처럼 드물다. 이런 점에서, 종교적 신념과 실천이 우리의 역사에서 가장 안정적이고 확고한 것이라고 생각할 사람은 거의 없다."[9]

대개 근본주의자는 종교나 공동체의 마지막 수호자를 자처하기 때문에 미신과 그 미신에 대한 극단적인 해석을 통해서 지지를 얻는다. 근본주의자가 "세속의 강요"와 "자유주의의 억압"이라고 부르는 상황에 직면하게 되면, 이미 세계화와 자유주의에 위협을 느낀 공동체 안에서는 이들의 힘이 커진다. 과학을 이용해서 믿음과 전통을 폄하하는 행위는 자유주의자가 가장 두려워하는 근본주의자의 무기가 된다. 근본주의를 고통의 산물로 표현하는 일 역시 자유주의자들이 흔히 하는 실수이다.

일반적으로 근본주의 지도자는 무지의 산물이 아니라 근대주의에 대해서 신중하고 심지어 사려 깊게 대응하는 과정에서 탄생한다. 그가 세계화된 세계를 멀리하려고 하거나, 바로잡으려고 하거나, 완전히 파괴하려고 하는 이유는 그 세계를 잘 알기 때문이다.

세계화라는 현실은 현대 정치에 참여하는 모든 사람들을 괴롭힌다. 주류 우파는 자유무역과 자유로운 자본의 흐름을 강력하게 지지하지만, 지역 정체성을 위협하는 현상은 비난한다. 주류 좌파는 하나의 세계를 표방하는 보편주의와 그것에 수반되는 진보적인 가치관은 칭찬하지만, 세계경제가 노동자의 권리를 침해하는 현상은 비난한다. 녹색당은 해외 생산과 소비 및 교역의 부산물인 탄소 배출과 환경 파괴에 개탄하면서, 동시에 환경 재앙을 막는 유일한 방법이 국제 협력이라고 강조한다. 마르크스주의자는 오늘날의 세계적 기업이 고삐 풀린 자본주의의 전형이라고 생각하지만, 전 세계의 노동자들이 단결하는 사회를 이상향으로 삼는다. 혁명가요인 "인터내셔널의 노래"에서는 이렇게 약속한다. "이것이 마지막 투쟁이다. 모두 단결하자. 그러면 내일의 인터내셔널이 인류의 미래가 되리라."

종교적이든 인종적이든, 모든 근본주의 집단은 사회에서 예외 취급을 받는다. 근본주의자들의 세계관에 따르면, 본질적으로 세계화는 이들을 사회의 주류에서 몰아내려고 한다. 이 생각은 틀리지 않았다. 1990년대 이후, 스스로 "무교"라고 밝힌 미국인의 수가 2배 이상 증가했고, 오늘날은 그 비율이 전체 인구의 23퍼센트를 웃도는데, 이는 종교를 가진 사람들의 비율보다 높다.[10] 이것은 엄청난 변화이다. 이런 변화가 발생한 이유는 일부 전통주의자들이 극단주의로 이동했기 때문이다. 세계화는 근본주의자들에게 그들의 운명이, 원주민의 절멸 위기에 관해서 취재하던 헬기에 화살을 쏜 아마존 소수부족과 다를 바 없다는 신호를 보낸다. 마린 르펜과 그리핀은 이런 상황을 뒤집고 싶어한다. 이들은 민주주의의 영역을 축소시켜서 오히려 자유주의자들이 무력한 소수부족이 되도록 세상을 바꾸려고 하는데, 이 계획이 단순한 망상이 아니었음을 지난 10년의 세월로 입증했다. 국수주의에 미래가 없다는 자유주의 진영의 주장은 악을 누르고 선이 승리한, 1940년대에 대한 강렬한 기억에서 비롯된다(그리고 이것이 제2차 세계대전 이후의 핵심 논리였다). 그러나 과거의 승리는 오늘날의 전투에 거의 도움이 되지 못한다.

기술 용어로 표현하면, 근본주의는 소프트웨어와 파일, 포트가 가득한 개방된 세상에 있는 닫힌 운영 체계와 같다. 아이폰 사용자들은 잘 알겠지만,

닫힌 체계는 단순하고 예측 가능하며 내부가 안정적이라는 장점이 있다. 근본주의자는 다양성이 존재하는 세상에서 순수성을, 진실이 가득한 현실에서 배타적 진리를 추구한다.

　알베르 카뮈는 "시시포스의 신화"에서 행복한 시시포스를 상상하라고 제안한다. 시시포스는 하데스를 속인 죄로 저승에서 커다란 바위를 산꼭대기로 밀어올리는 형벌을 받았다. 바위는 정상에 다다랐을 무렵 다시 산 아래로 떨어졌고, 시시포스는 이 일을 영원히 반복해야 했다. 그러나 카뮈는 삶에 의미를 부여하는 것은 목표의 성취가 아니라 투쟁일지도 모른다고 주장했다. 시시포스가 오늘날처럼 터무니없고 무의미한 인간의 조건을 받아들이면서도 행복할 수 있는 이유는, 바위가 다시 굴러떨어지리라는 냉혹한 사실을 알고 있음에도 불구하고 투쟁 자체에 의미를 두기 때문이다. 근본주의의 역설도 그와 같다. 근본주의는 파괴하고 싶은 세계화의 일부이자 세계화에 대한 하나의 대응방식이다. 시시포스처럼 근본주의자도 커다란 바위를 산꼭대기까지 밀어올리지만, 그 바위는 그곳에 머무를 수 없다. 그들이 상상한 세상은 종교나 인종주의의 관점에서 보면 영광스럽지만, 결코 존재하지 않을 것이다. 그 세상은 언제나 복잡하고 불순한 세계화에 오염되어 스스로 붕괴될 것이다. 그러나 바위를 밀어올리는 노력이 비록 실패하게 될지라도 이 역시 세상을 바꾸어나가는 과정이 된다. 근본주의자는 헛된 현대사회에 맞서기 때문이 아니라 그 사회를 파괴하기로 결심했기 때문에 행복하다. 폭력적인 근본주의는 시민이 정부에 요구하는 기본 사항인 개인의 안전을 위협한다. 세계화된 세계에서 근본주의라는 바위는 항상 반복해서 굴러떨어지고 그 과정에서 사람들은 죽게 된다. 그리고 근본주의자라는 시시포스는 산 아래에서 산꼭대기로 바위를 밀어올려야겠다고 다시 결심한다.

9

중산층의 저항

Q : 이것은 골드만삭스의 내부 문건입니다……여기에 "맙소사,
팀버울프 펀드는 정말 형편없는 상품이군"이라는 말이 나
옵니다. 2007년 6월 22일 이후 당신네 회사는 이런 말도 안
되는 상품을 얼마나 많은 고객들에게 팔았습니까?

A : 의장님, 저는 그 답을 모르지만, 당시 가격에 고객들의 투
자 수요가 반영되어 있을 겁니다.

Q : 아, 그럼 고객들은 몰랐던 거군요. 당신들은 그 상품이 형
편없다는 것을 고객들에게 말하지 않았고요!

A : 네, 말하지 않았습니다.

_골드만삭스 모기지 부서장의 미국 상원 소위원회 청문회
증언(2010)[1]

내가 세 살 때, 군화를 신은 아버지가 우리 집의 낡은 나선형 나무 계단을
쿵쾅거리며 내려오시는 소리를 들었던 기억이 난다. 아버지는 나와 어머니,
형에게 작별 인사를 하셨고, 나중에야 나는 아버지가 전쟁터에 가셨다는
슬픈 소식을 들었다. 그때가 1982년이었는데, 당시 메나헴 베긴 정부는 레
바논을 침공하기로 결정했다. 침공 사유는 팔레스타인이 이스라엘 북부 지
역을 겨냥해서 로켓 발사 기지를 세웠기 때문이었다. 아버지는 이스라엘

역사상 가장 많은 논쟁을 불러온 그 전쟁터에서 여러 달을 보내셨다. 베이루트 외곽에서 아버지가 싸우시는 동안에, 아버지 친구들은 텔아비브의 중앙 광장에서 레바논 침공에 반대하는 시위를 벌였다. 아버지도 친구들과 같은 생각이셨다.

나는 열한 살에 처음으로 공습경보 사이렌을 들었다. 사이렌이 들리자 부모님은 나와 형을 우리 집 지하에 있는 방공호로 데리고 가셨다. 그때가 1991년이었는데, 걸프 전쟁이 진행 중이었고 이라크 독재자 사담 후세인이 이스라엘을 향해서 탄도 미사일을 발사했다. 전쟁 초기에는 후세인이 생화학 탄두가 실린 미사일로 이스라엘을 공격하려고 한다며 다들 두려워했다. 어른, 아이 할 것 없이 전 국민에게 전쟁 대비 비상 키트가 지급되었고, 이것을 항상 소지하고 다녀야 했다. 키트에는 방독면과 신경 가스에 노출되었을 경우에 사용할 아트로핀 주사기가 들어 있었다. 첫 번째 공습경보 사이렌이 울렸을 때, 공황 상태에 빠진 일부 시민들이 스스로에게 아트로핀 주사를 놓는 일도 있었다.

내 딸이 두 살이 되었을 때, 가자 지구에서는 이스라엘을 향해서 로켓을 발사했고, 나는 처음으로 아이를 우리 아파트의 대피소(이스라엘 건축법에는 모든 건물에 강철 벽으로 둘러싸인 대피소를 의무적으로 설치하도록 하는 규정이 있다)로 데려갔다. 그로부터 2년 후에는 두 아이를 데리고, 그다음에는 세 아이를 데리고 대피했다.

이런 불안감은 우리 쪽의 이야기이다. 상대방은 훨씬 더 심한 고통을 겪었다. 1982년에 레바논의 최전방에는 수천 명의 민간인들이 살고 있었다. 이스라엘과 동맹을 맺은 레바논 기독교 민병대는 베이루트에 있던 두 팔레스타인 난민촌 사브라와 샤틸라에서 대학살을 자행했다. 후세인은 미사일로 소수의 이스라엘인을 살해했는데, 그의 억압 정권은 수만 명의 이라크인을 살해했다. 또한 미국의 이라크 점령으로 시작된 일련의 폭력 사태와 비참한 생활은 이후 수십 년간 지속되었고, 아직까지도 끝나지 않았다. 약 200만 명의 팔레스타인인이 가자 지구에서 고통스럽게 살고 있는데, 사실상 이들 대부분은 그 지역을 지배하는 이슬람 근본주의 단체의 인질이나 다름없다. 이스라엘 군대가 하마스 전사들을 공격할 때, 이들에게는 아이들을 데리고 피신할 방공호가 없다.

중동은 세계에서 분쟁 위험이 가장 높은 지역이다. 그러나 사실, 세계 각지에서 수많은 사람들이 끔찍한 폭력으로 고통을 겪고 있다. 이들은 시리아, 이스라엘, 팔레스타인, 이라크, 멕시코, 콜롬비아, 인도, 파키스탄, 스리랑카, 아프리카 대륙의 절반 이상, 과거 유고슬라비아나 소련에 속했던 나라들 등에서 위험하게 살아가고 있다. 전방과 후방이 명확히 구분되지 않는 전쟁들이 최근 몇십 년간 그곳 주민들의 삶을 지배하고 있다.

이와 반대로, 서유럽은 비교적 평화롭다. 그러나 이런 삶은 외상 후에 찾아온 평온함이다. 서유럽은 1945년 이후에 파괴적인 폭력 분쟁을 겪지 않았지만 아직도 전쟁의 상처가 남아 있으며, 그 구체적인 상흔을 런던과 베를린, 아우슈비츠에서 확인할 수 있다.

미국은 확실히 다르다. 미국 시민에게 배어 있는 안전감을 부러워하지 않기란 어렵다. 역사적으로 미국은 현대를 위협한 폭풍들의 영향을 거의 받지 않았다. 물론 미국도 전쟁을 치른 적이 있으며, 경제 위기나 범죄의 위협도 있었다. 그러나 프랑스 혁명 이후 시민과 군대, 후방과 전방 사이의 경계가 전 세계적으로 무너졌지만, 미국은 그런 피해도 입은 적이 없다.

미국의 어머니들은 세계대전 중에도 전쟁에 대한 공포감 없이 아이들을 학교에 보냈다. 전쟁터로 간 아버지들은 위험했겠지만, 이들의 가정은 안전했다. 어린이들은 독일이나 일본, 소련이 투하한 폭탄으로 같은 반 친구가 죽는 모습을 보지 못했다.* 미국인들은 핵공격 대비 훈련은 했지만, 실제로 방공호로 대피한 적은 한번도 없었다. 군인들과 달리 시민들은 로켓이 떨어지는 소리와 적의 총알이 둔탁하게 쉭 하고 지나가는 소리를 분간하지 못한다. 필라델피아, 샌프란시스코, 뉴욕 등은 유럽과 아시아, 아프리카의 도시들처럼 폭탄으로 폐허가 된 후에 재건된 도시가 아니다.

그러나 미국은 수년간 보이지 않는 곳에서 요동치고 있는 다른 유형의 폭력 때문에 불안해하고 있다. 시카고 거리에서 범인이나 경찰이 쏜 총에 맞아 죽은 미국 어린이와 모가디슈에서 민병대의 공격으로 죽은 소말리아 어린이 사이에 어떤 차이가 있을까?

여기에는 중요한 차이가 있는데, 그것은 대학살의 가능성이다. 민병대의 공격은 외부의 적이 나와 내 가족을 위협한다는 느낌을 준다. 그리고 다른 나라 국민들은 미국인이 느껴보지 못한 위협으로 고통받는다. 베트남이나 중동, 중남미 사람들은 팍스 아메리카나(Pax Americana)를 느껴보지 못했지만, 북아메리카에서는 흔한 것이었다. 적어도 9-11이 일어나기 전까지는 그랬다.

2001년 9월 11일, 단일 테러 사건으로는 역대 최대 규모의 인명 피해를 발생시킨 9-11 테러 공격으로 미국에서 2,977명이 사망했다. 폭력적인 근본주의 집단에게는 엄청난 성공이었는데, 그들은 현대사회를 위험에 빠뜨리기 위해서 부단히 노력해왔기 때문이다. 현대에 대안 세계로 인식되던 미국의 위상이 순식간에 흔들렸다. 비행기, 이민자, 기술, 언론 등 세계화의 도구였던 것들이 갑자기 미국인의 안전을 위협하는 도구로 바뀌었다. 9-11 테러는 새로운 시대의 시작을 알리는 사건이었으며, 바로 그날 저항의 씨앗

---

* 제2차 세계대전 중 미국 본토에서 적의 공격으로 인해서 시민이 사망한 유일한 경우는 1945년 오리건 주에 일본의 풍선 폭탄이 날아왔을 때뿐이다.

이 싹을 틔웠다.

　선진국 인구의 평균 수명은 대략 80세이지만, 대대적인 사회 변화가 일어나려면 그보다 훨씬 더 오랜 시간이 걸린다. 세상은 지금 빠르게 돌아가고 있기 때문에 우리의 삶을 전체적으로 이해하기란 쉽지 않다. 위에서 보았을 때에는 옥수수밭에 트랙터로 낸 길이 보이지만, 그곳을 걷는 사람에게는 길이 보이지 않는 것과 같다. 지금 우리가 그런 상황이다. 9-11 테러는 아직 끝나지 않았다. 끔찍한 그날 아침, 첫 번째 비행기가 세계무역 센터의 북쪽 타워에 충돌하던 순간의 끝에 우리는 여전히 살고 있다. 시장경제의 위기, 두 차례의 전쟁, 근본주의의 부상, 저금리와 소비 급증, 부동산 시장 붕괴와 그로 인한 대침체 등 9-11 테러는 여전히 반향을 불러일으키고 있다.

***

시간이 흐르면서 아이들은 태어나고 자라지만, 끔찍했던 순간은 뇌리에 남는다. 9-11 테러는 미국인이 당연시하던 안보의 토대를 무너뜨렸다. 이 사건은 1990년대 말에 닷컴 버블(선진국 주식시장에서 인터넷 산업의 주가가 급등하면서 발생한 거품경제 현상/옮긴이)의 붕괴로 경제가 둔화된 직후에 일어났다. 이때 대규모 회계 부정 사건들이 세상에 알려졌다. 미국의 거대 에너지 회사 엔론이 파산했고, 다른 두 거대 기업인 월드컴과 타이코도 무너졌다. 여기에 빈 라덴의 테러 공격으로 미국 경제는 더욱 악화되었다. 2001년 하반기에 250만 명의 미국인이 일자리를 잃었다. 오랫동안 폭락장이 이어졌다. 실제로 미국의 주식시장은 9-11 테러 때보다 케네디 대통령 암살, 진주만 공격, 제2차 세계대전 참전 이후에 더 빨리 회복되었다. 그동안 부시 정권은 테러와의 전쟁을 선포했고 아프가니스탄과 이라크를 차례로 공격했으며, 미국인들이 상실한 안전감을 회복하기 위해서 (증세는 하지 않고) 수조 달러를 지출했다.

당시 시장에서 천재로 통하던 앨런 그린스펀 연방준비제도 이사회 의장은 불신이라는 역병을 물리치기 위해서 대대적으로 금리를 인하할 것을 권고했고, 실제로 그렇게 했다. 2000년에 6퍼센트대를 유지하던 금리는 2002년 초에 2퍼센트 이하로 급락했다. 이것은 인공호흡기라기보다는 자동 심장 충격기였다. 정치, 경제 엘리트들이 대중에게 보낸 메시지는 너무나 명확했다. 그것은 모험을 해보라는 신호였다. 낙하산이 있으니 절벽에서 뛰어내려라. 모든 것이 다 괜찮을 것이다. 이런 대대적인 금리 인하 조치는 2001년에 시작된 부시 정부의 대규모 감세 정책과 더불어 미국 경제에 스테로이드를 주사하는 격이었다.

달리 말하면, 맨해튼에서 비행기가 폭발한 영상은 머릿속에서 지워버리고, 카드 할부로 새 텔레비전을 구입하거나 주택 담보대출을 이용해서 더 큰 집으로 옮기는 것을 생각해보라는 의미였다. 미국 정부는 필요한 돈을 빌려줄 테니 계속 지출하라고 국민을 부추겼다. 이것은 미국의 국가적인 임무였지만, 전 세계에도 비슷한 소비 풍조가 확립되었다. 2001년 10월, 무너진 세계무역 센터에서 나온 콘크리트 먼지와 유해로 맨해튼이 뒤덮인 지 한 달이 채 지나지 않았을 때, 일간지 「USA 투데이(*USA Today*)」는 "뉴욕이여, 반격하라! 쇼핑하자!"라는 구호가 새겨진 배지가 시중에 배포되고 있다고 보도했다.[2] 그렇게 이상한 일은 아니었다. 그런 행동은 사건의 핵심을 정확히 파악한 결과였다. 9-11 테러는 미국인의 일상에 혼란을 주고자 했다. 미국은 소비 중심 사회였으므로 미국 정부는 국가의 핵심 정체성인 소비주의를 보호할 필요가 있었다.

2003년까지 실업률이 높게 유지되었지만, 미국은 다시 소비하기 시작했다. 그러나 미국 내에서 가장 많은 돈을 지출한 곳은 안보기관이었다. 2001-

2008년에 미국의 국방 예산은 2배나 늘었다. 9-11 테러 이후 10년간 GDP 대비 국방비 비율은 약 50퍼센트 증가했다.[3] 그와 동시에 경제 수장은 월 스트리트 기업들에 대한 규제와 감독을 완화했다. 1929년 대공황에서 얻은 핵심 교훈들은 잊혔다. 거의 모든 시장이 별 제약을 받지 않고 활발하게 움직였다. 1932년에 제정된 법으로, 투자은행과 상업은행의 업무를 엄격하게 분리한다고 규정한 글래스 스티걸 법은 클린턴 행정부 말기에 폐지되었다. 그다음 정부에서도 탈규제 정책은 이어졌으며, 금융 안정화 정책을 폐지하는 데에 동의한 인물이 증권 거래위원회의 새 위원장으로 임명되었다.

그때부터 저절로 각본이 쓰이기 시작했다. 신용 한도 제한이 사라지고, 돈을 빌려서 부동산 시장에 투자하는 사람들이 폭증했으며, 금융시장을 통해서 위험을 분산하여 고수익을 얻는 복잡한 금융 상품들이 개발되었다. 2018년에는, 경제 위기가 발생하기 이전의 40년 동안 미국 중산층의 재정 상황이 어떻게 변화했는지를 연구한 결과가 발표되었다. 이 연구에 따르면, 조사 기간 동안 중산층의 순자산은 대부분 그들이 보유한 부동산의 가치가 상승하면서 증가한 반면, 그들의 임금은 크게 오르지 않았다. 중산층의 자산은 대부분 부동산이었지만, 상위 1퍼센트의 자산은 주로 주식과 같은 투자 상품이었다. 미국인의 90퍼센트는 더 큰 집으로 옮길 때, 자신이 더 부유해졌고 아메리칸 드림을 실현했다고 느꼈다.[4]

알카에다가 미국을 공격한 이후부터 2008년에 엄청난 경제 위기가 발발하기까지는 7년이 채 걸리지 않았다. 테러와 경제 위기로 중산층의 불만은 더욱 커졌다. 주택 소유자들이 가지고 있던 부에 대한 환상이 깨졌고, 그들은 오랫동안 숨겨져 있던 진실을 마주해야 했다. 자본주의는 그들에게 유리하게 작동하지 않았다. 중산층은 모욕감을 느꼈다. 9-11 테러는 어마어마한 물리적, 경제적 불안감을 유발함으로써 역대 가장 성공한 테러가 되었다.

2008년 가을, 런던

2007년에 나와 아내는 런던 소재의 대학교에서 석사 과정을 밟고 있었다. 그곳은 학비가 비쌌기 때문에 장학금을 받지 못했다면 아마 과정을 마치기가 불가능했을 것이다. 처음에 우리는 기숙사에 살면서 최선을 다해서 돈을 아꼈다. 런던은 우아하고 부유한 도시이지만, 우리에게는 자비롭지 않았다. 런던에 사는 동안 우리는 그곳에서 수년간 살고 있던 친구들에게 가끔 저녁 초대를 받았다. 친구들은 번창하고 있던 금융계에서 일하고 있었다. 우리는 낡은 러그가 깔린 방에서 살고 있었기 때문에 메릴번에 있던 친구들의 멋진 펜트하우스에 들어갔을 때는 마치 영화 「귀여운 여인」에서 거품 욕조에 놀라던 줄리아 로버츠가 된 기분이었다. 식사에 초대된 다른 손님들은 은행이나 투자 신탁회사, 그리고 당시 런던에 속속 생겨나던 첨단기술회사에 다니고 있었다. 이들은 모두 우리보다 나이가 많았고, 부유했다. 내 맞은편에 앉은 (서른쯤 되어 보이던) 젊은 여성은 투자은행에 다녔는데, 런던에서 일한 지는 몇 년 되었고 바로 얼마 전에 영국 시민권을 받았다. 그때는 영국에서 시민권을 받기가 어렵지 않았다. 그녀는 과중한 업무 시간과 극심한 경쟁에 따른 압박감에 대해서 불평했다. 은퇴를 심각하게 고려 중이라는 이야기를 젊은 사람에게서 들은 것은 그때가 처음이었다. 그래서 나는 그녀의 말을 잘못 들었거나 아니면 단순히 현 직장을 그만둔다는 말인가 보다 했지, 정말로 은퇴를 한 후에 모아놓은 재산으로 평생 살겠다는 말인 줄은 꿈에도 몰랐다. 그녀의 말을 제대로 이해했을 때, 나는 너무나 놀라서 대화를 어떻게 이어가야 할지 난감했을 정도였다. 그러나 나는 금융회사 같은 곳에서 주는 보너스가 제법 두둑하다는 사실을 잘 알고 있었다. 그래서 "그래요, 몇 년만 더 일하면 런던에서 집 한 채는 살 수 있겠죠"라고 말했다.

그녀가 눈썹을 치켜올리며 말했다. "집 한 채는 이미 있어요. 사실, 두 채예요." 잠시 침묵이 흘렀다. 주변에서 샤르도네가 담긴 와인 잔을 빙빙 돌리는 소리가 들렸다.

나와 아내는 런던이라는 도시에 매혹되어 있었지만, 그 도시가 얼마나 콧대 높은지도 알고 있었다. 벌이가 시원치 않은 사람들은 거품 낀 도시의 오만을 쉽게 느낀다. 도심 식당에 가면 우리는 하이힐을 신고서 손님을 안내하는 여종업원들로부터 따가운 시선을 받았다. 나는 그들이 손님의 신발만 흘깃 보고도 그 사람의 재산 정도를 정확히 알아낸다는 말을 곧이듣지는 않았지만, 그럴 수도 있겠다는 느낌은 확실히 받았다. 나와 아내는 대체로 식당 뒤쪽의 벽과 화장실이 가까운 자리로 안내받았다. 런던의 어느 유명한 부동산업체는 내 친구들에게 집 내부도 보여주지 않고 세를 놓으려고 했다. 공손한 척하는 중개인은 집을 보지 않고 전화상으로 계약을 체결하기도 한다고 둘러댔다. 집부터 먼저 보겠다고 말했지만 화장실은 확인할 수 없었고, 이사를 간 후에야 화장실 중 하나가 고장 났음을 알게 된 경우도 있었다. 중개인에게 항의하자 그는 그 집이 마음에 들지 않으면 다른 사람에게 그 집을 넘기겠다고 잘라 말했다. 그러면서 양동이를 쓰든지 아니면 직접 고치라고 했다.

***

나는 1979년에 런던의 이스라엘 가정에서 태어났는데, 당시는 영국 노동당 정권이 노조와 대치하면서 수개월간 파업이 지속되고 경제가 붕괴되었던, 이른바 불만의 겨울 시대였다. 이 시기에 영국은 마거릿 대처 총리가 주도한 대대적인 민영화 정책이 단행되기 전이었다. 부모님이 사시던 시절의 런던은 수수했고 이따금 거의 도시 기능을 하지 않았으며, 스모그가 심해서 활기도 부족했다. 그리고 청소부들이 제임스 캘러헌 노동당 정부에 항거해서 파업을 벌이고 있었기 때문에 도시 곳곳에 수거되지 못한 쓰레기가 한가득 쌓여 있었다. 부모님은 이스라엘 공동체인 키부츠에서 사시다가 런던으로 유학을 와서 줄곧 살고 계셨다. 두 분은 몇 년간 런던의 한 영적 단체에 가입해서 활동하셨는데, 1970년대에는 이것이 그렇게 드문 일은 아니었다.

그로부터 30년쯤 지나자, 두 분이 경험했던 연약하고 상처 많고 어쩌면 이상적으로 보이기까지 했던 도시는 완전히 달라졌다. 그 모든 결점에도 불구하고 영국은 한때 자동차와 식기세척기와 케이크 믹서기를 제조하던 나라였다(그리고 산업 연료로 석탄을 사용했다). 보수당과 신노동당 시대를 거치고, 런던은 투자은행가들의 놀이터가 되었다. 1970년대까지 영국 은행들의 대차대조표에 드러난 가치는 영국 전체 GDP의 절반 정도를 차지했다. 2000년대에 금융업의 규모는 수조 파운드를 기록하며 전체 GDP의 5배까지 성장했다.[5] 1970년대에 영국 국민의 상위 1퍼센트의 소득은 국민 소득의 5퍼센트였다. 그리고 이 금융 위기 직전에는 15퍼센트였다.

런던은 탐욕으로 들끓었다. 이미 2007년부터 위기의 조짐이 나타나고 있었지만, 그해에 이탈리아 자동차회사 페라리는 영국에서 자사 자동차를 사려면 3년을 기다려야 한다고 발표했다. 영국의 자동차회사인 애스턴 마틴의 대변인은 대기자 명단에 오르면 7개월을 기다려야 하지만, 금융계 종사자는 기다리지 않아도 된다고 「가디언(*The Guardian*)」에 밝히며 이렇게 덧붙였다. "런던에서 거액의 보너스를 받는 사람들은 대체로 즉각적인 만족을 추구합니다." 손으로 실크를 꿰매어 만든 16킬로그램 무게의 수집가용 한정판 책 같은, 자동차보다 훨씬 수수한 사치품도 있었다. 경제 위기가 오더라도 "모건스탠리나 골드만삭스의 사모 펀드와 파생상품 담당자는 별 영향을 받지 않을 것이기 때문에" 사람들은 책값으로 7,500달러를 기꺼이 지

불할 것이라고 출판사는 확신했다.[6]

대개 사치스럽다는 비난은 미국이 받지만, 사실 금융 위기 전에 영국 국민의 평균 부채는 미국보다 많았다. 영국은 다른 선진국보다 돈을 빌려서 소비하는 일에 훨씬 더 많이 중독되어 있었다.

그런데 맑고 환하던 하늘이 어두워지고 있었다. 학업을 마치고 언론인이 된 우리 부부는 점점 뚜렷해지는 대재앙으로부터 한 걸음 비켜서 있을 수 있는 특권을 누렸다. 2007년 9월, 언론에 가장 먼저 대서특필된 곳은 영국 은행인 노던 록이었다. 심각한 유동성 위기에 빠진 노던 록은 정부에 지원을 요청할 수밖에 없었고, 공황 상태에 빠진 예금자들이 3일 동안 20억 파운드를 인출해가는 소동이 벌어졌다.[7] 정부는 고객의 예금을 지키기 위해서 노던 록을 국유화해야 했다. 리먼 브라더스의 파산으로 정점을 찍었던 격동의 시기는 그렇게 시작되었다. 월 스트리트만큼이나 흥청대던 시티 오브 런던(대형 금융회사들이 몰려 있는 런던의 금융 중심지/옮긴이)도 서브프라임 모기지라는 바이러스에 감염되었다. 결국 금융기관 간의 불신이 깊어졌고, 이는 시중에 자금이 원활하게 돌지 못하는 신용 경색으로 이어졌다.

영국 정부는 시중 은행들이 영국 은행에서 대출할 수 있는 한도를 2,000억 파운드까지 늘렸고, 500억 파운드의 공적 자금을 조성해서 그중의 절반은 우선주(이익이나 이자의 배당, 잔여 재산 분배 시 우선적인 지위가 인정되는 주식/옮긴이)로 교환받는 조건으로 은행들에 빌려주었다. 이런 방식은 불완전한 국유화였으며, 영국 금융 부문에 선례를 남겼다. 그러나 위기는 식당과 미장원, 와인과 담배를 판매하는 곳 등 실물경제로까지 번졌다. 그 영향은 심각했고, 한눈에 파악할 수 있을 정도였다. 3년 만에 실업자 수가 50퍼센트나 급증했다. 고급 식당들은 창문에 "금융 위기 극복을 위한 점심"을 제공한다고 써 붙였다. 버밍엄의 지역 일간지는 직장을 잃은 6명의 남자가, 그중 일부는 배도 나온 상태에서 영화「풀 몬티」의 등장인물들처럼 스트립쇼를 연습하고 있다고 보도했다.[8] 이 기사는 당시 신문들의 지면을 가득 채웠던 우울한 소식들을 잠시나마 잊게 해준 재미있는 이야기였다. 우울한 기사들 중에는 주식시장의 붕괴로 재산을 날린 독일인 억만장자의 자살 사건도 있었다. 아돌프 메클레라는 이 억만장자의 재산은 한때 120억 달러에 이르렀지만 그의 투자회사는 망하고 말았다. 2009년 1월, 그는 달리는 열차에 몸을 던졌다.[9]

세계화는 미국의 위기를 전 세계의 위기로 바꾸었다. 나라마다 다양한 약점이 드러난 것이다. 스페인과 아일랜드에서는 부동산 시장이 심각한 위기에 빠졌고, 프랑스는 경직된 노동시장이, 이탈리아와 포르투갈은 국가 부채가 발목을 잡았으며, 동아시아 국가들은 높은 수출 의존도라는 문제를 가지고 있었다. 선진국 국민들이 맞닥뜨린 현실은 비슷했다. 민간 금융기관들이 공적 책임을 회피하고 있었는데, 그 이유는 이들이 파산할 경우 전체 경제가 무너질 위험이 있었기 때문이다. 흔히 말하는 대마불사(大馬不死)의 상황이었다. 민간 금융기관에 대한 구제는 자본주의의 무모함을 증명하는 것이 아니라 자본주의의 훌륭한 원리들을 배반하는 일이었다. 즉, 소호의 고급 술집에서 흥청망청 돈을 뿌린 은행가 개인의 일탈로 발생한 손실을 국가가 대신 책임져주는 꼴이었다.[10]

이후 최악의 상황이 뒤따랐다. 실물경제가 타격을 받고 실업이 증가했으며 그 결과 국가 부채가 급증했다. 이것은 미국에서 시작된 세계화의 함정이었다.

당시 미국인들은 상황을 제대로 파악하지 못했는데, 아마도 그 위기가 세상이 미국을 보는 방식에 얼마나 큰 영향을 미쳤는지를 거의 이해하지 못했던 것 같다. 미국인들은 서브프라임 모기지 사태를 궁극적으로 미국 금융 체제에 국한된 문제로 생각했다. 그러나 미국이 만든 세계 질서 때문에 미국 내 위기가 전 세계로 퍼져나갔다. 그래서 미국 밖에서 사는 사람들은 독단적인 외부 세력이 나라를 좌지우지하며, 자신들의 삶을 가지고 장난친다는 생각에 깊이 빠져들었다.

미국인들은 위기 속에서 자신들의 운명이 어떻게 될지 그들만의 방식으로 이해했다. 그것은 간단했다. 그냥 위기를 받아들인 것이다. 세계는 미국이 말한 이야기의 함정에 빠졌다. 물론 유럽과 아시아는 미국을 비난했지만, 그 위기는 단순히 질타하고 넘어갈 만한 수준이 아니었다. 세계경제는 상호의존적이고 서로 연결되어 있으므로, 각국의 정책 결정자들은 미국발 경제 위기로부터 자국을 보호할 수 없었다. 국내 은행들이 보수적으로 경영하고, 위험한 상품에 투자하지 않았더라도, 각국 정부는 손을 쓰기 어려웠다. 만약 그들이 국내 경제 활동과 수요가 위축되지 않도록 공공 지출을 대폭 늘리겠다고 결정했다면, 시장에서 즉시 대가를 치렀을 것이다. 세계경제가 전적으로 달러에 의존하므로, 각국의 중앙은행들은 자국 통화를 독립적으로 관리할 수 없었다. 미국 연방준비제도 이사회는 미국의 통화 정책을 수립했지만, 현실에서 그 정책은 모든 나라의 중앙은행이 엄수해야 하는 명령이었다.

진실이 드러난 순간, 모든 것들이 꼭두각시놀음이었음이 밝혀졌다. 알고보니 합법적인 기관과 선출된 대표들은 공동체의 운명에 대한 통제력이 거의 없었다. 충격을 받은 국민들은 자국에서 펼쳐진 정치 담론들이 그저 허상에 지나지 않았음을 알게 되었다. 이들이 생각하기에 진짜 권력은 최선의 경우 워싱턴에, 차악의 경우 부자들에게, 최악의 경우 아무도 통제하지 못하는 독단적인 시장에 있었다. 2009년에 전 세계 언론은 현금 대신 금괴가 나오는 금 자동지급기를 언급했는데,[11] 이는 중국에서부터 미국에 이르기까지 중산층의 근심이 얼마나 깊은지를 단적으로 보여주는 사례였다.

금융 위기는 쉽게 확산되기 때문에 더욱 위험했다. 전 세계에서 장벽이 사라지면서 각국의 관계가 밀접해졌다. 세계적인 위기가 발생한 상황에서는 이런 밀접한 관계가 독이 될 수 있다. 실제로 세계화로 인해서 미국은 달러 시장에 대한 통제력을 상실했다. 1950년대에는 유로달러 시장(Euro-dollar market)이 생기기 시작했는데, 비(非) 미국 은행, 특히 유럽 은행에서 미국 달러로 표시된 금융 상품을 취급했다. 이 시장은 빠르게 성장했지만 위기가 발생하자 공황 상태에 빠진 유럽의 달러 투자자들이 이탈하기 시작했다. 결국 미국 연방준비제도 이사회는 외국 정부와 은행이 보유한 최소 1조 달러의 자산에 대해서 지급 보증을 해야 했다. 달리 말하면, 미국의 금융시장이 붕괴 위기에 몰리자 미국이 직접 해외 시장을 구제해야 했다.*

유럽식 스테로이드

슬프게도 경제에 스테로이드 주사를 놓은 나라가 미국만은 아니었다. 대서양 반대편에서는 또다른 위험이 싹 트고 있었다. 9-11 테러가 있고 3개월쯤 지났을 때, 현대사에서 가장 야심찬 계획 중의 하나였던, 12개의 EU 회원국이 단일 통화인 유로화를 채택하는 사건이 일어났다. 그리고 2002년 1월에는 유로화가 통용되기 시작했다. 유로화는 1999년에 공식 도입되었으며, 각국 통화를 유로화로 바꾸는 전환기를 거쳐서 통용되기 전까지는 장부상에서만 사용되었다.

그런데 그 전환 과정에서 이상한 일이 일어났다. 갑자기 그리스, 이탈리

---

* 2008년 금융 위기 이후, 미국 밖에서 달러 채권이 거의 2배나 증가해서, 2019년 1월에는 약 13조 달러에 이르렀다.

아, 스페인, 아일랜드, 포르투갈 등이 독일, 프랑스, 네덜란드처럼 경제가 튼튼하고 부유하다는 인상을 주기 시작했다. 그 덕분에 유로존 국가들 중에서 상대적으로 가난한 나라들이 자금을 확보하기가 쉬워졌다. 유로존 국가들의 채권 수익률은 거의 같았다. 이것은 마치 가난한 가족이 은행에서 대출을 받을 때, 자산과 상환 능력이 충분한 부자 가족과 단순히 이웃이라는 이유만으로 그들과 동일한 대출금리를 적용받는 것과 같았다. 합리적인 경제 원리에 따르면 불가능한 일이었지만, 유럽의 단일 통화 계획은 정치적인 환상을 실현하기 위해서 경제 관행을 왜곡하려고 했다.

1977년 4월, 당시 재무장관의 수석 경제 고문이었던 도널드 맥두걸은 경제 동맹을 창설하려면 예산 정책을 통합해야 한다고 주장하는 보고서를 제출했다. 그에 따르면, 유럽 북부 국가들에서 가난한 남부 국가들로 막대한 자본이 이동하지 않는 한 단일 통화는 성공할 수 없다.[12] 단일 통화를 도입하려면 일부 유럽 국가들의 지출을 유럽 전체 GDP의 7.5-10퍼센트 사이로 제한해야 한다. 이는 연방제 국가나 각종 국가 연합의 제한 기준보다 엄격하지 않다. 맥두걸만 이런 의견을 내놓은 것이 아니었다. 1990년대 초에 헬무트 콜 독일 총리 역시 정치적인 통합이 없는 통화 동맹은 불가능하다고 주장했다. 1997년에 저명한 미국의 통화주의 경제학자 밀턴 프리드먼은 「타임스(The Times)」에 이런 글을 썼다. "유럽은 공통 화폐를 사용하기에 적합하지 않은 환경이다. 유럽 각국은 언어와 관습이 다르고, 국민들 또한 공동 시장이나 유럽의 가치보다 자국에 대한 애국심과 애착이 훨씬 강하기 때문이다."[13]

이런 신중한 접근법은 재정적인 제재를 가하는 것만으로도 충분하다고 생각한 EU 집행위원회에 의해서 거부되었다. EU 집행위원회는 각국 국민이 실체가 있는 연방기관에 지출 권한을 주지 않으리라는 점을 잘 알고 있었기 때문에 좀더 위험한 방안을 선택했다. 유로화가 출범하기 전에는, 그리스 정부가 채권 시장에서 돈을 빌리려면 독일 금리보다 50퍼센트 더 높은 금액을 부담해야 했다. 달리 말하면, 시장은 독일보다 그리스를 더 위험하게 생각했다. 그런데 2년 후에 그리스 채권은 독일 채권과 같은 수익률로 거래되었다. 연방준비제도 이사회가 금리를 낮추면 국민들이 더 싸게 대출을 받는다는 사실을 떠올려보자. 유럽 전체가 똑같이 저금리를 적용받자 스페인과 포르투갈, 그리스와 아일랜드 같은 나라들이 (경제가 붕괴할 때까지) 마구잡이로 돈을 빌리기 시작했다. 이들 정부는 돈을 빌려서 복지비를 과다하게 지출하고 도로를 건설했으며 관료 조직을 키웠다. 그리고 당연하지만 저금리로 빌린 돈은 민간 시장과 소비자에게도 흘러들었다. 미국의 모기지 시장처럼 모두 음악이 절대 멈추지 않으리라고 생각했다.

포춘 쿠키 같은 세계화

어쩌면 미국인들은 미국의 거품경제가 대형 테러 공격과 두 차례의 전쟁, 그리고 2배나 증가한 국방비 때문에 발생했다고 얼마든지 핑계를 댈 수 있었다. 그러나 유럽 지도자들이 정치적, 경제적 미래를 공유하는 그림을 마음속에 그렸을 때, 이들은 확실히 무엇인가에 현혹된 상태였다. 미국과 유럽 모두 세계화라는 묘약으로 근본적인 사회경제 문제를 치료하려고 애썼다. 유럽 지도자들은 남부와 북부의 경제력 차이를 공통 화폐로 제거할 수 있다고 믿었다. 이것은 실제로 목표가 이루어질 때까지 정말 이룬 것처럼 행동하는 전략이었다. 여기에서 "목표"는 회원국들에게 상당한 자율권을 허용하면서 강력한 초국가적 유럽 기관을 만드는 일이었다.

　그 결과, 회원국들이 연대는 하되 국가 정체성을 지키면서 국내 재정도 스스로 책임지는 통화 동맹이 탄생했다. 이 모든 것들이 역설 같지만 어쨌든 이것이 EU의 모습이었다. 유럽은 통합을 너무나도 원했기 때문에 현실을 외면하며 그들이 감수하기로 한 위험이 점차 사라지기를 바라고 있었다.

한편, 미국 지도자들은 금융 규제를 완화해서 저금리로 돈을 풀고 소비자의 신뢰를 회복하면, 9-11 이후에 나타난 미국 경제의 근본적인 문제점들이 개선될 것이라고 확신했다. 베를린 장벽 붕괴 이후 널리 퍼진 낙관주의와 프랜시스 후쿠야마의 유명한 표현처럼 역사의 종언이 도래했다는 믿음이 희열을 느끼게 했다. 그렇게 정치 구호들이 정책으로 수립되었다.

만약 9-11 테러 이전에 미국의 중산층이 견실하고 부유한 상태였다면, 정부 정책은 효과를 거두었을 것이다. 그러나 이미 수많은 육체 노동자들이 자유무역, 1980년대 이후 계속된 저금리, 영향력이 커진 금융 부문, 임금 정체, 아메리칸 드림에 생긴 균열 등으로 고통을 겪고 있었다. 세계무역 센터가 공격을 받으면서 후방은 안전하다는 생각이 무너지자, 더 이상 경제적인 처방만으로는 상처를 치유할 수가 없었다. 과거 빌 클린턴 선거 캠프는 "바보야, 문제는 경제야"라는 유명한 슬로건을 내걸었지만, 이제는 경제 말고도 다른 문제들이 있었다. 미국 정부는 중산층이 느끼는 깊은 불안감을 해소해주지 못했고, 대신 돈을 빌려주었다.

이런 식의 세계화는 달콤한 과자 안에 진부하고 시시한 문구를 써넣은 포춘 쿠키나 다름없었다. 책임의 시대의 특징인 신중하고 계획적인 태도가, 지나친 낙관주의가 빚어낸 정책들에 대한 맹신으로 대체되었다. 유럽의 중산층은 정치 동맹이 이익을 가져다준다는 말에 현혹되었다. 미국의 중산층은 저금리와 감세 혜택을 받았고, 풍요로운 생활과 팽창하는 제국에 대한 기대를 품었다. 유럽과 미국의 중산층은 포춘 쿠키를 먹으면서 점점 더 많은 위험을 감수했다. 그러나 행운이 들어 있는 줄 알았던 쿠키에는 독이

들어 있었다. 중산층이 주류 정치에 환멸을 느끼는 것도 당연했다.

세계화로 인해서 상실한 통제력을 되찾겠다고 굳게 결심한 많은 나라들이 새로운 답을 찾아나섰다. 급진주의와 반급진주의가 서로 대립하며 번갈아 등장했다. 이제 반세계화 운동에 불을 붙이는 일만 남았다. 그 대표 주자는 고통을 겪고 있던 그리스였다.

10

페라리를 모는 무정부주의자

"아무것도 바라지 않는다.
아무것도 두렵지 않다.
나는 자유롭다."
_ 니코스 카잔차키스의 묘비명

2009년 3월, 아테네

뭄바이 테러가 발생하고 4개월이 흐른 후, 나는 심각한 경제 위기를 겪고 있던 그리스를 취재하기 위해서 아테네로 향했다. 그리스 경제의 붕괴는 세계경제 위기가 초래한 불가피한 결과였다. 그리스 전역에는 불시에 저항이 일었다.

***

도심의 국립 고고학 박물관에서 멀지 않은 곳에 고대 그리스의 유물들이 보관되어 있는 폐가가 있었다. 날씨는 화창했고, 봄기운이 완연했다. 그 집은 벽마다 값나가는 물건들은 모조리 뜯겨나간 상태였고, 위대했던 과거의 흔적은 그곳에서 도무지 찾을 수 없었다. 파손된 육중한 나무 문 안쪽에는 사슬이 걸려 있다. 청바지와 티셔츠를 입은 3명의 경비원이 계단에 편하게 앉아 있었다. 내가 문을 세게 두드리자, 그 집을 불법점유한 사람들 중의 한 명이 문을 살짝 열고 밖을 내다보며 내 이름을 확인했다. "이메일은 받았습니다. 들어오세요." 집 안으로 들어가니 맥주와 담배, 그리고 나중에 알게 된 무엇인가의 냄새가 코를 찔렀다. "제 이름은 야니스입니다." 검은색 점퍼를 입은 청년 한 명이 공손하게 말했다. "코뮌(commune)에 잘 오셨습니다."

서구 문명은 그리스에서 탄생했다. 이 말은 역사적 서술일 뿐만 아니라 지정학적 사실이기도 하다. 고대 그리스는 서구 문화의 근원지이자 위대한 사상들의 발원지이다. 플라톤, 아리스토텔레스 철학과 그것에 대립하는 사상은 유대교 및 기독교 전통과 함께 서구 문명의 기틀을 세웠다. 그리고 현대 그리스는 EU 회원국들 가운데 가장 동쪽에 있다.

1967년부터 그리스를 통치했던 군사정권이 1974년에 무너졌다. 새로 총리가 된 콘스탄티노스 카라만리스는 그리스를 유럽에 편입시키기 위해서 노력했다. 그는 한 유럽 지도자에게 "유럽이라는 단어도 그리스어입니다"라고 말했다. EU의 전신이었던 유럽 공동체의 설립자들은 유럽을 조화로운 사회로 만들어야 한다는 역사적 책임감을 느꼈다. 당시 프랑스 대통령이던 발레리 지스카르데스탱은 이렇게 정리했다. "민주주의의 어머니인 그리스를 유럽에서 배제하기란 불가능하다."[1] 그러나 상징적인 의미를 제외하면 그리스를 유럽 공동체에 편입시켜야 하는 명분이 없었다. 어쨌든 그리스는 산업화된 다른 유럽 나라들보다 경제 수준이 한참 뒤떨어지는 가난한 나라였기 때문이다. 역사를 이용해서 핑계를 댄 것은 공개적으로 말하기 어려운 지정학적 이유를 감추기 위함인데, 예를 들면 남유럽의 경제를 안정시켜서 공산주의의 세력 확대를 막겠다는 목표가 그런 이유에 속한다. 처음에 그리스의 유럽 공동체 가입은 대성공을 거둔 것처럼 보였다. 뒤이어 포르투갈도 유럽 공동체에 가입했으므로 이제 남유럽과 북유럽 사이에 균형이 맞춰지는 것 같았다.

그러나 이는 곧 신기루임이 밝혀졌다. 그로부터 몇십 년 후, 데스탱 프랑스 대통령은 당시 경쟁국이던 독일의 총리 헬무트 슈미트와 함께 독일의 시사 주간지 「슈피겔(Der Spiegel)」과 인터뷰를 했는데, 그는 인터뷰에서 그리스를 편입시킨 것은 실수였다고 말했다. "기본적으로 그리스는 동양에 속하는 나라입니다." 데스탱은 "동양"이라는 단어를 경멸조로 사용했다. "슈미트 총리님, 1981년에 그리스를 유럽 공동체의 회원국으로 받아들이는 문제에 대해 당신이 회의적이었던 게 생각나는군요. 당신이 나보다 현명했어요."[2] 그리스인들은 그런 오만함이 유럽 공동체의 문제라고 말한다.

내가 아테네를 방문했을 때, 그곳은 지독한 경제 위기를 겪고 있었다. 시위자들은 경찰서에 화염병을 던지면서 "억압 체제"를 무너뜨리겠다고 다짐했다. 내가 방문한 집 안에는 전선, 빈 맥주 상자, 쓰레기봉투, 식료품 상자 등이 널브러져 있었다. 계단을 올라가니 크고 인상적인 중앙 홀이 나왔다. 2명의 젊은 여성과 학생들이 낡아빠진 기다란 소파에 앉아 있었다. 그들은 성명서 초안을 작성하고 있었다. 그들의 과거 성명서는 인터넷에서 확인할 수 있다. 성명서의 내용은 이랬다. "조직을 결성해서 이 세상을 파괴하는(원문 강조) 계획에 우리가 모두 참여하려면 자유롭게 모일 공간이 필요하므로 이 낡은 집을 우리에게 주기를 한 번 더 요청한다……조만간 곳곳에서 봉기할 것이다!"

두 여성 혁명가는 그렇게 위험해 보이지 않았다. 이들은 그리스식 진한 아이스 인스턴트커피인 카페 프라페를 홀짝이고 있었다. 카페 프라페는 우유와 설탕을 넣어서 달콤하게 마시는 커피이다. 야니스가 내게 말했다. "사전에 이메일을 받았기 때문에 당신이 기자라는 사실은 압니다. 하지만 당신의 요청에 관해서는 우리끼리 논의할 기회가 없었습니다. 그러니 지금은 그냥 커피 모임에 초대된 거라고 생각하세요." 그는 한 가지를 분명히 했다. "우리는 주류 언론과는 인터뷰하지 않습니다. 반체제 인사들하고만 대화합니다. 그런데 당신은 반체제 언론인인가요?" 나는 조심스럽게 대답했다. "꼭 그렇지는 않습니다." 그러자 야니스가 말했다. "그럼, 총회에서 이 문제를 논의해봐야겠군요."

머리카락을 두피에서부터 가늘게 땋아내린 한 소년이 저쪽에서 웃고 있었다. "샬롬." 소년이 히브리어로 말했다. "전 디미트리스입니다." 그의 무정부주의자 친구들 중에 이스라엘 출신이 몇 명 있고, 그들에게서 히브리어를 배웠다고 그가 말했다. "저기요, 지금 우리는 다들 너무 바빠요." 그러더니 이렇게 설명했다. "여자들은 결의안을 작성 중이에요. 저는 10분쯤 후에 다른 곳에 가봐야 하고요. 그러니 나중에 다시 오세요." 대화를 하는 동안 나는 디미트리스가 의자 옆에 세워져 있는 병들을 가지고 무엇인가를 만드는 모습을 보았지만, 처음에는 그것이 무엇인지 잘 알지 못했다. 그는 병마다 노란 액체를 반쯤 채운 후에 천이나 종이 뭉치를 입구에 밀어넣었다. 주변으로 이상한 냄새가 퍼졌다. 나는 그제서야 그것이 화염병임을 깨달았다.

내가 그 집을 방문하고 나서 몇 주일 후에, 그리스 언론은 무정부주의자들이 저지른 일련의 방화 사건을 보도했다. 화재가 일어난 곳들 가운데 한 곳은 그리스의 수도 외곽에 있는 고급 요트 장비를 파는 가게였다. 한 무정부주의자는 자신의 웹사이트에 방화 사건에 대한 책임을 인정하는 성명을 발표했다.

많은 사람들은 자신의 부를 과시하는 일에 탐닉하고 있고, 이것은 더 많은 부를 얻으려는 경쟁에 몰두하게 한다. 이들에게는 부의 축적이 내면의 공허함을 채우는 유일한 방법이다. 그곳에 있던 값비싼 사치품은, 물건을 살 수 있는 사람들에게는 숭배의 대상이었고, 살 수 없는 사람들에게는 동경의 대상이었다. 이 때문에 사회는 내실 없는 환상과 구경거리로 가득 차고 있다. 이에 우리는 아르기로우폴리에 있는 요트 가게를 공격했으며, 부에 복종하는 모든 사람들을 자극하기 위해서 이런 일을 벌일 때마다 재와 파편을 남겨두기로 했다.[3]

이 성명서를 보고 웃는 독자도 있을지 모르겠다. 불굴의 열정을 억제하지 못하는 극단주의자들이 수사법을 동원해서 공들여 쓴 성명서는 터무니없어 보인다. 그러나 급진주의자들은 자신들이 비난하는 사회에서 핵심적인 역할을 한다. 이들은 제도권 내의 부르주아들의 대화에서뿐만 아니라 대중 담론에서도 우파와 좌파의 경계를 설정해준다. 최근에 급진주의자들은 비주류에서 주류로 건너가거나, 권력을 추구하거나, 기득권층에게 자신들의 생각을 채택하라고 요구하고 있다. 트럼프와 브렉시트 지지자들이 사용한 문구들이 좋은 예이다. 대침체와 뒤이은 사회적 불안을 중도파가 해소하지 못했으므로, 이 위기를 이용해서 극단주의가 부흥하는 것은 당연했다.

폐가에 있던 그리스 무정부주의자들은 세계화, 특히 미국이 만든 세계화에 물든 자본주의에 오랫동안 반대해오던 핵심 세력이다. 이들은 변하지 않았다. 급진주의에 빠져드는 집단은 안전과 정체성, 일자리를 위협받는 중산층 가정의 자녀들로 구성된다. 이런 현상은 세계 여러 나라들에서 일어나고 있으며, 한 사회에 오래도록 이어져온 고유한 정신 및 새로운 균열과 결합하면서 지역적인 특색을 띠게 되었다. 유럽의 약소국들 가운데 하나인 그리스는 분열의 골이 넓고 깊었다.

그리스의 환상

그리스는 내 어린 시절의 추억이 담긴 나라이다. 그리스에는 우리 가족이 운영하는 작은 회사가 있었기 때문에 아버지는 여러 해 동안 그리스에 머물렀다. 우리 가족은 여름은 물론이고 날씨가 사나운 겨울에도 그곳에서 휴가를 보냈다. 펠로폰네소스의 한적한 해안을 거닐거나, 펠리온 반도의 그늘진 도로를 따라서 드라이브를 했고, 이오안니나에서부터 코르푸 섬이 보이는 해변까지 숲이 우거진 북부의 오랜 도시나 라리사 같은 대학 도시들을 구경했다. 나는 여름방학 내내 그리스와 키프로스 아이들과 함께 짓궂은 장난을 치며 놀았다. 한번은 단순한 소동이었는지 무모한 내기였는지 기억나지 않지만, 일이 잘못되어 속옷 차림의 그리스 아저씨에게 쫓기는 신세가 되었는데, 그때 나는 샌들 한 짝이 벗겨지는 줄도 모르고 열심히 도망쳤다. 그 아저씨는 나를 잡지 못했고, 나는 잃어버린 샌들 한 짝을 영원히 찾지 못했다.

내가 더는 선량한 그리스인의 잠을 방해하지 않을 정도로 철이 들었을 때, 나는 그들에게서 카페나 '우제리(그리스의 술집 겸 식당/옮긴이)'에서 휴식을 취하는 법과 '메제(그리스의 전채 요리/옮긴이)'를 조금씩 먹으면서 한가하게 대화하는 법을 배웠다. 그리스에 대한 헨리 밀러의 찬가『그리스 기행 : 마루시의 거상(*The Colossus of Maroussi*)』은 동양에 대한 왜곡된 시각을 가진 자의 오만으로 읽을 수도 있겠지만, 다음의 내용만큼은 거짓이 아니었다.

모든 사람들이 잘못된 길로 가고 있으며, 모든 것들이 걷잡을 수 없이 혼란스럽고 무질서하다. 그러나 아무도 길을 잃거나 상처받지 않고 아무것도 도둑맞지 않으며 주먹다짐도 벌어지지 않는다. 이는 아무리 평범해도 그리스인에게는 모든 사건이 늘 특별하기 때문에 빚어지는 일종의 소동이다. 그리스인은 같은 일을 하면서도 언제나 처음 하는 것처럼 일한다. 이들은 지나치게 호기심이 강하고 실험적이다.[4]

수많은 사람들이 밀러의 묘사가 정확하다고 느낀다. 8월에 에게 해의 섬에서 느긋하게 휴가를 보내본 사람이라면 누구나 그렇게 느낀다. 그리스인은 애국심이 강하지만 국가가 너무나 취약하고 무계획적이므로, 이들의 오랜 자유는 방해받지 않고 살아남을 수 있다.

경제 위기로 촉발된 시위를 취재하러 아테네로 갔을 때, 나는 작은 렌터카를 빌려서 도심에서 진행 중이던 대규모 시위 현장을 통과해서 지나가려고 했다. 사방에 최루탄이 떨어졌다. 취재한 내용을 방송국으로 보내야 했지만, 주차할 곳을 찾지 못했다. 마감 시간이 가까워졌기 때문에 마음이 불안했다. 그래서 나는 어이없는 결정을 했다. 도심에 있는 신타그마 광장을 우회해서 (취재 차량이라는 스티커도 붙이지 않은) 차를 의회 건물 바로 앞에 주차했다. 1시간 후에 돌아왔지만 내 차는 그대로 있었다. 견인되지도 않았고, 앞 유리에 주차 위반 스티커도 없었으며, 나를 체포하려고 기다리는 성난 경찰도 없었다. 무질서하지만 안전하고 느긋했던 이러한 그리스의 모습은 지난 10년 사이에 온데간데없이 사라져버렸다. 그리스의 상황이 악화된 원인은 세계화와 세계화를 대표하는 EU에 맞섰기 때문이다.

1980년부터 경제 위기가 시작될 때까지 그리스는 EU로부터 약 2,000억 유로(2,120억 달러)를 받았다.[5] EU로부터 지원받은 프로젝트라는 사실을 표시하는 푸른색 표지판이 그리스 전역에 내걸렸는데, 특히 주요 간선 도로에 많았다. 그러나 수년간 그리스인들은 구제금 대부분이 기반시설의 공사를 수주한 유럽 회사들의 주머니 속으로 들어가고 있다고 주장해왔다. 그런

면에서 사실상 그리스 구제금은 유럽의 재정을 팽창시켰고, 그 결과 부유한 북유럽 국가들이 큰 이익을 얻었다. 어찌 되었든 그리스 경제는 성장했지만, 상대적으로 화폐 가치가 낮은 드라크마가 유로화로 교체되면서 주로 신용 거래를 이용한 소비 광풍이 발생했다.

아테네에 사는 사람이면 누구나 아는 사실이었다. 몇백 드라크마(약 1.7달러)였던 커피 한 잔 값이 몇 배나 올랐다. EU 회원국이라는 지위가 그리스인들에게 경제 발전이라는 희망을 품게 했지만, 사실 그리스 경제는 심각한 구조적 문제를 안고 있었다. 예를 들면, 그리스의 노동시장은 경직되어 있어서, 노동자는 한 달간 휴가를 가고 1년에 1-2번 보너스를 받지만 쉽게 해고당하지 않는다. 또한 자녀가 있는 여성은 50세부터 연금을 받을 수 있다.[6] 공공 부문은 비대했고, 세금은 제대로 걷히지 않았다.[7] 2010년에 「뉴욕 타임스」는 약 1,100만 명이 사는 그리스에서 연소득이 13만2,000달러 이상이라고 신고한 사람은 몇천 명에 불과했다고 보도했다. 실제 수는 몇십만 명 이상이었다. 대(大)아테네(도시와 그 교외를 포함해서 말할 때 '대[大]'를 붙인다/옮긴이)에 있는 집을 소유한 사람들 중에서 수영장이 있다고 신고한 사람은 324명이었는데, 경제 위기 이후 그리스 국세청이 받은 항공사진에는 신고 건수의 50배가 넘는 1만6,974개의 수영장이 찍혀 있었다.[8]

EU는 회원국의 재정 적자가 GDP의 3퍼센트를 넘을 수 없다는 규정을 두고 있다. 이 규정의 목적은 안정성 확보이지만, 강제성은 없다. 그것은 마치 포춘 쿠키처럼 행운의 문구가 들어 있지만 그대로 실현될 가능성은 전혀 없는 세계화였다. EU는 재정 적자를 제한하는 규정을 포함해서 통화 동맹을 맺었지만, 회원국의 재정 상황을 효과적으로 감시하지는 못했다. 그리스 정부는 창의적인 방식으로 회계 처리를 해서 유럽 채권단에 허위 자료를 제출했다. 그 허위 자료 덕분에 그리스는 추가로 돈을 빌릴 수 있었다.

대형 투자은행들은, 막대한 손실을 감추고 상환 기일을 늦추고 싶을 때에 주로 이용하는 "복잡한 금융 상품"을 그리스에 팔았다. 당연하게도 "상품"을 판매한 은행들은 엄청난 이익을 거두었고, 그리스에는 빚이 쌓여갔다.[9]

2008년에 세계 금융 위기가 발생했을 때, 폰지 사기(실제 이윤 창출 없이 새로 들어온 투자금으로 기존 투자자에게 수익금을 나누어주는 다단계 금융 사기/옮긴이)처럼 운영되던 그리스 재정은 몰락했다. 그리스의 재정 적자는 GDP의 15퍼센트에 육박한다는 사실이 드러났다. 그리스 정부는 더 이상 부채 상환금과 천정부지로 치솟는 금융 비용을 지불할 자금을 시장에서 조달할 수 없었다. 그리스는 국가 부도 사태에 직면했다. 곧이어 민간 기업도 같은 처지가 되었다. 이런 상황에 걸맞은 고전적인 처방으로는 화폐를 평가절하하고 허리띠를 졸라매는 방법이 있다. 화폐의 가치를 떨어뜨리면 명목임금을 낮추지 않아도 실질임금과 생산비가 줄어들어서 수출이 늘어난다. 유로존 회원국이 아닌 아이슬란드가 2008년에 그 방식을 채택했고, 2011년에 그 방식을 다시 한번 이용하면서 빠르게 경제 회복을 이룰 수 있었다. 하지만 그리스는 유로존 회원국이었으므로 그 방법을 사용할 수 없었다.

IMF, 유럽 중앙은행, EU 집행위원회 등 일명 '트로이카(Troika)'라고 불리는 채권단은 그리스 정부에 가혹한 재정 긴축안을 수용하라고 요구했다. EU는 구제 계획의 일환으로 그리스에 막대한 자금을 지원했다. 그러나 구제금의 대부분은 황폐화된 경제를 살리기 위해서가 아니라 국가 부채의 원금과 이자를 상환하는 데에 쓰였다. 위기에 대처하기 위해서 마련한 긴축안은 가혹했다. 거기에는 교육, 의료, 연금 등 복지 예산을 대폭 삭감한다는 내용이 포함되었다. 그 때문에 그리스 사회가 분열되기 시작했다. 예를 들면, 그리스 정부는 전기요금 고지서에 긴축 재산세를 함께 부과했다. 이에 반발하여 수천 가구에서 자신의 집 전기를 끊어버렸다. 집을 버리고 떠난 사람들도 있었다. 수년간 시민들은 현금 지급기와 통장 계좌에서 하루 동안 제한된 금액만 인출할 수 있었다. 2017년까지 주택 50만 채가 빈집으로 남아 있었으며, 그 대부분은 아테네에 있었다.[10] 2018년 말, 그리스의 청년 실업률은 39퍼센트에 달했고,[11] 빈곤율은 17퍼센트에 육박했다.[12]

EU는 그리스를 구제하는 방안에 자비를 베풀지 않았다. 그리스의 재정 적자 때문에 프랑스와 독일의 납세자가 600억 유로에 달하는 비용을 부담해야 한다는 예측이 나오자, EU 지도자들은 자국민을 보호하기로 한 것이다. 그리스가 파산하면 판도라의 상자가 열릴 것이고 입찰 비리나 은밀한 협력관계 등 각종 추악한 비밀이 드러날 터였다.

EU 골탕 먹이기

혁명을 꿈꾸는 아테네의 불법점유자들은 그날 아침 묘하게도 희망에 차 있었다. 화염병을 만들면서 나와 대화를 나누었던 어린 무정부주의자들에게 경제 위기란, 자신들의 부모가 1974년에 군사정권에 맞서 아네테 공과대학을 점거하면서 시작된 민주적 혁명을 완수하기 위한 구실에 불과했다. 그들에게 세계화는 질병이나 다름없었다. 그리스의 실패는 세계화가 얼마나 억압적인지를 보여주었다. 기성 정당들을 포함해서 기존 정치 체제는 국가적 재난 앞에서 제 잇속만 챙기면서 그리스 국민과 세계를 기만했다. 이들의 분석은 상당히 정확했지만 해결책은 극단적이었다. 이들은 혁명을 위해서 단결하고 모든 정치 체제를 해체하자고 주장했다. 이들 중 일부는 폭력에 의지했다.

아테네의 또다른 가정집에서는 나치를 상징하는 만[卍]자 모양과 비슷한 로고를 사용하는 황금새병당의 회합이 열렸다. 황금새벽당은 그리스의 우월함을 주장하면서, 주로 이민자들을 대상으로 난폭한 폭력을 휘둘렀다. 극우파는 외국인에 대한 의존이 모든 악의 근원이라는 사실이 국가 위기를 통해서 증명되었다고 생각했다. 나치가 제시한 해결책들은 구시대적이고 부도덕했지만, 그들의 시간이 다시 오고 있었다. 1996년 총선에서 황금새벽당의 득표율은 0.1퍼센트에 불과했다. 그러나 2015년에는 유권자 수십만 명의 지지를 얻으며 득표율 7퍼센트를 기록해 제3당이 되었다. 2014년 유럽 의회 선거에서는 10퍼센트에 가까운 지지를 받았다. 의회 건물 앞에서 시위가 일어나는 동안, 나이가 지긋한 그리스 남성 한 명이 담배를 문 채 자신은 황금새벽당이 브뤼셀(EU 본부가 있는 곳이며, 대부분의 유럽 의회가 여기에서 열린다/옮긴이)로 가서 "EU를 골탕 먹일" 수 있도록 그들에게 투표했다고 내게 말했다. 그러나 그리스 경제가 점차 회복되고, 당이 경찰 조사를 받고, 주류 우파가 황금새벽당의 주된 공약들을 흡수하면서 2019년에 황금새벽당은 무너졌다. 정치 불안이 지속되는 사회에서 반세계화 저항은 사회를 극단으로 몰고 왜곡한다.

마리아 악시오글루는 은행에서 일한다. 경제 위기가 일어났을 때, 나와 마리아는 아테네 교외에 있는 부촌 글리파다의 고급 카페에 앉아 있었다. 그곳의 불리아그메니스 거리에는 포르셰, 렉서스, BMW, 메르세데스, 알파로메오 등 다양한 자동차 대리점이 늘어서 있다. 글리파다는 숲이 많은 우아한 동네로, 유명 브랜드 매장이 밀집해 있어서 그곳 중심가를 종종 아테네의 패션 거리라고 부른다. 카페 거리 근처에는 흰색 요트가 줄지어 서 있는 대형 정박지가 있다. 1970년대 말에 태어난 마리아는 글리파다 토박이이며, 그녀의 가족은 1세대 교외 이주자이다. 부유했던 마리아의 부모님은 건물을 지어서 한 층을 자녀들에게 나누어주었다. 10년 후, 은행에서 일하게 된 마리아는 매월 세전 소득이 1,300유로(2009년 기준 1,800달러)였다.

물론, 그녀는 대졸이었다. 2008년 12월에 가두시위에 나선 사람들은 마리아와 같은 청년들이었다. 그들은 스스로를 700유로 세대라고 불렀다.[13]

마리아는 이렇게 말했다. "700유로 세대는 대학을 졸업했지만 직업을 구하지 못한 사람들이에요. 이들은 선택의 여지없이 웨이터 같은 일을 하게 되죠. 일자리를 찾았다고 해도 700유로 이상 벌지 못해요. 아시겠지만 그 돈으로는 생활을 할 수 없어요. 당연히 아테네에서 집을 살 수도 없고요. 2008년 12월에 시위와 폭동이 일어났어요. 저는 참여하지 않았지만, 제 친구들은 가담했어요. 사람들은 갈 곳이 없다고 생각해서 거리로 나왔어요. 그들은 출구가 없는 상태에서 경제 위기가 상황을 더욱 악화시켰다고 생각했어요. 우리 모두 부모님 세대보다 가난하게 살게 될 거라고 생각해요."

마리아의 이야기는 글리파다에서 느껴지는 평화롭고 부유한 이미지와 전혀 어울리지 않았다. "부모님 세대가 살던 그리스는 지금과 달랐어요. 우리도 돈을 펑펑 쓰고 싶어요. 마음껏 먹고 마시고, 즐겁게 시간을 보내고 싶어요. 한편으로는 그리스가 EU 회원국이 되면서 기회가 많아졌어요. 이웃 동네에 있는 상점에는 물건이 가득하죠. 그런데 우린 돈이 없어요. 앞으로도 계속 없을 거고요. 여기 사람들은 전부 신용카드로 살아요. 은행에서 그런 사람들을 많이 봐요. 어떤 사람은 포르셰를 몰지만, 계좌에는 땡전 한 푼 없어요. 젊은 사람들은 빚으로 버텨요. 정치는 너무나 부패했어요. 저는 사람들이 시위하는 이유를 이해할 수 있어요. 하지만 정부와 체제에 저항하는 것과 모든 것을 파괴하는 행동은 완전히 달라요. 여기에서 혁명이 일어나리라고 기대하지 마세요. 우리는 소심하기도 하거든요. 우리는 혁명이 옳다고 믿지만, 행동으로 옮기지는 못해요."

독백과도 같은 마리아의 말은 전 유럽인이, 심지어 글로벌 세대가 얼마나 낙담했는지(그러면서 동시에 이들이 얼마나 관습적인지)를 드러낸다. 미국

의 영화배우 겸 감독인 레나 던햄의 말을 빌리면, 적어도 그것은 "한 세대의 목소리"이다.[14]

모든 나라에서 세계적인 위기는 헐거워졌던 올이 풀리게 만들었고 잔뜩 억눌려 있던 감정들을 밖으로 터져나오게 했다. 해방 투쟁의 대상이 누구든 (터키, 나치, 독재자 등), 그리스인의 기본 입장은 무정부주의와 계급 거부였다. 마리아는 이렇게 말했다. "그리스인은 누군가에게 지배받기를 싫어해요. 그보다는 페라리를 모는 무정부주의자가 되고 싶어하죠." 카페에서 마리아와 대화를 나누었던 2009년과 그리스의 실질임금이 20퍼센트나 급락한 2018년 사이에 그리스인이 잃은 것은 페라리만이 아니었다.

전 세계의 금융 바이러스

2015년 초, 그리스에서는 급진 좌파 연합인 시리자가 총선에서 승리했다. 수십 년간 그리스를 통치했던 두 정당, 범그리스 사회주의 운동과 보수파인 신민주당은 야당으로 밀려났다. 그해 말, 그리스는 EU의 구제금융안과 그에 따른 재정 긴축안에 대한 찬반을 묻는 국민투표를 실시했고, 반대하는 쪽이 승리했다. 위기가 시작된 순간부터 2015년까지 그리스인들이 발견한 것은 무엇이었을까?

그리스인들은 EU가 부유한 엘리트 집단의 이익을 위해서 일하는 사기꾼이라는 사실을 알게 되었다. 그리스인들은 독일과 프랑스가 폰지 사기방식을 사용했고, 구제금이 곧바로 자국으로 흘러들어올 것을 미리 알고 속국에 자금을 지원했다고 생각했다. 그리스 지원금은 범유럽 차원의 조치로서 EU의 회계장부에 기록되는 지출이지만, 사실은 독일과 프랑스의 권력을 강화해주는 재정 확대 정책일 뿐이라는 것이다. 2016년에 한 연구에 따르면 구제금 중에서 실제 그리스로 들어간 돈은 5퍼센트에 불과했고, 나머지는 민간 및 공공 금융기관으로 들어갔다는 사실이 밝혀졌다.[15]

그리스 국민투표의 결과는 예상 밖이었다. 나는 그리스인이 "안 된다!"라는 의미의 그리스어 '오히(ohi)'를 외칠 때에 아테네에 있었다. 이는 그리스에서 처음 일어난 일이 아니었다. 그리스는 10월 28일을 오히 데이(Ohi Day)로 기념하는데, 이날은 1940년에 추축국 군대를 허가하라는 무솔리니의 최후통첩을 거절한 날이다. 이어진 추축국 군대의 침략에 그리스는 용감하게 저항했고, 점령당한 후에도 지하 세력이 저항을 이어갔다. 매우 인상적인 광경이었다. 경제 위기로 엄청난 타격을 입은 그리스인에게 국민투표는 당당하게 애국심을 드러낼 수 있는 기회였다. 반대표를 던진 사람이 급진파인지, 국수주의자인지, 공산주의자인지는 상관없었다. 중요한 것은 이들이 EU 집행위원회, IMF, 유럽 중앙은행의 면전에 침을 뱉었다는 사실이었다.

신타그마 광장 근처에 수블라키(그리스의 꼬치 요리/옮긴이) 가판대가 세워지기 시작했고, 소득과 종교, 정치적 신념을 막론하고 모든 그리스인들이 광장으로 나와서 우조(그리스 전통주/옮긴이)와 라키(유럽 남동부 지역에서 주로 마시는 증류주/옮긴이)를 마시며 함께 구호를 외쳤다. 광장에 나온 사람들은 급진적 무정부주의자였던 미하일 바쿠닌의 사상을 신봉하는 사람들, 그리스 정교회 신자들, 바이런 경(19세기 영국 낭만주의 시인으로, 그리스 독립 전쟁을 지원한 인물이다/옮긴이)도 매료되었던 그리스 민족주의의 전통을 지키려는 사람들 등 다양했다. 고급 호텔들은 튼튼한 셔터를 내려서 입구를 막은 채, 축하하거나 분노하는 인파가 사라지기를 기다렸다. 그리스인들은 호텔 유리창을 부수는 대신, EU와 그 오만함을 산산조각냈다. 모든 것들이 뒤죽박죽이었지만, 이것은 민주주의를 위한 혼란이었다. 그들은 이렇게 말했다. "너희는 세계화를 원했고, 통화 동맹을 원했지? 그러면서 우리가 겪는 고통과는 거리를 두려고 방화벽을 설치하고 싶어했지? 모든 것들을 다 가질 수는 없는 법이야."

그러나 운동가들이 그리스판 '프라하의 봄(1968년에 당시 체코슬로바키아에서 일어난 민주화 운동/옮긴이)'으로 생각했던 반EU 운동을 시작한 지 일주일도 채 지나지 않아, 그리스는 조건 없는 항복을 선언했다. 급진적으로 보였던 그리스 정부는 국민투표에서 유권자들이 압도적으로 반대표를 던졌던 긴축안보다 더 가혹한 안을 받아들였다. 그리스인들은 그리스 문학의 거장 니코스 카잔차키스의 묘비명처럼, 자신들은 아무것도 바라지 않는다는 사실을 깨달았다. 그러나 카잔차키스와 달리, 이들은 모든 것들이 두려웠다. 그리고 자유롭지도 않았다.

***

지금은 그 모든 일들이 과거의 일처럼 보인다. 2017년 이후 그리스는 투자자를 만족시켰고, 채권을 팔아서 자금을 마련할 수 있게 되었다. 저렴해진 민간 자산은 그리스의 위기를 이용해서 돈을 벌 기회를 엿보던 투자자들을 끌어들이고 있다. 그리스는 적자를 줄이면서 구제금융안의 엄격한 조건을 충족시켰다. 실업률은 크게 줄었고, 2020년에 코로나-19가 확산되기 전까지는 경제도 완만하게 성장하고 있었다. 정부는 세금을 원활하게 징수하고 있는데, 부분적으로 이는 유럽 채권단이 강제한 전자 감시제도 덕분이었다. 2019년 총선에서는 보수파인 신민주당이 승리해서, 시위운동으로 빼앗겼던 정권을 탈환했다. 이들이 승리할 수 있었던 이유는 무엇보다 젊은층 사이에서 신자유주의적 시장경제에 대한 열정이 되살아난 덕분이었다.

그러나 저항은 진행형인데, 저항의 씨앗이 싹틀 여지가 아직 많기 때문이다. 700유로 세대의 불만에도 불구하고, 2012년에 그리스 정부는 특별히

24세 이하 청년의 최저임금을 월 511유로로 책정했다.[16] 이 정책은 2019년에야 폐지되었다. 그런데 부모 세대의 임금은 어떻게 되었을까? 그들의 임금은 줄거나 잘해야 동결이었다. 수십만 명이 무료 급식소와 먹거리 나눔터를 전전했다. 2017년 기준으로 아테네의 한 먹거리 나눔터에 등록된 인원은 2만6,000명이었다.[17]

출산율도 1.35명으로 감소했다. 출생아와 순 이민자 수(유입자 수에서 유출자 수를 뺀 수치/옮긴이)의 감소로 인구가 줄고 있다.[18] 2008-2016년에 전체 인구의 4퍼센트가 그리스를 떠났는데, 이들 대부분이 젊은층이었다.[19] 그 이유는 쉽게 알 수 있다. 2018년에 빈곤 및 취약 가정 아이들의 비율이 전체 미성년자의 3분의 1이었고, 15-24세 사이 청소년 및 청년층의 실업률은 약 40퍼센트였다. 전통적으로 그리스는 자살률이 낮은 나라이지만, 2010-2015년 사이에 자살률이 40퍼센트까지 증가했다. 같은 시기에, 정신 건강에 관한 정부의 예산은 절반으로 줄었다.[20] 한때는 인구의 12퍼센트가 한 달 이상 우울증을 앓았다고 보도된 적도 있다.[21] 유럽 의회의 보고서에 따르면, 우울증 환자의 대부분이 40세 이상이었고 평소 정신질환을 앓은 적이 없는 사람들이었다. 이들은 "실업자이거나 파산한 사업가이거나 자녀의 양육비를 댈 수 없는 부모들"이었다.[22]

그리스 국민은 다른 어느 나라 국민보다 지독하고 강력한 경제 위기를 경험했다. 그리고 그들은 자신들의 삶에 영향을 미치는 세계경제 세력이 변덕스러우며, 자신들은 그 힘 앞에서 무력한 존재라는 사실을 그 과정에서 깨달았다. 그러니까 그리스는 물질적 풍요를 누리려면 베를린과 파리, 브뤼셀로부터 명령을 받아야 하는 일종의 속주였던 것이다. (과거) 주류 정당들은 그 사실을 잘 알았기 때문에 2015년 국민투표를 통해서 벌였던 저항운동이 실패한 다음부터는 자신들이 통제할 수 없는 경제적 해법을 논의하는 자리에 굳이 참여할 이유가 없었다. 이들은 오직 그리스의 정체성과 문화를 보호하고, 인지된 외부 위협에 대항할 수 있을 뿐이었다. 여기에서 인지된 위협이란 북부의 작은 나라가 "마케도니아"라는 국명을 사용하는 것이 그리스의 주권과 자존심을 침해하는 일이 아니냐는 논란 같은 것을 말한다 (그리스에는 마케도니아라는 지역이 따로 있다). 우파는 확실히 좌파보다 유리하다. 왜냐하면 정체성은 주로 우파에서 강조하는 주제이기 때문이다. 극우파는 이민자를 맹비난하고, 근거 없이 "무슬림의 침략"을 경고하며, 유대인이 그리스를 지배하고 있다는 음모론을 퍼뜨린다. 예를 들면, 2018년에 이들은 니콜라오스 코지아스 외교부 장관이 헝가리 출신의 유대계 미국인 자선가 조지 소로스의 대리인이라고 비난했다. 주류 보수당인 신민주당은 극우파를 포섭했다. 앞에서 언급한 적 있는 그리스의 인종주의자 콘스탄틴 플레브리스의 후예는 지금 신민주당 지도부를 존경한다. 신민주당 부대표 이자 보건부 장관인 아도니스 게오르기아디스는 인종차별적인 발언을 했으며, 플레브리스의 책『유대인에 관한 모든 진실(*The Truth About the Jews*)』을 적극 홍보했다. 현재 플레브리스의 아들은 신민주당 의원이다. 또다른 극우 인물로서, 스스로 홀로코스트를 부정하는 사람들과 "정치적 공생관계임"을 인정했던 마키스 보리디스 역시 장관으로 임명되었다.[23]

그리스에서 벌어지고 있는 일들은 다른 나라들에서도 일어나고 있다. 프랑스 주류 우파는 이민자 문제에 대해서 마린 르펜과 같은 입장을 취하고 있다. 영국의 보수당은 브렉시트 지지파가 장악했다. 또한 미국 공화당의 보수주의는 트럼프주의로 대체되었다.

***

극단주의는 위선이 드러날 때마다 이익을 본다. 이런 현상은 그리스뿐만 아니라 서구 곳곳에서도 일어났다. 예를 들면, 월 스트리트 은행가들은 겉보기에 믿을 만하고 안전해 보이는 투자 상품을 고객에게 권했고, 고객의 상품에 손실이 발생할 때에 수익을 거둘 수 있는 상품에 개인의 돈을 투자했다.[24] 또한 전 세계 지도자들은 오직 두 계층만 존재하는 새로운 질서를 지지했다. 여기에서 두 계층이란 중산층을 포함한 취약 계층과 부유층을 의미한다. 부유층에는 대단히 불평등한 시대 덕분에 이득을 본 정치인과 도급업자, 거대 기술 기업가와 자본가가 포함된다. 물론 이 불평등은 기회의 불평등과는 관계가 없는 것으로, 신중하게 계획된 조세와 금리 정책의 결과였다. 1980년대 초부터 전 세계적으로 금리가 계속 인하되면서, 소비는 촉진되었고 저축은 억제되었다. 혹자는 저금리 현상이 위험 감소와 경제에 대한 신뢰 증가를 반영한다고 주장한다. 영화 「사구」에서 황제는 "스파이스(spice : 영화 속에서 인간의 생명을 연장시키는 중요한 물질의 이름/옮긴이)는 흘러야 한다!"라고 경고한다.[25] 현실에서는 저리자금(정책적으로 기업이나 개인에게 일반 금리보다 낮은 이자로 빌려주는 자금/옮긴이)이 스파이스를 대신한다. 서구 사회는 그 약에 중독되었기 때문에 어떤 값을 치르고서라도 계속해서 약을 공급받아야 했다. 그러려면 모든 곳의 규칙이 바뀌어야 했다.

이런 깨달음이 때늦은 후회는 아니다. 2004년에 하버드 대학교의 뛰어난 교수인 엘리자베스 워런은 PBS와의 인터뷰에서 2000년 이후 신용카드 빚을 갚지 못하는 사람들의 수가 55퍼센트나 증가했다고 말했다. 또한 주택 담보대출 상환금을 내지 못해서 살던 집을 압류당한 사람들의 수도 45퍼센트나 증가했다고 했다. 워런은 중산층의 미래를 강탈하고 있는 "창의적인" 금융 상품의 위험을 경고했다. "우리 나라의 경제 수장인 앨런 그린스펀은 지난 4년간 앞장서서 국민들에게 이렇게 말했습니다. '집을 담보로 대출을 받으세요. 월말에 적자를 메울 수 없다면, 집을 담보로 돈을 빌리면 됩니다.' 요즘은 다른 표현을 사용하더군요. 이제는 집을 담보로 돈을 빌리라고 말하지 않습니다. 재테크 방법이라도 설명하듯이 '당신의 주택 자산을 활용해보세요'라고 말합니다……이런 경제적 조언은 사람들에게 해롭습니다. 저는 미국의 수백만 가정이 그 조언을 따를까봐 정말 두렵습니다."[26]

워런은 금융이 실물경제를 지배했을 때의 모습을 이렇게 설명했다. 간단히 말하면, 독일을 제외한 선진국들 대부분은 자동차와 텔레비전을 제조하던 지역에서 주식, 채권, 파생상품, 그리고 당연히 부채까지 "제조하는" 지역으로 바뀌고 있다. 1940년에 미국에서 금융 소득이 차지하는 비율은 GDP의 3퍼센트에 불과했으나, 2000년대에는 거의 4배가 되었다.[27] 이 비율이 가장 높았던 때는 1929년에 주식시장이 붕괴되기 직전이었고, 뒤이어 대공황이 시작되었다. 그것이 다가 아니다. 2000년대 중반에 미국 민간 부문에서 거둔 이익의 40퍼센트는 은행, 투자회사, 사모 펀드, 기타 금융 상품에서 발생했다.[28] 그와 동시에 1999-2008년에 미국의 가계 부채는 명목 GDP 대비 67퍼센트에서 100퍼센트에 육박할 정도로 거의 2배가 증가했는데, 이는 주로 주택 담보대출이 증가했기 때문이다.[29] 워런의 예측대로, 주택시장은 결국 붕괴했다. 그러나 아직 터지지 않은 시한폭탄들(예컨대 학자금 대출)이 아직 많이 남아 있다.

2019년 말, 미국의 가계 부채는 14조1,500억 달러였고 가구당 평균 부채는 11만 달러에 달했는데, 이는 2007-2009년의 대침체 때보다 높은 수준이었다.[30] 부채 규모가 증가하면 금융업계의 수익도 증가한다. 그러나 이것은 금융 산업을 제외한 나머지 경제 부문에 득만 되는 것은 아니다. 「파이낸셜 타임스(*Financial Times*)」의 유명 칼럼니스트 마틴 울프는 이렇게 쓴 바 있다. "1980년 이후 금융 부문은 어마어마하게 커졌지만 경제적인 이익은 그에 미치지 못하고 있다."[31]

그렇다면 우리는 무엇을 얻었을까? 우리는 금리 인하 정책, 저리자금, 금융 산업의 팽창, 대출에 열을 올리는 가정, 자산 거품, 지속 불가능한 성장 등을 얻었다. 2008년 금융 위기가 저항의 발판을 마련했고, 위기 이후에 경제가 다시 성장했음에도 불구하고 중산층이 건강해지지는 못했다. 중산층은 오히려 점점 더 무너졌다. 2010년부터 미국의 실업률은 급락하기 시작했고, 9년 후에는 역대 최저치를 기록했다. 그러나 그와 동시에, 미국인의 40퍼센트는 400달러의 급전을 마련하려면 대출을 받거나 물건이라도 내다 팔아야 할 지경이었다.[32] 다시 말해서 이는 미국 사회 대부분이 거의 재앙 수준으로 취약하다는 이야기이다. 경제가 회복되어도 이들은 잃어버린 재정 안정성을 되찾을 수 없다. 사실 극좌나 극우, 포퓰리즘의 열혈 지지자는 경제 위기로 큰 고통을 받은 빈곤층이 아니라 아직 추락하지는 않았으나 두려움에 떨며 절벽 아래를 바라보는 중산층이다.

세상이 불안하면, 극단주의자는 힘을 모아서 새로운 세상을 꿈꾼다. 비관론자는 스스로를 위로하고, 주류 정당은 포퓰리즘으로 기운다. 나치주의자는 조직을 만들어서 빈 병에 휘발유를 채우고, 완전한 평등을 약속하며, 혁명적인 네오마르크스주의의 변증법을 끌어들인다. 이들은 극단주의가 대중 담론에서 다시 환영받게 되었다고 확신하면서 페이스북에 가짜 뉴스를 올리고 트위터를 통하여 음모론을 퍼뜨린다. 보통 극단주의자들은 권력의 중심부로 직접 들어가지 않는다. 그 대신에 지도부를 위협해서 주류 정당을 극단주의로 끌어당긴다. 삶이 힘겨울 때는 실존적 관점에서 사회의 정체성과 의미를 강조하는 행위가 폭발력을 발휘한다. 이때 가장 중요한 가치는 바로 가족이다.

11

사라지는 아이들

"우리 반 학생이 120명이면 좋겠어요."
– 일본의 초등학교 1학년 어린이 레이카 가가미

도쿄에서 약 100킬로미터 떨어진 곳에 있는 산들이 떠오르는 태양 빛을 받아서 반짝이고 있었다. 비탈진 도로를 따라서 커다란 강이 유유히 흘렀고, 아침 공기는 상쾌했다. 나무들은 첫 꽃을 피웠다. '하나미(花見)'라고 불리는 벚꽃 축제 기간이 다가오고 있던 만큼 난모쿠 부근의 작은 절에서는 마을 주민 몇 사람이 기도를 올리고 있었다. 그들은 모두 노인이었다. 그럴 만도 했다. 그 마을이 속한 군마 현의 자료에 따르면, 난모쿠의 인구는 총 1,666명이다.[1] 지금으로부터 20여 년 전인 1997년만 해도 마을에는 4,000명이 살고 있었다. 지금은 그때보다 인구가 58퍼센트나 줄었으며, 그 결과 오늘날 난모쿠는 전 세계에서 노인 인구 비율이 가장 높은 마을이 되었다. 이 마을의 중위 연령은 70세이다.[2] 큰 도로에는 상점도 고객도 거의 없다. 주민이 거의 없는 마을처럼 보인다. 관리가 잘된 건물인데도 대부분 비어 있다. 이것이 바로 벚나무처럼 깨끗하고 고상하지만, 점점 늙어가고 있는 일본의 모습이다.

수백 명의 학생을 수용하기 위해서 지어진 이 지역의 초등학교는 규모가 꽤 인상적이었다. 1959년에 난모쿠에는 학교가 3개였고, 전체 학생 수는 1,600명 정도였다. 지금은 학교가 1개만 남았고, 학생은 모두 24명이다.

상상과 현실은 괴리가 있기 마련이다. 우리가 하려는 말들은 저장된 이미지들에 쉽게 영향을 받으므로, 우리가 감각을 통해서 얻은 증거들은 무시되기 일쑤이다. 예를 들면, 난모쿠의 학교를 언급할 때, 나는 그곳을 아이들이 많아지기를 기다리는 우울하고 외로운 곳으로 묘사하려는 유혹에 빠지게 될지도 모른다는 의미이다. 그러나 난모쿠의 학교는 그곳에 다니고 있는 실제 학생 수는 적지만, 따뜻하고 인간적인 곳이다. 일본의 관례에 따라서, 교실에 들어갈 때는 신발을 벗고 슬리퍼로 갈아 신는다. 교실 벽에는 교사와 학생들이 함께 작업한 그림과 과제물이 붙어 있다. 학생 수가 적기 때문에, 수업 종이 울리기 전에는 고학년과 저학년, 교사들이 함께 어울려서 논다. 교실에는 학습 도구가 잘 갖추어져 있다. 미술 도구나 공예 용품들은 최신 제품이었고, 컴퓨터실이나 요리 연습실도 있다. 다만 그런 도구나 학습실은 거의 사용되지 못하고 있다.

1학년 학생은 레이카 가가미와 미아카 히소키, 이 둘뿐으로 이들은 난모쿠의 작은 미래였다. 동글동글한 얼굴의 두 아이는 진지한 표정으로 열심히 연습 문제를 풀고 있었다. 교실에는 책상이 딱 2개였다. 아마도 가가미와 히소키가 다른 아이들의 부재를 느끼지 못하게 하려고 주인 없는 책상은 치운 듯했다. 큰 교실이었기 때문에 빈 공간이 많았다. 벽은 두 아이가 학교에서 경험한 일들을 그린 그림으로 장식되어 있었다. 가가미는 마스크로 입과 코를 가리고 있었는데, 이것은 아시아에서 흔한 모습이다(그러나 코로나-19가 확산된 지금은 모든 곳에서 흔해졌다). 가가미는 감기에 걸려 있었다.

참 난감한 상황이다. 학생이 거의 없는 이 학교에 대해서 무엇을 물어야할까? 아이들을 난처하게 만들지 않으려면 어떻게 해야 할까?

"학교에 관해서 뭐가 좋은지 말해주겠니?" 내가 조심스럽게 질문을 던진 후 통역자의 말이 끝나기를 기다렸다. "점심시간이요!" 가가미의 얼굴이 금세 밝아진다. 히소키는 꽃을 심는 것이 좋다고 말한다.

"그럼 학생이 별로 없는 학교에서는 어떤 점이 좋고, 어떤 점이 덜 좋을까?"

가가미는 "2학년 언니, 오빠들이랑 같이 공부하고 싶어요"라고 대답한다. 가가미의 선생님이 그 이유를 묻자 "우리 둘만 있어서 재미가 없거든요"라고 말한다. 그러더니 만약 자기 마음대로 할 수 있다면, 교실에 학생을 120명 넘게 데려오고 싶다고 한다. 그러자 히소키가 120명은 너무 많다며 반대한다. "그럼 90명." 가가미가 그렇게 제안한다. "그것도 너무 많아." 히소키가 진지한 표정으로 말한다. 가가미는 계속 흥정을 시도했는데, 어쨌든 학생이 더 많았으면 좋겠다고 생각하는 모양이다.

그러나 학교에 올 아이들은 더 이상 없다. 1학년은 학생이 한 명도 없는 3학년보다 상황이 나은 편이다. 마을의 다른 공공기관들처럼 학교도 특별 보조금을 받는다. 이곳 아이들을 더 많은 학생들이 있는 다른 마을로 통학 시킬 수도 있지만, 지방정부와 중앙정부는 아무리 많은 돈이 들지라도 이 학교만은 남기고 싶어했다.

난모쿠는 일본의 다른 농촌들과 비슷한 어려움을 겪고 있었다. 악마의 혀라고 알려진 구약나물은 이 지역의 주된 농산물이자 주민의 생계 수단이었는데, 이것을 잃게 되면서 난모쿠는 심각한 타격을 입었다. 아시아인은 꽃부터 알뿌리까지 구약나물의 모든 부분을 이용해서 면을 뽑고, 유명한 일본 음식인 곤약을 만든다. 난모쿠는 일본에서 구약나물을 재배하기에 적합한 지역이기 때문에 이곳 구약나물은 수요가 많고 가격도 비쌌다. 그러나 이곳은 90퍼센트가 산지여서 구약나물 농사를 짓는 것은 힘들고 복잡한 일이었다. 농업이 산업화되면서, 대규모 기업형 농장이 저렴한 비용으로 더 많은 구약나물을 재배할 수 있게 되었고 난모쿠 농부들은 치명타를 입었다. 상당수의 젊은이들은 대도시로 떠났다. 그러자 출생률이 급감하면서 이전에도 적었던 이 마을의 인구는 더욱 줄어들었다.

그러나 이곳 아이들은 양질의 교육을 받고 있다. 내가 방문하던 날 아침에 학생들은 요리 연습실에서 팬케이크를 굽고 있었다. 그것은 단순한 체험 학습이 아니었다. 일본에서는 어린아이 때부터 식재료의 성분과 색깔을 균형 있게 조절해서 요리하는 방법을 배우고, 그런 전통에 따라서 음식을 준비한다. 요리 수업이 끝나자 선생님의 제안에 따라 그곳에 있던 학생 6명이 자신들이 만든 팬케이크를 가지고 재빨리 복도로 나왔다. 아이들의 팬케이크를 받은 교장, 교감 선생님은 일본인들이 선물을 받을 때면 으레 하는 방식대로 "우와!"라고 말하고는 입맛을 다셨다. 아이들과 교사 모두에게서 따뜻함이 느껴졌다.

교장 선생님은 학생이 24명밖에 없기 때문에 학생 개개인이 세심한 관심을 받게 된다고 말했다. 그러나 아이들은 교실 청소를 하러 가야 해서 교장실에 오래 머무르지는 못한다고 설명했다. 일본의 공립학교에는 청소를 해주는 직원이 없다. 예외 없이 모든 학생들이 화장실을 포함해서 학교를 구석구석 청소한다. 교실 뒤쪽에는 아이들이 청소용으로 사용하는 젖은 걸레를 말리는 건조대가 있었다. 교장 선생님의 말에 따르면, 적은 인원으로 학교를 청소하는 일이 가장 힘들다고 했다. "이렇게 큰 건물을 청소하는 일이 아이들에게는 꽤 부담이 됩니다. 그래서 교사들도 함께 청소를 해요." 그는 나를 복도로 데리고 나와서, 학교 청소를 할 때의 좋은 점을 알리는 포스터를 보여주었다. 거기에는 청소가 학생들의 신체 건강을 유지하는 데에 도움이 되고, 학교에 대한 책임감을 고취시키며, 조용히 생각할 시간과 할 일을 마쳤을 때에 느껴지는 만족감을 준다고 적혀 있었다.

멀찌감치 서서 한 문명을 비관하는 글을 쓰기는 쉽다. 그러나 가까이에서 들여다보면 문명이 이룬 업적을 볼 수 있다. 일본 아이들은 태어날 때부터 공동체 의식과 책임감이 내재되어 있다. 또한 일본은 교육수준을 측정하는 각종 국제시험에서 꾸준히 좋은 성적을 내고 있다. 높은 교육수준과 완전히 모순되는 학생 수 감소 현상은 일본이 처해 있는 독특한 상황을 여실히 보여준다. 제2차 세계대전 이후 놀라운 경제 성장을 이루어낸 일본이 지금 작아지고 있는 것이다. 2019년 한 해에만 일본의 인구는 약 51만2,000명이 줄었는데,[3] 이는 미국 애리조나 주 투손의 전체 인구와 맞먹는 수준이다.

아이를 낳지 않는 나라

난모쿠의 출생률 급감은 국가 차원에서도 중요한 문제이기 때문에 일본 정부는 난모쿠를 살리기 위해서 갖은 노력을 기울이고 있다. 그 지역은 아이들의 수가 줄어들 뿐만 아니라 노인 인구가 증가한다는 문제 또한 가지고 있다. 나는 초등학교 방문을 마친 후, 그곳에서 멀지 않은 곳에 위치한 마을의 노인 복지 시설에 가보았다. 학교와 달리, 그곳은 사람들로 북적였고 활기가 넘쳤다. 그 시설에 거주하는 노인 대부분의 나이는 90세 정도였다. 내가 대화를 나누었던 노인들 중 상당수는 전후 일본의 재건을 도운 사람들이었다. 이들은 소박하지만 양질의 보살핌을 받고 있었다. 출생률 급감 현상은 인간의 수명이 크게 늘면서 함께 등장했다. 일본인 친구 한 명이 이런 쓸쓸한 농담을 한 적이 있다. "우리 나라의 문제는 사람들이 아이 낳는 일을 잊었을 뿐만 아니라 죽는 일도 잊었다는 거야."

아동 수의 감소는 노인이 늘고 있는 도시에서 공공 놀이터의 수가 줄어든 다는 것을 의미한다. 상점 선반에는 아기 기저귀보다 성인용 기저귀가 더 많다. 2011년부터 매년 일본에서는 아기 기저귀보다 성인용 기저귀가 더 많이 팔리고 있다. 일본 정부가 발표한 자료에 따르면, 일본 내의 아동 수는 1,550만 명인데 반려견과 반려묘의 수는 1,850만 마리라고 한다. 일본 거리 에는 아기들을 위한 것으로 보이지만 실제로는 작은 강아지가 타고 있는 유모차가 가득하다. 일본에서 반려동물은 가정의 핵심 구성원일 뿐만 아니 라 이따금 유일한 자식이 되기도 한다. 자식을 키우기보다는 반려동물을 키우기로 결정한 부부들도 있다. 일본인 친구 하나가 이렇게 말했다. "강아 지 체온에 맞춰서 에어컨이 가동되는 자기 방이 있는 강아지도 있어. 그리 고 외출할 때마다 강아지를 위해서 텔레비전을 켜두고 나가기도 해."

이런 이야기들은 극단적이고 충격적이다. 일본에는 800만 개 이상의 빈 집이 있는데, 그 수는 계속 늘고 있다. 일본의 65세 이상 인구 비율은 전체 인구의 4분의 1이상으로 전 세계에서 가장 높은 수준이며, 미국과 비교하자 면 미국은 65세 이상 인구가 전체 인구의 16퍼센트를 차지한다. 지금부터 30년 후에는 일본 인구의 40퍼센트가 65세 이상이 된다고 한다. 2019년에 일본의 전체 인구 수는 1억2,500만 명이었으나, 2065년에는 8,800만 명까 지 급감할 것으로 예상된다.[4] 지금 추세대로라면 100년도 지나지 않아서 일본에는 고작 5,000만 명만 살게 될 것이다.

***

일본의 저출산 문제는 일본 가정과 부부들에게서 일어나고 있는 일들과 밀 접하다. 구체적으로 일본의 저출산 문제는 편모든 편부든 그 나라에 한 부모 가정이 드물다는 사실과 관계가 있다. 2015년 기준으로, 일본의 한 부모 가정 어린이는 전체 어린이의 12퍼센트에 불과했다(영국은 25퍼센트, 미국은 27퍼센트였다).[5] 혼자서 아이를 키우는 엄마들의 85퍼센트가 직장에 다니고 있지만, 그들 가운데 절반 이상이 빈곤선 이하로 살고 있다. 이는 OECD 회원국들 가운데 가장 높은 비율이다.[6] 일본에서 혼외자의 비율은 전체 어린이의 2퍼센트뿐인데, 프랑스의 경우는 전체 어린이의 절반 이상이 결혼을 하지 않은 부모에게서 태어난다. 1980년대 이후로 일본의 이혼율은 수십 퍼센트포인트 증가했지만, 이렇게 전통적인 가족 모델이 해체되는데도 일본 사회는 대안 모델을 좀처럼 받아들이지 않는다. 일본 국립 사회보장 인구문제 연구소에 따르면, 2015년 일본의 50세 이하 인구 가운데 남성의 4분의 1과 여성의 7분의 1이 미혼이었다. 이 수치에는 이혼하거나 사별한 사람은 포함되지 않는다. 참고로 1970년에는 50세 남성 가운데 미혼인 사람의 비율은 불과 1.7퍼센트였다.[7]

이성애든 동성애든 상관없이, 일본 내의 연애 문화도 문제가 심각한 상황이다. 2016년에 일본 영자 신문 「재팬 타임스(Japan Times)」는 정부 연구소의 조사 결과를 인용해서 "일본은 섹스리스(sexless), 젊은 독신 남녀의 절반 정도가 성 경험이 없다"라는 제목의 기사를 실은 바 있다.[8] 이 기사에 따르면, 18–34세 독신 인구 중 남성의 70퍼센트와 여성의 60퍼센트가 연애를 하고 있지 않았다. 같은 연령대에서 독신 남녀의 40퍼센트 이상은 성 경험이 전무했다.[9] 2019년에 발표된 한 연구에 따르면, 1992년 이후로 39세까지 성 경험이 없는 남녀의 비율이 점점 증가하고 있다. 해당 연구는 보수적으로 추산해도 35–39세 사이의 여성 가운데 성 경험이 없는 사람의 비율은 1992년에서 2015년 사이에 2배나 증가했다고 밝혔다.[10]

서구 언론은 일본의 인구 급감 현상에 대해서 색다른 "이유"를 들어서 설명하고 싶어한다. 예를 들면, 일본의 젊은이들이 만화 주인공이나 가상 온라인 게임의 캐릭터와 특별한 관계를 맺는다고 지적하는 것이다. 사람들로 북적이는 도쿄의 아키하바라에서 미히라 산페이를 만났을 때, 그는 자신의 아내를 소개해주었다. 그때 우리는 만화를 테마로 한 술집에 앉아 있었다. 그의 이름도 일본의 유명한 만화 주인공 이름과 같다. 미히라가 작은 종이 가방에서 아내를 꺼냈다. 그의 아내는 만화에 등장하는 익숙한 캐릭터, 히이라기 츠카사 인형이었다. 미히라는 일본 만화 사이트에 소개된 문구를 인용하면서 그녀의 성격이 "건망증이 있지만 긍정적이고 다정하며 화를 내지 않는다"라고 말했다. 아마도 그는 주로 일본 만화에 집착하는, 오타쿠의 극단적인 사례일 것이다.

미히라는 결혼식 사진이라면서 아내와 찍은 사진을 보여주었고, 기념일에 그녀에게 초콜릿을 선물한 이야기, 일본 디즈니랜드에 함께 놀러 간 이야기 등을 들려주었다. 그는 이 관계가 오직 자신의 머릿속에만 존재하는 것임을 잘 알고 있었다. 내가 그 점을 언급하자 미히라는 "온 세상이 우리 머릿속에만 존재하는 것 아닙니까?"라고 되물었다. 내가 말대꾸하지 않는 사람과 관계를 맺어서 편하겠다고 너무나 당연한 점을 지적하자, 그는 아내와 어떤 대화를 하는지도 알려주었다. 미히라가 말하기를, 마흔 살인 자신은 "머릿속에만 존재하는 파트너"를 가져도 될 만큼 충분히 성숙했다고 했다. 그것은 마치 선문답처럼 흥미로웠다. 서구 언론은 그런 모습을 신기한 문화현상으로 보도한다. 이런 기사에서는 일본을 소외가 특징인 디지털 기술문화가 고도로 발달한 사회라고 소개한다. 그러고는 소외감을 주는 기술문화 때문에 일본 사회가 성욕을 상실한 채 죽어가고 있다고 주장한다.

그러나 내가 만난 미히라 부부는 함께 많은 시간을 보내고 있었다. 미히라는 합리적인 사람인데, 어쩌면 지나치게 합리적이어서 그런 것인지도 모르겠다. 최첨단 인공지능 시대에 스마트폰과 소셜 네트워크에 빠져 살던 그는 의도적으로 가상 연애를 선택했다. 이런 연애방식은 대부분의 시간을 구체적인 현실과 단절된 채 자연스럽게 가상 세계에서 살게 해준다. 직장에서 받는 스트레스로 배우자와 갈등을 겪던 내 이스라엘 친구는 미히라가 가상의 관계를 선택했지만, 그는 진심이 담기지 않은 현실 속 진짜 결혼보다 더 진실한 감정을 느끼고 있다고 말했다.

일본 사회가 단절과 소외 문제로 고심하고 있는 것은 사실이지만,[*11] 주제넘은 인류학적 진단은 공허한 선정주의로 흐를 위험이 있다. 저출산 문제를 해결하려면 이 현상이 일본뿐만 아니라 전 세계적으로 문제가 되고 있다는 사실을 알아야 한다. 또한 노동 시간, 어린이집, 직장 내 여성에 대한 처우, 임금 격차, 사회 안전망, 경제적 안정성, 경제 안보 의식 등 일본 사회의 여러 단면들도 명확히 이해하고 있어야 한다. 일본은 그저 낯선 섬나라이기만 한 것이 아니다. 일본은 여러 부문들(산업, 정보, 엔터테인먼트, 운송 등)에서 혁신적인 나라이므로, 일본의 선례와 해법을 통해서 전 세계의 유망한 미래를 내다볼 수 있다. 출생률이 낮아졌다고 해서 일본의 그런 장점들이 사라진 것은 아니다.

일본의 인구 통계학적 위기는 연금제도에서부터 주택시장에 이르기까지 사회 전반에 걸쳐서 정치적, 재정적 문제를 일으키고 있다. 일본은 1899년에 조사를 시작한 이래, 2019년에 태어난 아이의 수가 가장 적었다. 이 통계는 전년도 기록을 깬 것이었다. 2019년 일본의 출산율은 여성 1명당 1.36명이었다. (이민자 없이) 한 국가가 현재의 인구 규모를 유지하는 데에 필요

---

* 이 현상을 가장 잘 보여주는 사례는 (흔히 갑자기) 자신의 정체성을 바꾸고 가족 및 직장 동료들과 관계를 끊고 "증발한 사람들"이다. 2016년에 출간된 책에 따르면, 약 10만 명의 일본인이 매년 이런 방식으로 사라지고 있다.

한 출산율을 의미하는 대체 출산율은 선진국의 경우 2.1명이다. 일본은 전체 노동 인구의 비율이 노동자가 부양해야 할 연금 수급자와 어린이의 비율과 같아지는 수준에 근접해 있다. 이미 인구 통계학적 폭탄은 터졌고, 지금 그 파편이 여기저기로 날아다니고 있다. 일본은 1990년대부터 심각한 경기 침체에 빠져 있으며, 그 영향으로 출생률이 낮아졌고 이것이 다시 경제에 부담을 주고 있다.

산업사회에서는 경기 침체가 출생률을 떨어뜨린다. 미국의 출생률은 2008년부터 감소하기 시작했고 경기가 회복된 후에도 감소 추세는 이어졌다. 일본은 그보다 앞선 1990년대에 이미 물가 하락과 경기 침체 등으로 경제적 어려움에 빠지기 시작했다. 미국을 포함한 전 세계의 주식시장은 2000년과 2008년에 폭락한 이후 완전히 회복되어 지금은 전례 없는 수준으로 상승했지만, 2019년 도쿄 주식시장의 니케이 지수는 최고점을 찍었던 1980년대의 60퍼센트 수준이었다(2016년 명목 달러 기준). 구매력을 의미하는 1인당 실질 GDP는 1980-1995년에 60퍼센트 증가한 반면, 1995-2010년에는 겨우 10퍼센트만 증가했다. 즉, 일본 가계의 경제 부담이 커진 것이다.

1980년대까지 일본 사회를 지탱하던 기본 합의에 따라서 회사원들은 오랜 시간을 직장에서 보냈다. 그리고 반대급부로, 고용 안정과 정기적인 임금 인상, 우수한 근로조건을 약속받았다. 말하자면 학업을 마친 후에 취업에 성공한 일본 남성은 퇴직할 때까지 한 직장에 머물고, 퇴직 후에는 사는 데에 지장이 없을 정도로 충분한 연금을 받았다. 정리해고와 같은 일은 예외적인 사건이었다. 당연한 결과이겠지만 노동시장은 경직되었다. 즉, 노동자는 보수를 더 많이 주는 직장으로 옮길 수 없었고, 고용주도 생산성이 낮은 직원을 해고할 수 없었다. 임시직이나 하청업체 종사자는 거의 없었으며, 대체로 급여는 가족을 부양하기에 충분한 수준이었다. 직장에 다니는 여성은 많지 않았다. 아내들이 "억지로" 직장에 나가지 않아도 될 정도로 남편들이 충분한 돈을 벌어왔다.[12] 실제로 1945년 이후로 일본은 여성을 직장에서 정상적인 구성원으로 인정하지 않았고, 오늘날에도 가부장적인 가치관이 노동시장에서 계속해서 유지되고 있다. 1950년대에도 직장에 다니는 여성의 비율은 계속 줄어들었다.

1980년대와 1990년에 경제가 큰 타격을 입자 상황이 역전되었다. 직장에 다니는 여성이 늘기 시작했지만, 사회의 요구에 따라서 여성들은 여전히 출산과 양육이라는 전통적인 역할을 수행했다. 2007년 여당 전당대회 연설에서 야나기사와 하쿠오 후생성장관은 여성들이 아이를 충분히 많이 낳고 있지 않다며 한탄했다. 그는 이렇게 말했다. "나이가 15−50세 사이인 여성의 수는 고정되어 있습니다. 아이 낳는 기계의 수가 고정되어 있는 마당에 우리가 할 수 있는 것이라고는 이들에게 최선을 다하라고 요청하는 일뿐입니다……물론 여성들을 기계라고 부르는 것이 적절하지 않을 수도 있겠지만 말이죠."[13] 야나기사와는 그저 일본의 전통적인 가치관을 언급했을 뿐이다. 즉, 여성은 가정에 머물러야 하며 출생률이 낮은 것은 여성들의 잘못이라는 의미였다.

세계화와 더불어, 특히 중국의 제조업과 기술이 발전함에 따라서 일본 기업들은 효율성을 높여야 했고 사회계약도 수정해야 했다. 대기업들은 근로 기준을 완화하기 위해서 정부를 대상으로 로비를 벌였다. 이에 정부는 채용과 해고 기준을 완화했으며 특히 하청업자와 용역업체를 쉽게 이용할 수 있게 했다. 그러자 "비정규직" 노동자라는 새로운 고용 형태가 생겨났는데, 이들은 오랫동안 같은 직장에 다녀도 권리를 제대로 보호받지 못했다.[14] 비정규직 노동자는 "정규직" 노동자와 같은 일을 해도 정규직 노동자보다 더 적은 임금을 받았다. 비정규직 노동자의 임금은 정규직 노동자의 60퍼센트 수준이었다.[15] 이들은 평생 교육이나 연금과 같은 사회보장제도의 혜택도 별로 받지 못한다. 현재 일본 노동자의 40퍼센트가 비정규직이며, 이는 20년 전보다 2배 증가한 수치이다. 지난 25년간 정규직 노동자의 수는 4,300만 명 줄어든 반면, 비정규직 노동자는 1,200만 명 늘었다.[16]

비정규직 노동자는 근로조건이 열악할 뿐만 아니라, 연애 사업도 여의치 않다. 앞에서 이성 교제 감소 현상을 분석한 연구에 따르면, 25-39세 남성들 중에서 저소득층 남성이 고소득층 남성보다 독신으로 지낼 가능성이 10-20배 정도 높다. 또한 무직이거나 임시직 남성은 정규직 남성보다 독신으로 지내는 비율이 각각 8배와 4배 더 높다. 바꾸어 말하면 "남성들에게는 돈과 사회적 지위가 중요하다"라는 의미이다.

일본의 젊은이들에게 자녀를 둘 이상 낳지 않거나 자녀 없이 지내기로 마음먹은 이유를 물어보면, 그들은 정규직 일자리를 얻지 못해서 가족을 부양할 자신이 없기 때문이라는 말을 자주 한다. 가족을 건사하려면 정규직으로 일해야 한다는 사회적인 인식 때문에 부모들은 종종 일정한 직장이 없는 자녀의 결혼을 반대하기도 한다.

일본 여성은 고용 안정성을 잃은 남성들의 자리에 결원이 생겨도 뿌리 깊은 성차별 문화 때문에 그 자리에 들어가지 못한다. 첫 아이를 낳은 여성의 약 50퍼센트는 회사에 복직하지 않는다.[17] 복직하더라도 정당한 보수를 받지 못한다. 일본은 같은 일을 하는 남녀의 임금 격차가 세계에서 가장 크다. 예를 들면, 아제르바이잔보다 더욱 심각하다.[18] 가족들도 아이를 낳은 여성에게 집에 머물기를 강요한다. 일본에서 수년간 살면서 민간 보육시설에서 일했던 한 이스라엘 여성은 내게 이렇게 말했다. "일본 엄마들은 대체로 다른 여성에게 자녀를 맡기고 싶어하지 않아요. 국공립 또는 사립 어린

이집은 있어요. 하지만 아이를 봐주는 사람을 고용하는 집은 드물어요. 그러니까 아이를 낳는 순간 (엄마로서) 정규직 직장인이 되는 셈이죠."

언제나 수만 명의 아이들이 국공립 어린이집에 입학하기 위해서 기다린다. 입학을 대기하고 있는 자녀를 둔 엄마들은 일을 하러 가기가 어렵다.[19] 임신을 하거나 출산 휴가를 쓰는 여성들은 직장에서 불이익을 받는데, 비정규직의 경우에는 더욱 심하다. 일본에서는 '임산부 괴롭힘(maternity harassment)'이라는 말을 줄여서 '마타하라(matahara)'라고 부른다. 여기에는 임금 삭감, 강등, 언어폭력 등이 포함된다. 2015년에 발표된 한 조사에 따르면, 비정규직 여성의 절반이 출산 휴가를 마치고 복직했을 때 혹은 임신 중 직장을 다니는 동안 괴롭힘을 당했다고 한다.[20] 과거 일본에서는 출산은 질병이 아닌 선택이라는 이유로 의료보험 혜택을 주지 않았다. 그래서 아기를 낳으려면 수천 달러를 들여야 했다.

아기가 태어나도 일본 남성들은 대부분 양육이나 집안일을 하지 않는다. 독일과 미국, 스웨덴에서는 남성들이 대개 매일 3시간 정도 아이를 돌보거나 집안일을 하지만, 일본 남성은 1시간 30분 정도만 참여한다. 평균적으로 일본 남성은 하루에 1시간 정도 자녀와 보낸다.[21] 미국에서는 기혼 남성의 3분의 1 정도가 오후 5시쯤 퇴근한다.[22] 사회학자이자 일본 전문가인 메리 브린턴 교수는, 자신의 일본인 동료 교수가 미국 기혼 남성의 퇴근 시간 통계 수치를 보고도 믿지 못했다는 이야기를 들려주었다. "제 동료는 처음에 데이터 분석을 잘못한 줄 알았대요. 아니 어떻게 기혼 남성이 5시에 퇴근할 수 있냐면서요!" 일본 남성은 대개 저녁 8시 30분에 퇴근하는데, 더 늦게 집에 가는 사람들도 많다고 한다.[23] 회사에 헌신하는 일본의 문화 때문에 남성들은 끊임없이 일을 한다. 일이 끝난 후에도 집으로 가는 대신 동료들과 가라오케 같은 곳에 가서 시간을 보내는데, 이것은 일의 연장선과 같다. 일에 중독되는(혹은 종속되는) 모습은 일본에서 흔하게 볼 수 있는 장면이다. 실제로 일본에서는 매년 수백 명이 과로사한다. 직장인의 20퍼센트는 일주일에 50시간 이상 일한다.[24] 명시적이든 암묵적이든 고용주의 압박 때문에 직장인들은 유급 휴가를 거의 사용하지 못한다.[25]

문제는 출산율이 왜 급감했는지가 아니라 왜 아직 더 낮은 수준에 도달하지 않았는지이다. 상황이 이렇게 되자, 일본 정부는 관련 제도를 손보기 시작했다. 2019년 10월에 일본 정부는 저소득 가정을 대상으로 2세까지는 어린이집을 무료로 보낼 수 있게 했고, 3–5세 아동에게는 교육비를 지원하기로 했다(어린이집 비용은 공립이냐 사립이냐에 따라서 월 100–800달러가 들었다). 또한 출산 비용을 낮추고, 직장 내에서 임산부가 불이익을 받지 않도록 규제하고 있다. 심지어 출산율이 높아지리라는 기대를 가지고 "독신자 세미나"나 독신자 파티 등을 지원하기도 한다.[26]

***

수많은 일본인들은 출산율을 높이려는 지금과 같은 정부의 목표는 가부장적인 문화의 편협성만 증명할 뿐이라고 주장한다. 지역 언론이 일본에서 "가장 유명한 페미니스트"라고 일컫은 사회학자 우에노 치즈코는 자신의 도쿄 사무실에서 내게 바로 그 주제에 관한 자신의 입장을 밝혔다. 그녀는 "저는 무엇이 문제이고, 왜 그 문제가 당신에게 중요한지 잘 모르겠어요"라고 말했다. 우에노가 보기에 자녀의 "필요성"을 거론하는 것 자체가 가부장적 사고인 것이다. 그녀는 추축국(독일, 이탈리아, 일본)에서 모두 출산율이 급감했음을 지적하면서, 그것이 추축국 사회에 내재된 호전적인 마조히즘에 대한 반발이라고 주장하는 논문을 발표한 바 있다.[27] 그녀는 이렇게 말했다. "당신이 가장 먼저 스스로에게 물어야 할 질문은 출산율이 누구에게 중요한가입니다. 기본적으로 자녀를 낳는 일은 개인적인 결정이니까요. 질문에 답을 하자면, 출산율은 일본 경제가 성장하기를 바라는 정부와 고용주에게 중요합니다. 저는 인구 감소가 왜 문제인지를 질문하는 사람들 쪽이에요."

"하지만 노인들은 결국 죽고, 사회구조는 붕괴할 텐데요." 내가 그렇게 지적했다. "인구 규모는 변하기 마련이에요. 인구 감소가 왜 그렇게 중요하죠? 최악의 경우에는 다른 지역에서 사람들이 오겠죠. 출산이든 이민이든, 인구 수는 자연스럽게 증가할 수 있습니다. 일본 인구가 줄어드는 이유는 정부가 여성들에게만 출산을 장려하기 때문이에요." 우에노는 전통적으로 외국인 이민자를 거의 받아들이지 않았던 일본의 이민 정책을 언급했다. 일본은 다른 아시아 국가들로부터 수백만 명의 이민자들을 수용하여 혜택을 볼 기회가 있었지만, 국가적, 인종적 정체성을 고수하면서 외국인 이민자를 배척했다.

그런데 이민 정책과 출산율은 어떻게 연결될까? 젊은 이민자는 교육이나 기술 수준이 낮을 수 있지만, 세금을 내고 물건을 사며 보통 사람보다 더 많은 자녀를 낳음으로써 경제에 도움을 준다. 그러나 일본은 여전히 흑인을 비하하는 단어를 사용하고, 정부에서 노인을 돌보는 외국인 간병인의 이민을 기꺼이 허용하면서도 그 정책을 조용히 추진하려고 애쓰는 나라이다.

우에노는 이민자 문제를 제외하더라도 보수적인 남성 중심의 일본 정부는 여성을 희생시키는 지금의 권력구조를 유지하는 데에만 관심이 있다고 말한다. 그녀는 이렇게 덧붙인다. "여성 노동자 대부분이 비정규직이에요. 일본에서 출산에 영향을 미치는 주된 요인은 경제적 안정성이에요. 여성들이 비정규직 노동자이기 때문에 대부분은 출산 후에 복직하지 못해요. 지금 일본의 현대식 가정은 남성이 가족을 부양하고 여성은 혼자서 집안일을 하는 형태예요. 하지만 일본의 전통 사회는 달랐어요. 아내든 어머니든 모두 일을 했고 출산율도 높았죠. 일본 남부 지역에 한번 가보세요. 그곳 농장들에서는 여전히 옛 방식대로 하고 있거든요."

우에노에 따르면, 스칸디나비아 국가들과 달리 오늘날 일본에서는 여성들을 집안일에서 해방시켜줄 공공 교육기관에 자녀를 맡길 수 없다. 실제로 일본의 GDP 대비 교육비 지출액은 OECD 국가들 중에서 가장 낮다. 보수 정치인들이 복지비를 늘리기 위한 증세에 반대하고 있다. 또한 이들은 일본의 모습을 바꿀지도 모를 이민자들도 받아들이지 않으려고 한다. 그래서 미국과 달리 일본에서는 외국인이나 이민자 출신의 아이 돌보미와 가사 도우미 서비스를 저렴한 비용으로 이용할 수 없다.

우에노는 보수적 자본주의의 덫을 설명한다. 즉, 여성은 노동시장에서 차별받고 직업 안정성도 보장받지 못하며 남성은 부모 노릇을 제대로 할 수 없을 정도로 많은 시간을 직장에서 보내야 한다. 또한 자녀를 돌봐주고 집안일을 덜어줄 이민자도 받아들이려고 하지 않는다. 홀로 아이를 키우는 엄마들은 대부분 가난하게 산다. 생계비 지원 같은 복지제도를 마련하기 위한 증세도 할 수 없다. 여성들은 지원도 없이 자녀를 키우고, 차별을 받으면서 직장에 다녀야 한다. 이 글을 읽으면서 얼마나 많은 여성들이 그 문제가 일본만의 이야기가 아니라고 생각할까? 그렇게 생각하는 이들이 아마 상당히 많을 것이다. 우에노의 이야기는 전형적인 자본주의 사회에서 여성과 가족이 경험하는 일들을 보여줄 뿐이다. 그러니까 이것이 일본만의 이야기는 아니라는 말이다. 이것은 우리 모두의 이야기이다.

12

인류가 맞닥뜨린 위기

"자식 없는 삶이 주는 이점 때문에 대부분의 사람들이
(외동이라도) 자식을 짐처럼 여기는 시대."
_ 소(小)플리니우스(1세기)

1950년부터 전 세계 출산율은 반토막이 났고 지금도 계속 하락하고 있다.[1]
오늘날 대부분의 나라에서 "출산율 급락 현상"이 일어나고 있으며, 따라서
지금의 출생아 수로는 현재의 인구 수준을 유지할 수 없다.[2] 경제적 어려움
과 생활방식의 변화가 저출산의 유일한 원인은 아니다. 여기에는 생리학적
요인도 있다. 현대사에서는 최초로 2100년쯤이면 세계 인구가 더 이상 증가
하지 않을 것이라고 한다. 유럽과 아시아, 남아메리카의 인구 수는 서서히
줄어들다가 21세기 말이 되기 전에 급락할 것이고, 아프리카만이 유일하게
출산율이 높은 대륙으로 남을 것이다. 기대 수명은 증가하고 있으므로 이런
식으로 출산율이 감소할 경우 21세기 말 즈음 세계 중위 연령은 42세가 될
것이다. 참고로 1950년에는 중위 연령이 24세였다.

세계화와 시장경제를 논할 때에 저출산 문제는 자주 언급되지 않는다.
그러나 이 현상은 전 세계적으로 광범위한 의미를 내포하고 있다. 이것은

분열된 세계 질서에 대한 반발로 일어나는 현상이기 때문이다. 후세를 남기지 않는 일은, 급진주의자나 포퓰리스트가 권력을 장악하는 것보다 더 큰 영향을 다음 세대에 미치게 될 것이다. 정치와 무관하게 이런 인구 통계학적 추세는 삶의 모든 부분에 영향을 미치는 사회 구성에 변화가 생길 것을 예고한다. 노동 가능 인구와 젊은 유권자의 수가 감소하면 선진국의 경제와 정치, 그리고 양육을 당연시하던 문화가 크게 영향을 받을 것이다. 산업혁명 이후, 사회와 시장경제는 인구가 계속 증가할 것이며 이것이 경제 성장과 밀접하다는 생각을 전제로 삼았다. 이런 예측을 토대로 연금제도, 조세정책, 노동시장, 중심이 되는 정치적 가치 등이 만들어졌다.

대체 출산율이 2.1명 이하로 계속 유지되면 경제 정책과 각종제도를 대대적으로 수정해야 한다. 또한 소비자 중심의 자본주의 사회도 위기를 맞게 될 것이다. 그러나 인구 감소가 환경에 이롭다고 주장함으로써 저출산 문제의 심각성을 축소하거나, 그저 새로운 인구구조에 맞게 경제 정책을 재고하면 된다고 생각한다면, 중요한 많은 부분들을 놓치게 될 것이다. 그런 태도는 문제의 본질은 무시한 채 서둘러 그 파급 효과만 다루게 된다. 사회가 작아지기 시작했다는 것은 어떤 의미일까? 인구가 줄어든 사회에 살면 개인과 그 가족은 더 건강하고 행복해질까? 저출산 현상은 지금의 세계 질서가 얼마나 지속 불가능한지를 보여준다. 지속 불가능한 사회는 경제와 정치에 영향을 주는 것은 물론 사람들이 가정을 꾸릴 **능력**에도 영향을 미친다.

***

도쿄에서 벚나무를 구경하기 좋은 장소는 신주쿠 공원이다. 벚꽃이 피면 일본 사람들은 가족과 함께 신주쿠 공원으로 가서 아름다운 분홍빛 꽃나무를 배경으로 사진을 찍는다. 초봄의 쌀쌀함이 가신 후여서 풀은 아직 노르

스름하지만, 공원은 아이들로 북적인다. 그곳에서 나는 일본인 여성 메이와 이스라엘 남성 아시를 만났는데, 30대 초반인 둘은 일본에서 만나 결혼한 사이로 첫 아이가 태어나기를 기다리고 있었다. 우리는 잔디 위에 담요를 깔고 앉아서 일본에서 부모가 되는 일이 얼마나 부담스러운지에 관하여 대화를 나누었다.

아시는 사업체를 운영하고, 메이는 대기업에서 일한다. 메이는 사무 업무 외에 회사 제품을 홍보하는 모델 일도 한다. 그녀는 복지 혜택도 많고 안정적인 회사의 정규직 사원이다. 곧 태어날 아기 생각에 아시는 기쁘면서도 불안했고, 메이는 자신감에 차 있었다.

메이는 자신의 직장 생활에 대해서 이렇게 말했다. "임신 전에는 오전 8시부터 거의 자정까지 일했어요." 그녀는 막차를 타고 퇴근하는 일이 잦았다고 했다. 그녀는 "저는 네다섯 시간만 잤어요"라며 기억을 떠올렸다. 메이는 새벽 6시에 일어나서 출근하고는 했다. 아시는 그녀가 일주일에 70-100시간을 일했다고 말한다.

나는 깜짝 놀랐다.

메이는 이렇게 말했다. "일종의 사무라이 정신이에요. 무사도(武士道)라고 하죠. 절대 불평하면 안 돼요." 무사도는 일본 무사계급의 도덕규범으로, 충성과 희생을 강조하는 일본의 직장 윤리의 기초를 이룬다.

메이가 동료들에게 임신 사실을 알렸을 때 그들의 반응에 대해서 이야기했다. "대체로 긍정적이었지만, 몇몇은 이제 제 경력이 끝났다고 생각했어요. 아기가 생기면 일할 시간이 줄어드니까요. 당연하지만 아기를 낳고 주당 70시간을 일할 수는 없겠죠." 그리고 다른 문제도 있었다. 메이는 "일본에서는 가정주부가 이상적인 엄마의 모습이에요. 그래서 아기 돌보미를 두면 사람들은 게으른 엄마라고 생각하죠. 사람들은 슈퍼 맘을 기대해요. 직장에 다니고 싶다고요? 그럼 아이를 기르고 집안일도 하면서 직장에 다녀야 해요"라고 설명했다.

아시는 회사 일이 많은 메이 때문에 두 사람이 함께 오붓한 시간을 보내기가 어렵다고 말한다. "우리네 부모님들은 5시나 6시에 퇴근해서 함께 텔레비전이라도 봤어요. 그런데 지금처럼 저녁 9시에 퇴근하면 그 부부는 집에서 뭘 할 수 있겠어요?" 두 사람은 웃었다. "부부관계와 자녀는 삶에서 중요한 부분을 차지해요. 그런데 지금 우리는 날마다 하루 종일 어딘가에 접속돼 있어요. 멋진 물건들에 말이죠. 우리는 인터넷, 휴대전화, 모바일 기기 등을 통해서 24시간 내내 연결되어 있고, 잠들지 않는 도시에 살아요. 그래서 자녀가 없어도, 성관계를 하지 않아도 충분히 즐기며 살 수 있어요."

확실히 수많은 사람들이 그렇게 느낀다. 1914년 이후, 세계 인구는 60억 명까지 증가했지만 21세기 말이면 증가 추세가 꺾일 것이다.[3] 예를 들면, 한국, 폴란드, 스페인, 루마니아, 체코, 러시아, 이탈리아, 독일, 그리스 등은 출산율이 일본과 비슷하거나 일본보다 낮다. 2018년에 미국의 일반 출산율(특정 1년간의 총 출생아 수를 해당 연도의 가임[15~49세] 여성 인구로 나눈 수치를 1,000분율로 나타낸 것/옮긴이)은 가임 여성 1,000명당 59명이었는데, 이는 2007년 이후 15퍼센트가 감소한 수치였으며 역대 최저치였다.[4] 저개발국은 조금 다르다. 1985년에 이란은 여성 1명당 평균 6명을 낳는데, 지금은 2.1명을 낳는다. 1960년에는 전 세계적으로 여성 1명이 평균 5명을 낳았다. 지금은 2.45명을 낳는다.[5] 오늘날 출산율이 떨어지지 않은 지역은 아프리카밖에 없다.

유럽은 이미 대단히 심각한 상황이다. 스페인은 경제 위기와 자국민 이출 현상이 결합되어 2012~2018년에 인구 수가 줄기 시작하더니, 현재는 일본보다 출산율이 훨씬 더 낮다. 2010년부터 인구가 줄기 시작한 포르투갈은

2050년 즈음이면 인구가 10퍼센트 더 감소할 것으로 예측된다.[6] 이와 동시에 전 세계에서 도시화가 증가함에 따라서 모든 사회가 아이를 덜 낳는 쪽으로 이동하고 있다. 예를 들면, 스페인의 자치주인 갈리시아에서는 자연적인 인구 감소와 대도시 전출자의 증가로 1,800여 개의 마을이 버려졌다. 스페인 전역으로 확대하면, 그렇게 버려진 마을과 도시는 3,500개에 육박한다.[7] 2017년 기준으로, 이탈리아, 독일, 프랑스, 영국의 지도자에게 모두 자녀가 없다는 사실도 주목할 만하다.

이제는 고인이 된 저명한 인구 통계학자 존 콜드웰에 따르면, 우리는 지금 "출산 행태의 세계화"를 목격하고 있다. 1950년대 말부터 시작된 저출산은 세계 인구의 80퍼센트가 살고 있는 나라들에서 일어났다. 콜드웰은 "줄어든 인구 모집단의 범위는 예측 불가능했고, 전례도 없었다"라고 썼다. 그는 출산율의 변화가 지역 단위가 아닌 전 세계적으로 일어난 것은 인류 역사상 처음 일어난 사건임을 강조했다. 그는 "그렇게 동시에 변화가 일어난 것을 보면 전 세계에 같은 힘이 작용했을 가능성이 크다"라고 주장했다.[8]

콜드웰이 말한 힘에는 산업혁명, 정보혁명, 세계화, 자유주의 가치의 확산, 교육수준의 향상, 도시화, 여성의 지위 변화 등이 포함된다.

전 세계적인 출산율 감소는 세계화와 밀접한 관련이 있으며, 세계화의 특징 중의 하나이기도 하다. 인간이 내리는 중요한 결정 가운데 하나인 출산은 오늘날 전 세계에서 벌어지는 현상들에 그 어느 때보다도 영향을 받는다. 상호 연결성이 강화된 사회에서 그것은 그리 놀랄 일이 아니다. 물론 저출산은 일시적인 현상으로 판명될 수 있고, 인류가 다시 지속 가능한 수준으로 출산율을 높일 가능성도 있다. 그러나 그렇게 되더라도 세계는 가까운 과거보다 늙어 있을 것이고, 평균 연령이 역대 최고인 상태가 될 것이다.

2000-2016년 사이에 평균 기대 수명이 5.5세 늘었다.[9] 유럽의 사회학자

들은 노인들이 통치하는 사회를 언급하고 있다. 이미 2018년에 유럽의 중위 연령은 42세였다. 국제결제은행은 2019년에 발표한 보고서에서 "미래 정치는 사회 안전망을 지키려는 노인 세대와 세후 소득이 감소하는 것을 막으려는 젊은 세대로 분열될 것"이라고 주장했다.[10] 출산율 감소, 기대 수명과 의료비 지출의 증가, 노동 인구 감소 등 세 가지 요인이 전후 시장경제가 약속했던 멋진 은퇴 생활을 위협한다. 책임의 시대를 특징짓는 가치관과 정책은 대부분 전후 출산율 급증의 결과물이다. 베이비붐 덕분에 노동 인구와 자녀의 수가 늘었고, 이들의 활발한 생산과 소비 덕분에 인류는 약 반세기 동안 번영을 이룰 수 있었다. 번영기를 연 베이비붐 세대는 안락한 은퇴 생활을 기대할 수 있었지만 이제 그런 시대는 끝나가고 있다.

반세계화에는 세대 간의 갈등이 어느 정도 반영되어 있다. 부모 세대는 자신들이 평생 열심히 일했으니 넉넉한 연금을 받아서 정치적, 경제적 안정을 누릴 자격이 있다고 생각한다. 젊은 세대는 노인 세대를 부양하기 위해서 더 많은 세금을 내야 한다고 여기고, 노인 세대가 정년까지 직장을 다니며 은퇴를 서두르지 않는 바람에 일자리도 부족하다고 느낀다. 게다가 젊은 세대가 찾은 일자리는 부모 세대와 달리 안정을 제공하지 않는다. 2013년에 일본의 재무성 장관은 장수하는 일본 노인들을 향해서 "죽음을 서둘러야" 한다고 말했다.

위기에 빠진 포유류 사회

전 세계적인 저출산 현상은 우리 시대에 치명적이다.[11] 물론 이것을 좋은 소식으로 보는 사람도 있을 수 있다. 어쨌든 세상에는 사람들이 너무 많으니, 지금 출산을 조금 줄여도 당분간은 계속 사람들로 넘쳐날 것이다. 현재의 추세대로라면 세계 인구는 100억 명까지 늘었다가 안정화될 전망이다. 인구가 늘면 기후변화가 가속화되고 자연 서식지가 파괴되며 생물 다양성이 감소하고 땅과 하늘과 물이 오염된다. 지구의 미래를 생각한다면 어쩌면 인간의 번식에 제동을 걸어야 할지도 모르겠다.

그러나 인구 감소는 호모 사피엔스를 위협하는 과제이다. 줄어드는 인구로 현대사회를 유지하는 방법에 관해서 입증된 모델은 아직까지 없다. 예를 들면, 독일은 안정된 산업국가이지만 출산율은 일본과 비슷하다. 독일 연방통계청은 2030년에 독일의 노동 인구가 500만 명 감소할 것이며, 2060년이면 지금의 4분의 3 수준이 될 것이라고 예측했다.[12] 베텔스만 재단은 독일이 인구 고령화와 저출산에 대비하려면 매년 50만 명의 이민자를 수용해야 한다는 연구 결과를 내놓았다.[13] 그러나 오늘날 중동 난민으로 인한 불안한 상황을 고려하면, 독일이 그런 선택을 할 가능성은 전혀 없다. 지금처럼 출산율이 계속 감소하면 2060년에 독일은 연금 수급자 대비 노동 인구의 비율이 1 대 1.8이 될 것이다. 정부는 세금을 높이거나 복지비를 줄일 것이므로, 구매력이 감소하고 일자리도 줄어들 것이다. 소비자 중심의 자본주의 문화는 유지되지 못할 것이고 (독일을 포함한 모든 나라의) 경제는 지난 20년간의 일본처럼 정체되거나 일본보다 더욱 악화될 것이다.

극우파는 인구 감소 전망을 이용해서 대재앙이 임박했다며 대중에게 열심히 공포감을 심어준다. 2017년에 극우 정당인 '독일을 위한 대안'은 홍보 포스터에 임신한 백인 여성을 등장시켰다. 포스터 문구는 이랬다. "새로운 독일인이요? 우리가 만들겠습니다." 2018년에 극우 정당인 이탈리아 북부 동맹의 대표 마테오 살비니는 이런 질문을 던졌다. "우리는 멸종 위기에 처한 나라에 살고 있을까요? 안타깝게도 그렇습니다."[14] 민주국가에서 중도 정당들이 저출산 문제를 회피하는 바람에 민족주의자들이 그 틈을 이용해서 세력을 키웠다. 부유한 나라들은 인구가 줄고 있으므로 계속 성장하려면 이민자를 받아들여야 한다. 그러나 이민자가 급증하면 유권자들이 두려움과 위협을 느낀 나머지 외국인을 혐오하는 민족주의자들을 지지하는 결과로 이어진다.

***

종교적 보수주의를 포함해서 모든 보수주의는 저출산을 재앙의 징조로 인식한다. 역사학자 조지 알터와 그레고리 클라크는 이렇게 썼다. "산업혁명으로 대도시에 더 많은 신제품이 출시되고 새로운 생활방식이 등장하면서 선택의 폭이 넓어졌다. 부유한 가정은 아이를 낳는 대신 새로운 물건과 서비스를 소비했다."[15] 알터와 클라크는 그것을 하나의 의견으로 제시했지만 보수주의자들은 자신들에 대한 공격으로 받아들였다.

2016년에 영국 최고 랍비를 역임한 유럽 유대교의 저명한 지도자인 조너선 색스 경은 「텔레그래프(The Telegraph)」와의 인터뷰에서 이렇게 말했다. "고대 그리스와 로마 시대 역사가들은 자신들의 문명이 붕괴하는 모습을 보았습니다. 당시 아무도 자녀를 기르고 싶어하지 않았기 때문에 그리스인과 로마인 모두 붕괴의 원인을 저출산에서 찾았죠. 그들은 현재를 즐기는 데에 지나치게 몰두한 나머지 미래를 위해서 자신들을 희생하는 것을 포기했습니다."[16] 그리고 이렇게 경고했다. "이로 인해서 유럽은 쇠퇴하게 될 겁니다……유럽이 전례 없는 수준으로 이민자를 받아들여야만 지금의 인구를 유지할 수 있습니다."

고대 로마의 역사가에서부터 21세기 종교 지도자에 이르기까지, 전통을 강조하는 지도자들은 저출산을 쾌락주의 탓으로 돌리는 경향이 있다. 그러나 그런 주장을 뒷받침하는 실증 자료는 없다. 여러 연구에 따르면, 사람들은 교육이나 직장 문제, 가족계획 등을 합리적으로 고려해서 출산 여부를 결정한다. 예를 들면, 교육수준이 높은 여성일수록 아이를 덜 낳는다. 1870년에 시작해서 130여 년간 70개국을 대상으로 조사한 결과를 보면, 교육은 "인구 통계학적 변화의 주된 사회경제적 결정 요인"이었다.[17] 여자아이들이 초등 교육을 받기 시작하면(즉, 아이가 학교에 다니는 6년 동안에) 출산율은 40-80퍼센트 감소한다. 나이지리아에서 수행한 한 연구에 따르면 여자 아이들이 교육받는 기간이 1년씩 늘어날 때마다 출생아 수가 평균 0.26명씩 줄어들었다.[18] 여성들이 읽고 쓰는 법을 배우기 시작하자 가족 규모는 급격히 달라졌다. 문맹률이 줄고 있는 인도 같은 나라에서는 가족 수가 적을수록 행복하다고 생각하는 사람들이 늘고 있다.[19] 억압적인 가부장제가 약화되어 피임 도구의 사용이 늘고, 합법적 낙태가 용이해지면서 여성들은 더 많은 자율권을 가지게 되었다.

경제학자인 게리 베커는 자녀를 가지고 싶은 욕망을 가격표가 붙어 있는 상품에 대한 수요처럼 생각해야 한다고 주장했다.[20] 교육의 경제적 가치가 커지면 여러 명의 자녀에게 교육비를 분산하기보다는 적은 수의 자녀에게 양질의 교육을 시키는 쪽을 택한다. 농업사회에서 산업사회로 넘어가면서 질적 투자의 가치가 더욱 높아졌다. 직장이 있는 여성은 출산을 하려면 2배의 비용을 감수해야 하는데, 양육비뿐만 아니라 자녀를 기르는 동안 직장에 다니지 못해서 생기는 기회비용까지 발생한 것이다.

아이를 적게 낳는 또다른 이유로는 유아 사망률의 감소가 있다. 몇몇 연구자는 유아 사망률의 감소와 저출산 사이에 인과관계가 존재한다고 주장한다.[21] 다르게 표현하면 자녀 중 일부를 잃을 수 있다고 생각하는 부모는 자녀를 많이 낳는다. 의료 체계가 잘 마련되어 있고 안전하고 안정된 생활이 가능한 곳에서는 출산율이 낮아지는 경향이 있다. 현대사회 이전에는 태어난 아이의 3분의 1 이상이 5세 이전에 사망했기 때문에 특히 저개발국에서는 아이들을 일종의 "보험"처럼 많이 낳았다. 해당 연구자는 이런 현상을 "자녀 비축"이라고 불렀다. 가난한 나라들에서는 식생활과 공중위생이 개선되어도 일시적으로 출산율이 증가하는데, 그 이유는 잃는 아이들이 적어졌으므로 이제는 많이 낳을 필요가 없다는 사실을 깨닫기까지 어느 정도의 시간이 소요되기 때문이다. 사람들이 그 점을 충분히 이해하고 나면 출산율은 감소한다.

***

교육수준이 높은 여성은 수입이 많고 따라서 생활수준도 높다. 피임 도구를 이용할 수 있게 되면서 더욱 많은 여성들이 신체에 대한 자기 결정권을 가질 수 있게 되었다. 그리고 유아 사망률은 줄고 있다. 이런 이유들이 과거에는 평균 자녀수가 5-6명이었는데 지금은 2-3명으로 줄어든 현상을 설명해준다. 그러나 사회가 경기 침체로 위축되기 시작한 상황에서 암울하게도 노동력마저 줄어든다면 무슨 일이 일어날까?

또한 경제가 계속 성장하고 생활수준이 높게 유지된다고 하더라도 인구가 계속 줄어든다면, 과연 이를 건강하거나 성공한 사회라고 할 수 있을까?

우선, 단순한 저출산 현상과 대체 출산율을 밑도는 저출산이 장기간 이어지는 상황을 구분해야 한다. 여성 1명이 2.1명을 낳는지 아니면 1.7명을 낳는지는 종의 생존과 관련해서 대단히 중요한 차이가 있다.

지금부터는 일부러 동물학 용어를 사용하겠다. 인구 통계학자와 사회학자의 예측에 따르면, 출산율이 감소하는 속도는 가속화될 것이 거의 확실하다. 집단 생물학자가 자연 상태나 갇힌 상태에서 번식을 제대로 하지 못하는 포유류를 연구할 때에 던지는 질문들을 인간에게 적용해도 괜찮을 것 같다.

왜 어떤 종은 번식을 멈추는 것일까? 필요한 자원을 획득하지 못해서일까? 아니면 환경오염이나 기후변화로 생긴 생리적인 문제 때문일까? 혹시 지나친 스트레스 때문일까? 포유류 세계의 계층구조가 번식을 방해하는 것일까? 인구를 줄이도록 사회구조에 부담을 주는 다른 외부 요인이 있을까?

이와 관련해서 가장 자주 언급되는 것은, 30-40대가 될 때까지 자녀 계획을 미루는 남녀가 점점 늘어나면서 임신과 출산이 더욱 힘들어졌다는 견해이다. 그런데 자료를 보면 남녀 모두 난임 문제를 겪고 있다. 예루살렘 히브리 대학교와 뉴욕 마운트 시나이 병원이 공동 수행하고 2017년에 발표한 메타 분석 자료를 보면, 1973-2011년 서양 남성의 정자 수는 절반 정도로 줄었다. 40년 동안 동료 평가까지 마친 185개의 논문 자료에 따르면, 인간의 정자도 점점 변형되고 있었다.[22] 아프리카나 아시아의 자료는 충분하지 않았지만 최근 몇 년간 발표된 일련의 연구에서도 비슷한 결과가 나타났다.[23] 앞에서 말한 메타 분석 보고서의 주요 저자인 히브리 대학교의 전염병학 교수 하가이 러빈은 자신들의 연구 결과가 일종의 "응급 모닝콜"이라고 말했다.[24]

러빈의 연구에서는 현상의 원인을 조사하지 않았지만, 이전 연구들에서는 정자 수 감소를 화학제품, 살충제, 매연 등에 노출되는 정도, 정신적 스트레스, 비만 등과 연관 지었다. 또다른 설명도 있다. 이를테면 전자기기에 노출되는 정도, 지구온난화, 기후변화를 원인으로 지적하거나 환경 속 미지의 물질이 생식력에 영향을 줄지도 모른다고 설명하는 사람도 있다. 러빈은 "지금 인류는 침몰 직전의 타이타닉 호와 같다"라고 말했다.[25] 그러면서 성별과 상관없이 인간의 생식 기능은 예민하고 방해받기 쉽다고 덧붙였다. 스트레스와 같은 작은 변수도 내분비에 영향을 줄 수 있으며, 그 결과 성인이 되는 발달 과정에 결함이 생길 수 있다. 정자 수 감소는 청소년 시기에 흡연을 했는지보다 그의 어머니가 임신 중에 흡연을 했는지 여부에 더 영향을 받는다.

추측에 불과하지만, 러빈은 오염물질 외에 사회 변화도 인간의 호르몬 체계에 영향을 줄 수 있다고 말한다. "동물은 확실히 영향을 받으므로, 따라서 인간도 마찬가지가 아닐까 생각해요. 수많은 사람들이 사는 도시에서 이루어지는 상호작용은 부족이나 소집단, 가정 내에서 이루어지는 상호작용과는 달라요. 아무래도 이런 환경적인 요인이 우리 호르몬에 영향을 주고 결국 정자 수에 영향을 줄 수 있죠. 이런 요인도 조사해볼 필요가 있어요."

러빈은 그런 문제들이 계속 쌓이면 어느 순간 공중보건을 위협하게 된다고 말한다. 이를 테면, 어렵게 임신한 부모에게서 태어난 아이들은 나중에 자녀를 전혀 낳지 못할 수도 있다. 최근 한 연구에서 젊은 남성들의 정자 수와 그들 아버지의 정자 수를 비교했는데, 아들의 정자보다 50대 아버지의 정자 질이 더 좋다는 것이 발견되었다. 러빈은 또 이렇게 말했다. "몇십 년 후에 키나 IQ가 50퍼센트 감소한다고 상상해보세요. 우리에게는 오랜 세월 동안 이와 유사한 극적 변화를 겪어온, 생존 가능성을 판단하는 생체 지표가 있어요." 최근 연구들에 따르면, 낮은 정자의 질은 병에 걸리거나 사망할 확률이 높다는 지표가 된다. 러빈은 어쨌든 지금의 추세가 오래 유지되리라고 확신했다. "우리가 지금 당장 뱃머리를 돌린다고 해도 좋은 결과를 얻지는 못할 겁니다. 출산율은 앞으로도 오랫동안 떨어질 거예요."

시녀 이야기

『시녀 이야기(*The Handmaid's Tale*)』는 동명의 텔레비전 드라마로도 제작된 바 있는 마거릿 애트우드의 소설이다. 보통 이 소설은 현대사회에서 여성의 지위에 대한 하나의 우화로 읽히지만, 출산율이 하락하는 지금 그것이 단순한 우화처럼 느껴지지 않는다. 2018년에 이란계 오스트레일리아인 인구 통계학자 메이마낫 호세이니 차보시는 이란의 출생아 수가 급감한다는 내용의 논문을 발표했다가 이란 정부에 체포되었다. 당시 이란의 정신적 지도자인 알리 하메네이도 이란의 저출산 문제를 걱정하고 있던 터였다. 그래서 이란 정부는 인구 통계학자들(차보시는 2019년에 석방되었다)을 체포했을 뿐만 아니라 일부다처제를 장려했고 이혼을 어렵게 만들었으며, 피임약의 가격을 올렸고 아동의 결혼을 허용했다. 이 정책들 중에서 어느 것도 지난 10년간 출산율을 높이지 못했지만, 어쨌든 이런 조치는 이란의 가부장적 신정 체제와 애트우드의 소설 속 '길리어드 공화국'과 잘 어울리는 방식이었다. 헝가리에서는 빅토르 오르반이 이끄는 민족주의 정부가 주거비 지원, 3년 동안의 육아 휴직 허용 등의 정책으로 출산율(현재 여성 1명당 1.5명)을 높이려고 애쓰는 한편, "헝가리 아기들"과 "기독교적 가치"를 열렬히 홍보하고 있다.

　민주주의 국가들은 개인의 선택인 출산 문제에 영향을 미치거나 개입하는 데에 주저하고 있다. 개인의 선택을 국익과 결부하는 일은 심각한 윤리적 문제를 초래하며, 전체주의와 독재자라는 망령을 불러낼 위험이 있다. 사실 자식 없는 삶이 윤리적으로 잘못된 일은 아니며, 자유주의 사회에서는 법적으로나 도덕적으로 부부에게 출산의 의무를 지울 수 없다. 그럼에도 불구하고 걱정이 많은 각국 정부는 오늘날 결혼 장려 정책을 마련하기도 한다. 한국은 출산율이 여성 1명당 1명 미만(0.98명)으로 매우 낮은 수준이며,[26] 이에 2006년부터 한국 정부는 필사적으로 출산율을 높이기 위해서 1,300억 달러 이상을 투자하고 있다.[27] 국가는 출산 비용의 일부를 지원하고, 대학들은 성과 사랑, 건전한 관계 등에 관한 선택과목들을 개설했으며,

지방정부는 지방의 결혼 중개업체에 보조금을 지급하거나 독신자들의 만남을 주선하는 사회 문화 활동을 지원한다. 또한 아이가 있는 가정에 지원금을 주고 출산 장려 운동을 펼치기도 한다.

그러나 어떤 정책도 큰 효과를 거두지는 못하고 있다. 한국인들에게 아이를 아예 낳지 않거나 적게 낳는 이유를 물으면 대부분 경제적인 부담 때문이라고 답한다. 일례로, 서울에 사는 가정은 소득의 16퍼센트를 자녀의 사교육비로 지출한다. 많은 한국 젊은이들은 연애와 결혼, 출산을 포기하고 있다. 이들은 스스로를 삼포 세대라고 부른다.

역사적으로 통치자들은 전체 국민이나 특정 인구 수를 조절할 목적으로 출산 정책을 실시했다. 그러나 집단 학살을 제외하고 대부분의 인구 정책은 실패했다. 로마 제국에서는 수백 년간 엘리트 집단의 출산율이 감소했는데, 몇몇 기록에서 한 가지 요인이 발견되었다. 기원전 18년에 아우구스투스 황제는 결혼해서 아이를 낳는 로마 시민을 우대하고 그렇게 하지 않는 시민은 처벌한다는 법을 공표했다. 이 법의 이름은 정식 혼인에 관한 율리우스 법으로, 여기에는 귀족이 매춘부나 노예 출신과 혼인하지 못하도록 금지함으로써 로마인의 순수성을 지키려는 목적도 있었다. 그러나 이 법도 실패했다. 그로부터 100년 후에 로마 역사가 타키투스가 "아이를 낳지 않는 것이 여전히 유행"이라고 썼기 때문이다. 로마인들이 비교적 안전하고 안정된 삶을 누렸음에도 불구하고 제국의 심장부의 출산율이 왜 그렇게 낮았는지에 대해서는 알려진 바가 없다. 고대 로마사를 연구하는 학자들 중의 일부는 가족이 붕괴되는 현상을 하나의 제도이자 퇴폐 문화의 상징이라고 설명했다. 다른 학자들은 당시 로마인이 사용하던 식기에 납 성분이 들어 있었고 이것이 불임의 원인이 되었다고 주장한다. 심지어 어떤 학자는 뜨거운 물에서 장시간 목욕하던 귀족들의 습관을 지적하며, 열탕이 남성의 생식 능력에

해로운 영향을 주었다고 주장한다.[28]

실패한 출산 정책 사례들은 현대에도 있다. 1930년대와 제2차 세계대전 중에 군부가 통치하던 일본에서는 제국의 병사를 양성하기 위해서 국민들에게 자녀를 많이 낳도록 장려했다. 이 노력도 실패로 돌아갔다. 전쟁이 끝나고 나라가 폐허가 되었기 때문에 정부는 출산 장려 정책을 계속 추진할 수 없었던 것이다. 그러나 그 이후 일본에서는 베이비붐이 일어났다. 독일에서는 정권을 잡은 나치가 저출산을 걱정하며 극단적인 출산 장려 정책을 폈지만 1938년에도 출산율은 여전히 낮았으며, 오늘날 세계 평균 출산율과 비슷한 수준이었다.[29]

중앙집권적인 국민국가와 현대 기술이 결합되면서 출산 정책을 세울 기회가 마련되기도 한다. 중국의 한 자녀 정책은 사회공학의 성공 사례처럼 보인다. 중국 정부는 급속한 산업화를 추진하려면 가난한 국민의 수를 줄여야 한다고 믿었다. 그래서 중국 정부는 대도시 부부들이 자녀를 1명 이상 낳지 못하도록 금지했고 대도시 이외에서는 2명까지 허용했다. 이 조치를 어기는 사람은 투옥, 불임 수술, 강제 낙태 등 가혹한 처벌을 받았다. 현대 역사에서 이처럼 주도면밀하고 공격적인 인구 정책은 없었다.

중국의 산아제한 정책은 가혹했지만 중국 정부는 그에 대한 명확한 이유를 제시했다. 중국 국민의 5분의 4는 극빈층이었다. 중국이 가진 문제들의 근원은 빈곤이며, 이 빈곤은 늘어나는 인구에 비해서 자원이 부족하기 때문에 발생한다는 것을 누구나 알고 있었다. 40년간 한 자녀 정책을 유지한 결과 중국의 출산율은 급감했다. 그러나 출산율이 너무 많이 떨어지자 그 정책은 2016년에 폐지되었다. 1970년에 중국 여성은 평균 5.7명을 낳았다. 오늘날에는 1.6-1.7명으로 줄었으며 2020년에는 1961년 이래 최저치를 기록했다. 그럼에도 불구하고 1961년 이후로 중국 인구는 6억8,000만 명이나 증가했다. 지금 중국은 출산율 감소로 인한 "인구 구멍"에 시달리고 있으며, 그 때문에 노동시장과 경제도 위축되고 있다.

사실 정부 정책과 규제로 중국의 출생아 수가 줄었는지는 명확하지 않다. 중국과 출산율이 비슷한 다른 나라들 역시 같은 기간에 출산율이 급감했기 때문이다. 중국이 공격적인 산아제한 정책을 펴는 동안, 인구 증가를 원했던 타이완 역시 출산율이 급감했다. 임신과 출산에 관한 다른 연구들에 따르면, "한 자녀 정책을 시행하지 않는 다른 나라들에서도 출산율은 감소했으며, 중국의 목표치보다도 낮았다."[30] 만약 그것이 사실이라면 중국의 공산당 정부는 거대하고 무지막지하지만 결국 비효율적이었던 정책으로 산아제한을 한 셈이다. 정부가 국민의 사생활에 개입하기 꺼렸던 나라에서도 출산율은 떨어지고 있기 때문이다.

중국 정부가 의도한 것은 아니었지만, 산아 정책이 시행되면서 중국에서는 끔찍하게도 여아 살해 풍습이 부활했다. 이것은 중국만의 이야기가 아니다. 여아 살해는 고대 사회에도 흔했던 풍습이다. 이집트에 주둔하던 한 로마 군인이 로마에 있던 아내에게 이런 편지를 썼다고 한다. "나는 아직 알렉산드리아에 있소. 우리 아이를 잘 보살펴주기를 바라오. 급료를 받자마자 보내겠소. 그동안에 (제발 건강하게!) 아이를 낳을 텐데, 아들이면 살리고 딸이면 버리시오."[31] 그 말은 딸아이를 죽게 내버려두라는 의미였다.

통계 자료에 따르면, 1980년대에는 매년 중국에서 약 20만 명의 여아가 살해되었고, 수십만 명의 여아가 버려졌다. 의료 기술이 발달하자 부모들은 초음파 검사로 태아의 성별을 파악한 다음 여아인 경우에는 낙태 수술을 받았다. 이와 비슷한 일들은 인도반도에서도 일어나고 있다. 결국 중국에는 심각한 성비 불균형이 일어났다. 25세 이하 인구는 여성 100명당 남성이 115명이며, 전체 인구는 남성이 여성보다 3,400만 명이 더 많다.[32] 이런 현상이 아시아 사회 전체를 불안하게 만들지도 모른다. 남성이 절대 다수인 사회는 호전적인 경향이 있다.[33]

전 세계 지도자들이 저출산 문제를 걱정하는 이유가 인구 감소와 그로 인한 재정 부담 때문만은 아니다. 아이들이 사회를 성장시키고 풍요롭게 하기도 하지만, 이보다 더 중요한 사실은 아이들이 인간 사회를 구성하는 기초 단위라는 점이다. 사회에서 아이들이 사라지거나 줄어드는 모습은 불안한 미래를 예고한다. 가족제도에 닥친 위협은 정치적인 긴장을 초래해서, 폭력과 근본주의로 이어질 수 있다.

2015년, 인형 마을

나고로는 "벼랑 끝"에 있는 마을이다. "벼랑 끝"이라는 말은 일본에서 "소멸 직전"이라는 의미로 통한다. 그곳에 가려면 먼저 도쿄에서 비행기를 타고 일본에 있는 4개의 큰 섬 중에서 가장 작고 인구가 적은 시코쿠로 가야 한다. 공항에서부터는 차를 운전해서 산속으로 깊이 들어가야 한다. 그 길은 아름답지만 험하다. 앞 유리에 드문드문 떨어지는 눈을 맞으며 조용한 전통 마을들을 지나쳤다. 더 높이 올라갈수록 인적이 드물어졌다.

마침내 나는 큰 강이 흐르는 어느 작은 마을에 도착했다. 날씨가 몹시 추웠지만 하늘은 맑았다. 최근 몇 년 사이에 나고로는 일본 내에서 "인형 마을"로 유명해졌는데, 마을의 집과 들판을 보니 왜 그런지 이유를 알 수 있었다. 허수아비처럼 생긴 인형들이 곳곳에 있었다. 버스 정류장에는 인형들이 무리 지어 앉아 있었다. 어떤 인형은 나무 아래에서 쉬고 있었다. 해를 피하려고 모자를 쓴 인형이나 들에서 괭이를 쥐고 있는 인형도 있었다. 한 인형은 필요한 장비를 빠짐없이 갖추고, 강둑의 커다란 바위 위에 앉아서 낚싯대를 잡고 있었다. 얼굴은 인형이었지만 그들이 입고 있는 것은 진짜 사람 옷이었다. 인상적이었지만 조금 무섭기도 했다.

인형들을 만든 사람은 츠키미 아야노라는 예순다섯 살 여성이었다. 그녀가 수년 전에 부모님이 사시던 이곳 마을로 돌아왔을 때, 마을은 폐허가 되어가고 있었다. 노인들은 죽어가고 있었고, 아이들은 대부분 마을을 떠난 상태였다. 이 마을에서 아기가 마지막으로 태어난 해는 2001년이었다. 츠키미는 아버지와 함께 계속 그곳에서 살고 있다. 츠키미 부녀 말고 지금 마을에는 20명이 더 산다. 그녀의 아버지는 여든여섯 살이다. 내가 나고로를 방문했을 때, 그는 작은 감자밭에서 일하고 있었다.

츠키미는 마을을 떠난 사람들의 모습을 본떠서 인형을 만들기로 했다. 그 인형들 중에서 약 350개는 마을이 있는 작은 계곡 주변에 흩어져 있다. 학교에는 꽤 많은 인형들이 있다. 여느 일본 마을처럼 마을 한가운데에 있는 학교에 가기 위해서 우리는 강을 가로질러 놓인 다리를 건넜다. 지금 그 건물에는 실제 사람이 한 명도 없다.

츠키미가 열심히 청소한 덕분에 학교 건물은 상태가 좋았다. 그녀가 정문에 걸린 자물쇠를 열쇠로 열었다. 학교는 꽤 컸는데, 다른 학교에서 부러워할 정도로 시설이 좋고 운동장도 널찍했다. 교실마다 교사와 학생 인형들이 있었다. 교직원 인형 몇 개는 교무실에 앉아 차를 마시는 시늉을 하고 있었다. 이따금 바람에 흔들리던 운동장의 그네는 비어 있었다. 츠키미는 아이들의 소리가 그립지만, 외로워서 인형들을 둔 것은 아니라고 말한다. "그냥 좋아서" 인형을 만들었다고 했다.

학교를 보고 나서, 우리는 강을 따라 나 있던 마을의 큰길을 걸으면서 츠키미가 정성스럽게 만든 사람 인형들을 조금 더 구경했다. 그녀는 말수가 적은 사람이었다. 사전에 그녀는 우리에게 음식을 가져오라고 했는데, 반경

190여 킬로미터 이내에 식당이나 주유소 같은 것을 전혀 찾을 수 없기 때문이다. 우리가 아무것도 가져오지 않았다는 사실을 알게 된 그녀는 아버지와 함께 사는 수수한 집으로 우리를 데려갔다. 천장이 낮았고, 집 안에는 그림이 가득했다. 철제 숯 난로 위에 은색 주전자가 올려져 있는 모습이 따뜻한 분위기를 자아냈다. 바깥 추위를 피해서 집 안으로 들어온 우리는 난롯가에 앉았다. 츠키미가 소박하지만 맛있어 보이는 토속음식(일본식 된장을 바른 삶은 감자, 노란색 향신료가 뿌려진 주먹밥, 일본식 오믈렛인 타마고)을 내왔다.

내가 나고로를 방문하고 몇 주일 후에 지중해에서 참사가 발생했다. 고무 보트를 타고 리비아에서 이탈리아로 가던 난민 약 700명이 익사한 것이었다. 지쳐 있었으며 심한 충격을 받은 상태였던 난민 일부를 이탈리아 해군이 구조해서 이탈리아령인 람페두사 섬에 데려다놓았다.

전 세계 난민 위기의 원인 중의 하나는 아프리카의 높은 출생률인데, 지난 10여 년간 아프리카는 베이비붐 문제와 씨름했다. 아프리카는 보호가 필요한 15세 미만 아동이, 성인 노동 인구 100명당 73명이나 된다.[34] 이런 이유로 수많은 아프리카인들이 더 나은 삶을 찾아서 유럽으로 향하고 있다. 이들에게 그것은 단순히 생활수준을 개선하는 차원이 아니라, 생존의 문제이다. 2050년에는 전 세계의 5세 미만 아동 가운데 40퍼센트가 아프리카 출신이 될 것이다. 그리고 이들은 기반시설이 부족하고 도로도 형편없으며 식민주의자들이 임시로 대충 만들어놓은 도시에서 살게 될 것이다.

시설도 좋고 근사하지만 사람들이 없어 인형들로 채워진 학교가 있는, 사실상 텅 빈 일본의 마을과 새로운 미래를 찾아서 안전하게 살기 위해서 고무 보트에 의지한 채 필사적으로 탈출하는 아프리카 난민의 모습을 함께 떠올리니 마음이 좋지 않았다. 두 현상 모두 세계화의 결과물이다. 세계화는 일본을 포함한 선진국 사람들에게 경제적인 부담을 주면서 저출산 문제를 일으켰고, 아프리카에서는 생활수준을 개선하면서 인구 폭발 문제를 일으켰다.

제약 없는 세계화 시대에, 나고로는 계속 비어 있지 않아도 된다. 물론 이민자들이 처음부터 도시 대신에 시골을 선택하지는 않을 것이다. 그러나 이민자가 도시로 몰려들면 기존의 도시 거주자들이 교외와 주변 마을로 이주하기도 한다. 만약 세계 인구가 효율적으로 이동한다면, 수천만 명의 아프리카인이 유럽에 정착하고, 방글라데시나 중국, 베트남 사람들이 일본의 섬으로 갈 수 있다. 세계화는 자국민으로 인구를 늘릴 수 없다면, 이민 가정을 받아들여서 늘리라고 명령한다.

그러나 빈 마을에 아이들의 목소리가 다시 들리게 될 것이라고 말하는데도(물론 이 아이들은 흑인이나 중국인이 될 것이다), 일본은 그런 세계화된 세계 속에서 살고 싶어하지 않는다. 그와 반대로, 출산율은 1.36명으로 낮게 유지되는 동안에도 이들은 연금을 받으며 장수하고 싶어한다(일본은 세계 최고의 장수 국가이다).

2015년에 내가 나고로를 방문한 이후로 인형 마을은 유명 관광지가 되었다. 그 이유를 찾기는 어렵지 않다. 쇠퇴하는 문명을 상징하는 그곳은 사진으로 찍으면 너무나 훌륭한 배경이 되기 때문이다. 츠키미의 작은 집에 갔던 날, 밖에서는 눈이 가볍게 흩날리고 있었다. 우리는 난롯가에 앉아서 편하게 차를 마셨다. 들판에는 인형들이 말없이 서 있었다.

몇 달 후, 중동에서 수십만 명의 난민들이 내전으로 무너지는 나라를 탈출해서 지중해를 건너기 시작했다. 그렇게 유럽의 난민 위기가 시작되었다.

13

탈출하는 사람들

"왜 이곳으로 왔나요?"
"이유를 아시잖아요."
"어디로 가고 싶어요?"
"어디든요."
_열일곱 살 시리아 소녀 릴란과의 대화

2015년 여름

늦은 오후였다. 나는 헝가리-세르비아 국경 철로에 서 있었다. 난민 수백
명이 줄지어 걷고 있었다. 이들의 모습은 다양했다. 짙은 색의 두꺼운 옷을
입고 두건을 쓴 채 가방을 들고 가는 여성, 티셔츠를 입고 청바지 뒷주머니
에 스마트폰을 넣은 젊은 남자, 머리를 묶고 링 귀걸이를 한, 히말라야 트레
킹이라도 가는 듯이 큰 배낭을 짊어진 소녀, 배는 조금 나왔지만 수염을
잘 다듬은, 검은 선글라스를 쓴 중년 남성, 그리고 수많은 어린이들. 아이들
은 부모나 형제자매의 손을 잡고 있었다. 지친 아이들은 부모나 다른 가족
의 팔에 안겨 있거나 어깨 위에 올라타 있었다. 모두가 터벅터벅 걸을 기운
은 있었지만, 얼굴이 무표정했고 눈은 공허했다. 굶주리거나 아픈 사람은

별로 없었으며 겉보기에 부상자도 거의 없었다. 그러나 아픈 데는 없냐고 질문을 하면, 많은 이들이 배나 등, 다리에 난 관통상이나 화상 자국, 파편에 부서진 손가락 등을 보여줄 것이다. 그들은 상처가 사라지기를 바라겠지만, 아마도 실현 불가능한 소망일 것이다.

어디 출신의 난민인지를 구분하기란 어렵지 않다. 이라크 출신은 대개 부유해 보인다. 이들은 최신 휴대전화를 가지고 있고 값비싼 스포츠 의류를 걸친 사람도 있다. 선로를 따라서 이동할 때에 필요한 모든 장비를 갖춘 것을 보니 이들은 짐도 잘 싸는 사람들이다. 아프가니스탄 출신이 난민 중에서 가장 초라해 보이고 확실히 가난해 보인다. 그러나 대부분의 난민은 시리아 출신이다. 다른 난민들과 달리, 이들은 불안하고 당황한 듯 보인다.

난민들은 몇 주일 전에 바그다드, 락까, 알레포, 다마스쿠스를 떠나온 사람들이다. 난민들 대부분은 터키에서 바다를 건너서 그리스로 간 다음, 버스나 기차를 이용하거나 다른 사람의 차를 얻어 타고 유럽의 중심부로 들어간다. 그러나 지금은 기찻길이 막혀버렸다. 시리아에서 터키로 탈출한 이후, 처음으로 이들은 남은 여정을 도보로 이동해야 한다. 날씨는 지독히도 덥고 습했다. 다마스쿠스 대학교의 졸업장을 영문으로 번역한 문서, 기저귀 보따리, 사탕 포장지, 빈 물병, 여벌의 겨울옷 등 사람들의 물건이 선로를 따라서 사방에 흩어져 있다.

난민들은 불과 1시간 전에 도보로 헝가리 국경을 넘었다. 그곳에서부터 몇 킬로미터를 터덜터덜 더 걸은 후에 경찰에 체포되었고, 곧 임시 수용소로 보내질 예정이다. 몹시 지쳤던 난민들은 헝가리 들판에 팔다리를 쭉 펴고 드러누웠다. 경찰이 물병을 가져다주었지만, 쉴 만한 그늘은 없었다. 난민에게 그늘은 물이나 음식과 다름없이 아주 소중했다.

주변에 선홍색 휠체어 한 대가 보였다. 누가 철길 옆에 휠체어를 놓았을까? 그 사람은 어떻게 들판을 가로질러 휠체어를 타고 올 수 있었을까? 휠체어 주인은 시리아, 아프가니스탄, 이라크에서 무슨 일을 당했을까?

그러나 난민들은 그런 의문 따위는 품지 않는다. 그저 앉아서 기다린다. 어쩌면 이들은 큰 버스가 와서 자신들을 목적지까지 태우고 갈 것이라고 상상하고 있을지도 모른다. 어쨌든 헝가리는 독일이나 스웨덴 같은 유럽 북부로 가기 위한 중간 기착지이니까. 한 여성이 10대 딸과 함께 내가 있는 쪽으로 걸어온다. "우리는 이곳에서 죽을 거예요." 10대 소녀가 영어로 이야기를 하기 시작했다. "우린 너무 피곤해요"라고 소녀가 말하자, 소녀의 어머니는 "우린 독일로 가고 싶어요"라고 덧붙인다. 소녀는 "메르켈 총리는 좋은 사람이에요. 그녀는 전 세계를 사랑해요"라고 말한다.

들판에 있던 사람들은 자신들이 지금 어디쯤 와 있는지 명확히 알지 못했다. 그들에게 중요한 사실은 목적지를 향해 가는 중이라는 것이었다. 이들에게 헝가리는 경유지일 뿐이다. 그러나 헝가리 경찰은 지시를 받았다. 그들은 모든 사람들을 멈춰 세우고 난민 수용소로 보내서 지문을 채취해야 한다. 헝가리의 극우 정부는 난민들이 헝가리를 통과하지 못하도록 하겠다는 방침을 정한 터였다. 정부 고위층은 이 외국인들을 정치적으로 이용하고 싶어한다.

난민들은 지문 채취를 두려워했다. 지문은 이들이 독일이나 스웨덴으로 바로 간 것이 아니라 유럽의 다른 나라를 거쳐서 갔다는 사실을 증명해주기 때문이다. 이들은 아시아에서 출발한 이민자는 국제법에 따라서 첫 번째로 도착한 나라(대부분 그리스)에서만 난민의 지위를 인정받을 수 있다고 알고 있었다. 독일이든 스웨덴이든, 나중에 도착한 나라에서는 난민을 받아줄 의무가 없다. 이것은 원칙적으로 사실이었지만, 그때는 독일을 포함한 여러 나라에서 다른 나라를 거쳐서 자신의 나라로 온 시리아 난민에게 망명을 허가하고 있었다.

그러나 헝가리 경찰은 그런 세부적인 내용까지는 알지 못했다. 젊은 경찰 2명이 흰색 테이프를 감아서 즉석에서 만든 플라스틱 공을 가지고 난민 몇 사람에게 축구를 하자고 제안했다. "축구 좋아해요?" 경찰이 물었다. 시리아 소년 한 명이 호날두 이름이 적힌 저지를 입고 있었다. 경찰들이 바닥에 선을 그려서 축구장을 만들고, 같이 할 아이들을 모았다. 그들은 아무 생각이 없어 보였다. 그 장면은 스포츠가 어떻게 장벽을 허무는지를 그린, 진부하고 감상적인 영화에나 어울릴 법했다. 그러나 힘든 여행을 하고 있던 난민의 입장에서 보면, 축구 경기는 불길한 조짐이었다. 그들에게 그것은 당장은 다른 곳으로 가지 못한다는 사실을 의미했다. 한동안 여기에 머물러야 하니 친구처럼 지내면서 축구나 하자는 식인 것이다.

갑자기 거의 모든 난민들이 일어나서 다시 선로를 따라서 걷기 시작했다. 서로에게 "여러분, 갑시다"라고 속삭였다. 이들은 젊은 헝가리 경찰들을 간단히 무시했다. 난민들은 헝가리 경찰이 자신들을 뒤따라와서 가지 못하게 붙들까봐 두려워하며 다급하게 걸었다.

앞장서서 걷던 난민 몇 사람이 멈춰서서 불안하게 경찰 쪽을 돌아보았다. 내가 그들에게 다가가자 어디서인가 개 한 마리가 나타나서 내 옆으로 왔다. 그들 중 일부가 선로 옆 둔덕에 자리를 잡고 앉았다. 10대 소년과 소녀가 말없이 나를 바라보았다. 청바지와 줄무늬 셔츠를 입은 소녀가 운동화로 땅을 파고 있었다. 그녀의 목에는 높은음자리표 문신이 있었고, 왼쪽 눈썹에는 피어싱을 했다. 그녀 옆에 있던 소년은 나이키 운동복 상의를 입고 있었다. 내가 소녀에게 이름을 물었다. 자신의 이름은 릴란이며, 열일곱 살이고 알레포에서 왔다고 했다. 소년은 이름을 말하지 않았다. 릴란은 그가 자신의 사촌이라고 말했다.

우리 사이에 날이 선 대화가 이어졌다.

"어느 나라 출신이에요?"

"시리아요. 터키, 그리스, 마케도니아, 세르비아를 거쳐서 왔어요. 너무 힘들어요." 소녀는 각각 열여섯 살과 스무 살인 형제자매를 포함해서 다른 가족을 알레포에 두고 왔다고 한다.

"왜 이곳으로 왔나요?"

"이유를 아시잖아요." 소녀가 냉소적인 미소를 지었다. 전쟁의 그늘이 드리워진 미소였다.

"어디로 가고 싶어요?"

"어디든요."

그녀는 지금까지 수십 킬로미터를 걸어왔는데, 앞으로 자신은 어떻게 되는 것이냐고 물었다. 나는 헝가리 정부가 곧 그들을 막을 것이라고 말해주었다. 릴란의 사촌이 욕을 하면서 멀찌감치 떨어져 앉는다. "신이여, 시리아 사람들을 도와주세요." 그가 중얼거렸다.

"유럽에서 뭘 하고 싶어요?"

"그냥 공부하고 싶어요. 그리고 승리도 하고 싶고요." 소녀가 말했다.

"승리라니, 무슨 말인가요?"

"시리아, 자유, 승리, 정착, 음식, 물, 샤워, 뭐든요. 정말 단순하죠. 하지만 우리에게 필요한 것들이에요……저는 그 모든 것들을 원해요. 전부 다."

소녀가 가진 희망의 무게 때문에 우리의 대화가 하찮게 느껴졌다. 목에 높은음자리표 문신을 하고 자유를 갈구하는 시리아 소녀가 여기 헝가리-세르비아 국경에서 길을 잃었다.

"제대로 된 삶을 원하는군요."

"맞아요. 온전한 삶을 원해요."

릴란을 포함한 몇몇 사람들이 다시 선로를 따라 걷기 시작했다. 촬영기사가 그들과 함께 걸으면서 영상을 찍었다. 그러다가 어느 순간 나는 촬영기사와 멀어졌는데, 그와 휴대전화 연결도 되지 않았다. 촬영기사에게 촬영을 지시할 수 없게 되자, 갑자기 내가 관찰하고 있는 사람들이 더 이상 취재의 대상이 아니라는 생각이 들었다. 나는 그냥 이 사람들과 함께 있는 사람이었다.

선로를 따라 걷던 사람들의 행렬에 틈이 벌어졌다. 계속 걸어가는 사람들이 있는가 하면, 아직 한참을 걸어와야 할 사람들도 있었다. 나는 가만히 서서 촬영기사를 찾아보았지만 헛수고였다. 다섯 살쯤 된 남자아이가 선로에 있었다. 아이는 혼자였다. 옷차림은 깔끔했다. 아이는 근처 나무들을 하염없이 바라보고 있었다. 부모라면 그것이 무엇을 의미하는지 안다. 정말 피곤하다는 의미였다. 잠시 두려운 마음이 들었다. 혹시 아이가 혼자 남겨졌을까?

그때 아이의 부모가 나타났다. 두 사람은 800미터쯤 뒤에서 비틀거리며 걸어오고 있었다. 아이 아버지가 가까이 오자, 나는 그가 몸에 두른 아기띠로 아기를 안고 있는 모습을 볼 수 있었다. "아가, 어서 가자." 아이 아버지가 지친 아이에게 말했다. 그가 내 옆을 지나갈 때, 나는 그가 왜 다섯 살짜리 아이를 혼자 걷게 했는지 알았다. 그의 등에는 또다른 아기가 업혀 있었다.

아이가 일어나지 않으려고 하자 아버지가 힘들게 아이 옆으로 왔다. 갑자기 뒤에서 열 살쯤 되어 보이는 남자아이가 나타났다. 아이 아버지가 한숨을 쉬며 업고 있던 아기를 열 살쯤으로 보이는 아이에게 건네주었다. 그러고 나서 지쳐 있던 다섯 살짜리 아이의 손을 잡았다.

나는 곧바로 우리 차량을 떠올렸다. 어쩌면 우리가 일정을 바꾸어서 그

가족을 난민 행렬의 목적지인 부다페스트의 켈레티 역으로 데려다줄 수 있을지도 모른다. 그때 앞으로 계속 걸어가는 난민의 모습이 광활한 초록 들판을 가로지른 선로 위의 까만 점처럼 보이기 시작했고, 나는 철저히 무력감을 느끼며 서 있었다.

새로운 전쟁

앞에서 전 세계적인 출생률 감소 문제를 언급했다. 그 해결책은 명확하다. 8,000만 명에 달하는 난민과 망명 신청자, 실향민 등을 기쁘게 받아들이면 된다.[1] UN에 따르면 인류는 지금 제2차 세계대전 이후 최악의 난민 문제를 겪고 있다.[2] 오늘날과 비교하면 책임의 시대에 살았던 정치 지도자와 시민들은 현명했다. 비교적 안정되었던 그 시대에는 실향민이 훨씬 적었다. 그러나 1990년대에 동유럽권이 무너지고 발칸 전쟁이 일어나면서 난민의 수가 급증하기 시작했다.

8년 만에 난민이 2,000만 명에서 4,000만 명으로 2배나 늘었고 2019년에는 그 수가 7,900만 명에 이르렀다.[3] 그후로도 수백만 명의 사람들이 엄청난 속도로 터전을 잃고 있다. 최근 난민이 급증한 원인은 시리아 때문이다. 2011년에 내전이 일어난 이후부터, 시리아 인구의 3분의 2에 해당하는 1,000만여 명이 고향을 떠났다. 터키로 간 350만 명처럼 국경을 넘어서 다른 나라로 떠난 사람들도 있었지만, 시리아 안에서 난민이 된 사람들도 있었다.[4] 그러나 시리아 내전은 엄청난 정치적 파장을 일으키는, 여러 인도주의적 위기의 일부일 뿐이다.

현재의 난민 위기는 세계적인 분쟁의 결과가 아니라는 점이 눈에 띈다. 1940년대에는 수천만 명이 집을 잃고 안전한 피난처를 찾아서 떠돌았다.

그 원인은 잔혹한 세계대전 때문이었다. 2000년대에 경제 위기를 겪었음에도 불구하고 지난 20년간 세계는 틀림없이 발전했고 더욱 안전해졌다. 실제로 각종 자료를 보면, 사람들은 그 어느 시대보다도 오늘날 더욱 안전하게 살고 있다.[5] 우리는 세계 전쟁이나 대공황 등을 겪은 적이 없고, 코로나-19도 아직은 이런 대규모 이동의 원인이 아니다. 국가 간의 전쟁 또한 크게 줄었다. 이제 다른 나라와 전쟁을 치르는 나라는 거의 없다. 현대에는 거의 전례를 찾을 수 없다. 그런데 왜 이렇게 많은 난민들이 발생하는 것일까?

특히 조국을 떠난 난민의 수가 전체 실향민의 3분의 1 미만이라는 점이 주목할 만하다. 이들의 수는 2019년에 2,600만 명 정도였다. 실향민 중 4,500만 명 이상은 국내 실향민이다. 이들은 자신의 나라를 떠나지 않았지만, 전쟁이나 기아, 추방 등으로 살던 집에서 쫓겨난 사람들이다. 이들은 거대한 수용소나 대도시 외곽의 빈민촌에 머물며, 자신의 집으로 돌아가지 못한다.[6]

국내 실향민의 급증은 내전과 국경 폐쇄의 결과이다. 국경 폐쇄로 말할 것 같으면, 과거 어느 때보다 오늘날 수많은 나라들이 다양한 방법으로 국경을 막고 있다. 동작 감지기가 달린 이른바 스마트 펜스, CCTV, 위성 기술, 휴대전화의 위치 추적, 생체 인식이 되는 여권, 망막 스캔 등 난민을 막기 위해서 다양한 방법이 동원된다. 그래서 정당한 절차를 거치지 않고 국경을 넘기가 매우 어려워졌다.

사람들이 고향을 등지는 주된 이유는 국가 간 전쟁이 아니다. 삶의 터전이 무너진 탓에 점점 더 많은 사람들이 살던 곳을 떠나고 있는 것이다.

메리 캘도어 교수는 동유럽권의 몰락 이후 세계 분쟁의 특징을 설명하고자 "새로운 전쟁"이라는 표현을 만들었다.[7] 서로 대립하는 세력에는 국가와 비국가 활동 세력이 모두 포함된다. 과거와 달리 오늘날은 범죄와 인권침해가 자주 일어나고, 정치적 통제가 영토 점령보다 심각한 문제가 되었다. 캘도어는 냉전 이후 세계 분쟁이 이념(예를 들면 공산주의와 자본주의의 대립)과는 멀어졌고, 인종이나 종교적 정체성과는 가까워졌다고 주장한다.

간단히 말하면, 오늘날의 전쟁은 내 생각이 무엇이고, 내 나라가 다른 나라에 무엇을 요구하는지가 아니라 내가 누구인지의 문제이다. 사람의 견해는 설득이나 강요로 바뀔 수 있지만, 종교나 인종적 정체성은 쉽게 바뀌지 않는다. 사람은 헝가리인, 루마니아인, 쿠르드족, 무슬림, 기독교를 믿는 아랍인 등으로 태어난다. 정체성 분쟁은 대단히 해결하기 어렵다. 캘도어가 책에서 다룬 사례에는 구(舊)유고슬라비아 내전도 있는데, 이는 인종과 종교가 같은 나라이지만 독립하고 싶은 열망 때문에 일어났다. 그 목적을 달성하기 위해서 일부에서는 대량 학살이나 인종 청소가 자행되었다. 그런 정책을 추구하는 나라는 자국 영토에서 제거되고 있는 사람들의 정치적 견해에는 신경을 쓰지 않는다. 이들은 적의 정통성과 정체성을 모두 없애려고 한다. 세르비아와 크로아티아의 전쟁이 끝나고 수년이 흐른 후에, 나는 두브로브니크의 한 카페에서 전 크로아티아군 장교와 대화를 나누었다. "르네상스나 인본주의가 일어났을 때 그 사람들은 이곳에 없었습니다." 장교는 세르비아인에 대해서 이렇게 말했다. "그들은 고유의 역사가 없기 때문에 근거 없는 믿음에 의존합니다. 그들의 역사는 전부 미신이에요!"

이런 현대판 사회 통합은 온갖 새로운 전쟁, 국가의 실패, 정규적인 전쟁과 비정규적인 전쟁이 결합된 하이브리드 분쟁의 원인이 되고 있다. 어떤 용어를 사용하든, 분쟁의 배경에는 항상 세계화가 있다. 원유가가 배럴당 100달러였을 때, 베네수엘라는 부패한 우고 차베스 정권의 포퓰리즘을 감당할 수 있었다. 2014년에 원유가가 급락하자 정권이 무너지기 시작했고, 350만 명이 넘는 베네수엘라 국민이 가난을 피해서 다른 중남미 국가들로

떠났다.[8]

　세계경제도 베네수엘라 정부와 비국가 활동 세력의 위험한 공모를 부추 겼다. 멕시코의 마약 전쟁은 겉으로 보면 국가와 마약 조직 간의 싸움이다. 그러나 정부가 조직원들을 체포하고 이들의 마약을 몰수하자, 마약 전쟁은 돈과 권력, 시장 점유권을 놓고 벌이는 마약 조직들 간의 싸움이 되었다. 싸움의 희생자는 대부분 말단 조직원이나 일반 시민이었다. 멕시코 정부는 북쪽 국경을 맞대고 있는 미국으로부터 정치적 압박도 받고 있었는데, 미국 은 자국의 고질적인 마약 문제를 해결할 방법을 찾고 있었다. 또한 미국은 마약상과 멕시코군 모두가 사용하는 무기의 제공자이기도 하다.

　멕시코 마약 전쟁에서는 적어도 아직까지는 체계적인 전투도, 영원하고 확실한 승자나 패자도 없다. 그 전쟁의 주된 동기는 경제적 이익이다. 세계 은행은 연구를 통해서 멕시코의 소득 불평등과 마약 관련 살인율 사이에 상관관계가 있음을 확인했다.[9] 마약 전쟁은 2006년에 당시 대통령이던 펠리 페 칼데론이 시작했다. 그후 적어도 12만 명의 사람들이 살해되었고, 수만 명이 실종되거나 사망했다.[10] 멕시코 사태는 수많은 인명 피해를 초래했지 만, 민족주의나 부족주의, 종교와는 무관했다. 세계화된 세계에서의 가장 강력한 힘은 수요와 공급이다. 마약 전쟁은 수요가 증가하는 상황에서 공급 을 없애려다가 발생한 부작용이었다.

　서로 밀접하게 연결된 세상에서는 분쟁을 유발하는 요인이 늘어날 뿐만 아니라 분쟁의 성격도 변한다. 시리아 내전은 시아파와 수니파의 갈등이 아니라 억압 체제에 대한 저항이 원인이었다. 대중 봉기가 거세지자, 시리 아 정부는 비국가 단체와 손을 잡았고, 분쟁은 종교 갈등이 반영된 대리전 쟁의 양상을 띠게 되었다. 수니파가 맞서 싸우는 아사드 정권의 세력은 시 아파 내의 과격 분파인 알라위파에 기반을 두고 있었고, 시아파가 권력을 잡고 있는 이란의 지지를 받고 있었다. 자금을 모으고 지하드라고 부르는 성전과 종교적 정체성을 이용해서 전사들을 모집했다. 시리아 분쟁이 전 세계에 미치는 영향이 커질수록, 분쟁은 점점 지역적이고 역사적이며, 종교적이고 종족적인 성격을 띠게 되었다.

오늘날의 분쟁은 범죄조직과 폭력단, 금융기관과 국제기관, 기업 로비스트와 언론 등 비국가 활동 세력이 개입함에 따라서, 제2차 세계대전 이후에 확립된 국가의 체계와는 더 이상 일치하지 않는다. 세계화는 분쟁이 주권이나 지리적 경계에 제한을 받지 않는 세상을 만들었다. 그 결과, 외부 세력이 개입하지 않는 전쟁이 없었고 모든 전쟁이 "무익하지"않았다. 전 세계가 밀접하게 연결되면서 지역 분쟁은 일종의 블랙홀이 되어서 주변 세력을 강력하게 끌어들인다. 예컨대 시리아 내부에서 발생한 싸움은 처음에는 지역 분쟁이었고, 나중에는 다수의 세계적인 세력이 참여하면서 세계 분쟁이 되었다. 과거에는 분쟁이 발생하더라도 특정 지역에 국한되고 나라마다 그 성격이 달랐지만, 이제 그런 분쟁은 사라졌다. 사실 갈등을 특정 지역의 문제로만 제한하려는 시도는 거의 실패하고 있다. 오바마 정부는 시리아 내전이라는 맹독성이 있는 늪에 발을 담그지 않기로 했다. 미국이 시리아 내전에 개입하지 않을 이유는 충분했다. 미국에게 시리아는 경제적, 전략적 가치가 거의 없는 나라였고, 분쟁이 점점 종파적인 성격을 띠어가는 상황에서 미국이 시리아에 자유민주주의의 가치를 심기에는 역부족이었다. 시리아 내전에 개입해봤자 좋을 것이 없다는 미국 정부의 판단은 아마도 옳은 생각이었을 것이다. 세계가 덜 연결된 시대였다면 그 결정은 주효했을 것이다. 그러나 현대에는 지역에서 발생한 격변의 바람을 피할 수 없다. 한번 불면 누구나 그 속으로 맹렬히 빨려들기 때문이다.

***

난민들은 어느 나라에서 왔을까? 우선 시리아 출신이 가장 많고, 그 뒤를 베네수엘라, 아프가니스탄, (종족 분쟁으로 붕괴된) 신생국 남수단, (무슬림 소수민족에 대한 인종 청소가 자행된) 미얀마가 따른다.[11] 독재 정부와 미국의 제재로 인해서 경제가 붕괴된 베네수엘라를 제외한 나머지 나라들에서는 여전히 길고 잔혹한 내전이 진행 중이며, 국내 실향민의 수도 매우 많다. 국가와 공동체의 붕괴는 21세기 국제사회에서 흔한 현상이 되었다.

UN 헌장은 회원국의 주권을 보장한다. 이 헌장이 만들어질 무렵, 많은 나라가 전쟁과 제국주의로부터 위협을 받고 있었고, 각국은 국가로서 자기 결정권을 보호받기 위해서 노력하고 있었다. 오늘날 각국의 주된 과제는 단결된 정치 공동체로 지탱하는 일, 즉 생존을 위한 일이다.

국제사회에는 내전으로 고통받는 나라를 효과적으로 도울 방법이나 국가의 붕괴를 막을 수 있는 규정이나 절차가 전혀 없다. 사실 오늘날의 국제질서는 정반대의 패러다임을 토대로 구축되었다. 그것은 모든 국가는 주권을 가지며 외세의 간섭으로부터 보호받는다는 원칙이다. 세계은행과 IMF가 경제 위기에 빠진 나라를 도울 수는 있지만, 다방면에 걸쳐서 위기를 겪는 나라에 포괄적인 도움을 제공하지는 않는다. 일반적으로 인본주의에 근거한 개입은 인정되지 않으며, 집단 학살과 같은 최악의 상황에만 예외적으로 개입이 허용된다. 그러나 이마저도 매우 제한적이다. 즉, 모든 나라는 다른 나라의 "내정"에 간섭해서는 안 된다.

국가가 제 기능을 하지 못할 때, 정치적, 사회적으로 국가의 통제에 저항하려는 연쇄작용이 일어난다. 시리아 내전이 발발했을 때, 수백만 명이 추방당하거나 살던 집을 버리고 떠났다. 이들은 해안가나 시리아 사막 깊숙한 곳으로 피난을 갔다. 350만 명은 터키로 갔다. 150만 명은 약 7억 4,000만 명이 사는 부유한 유럽으로 갔다. 지금까지는 번영의 시대가 국가의 약화 현상을 감추어왔다. 주로 저개발국들이 국내외에서 압력을 받아서 무너지고 있으며, 그 과정에서 국민들은 어쩔 수 없이 조국을 떠나고 있다. 실향민들은 무너지는 조국 안의 다른 지역이나 이웃 나라로 피난을 가고, 지독한 궁핍 속에서 살아간다.

특정 세력이 고의적으로 이런 연쇄작용을 일으키기도 하는데, 시리아 내전이 그런 경우이다. 처음에 바샤르 알아사드 시리아 대통령은 젊은 남자들을 강제 징집하도록 명령했다. 범죄조직을 거느린 특정 종파를 납치한 일도 있었는데, 이는 정부의 은밀한 지시를 따른 것이었다.[12] 이후에 시리아 정부는 군 복무 기간을 무기한 연장했다. 수많은 시리아인들이 피란길에 오른 이유 중에는 이 강제 징집도 있었다. 시리아 정부는 징집자가 수백 달러를 벌금으로 내면 입대를 연기할 수 있다고 발표했다. 벌금을 낸 남자들은 여권을 발급받을 수 있었는데, 시리아 같은 독재국가에서는 대개 여권을 발급받는 과정이 복잡하다. 그런데 갑자기 2015년에 시리아 정부가 여권 발급 과정을 간소화했다. 그리고 불법으로 시리아를 떠났던 사람들에게까지 여권을 발급했다. 지금까지 시리아 난민들은 대개 길고 위험한 여행을 통해서 리비아로 갔다. 아프리카 이주민과 함께 고무 보트나 낡은 배를 타고 지중해를 건너서 이탈리아로 향했다. 그러나 터키로 간 수백만 명은 지역 밀수업자를 통해서 더 적은 비용으로 더 짧고 안전한 경로를 택할 수 있었는데, 이는 터키 해안에서 출발해서 바다를 건너 그리스의 섬들로 들어가는 것이었다. 유럽으로 가는 비용이 갑자기 줄어든 것이다. 시리아에서 리비아를 거쳐서 유럽으로 가려면 약 6,000달러가 들었지만, 터키 보드룸 항구에서 그리스 코스 섬까지 24킬로미터를 가는 데에는 3,000달러밖에 들지 않았다.

유럽으로 가는 길이 열렸다는 소식은 삽시간에 중동 지역에 퍼졌다. 소셜 미디어를 포함한 각종 매체 덕분에, 새로운 미래로 가는 방법은 지옥 같은 내전이 벌어지는 중에도 널리 확산될 수 있었다. 시리아 청년들은 시리아에 남아서 비난받는 독재자의 강제 징집에 죽음을 무릅쓰고 응할지, 아니면 돈을 내고 입대를 연기하고 여권을 받아서 상대적으로 안전한 나라로 떠날지, 냉혹한 선택을 해야 했다. 어쩌면 아사드는 자신의 적들이 시리아를 떠나서 유럽을 압박하기를 원했을지도 모른다. 수많은 난민들이 시리아 중심부에서 수니파를 몰아내려는 일종의 인종 청소가 일어나고 있다고 주장했다. 자신의 지지세력이 다수가 되도록 시리아의 인구 구성을 바꾸는 것이 아사드의 목적이라는 이야기였다. 북대서양조약기구(NATO)의 군 최고사령관 겸 유럽 주둔 미군 사령관인 필립 브리들러브가 2016년 의회위원회에 나와서 중요한 증언을 했는데, 이것은 마땅히 받아야 할 주목을 받지 못했다. 그는 아사드 정권이 국민을 내쫓는 이유가 전쟁의 명분을 지키려는 목적도 있지만 유럽에 심각한 정치적 혼란을 일으키기 위해서이기도 하다고 주장했다. "러시아와 아사드 정권이 합작해서 유럽 체제를 흔들고 EU를 무너뜨리기 위해서 이민을 무기로 이용하고 있습니다."[13] 브리들러브는 러시아의 지원을 받은 시리아 정부가 민간인을 폭격한 사건을 예로 들면서, 이 폭격은 "거의 군사적인 효용이 없었습니다. (이 폭격에는) 사람들을 이동시켜서 다른 사람의 문젯거리로 만들려는 의도가 깔려 있었죠. 유럽을 굴복시킬 목적으로, 사람들을 길거리로 내몰아서 유럽을 골치 아프게 만들자는 생각이었습니다"라고 말했다.

인구 통계학적으로 볼 때에 난민 수는 유럽의 전체 인구 수와 비교하면 무시할 만한 수준이지만, 정치적인 파장은 어마어마하다. 서양에서는 난민을 당면한 위협으로 생각하는 유권자와 정치인이 늘고 있다. 선진국에서 이런 현상이 쉽게 퍼지는 이유는 이민자를 영원히 통제하는 것이 가능하다고 믿도록 부추기는 세력이 있기 때문이다. 그러나 사람들의 이동을 막으려는 노력은 새롭고 실험적이며, 어쩌면 지속하기 어려운 시도이다. 내가 헝가리 국경에서 만난 시리아인들은 조국에서 죽음을 맞이할 수도 있었지만, 그 운명을 받아들이지 않았다. 이들의 여정은 현 세계 질서에 대한 일종의 저항이었다. 열일곱 살 릴란의 주장처럼, 그들은 "승리"를 추구하고 있었다.

저개발국들은 난민 문제로 가장 큰 피해를 보고 있다. 터키는 유럽보다 2배 이상 많은 난민들을 받아들이고 있다. 언젠가 나는 코스 섬으로 배를 타고 오는 수많은 난민들을 취재하던 중에, 터키 해안과 가장 가까운 지점에서 8킬로미터 정도 떨어진 해변의 한 식당에서 점심을 먹은 적이 있다. 옆 테이블에는 값비싼 핸드백을 들고 온 중년의 터키 여성이 앉아 있었다. 나는 그녀에게 난민 문제가 그녀의 삶에 어떤 영향을 미치는지 물었다.

"저는 보드룸에 살아요. 두 달 전쯤 시리아인 가족이 우리 집 뒷마당에 텐트를 쳤더군요."

"그래서 어떻게 하셨어요?"

"그 사람들을 쫓아내려고 경찰서에 전화를 걸었어요."

경찰은 그녀의 이야기를 한참 동안 듣고 나서 이렇게 말했다고 한다. "아, 그 사람들은 존경하는 우리 에르도안 대통령님의 손님이에요."

그녀는 전화를 끊고, 자신의 이야기를 진지하게 들어줄 다른 경찰관과의 통화를 시도했다. 다른 경찰관이 전화를 받았다. 그녀가 자신의 뒷마당을 불법점유한 사람들에 관해서 말하자, 그 경찰관 역시 준비된 대답을 했다.

"그 사람들이요? 에르도안 대통령의 손님이에요. 아무도 그런 말을 안해주던가요?"

그다음에 어떻게 했느냐고 그녀에게 물었다.

그녀는 어깨를 으쓱하며 말했다. "아무것도 못했어요. 그게 정부의 방침이라는 사실을 알았거든요."

14

실험과 그 대가

"모든 사람들은 조국을 포함해서
어느 나라든 떠날 수 있는 권리와,
조국으로 다시 돌아올 권리가 있다."
— 세계인권선언 제13조 2항[1]

나의 할아버지 조엘 샤스텔은 체구가 작고 과묵한 분이셨다. 할아버지는 안식일마다 지중해성 기후와 전혀 어울리지 않는 두꺼운 정장을 입으시고는 했는데, 그런 차림으로 유대교 회당 밖으로 천천히 걸어나오시는 모습을 볼 때마다 나와 형은 당황하기 일쑤였다. 우리 형제는 할아버지와 진지하게 대화를 나누어본 적이 없다. 우리는 자라면서 할아버지가 누군가와 대화를 나누시는 모습을 좀처럼 보지 못했다. 가끔 우리에게 사탕을 주시기는 했지만, 대개는 장난을 그만 치라거나 마당에서 뛰지 말라거나 집 옆에 있는 검붉은 흙더미에 올라가지 말라고 소리치실 뿐이었다. 할아버지는 늘 우리에게 조심하라고 말씀하셨다. 넘어지지도 말고, 거칠게 행동하지도 말아야 했다. 아무 일도 없어야 했으며, 그저 조심해야 했다. 아버지가 10대였을 때, 아버지는 매사에 조심하라는 할아버지에게 반항하고 싶어서 집의 빈

벽에 선반을 달았다고 한다. 그러자 할아버지는 자칫 위험할 수 있는 선반을 다시는 달지 못하도록 벽에 구멍을 뚫었고 이 때문에 한바탕 시끄러웠다고 한다.

할아버지는 늘 두려운 마음으로 사셨다. 할아버지는 암호 같은 세 단어, "하나짐, 이마 쉐맘(Ha-Nazim, yimah shemam)"을 제외하고 다른 슬픈 기억들은 머리에서 지우셨다. 그것은 "나치, 그 이름이 지워지기를"이라는 의미였다. 옛 유대 민족은 적을 저주할 때마다 이 말을 중얼거렸다고 한다. 할아버지의 저주에는 나치에 희생당한 이들이자 할아버지가 사랑한 첫 번째 아내와 아들, 죽음의 수용소로 끌려갔다가 실종된 가족들, 나치에 의해서 파괴된 조국의 문화와 환경 등 슬픈 기억들이 오롯이 담겨 있었다. 또한 그 말은 비극적인 사건들이 일어나는 모습을 그저 멀리서 무력하게 바라볼 수밖에 없었던 자기 자신에 대한 저주이기도 했다. 할아버지는 대화 중에도 저주의 말을 중얼거리다가 침묵에 빠지는 일이 잦았기 때문에 대화는 자주 중단되었다.

할아버지는 1905년에 폴란드 비알리스토크의 가장 큰 유대인 마을의 한 가난한 가정에서 태어나셨다. 내가 아는 할아버지의 이야기는 전부 편지와 공문서를 통해서 추측한 내용인데, 할아버지는 당신의 삶에 대해서 거의 아무 말도 하지 않으셨기 때문이다. 할아버지는 재단 일을 배웠고, 주임 랍비의 주례로 스물다섯에 다섯 살 연상인 레즐 위노커와 결혼했다. 결혼 전에는 폴란드 군대에 복무했다. 당시 사진을 보니 할아버지는 큰 눈과 도톰한 입술을 가진 잘생긴 청년이었다. 사진 속의 할아버지는 다부지고 희망으로 가득 차 보였는데, 내가 한번도 보지 못한 모습이었다.

할아버지는 몇몇 다른 가족들처럼 미국으로 이민을 가고 싶어했지만 여의치 않았다고 한다. 차선책으로는 팔레스타인에 가는 방법이 있었다. 그러나 안타깝게도 영국은 자국의 위임 통치령으로 유대인이 이주하지 못하도록 엄격히 제한했다. 전 세계가 이민자를 막기 위해서 국경을 봉쇄하고 있었다. 결혼한 지 3년이 지나고 할아버지는 과감한 결정을 내렸다. 3개월짜리 관광 비자를 받아서 팔레스타인으로 여행을 간 다음, 그곳에서 불법 체류를 하기로 한 것이다. 그리고 그곳에서 가족이 올 때를 대비해서 필요한 준비를 하기로 했다. 할아버지가 폴란드를 떠난 시기가 1933년이었는데, 여행 서류를 보니 팔레스타인까지 가는 길이 순탄하지 않았던 것 같다. 할아버지는 체코슬로바키아와 그리스, 이름이 표시되지 않은 아랍 국가들을 거쳐서 팔레스타인에 도착했다. 내가 취재했던 시리아 난민들도 비슷한 경로를 택해서 이동했지만, 이들은 할아버지와 달리 중동에서 유럽으로 향했다. 상황과 방향만 달랐을 뿐, 할아버지와 시리아 난민들의 탈출 경로는 같았다.

할아버지가 팔레스타인에 도착한 해에 나치가 독일에서 정권을 장악했다. 할아버지는 텔아비브 북쪽에 있는 농촌 마을에 정착한 후, 아내와 아들과 편지를 주고받았다. 그는 이민 허가증이라고 불리는 "증명서"를 가족에게 보내려고 했지만 성공하지 못했다. 영국이 이민을 제한하고 있었으므로 증명서를 발급받기가 어려웠는데, 그 발급 업무는 유대 기구(Jewish Agency)가 담당하고 있었다. 할아버지는 노동자인데다가 불법 체류자였다. 어느 쪽으로 보나 신분이 불확실했다. 팔레스타인에 도착하고 3년 후에 팔레스타인 봉기가 일어났다. 이것은 영국이 팔레스타인에 유대인의 이민과 정착을 허용하자 이에 격분한 아랍인들이 일으킨 사건이었다. 이들의 투쟁은 1939년까지 계속되었다. 그해 독일이 비알리스토크를 점령해서, 독소불가침조약(1939년 8월, 모스크바에서 독일과 소련이 조인한 상호 불가침조약으로, 폴란드를 포함한 동유럽 전체를 두 나라가 분할 통치한다는 비밀 의정서가 첨부되어 있었다/옮긴이)에 따라서 그곳을 소련에 넘겼다. 그로부터 2년 후, 독일은 바르바로사 작전을 펴서 소련을 침략했다. 비알리스토크를 재점령한 첫날, 독일은 도심의 유대교 회당에 불을 질렀다. 그 화재로 회당 안에 있던 800여 명의 유대인이 사망했다. 그러나 이는 시작에 불과했다.

팔레스타인에 발이 묶인 채 사랑하는 아내와 아들, 부모님과 가족의 안전을 걱정해야 했던 할아버지가 그때 어떤 심정이었을지 나로서는 감히 짐작도 할 수 없다. 나는 할아버지와 관련된 각종 문서로 당시의 상황을 겨우 추측할 뿐이다. 할아버지는 영사관 문을 두드렸다. 서류 전문가에게 약간의 수수료를 지불하고 탄원서를 작성했다. 그리고 자신의 출생증명서와 혼인관계 증명서에 대한 번역 공증을 맡겼다. 혹시 도움이 될까 해서 정당에도 가입했다. 1942년 11월, 나치가 유대인을 체계적으로 대량 학살하고 있다는 사실이 만천하에 드러났다. 그것은 박해나 학살이라기보다는 유대 민족 전체를 절멸하려는 계획이었다. 할아버지가 돌아가신 후에 우리 가족이 발견한 2건의 문서에서는 할아버지의 절망이 묻어났다. 하나는 할아버지가 유대 기구에 보낸 편지였는데, 한가운데에 커다란 글씨로 "하칠루(hatzilu : 그들을 구해주세요!)"라고 적혀 있었다. 두 번째 문서는 그 편지에 대한 답장이었는데, "당신의 힘든 상황을 이해하지만" 자신들이 할 수 있는 일은 아무것도 없다고 쓰여 있었다.

다른 문서들을 보니, 할아버지는 가족을 만나기 위해서 유럽으로 가려고 했지만 실패한 모양인 듯했다. 당시 전쟁으로 피폐해진 유럽에는 이미 가스실이 있었다. 할아버지는 자살도 생각했지만 실현되지는 않았다(자살 시도가 사실이었는지는 확인할 길이 없다). 비알리스토크에 살던 유대인들은 대부분 트레블링카, 마이다네크, 아우슈비츠에서 죽었다.

전쟁 중에 필사적으로 가족을 찾아다녔으나 아무 소득도 없던 할아버지는 나중에 베이루트의 오랜 유대인 공동체 출신의 포르투나 타바흐와 결혼했다. 그녀는 할아버지와 달리 심지가 굳고 생기가 가득한 여성이었다. 두 분은 슬하에 아들 셋을 두었고, 그중 한 분이 내 아버지이다. 그러나 할머니는 병에 걸려서 젊은 나이에 돌아가셨다. 모든 것을 잃어본 적이 있던 할아버지에게 또 한번 찾아온 비극이었다.

할아버지는 국경과 악의 세력에 가로막혀서 가족과 함께하지 못했다. 또한 시민권도, 나라도 없이 무력하게 외국에서 자비를 구걸해야 했다. 아내와 아들을 구하지도 못했고, 심지어 가족과 함께 죽지도 못했다.

실험의 탄생

호모 사피엔스는 자유롭게 이동하고 새로운 주거지에 적응할 줄 아는 독특한 능력 덕분에 전 세계에 자손을 퍼뜨리고 번성할 수 있었다. 인류 역사의 대부분이 대이동에 관한 이야기이며, 대표적인 예로는 성서에 나오는 유대인의 출애굽, 로마 제국을 재편한 북유럽 부족의 침략, 1066년 정복왕 윌리엄의 잉글랜드 정복, 이슬람교의 확산과 아랍 세계의 이슬람화, 유럽의 아메리카 대륙 침략 등이 있다.

그런데 지금 우리 시대의 모습은 모순적이다. 세계화 덕분에 국가와 국가, 개인과 개인이 정치적, 경제적, 문화적으로 교류할 기회가 많아졌다. 하지만 세계 중심에 블랙홀 같은 것이 있어서 사람들의 이동을 방해한다. 정보와 자본, 상품은 과거의 어느 때보다도 쉽고 안전하게 이동되는 반면, 사람의 이동은 엄격하게 제한된다.

중세부터 왕과 귀족은 자신의 땅에 출입을 통제하는 것이 토지 관리와 권력 확립의 기초임을 알고 있었다. 이따금 통치자들은 사회 불안을 우려한 나머지 영지 내에서 대도시로 이동하는 것도 막으려고 했다. 유라시아와 중앙 아메리카 상류층은 이동의 자유가 전혀 없는 정식 노예제도를 유지했을 뿐만 아니라 땅처럼 농부를 재산의 일부로 여기는 농노제와 소작농제를 유지했다. 1861년에 러시아의 황제 알렉산데르 2세가 약 2,300만 명의 농노를 해방시킬 때까지, 농노제는 계속 유지되었다.

식민주의 시대에는 아메리카, 아프리카, 아시아 등지의 식민지 원주민을 통제하기 위해서 농노제와 유사한 제도가 시행되었다. 스페인 사람이 자국의 식민지에 들어가려면 허가증이 있어야 했는데, 이것은 그가 "유대인이나 아랍인 및 이들의 자녀, 또는 이단 행위로 처벌받거나 파문당하거나 화형당한 사람의 자손이 아니라는" 사실을 증명해주는 서류였다.[2] 스페인과 정반대로, 영국은 북아메리카와 오스트레일리아 등 새 식민지를 죄인들의 유배지나 소수 종교인의 정착지로 사용하고 싶어했다. 사람들이 살고 있는 땅에서 그들을 추방하는 강제 이주는 오래된 관행이었다. 유대인은 반복되는 비극 속에서 공동체로 살아남은 얼마 되지 않는 민족 중의 하나이다. 처음에는 고대 히브리 왕국이 무너졌고, 그후 1세기에 주권을 잃은 유대인은 뿌리내릴 새로운 고향을 찾아서 계속 방황했다.

유대인은 궁극의 난민이자 영원한 이방인이었다. 4세기에 로마령 스페인에서 태어난 기독교인 프루덴티우스는 이렇게 썼다. "조상이 살던 고향에서 쫓겨나고, 살인죄를 저지르고, 그리스도의 피로 두 손을 더럽혔을 때부터 유대인은 나라 없이 이곳저곳을 떠돌며 끊임없이 망명생활을 해왔다."[3]

고대 유대 지방에서 쫓겨난 후, 유대인은 프랑스, 영국, 스페인, 독일의 라인 지방, 오스트리아, 리투아니아 등 무수히 많은 지역들에서 추방당했다. 이따금 유대인은 기독교로 개종하는 조건으로 새로운 지역에 정착할 수 있었지만, 대부분은 개종을 거부하고 다시 떠나는 쪽을 택했다. 당시는 유대인 같은 소수민족이 통치자들에게 폭력을 당할 수도 있는 시대였는데, 그들의 박해를 피해서 다른 곳으로 도망칠 기회는 유대인에게 얼마든지 있었다.

15세기 말에 스페인에서 추방당할 때, 많은 유대인이 이웃 나라인 포르투갈로 피난했다. 당시 포르투갈의 국왕 주앙 2세는 통치자들이 유대인에게 피난처를 제공할 때에 통상적으로 요구하는 조건에 따라서 금화를 선불로 받고 이들을 받아주었다. 부유한 600가구가 거금을 내고 영주권을 받았다. 돈을 적게 낸 사람들은 8개월만 체류할 수 있었다. 체류 허용 기한이 지나면, 특별 세금을 내거나 노예가 되는 것 중에서 하나를 선택해야 했다. 몇몇 증거에 따르면, 스페인을 탈출할 때 국경에서도 돈을 내야 했다.[4] 유대인 수용소가 스페인 국경 근처에 우후죽순으로 생겨났고 유행병도 돌았다. 역사가 프랑수아 소이어의 기록에 따르면, 포르투갈의 관리들 중에서 상당수가 외국인들을 도시와 마을 밖으로 몰아내기 위해서 최선을 다했다. 반면, 국왕은 국가의 수입원인 이방인들이 떠나지 않기를 바랐다. 그래서 왕실에서는 난민의 정착을 막지 말라고 각 지역에 지시했다. 요컨대 이 모든 일들은 오늘날의 난민 위기와 비슷했다.[5]

일부 유대인들이 그들에게 부과된 세금을 내지 못한다는 사실이 알려지자, 포르투갈 국왕은 중세에도 잔인하다고 생각된 자녀 분리 정책을 시행했다. 즉, 유대인 아이들을 강제로 데려가서 노예로 삼아도 좋다는 칙령을 내렸다. 당시 납치된 유대인 아이들의 숫자는 자료에 따라서 수백 명에서 수천 명까지 다양하다. 이와 관련된 문서들은 포르투갈뿐만 아니라 유대인도 가지고 있었는데, 유대인이 소장한 자료에는 국왕이 타고 있던 말 아래에 자신의 몸을 던져서 자비를 구하던 유대인 어머니들의 이야기가 나온다. 노예가 된 유대인 아이들은 포르투갈 귀족의 가정이나 서아프리카 해안에 있는 상투메 섬으로 보내졌다. 섬으로 보내진 아이들의 운명에 대해서는 알려진 내용이 전혀 없지만, 잡혀간 이후 얼마 지나지 않아서 대부분 사망했을 것으로 추정된다.

유대 민족은 이런 식으로 잔인한 박해를 수없이 받아왔다. 그러나 유대 역사에서 포르투갈의 사례는 탈출 가능성이 차단되면 무슨 일이 벌어지는지를 보여줌으로써 극적인 전환점을 마련한 사건이었다. 주앙 2세는 유대인에게 영주권을 허용했다. 그다음 국왕인 마누엘 1세는 스페인 왕가와 혼인 동맹을 맺고 싶어했는데, 독실한 스페인 왕가는 이미 유대인을 추방한 나라였다. 마누엘 1세는 자신이 스페인처럼 하지 않으면 두 나라가 동맹을 맺지 못할 것을 알았다. 몇몇 자료에 따르면, 스페인 왕가는 유대인 추방을 결혼 조건으로 내걸었다.[6] 어쨌든 스페인이 유대인을 추방한 지 5년이 지난 1497년에, 포르투갈도 모든 유대인에게 이 나라를 떠나라고 명령했다. 그러나 중세에 유대인을 추방한 다른 나라들이나 스페인과 달리, 포르투갈은 유대인을 완전히 내쫓고 싶지는 않았다. 왜냐하면 당시 유대인들이 포르투갈의 경제와 상업 분야에서 상당히 중요한 역할을 맡고 있었기 때문이다.

그래서 마누엘 1세는 유대인들에게 포르투갈에 머물되 기독교로 개종하라고 요구했다. 유대교를 금지하고, 유대인들의 집단 탈출도 막았다. 유대교 회당을 폐쇄하고 경전을 불태웠으며 강제로 개종한 사람들은 땅이나 집을 팔지 못하게 했다. 수천 명의 유대인 아이들에게 강제로 세례를 주었고, 체계적인 방식으로 가족과 아이들을 분리했다. 관련 자료에 따르면, 자녀들과 함께 자살을 택한 유대인 가정도 있었다고 한다.[7] 강제로 개종한 "새 신자들" 가운데 일부는 계속해서 은밀하게 유대교 예배를 드렸고, 나중에는 탈출에도 성공했다. 나머지 사람들은 잔인한 방식으로 포르투갈 사회에 편입되었다. 1506년에 리스본에서 유대인 대학살이 벌어졌을 때, 평소 의심을 받던 수천 명의 유대인이 살해되었고 그중 상당수가 화형에 처해졌다. 그로부터 1년 후, 대학살에 대한 비난에 압박을 느낀 마누엘 1세는 유대인들을 옭아맨 지 10년 만에 이들의 이주를 허용했다. 그러나 이것은 임시 조치였다. 왜냐하면 당시 마누엘 1세는 포르투갈에 종교재판소를 세워달라고 교황청에 요청한 상태였기 때문이다. 그로부터 몇십 년 후에 이 종교재판소는 유대인을 살해하고, 유대 민족을 멸할 계획을 은밀하게 세운다. 30년도 채 지나지 않아 유럽의 대규모 유대인 공동체가 그렇게 사라졌다.

15세기 말부터 16세기까지 포르투갈에서 벌어진 유대인 학살 사건은 보편적인 교훈을 준다. 역사에는 만행이 가득하지만, 사람들이나 공동체가 자유롭게 떠나지 못할 때에 그 비참함은 배가된다. 결국 개인과 공동체가 생존하려면 자유롭게 이동할 수 있어야 한다. 유대인과 다른 민족 및 부족의 삶은 바로 그런 이동 능력에 따라서 좌우되었다.

***

고대 그리스에서는 원하는 곳으로 갈 수 있는 능력이 사람들이 누릴 수 있는 네 가지 자유 중의 하나이자, 노예와 자유인을 구분하는 기준이었다.[8] 시간이 한참 지난 후에도, 세상은 여전히 서로 의견을 주고받는 속도가 느렸으므로, 이동을 허용하거나 금지하는 기준을 마련하고 실행하기가 쉽지 않았다. 여권은 15세기 즈음부터 왕이 특사에게 발급하던 왕실 문서였다. 일반 여행자는 그런 서류가 필요하지 않았다. 그렇다고 왕국과 제국이 국가 간의 이동을 자유롭게 허용했던 것은 아니다. 오히려 그 반대였다. 프랑스의 루이 16세는 신교도의 국외 이주를 막기 위해서 초창기 여권 같은 형식의 허가증 없이는 사람들이 프랑스를 떠나지 못하도록 금지했다. 또한 프랑스 내에서 다른 지역으로 여행할 때에도 허가증이 필요했다. 중세 영국에서는 배를 타고 여행하려면 특별 서류를 발급받아야 했다. 공식적으로 "증서"나 여권은 주로 왕실의 명령에 의해서 요구되었다. 그러나 『여권의 발명 (The Invention of the Passport)』이라는 계몽적인 책에서, 존 토피는 여권 같은 문서는 암울한 세상에서나 제 기능을 한다고 설명한다. 그는 이렇게 썼다. "여권은 '분실' 위험이 높았으므로, 여행자는 유사시에 여권을 대체할 수단을 마련해야 했다.……여권 소지는 확실히 귀찮은 일이었고, 여권이 없어도 느슨한 행정 처리와 여러 은인들이 베푼 선의의 도움으로 어쨌든 여행은 가능했으므로, 사람들의 이동을 제한하기 위해서 여권 소지를 강제한 나라들은 종종 조롱거리가 되었다."[9]

왕국과 공국은 유입자가 아주 많거나 공동체 전체가 움직이는 경우를 제외하고는 자국 영토로 들어오는 사람을 철저히 막지는 않았다. 어차피 새로 들어온 사람들은 법적인 권리를 보장받지 못했고, 시민권을 달라고 요청하지도 않았는데, 18세기에는 시민권에 대한 개념조차도 없었기 때문이다. 물론 이들은 환영받지 못했다. 이들은 강을 건너다가 익사했고, 성벽으로 둘러싸인 도시로 바로 들어가지 못해서 굶어 죽기도 했다. 그러나 당시에는 공동체 전체가 재난을 당해서 탈출하게 되더라도, 오늘날 중남미 난민들이 미국 국경에서 맞닥뜨리는 첨단 장벽 같은 것은 만나지 않았다.[10]

이 점은 중요하다. 오늘날처럼 과거 통치자들도 자국의 영토로 들어오는 사람들을 엄격하게 통제하고 싶어했지만 이를 실행할 기술력이 부족했다. 예외적인 사례는 19세기에 한 번 있었는데, 그것이 현대사에 가장 중요한 이동 중의 하나를 일으켰다. 컬럼비아 대학교의 매 응아이 교수는 제1차 세계대전이 일어나기 전까지 미국은 이민을 막지 않았는데, 이는 "식민지 시대부터 이어져온 자유방임적 노동 이동이라는 전통을 반영한다"라고 썼다.[11] 19세기와 20세기 초에 미국으로 간 수백만 명의 유럽인 중에는 여권을 소지한 사람도 있었고 그렇지 않은 사람도 있었다. 이들은 비자와 같은 입국허가증 없이 미국에 도착했고 입국을 거부당한 사람은 거의 없었다. 시간이 지나면서 미국 의회는 무정부주의자와 매춘부, 중국인 노동자 등을 막기 위해서 점점 더 많은 제한을 두기 시작했다. 그러나 뚜렷하게 아픈 데가 없고, 다리를 절지 않으며, 지능이 모자라지도 않고, 가진 돈이나 자신을 돌봐줄 친척이 있는 사람들은 대체로 별 문제 없이 미국에 들어갔다.

각국이 안보를 위해서 국경을 감시하고 통제하기 시작한 계기는 세계대전이었다.[12] 각국의 주권이 강화되면서 국경을 넘을 때에 하는 여권 검사는 해외여행의 필수 절차가 되었다.[13] 1920년에 파리에서 열린 여권, 세관 수속, 스루 티켓(Through Ticket : 여러 번 환승해서 목적지까지 갈 때, 연결된 각각의 항공편을 하나의 예약 번호로 통합해서 발권하는 티켓/옮긴이) 등에 대한 국제회의에서 여권과 관련된 통일된 기준이 세워졌고,[14] 그 결과 인류 역사에서 가장 거대한 실험의 토대가 마련되었다. 그것은 전 세계 사람들을 분리하고 허가 없는 입국을 금지하는 효율적인 국경을 세우는 실험이었다. 여권에 사진을 부착하게 함으로써 국경을 지나가는 사람들의 신원을 효과적으로 확인했다. 1924년에 미국에서 제정된 이민법은 최초로 인종과 출신 국가별로 이민자 수를 할당함으로써, 사실상 자유로운 입국을 막았다. 여권의 국제 표준화제도가 마련되면서 입국 제한 절차가 훨씬 더 간편해진 것이다.[15]

여권 제도는 오늘날 우리에게는 너무나 당연한 것이지만, 사실 이것은 혁명적인 조치였다. 이것은 20세기에 사람들의 생활양식과 생존 및 성공 방식을 바꾸어놓았다. 1820년부터 1930년까지 미국 이민자의 수는 3,000만명 이상이었으며, 이들은 미국을 완전히 새롭게 바꾸었다.[16] 미국 이민자는 독일인, 폴란드인, 아일랜드인, 영국인, 네덜란드인, 슬라브족 등 다양했다. 수많은 이민자들 덕분에 미국은 1,000만 명이 살던 농업국에서 예비 초강국으로 부상했다. 이때가 유일하게 자유로운 이동이 허용된 순간이었다. 굶주리던 아일랜드인과 박해받던 유대인이 배를 타고 새로운 미래를 향해서 자유롭게 이동하던 시대는 이제 먼 과거 속으로 사라져버렸다. 오늘날 미국은 '자유의 여신상' 받침대에 새겨진 엠마 라자루스의 시 "새로운 거상"의 글귀처럼 신세계로 온 지치고 가난하고 움츠렸던 사람들을 환영하는 나라가 아니라, 이민자를 막는 나라가 되었다.

라자루스는 스페인-포르투갈계 유대인이다. 그녀의 조상은 포르투갈에서 브라질로 탈출한 난민으로 알려져 있다. 뒤늦게야 우리는 대이민의 시대가 석양의 마지막 빛이었음을 깨닫는다. 20세기에 이르렀을 때, 국민국가는 이미 이민자를 막을 수 있을 정도로 강력해지고 현대화되었다. 이동 제한은 체계적인 이념이 아니라 기술 발전에 따른 전 세계적인 현상이다. 과거에도 국가는 사람들의 이동을 제한하고 싶어했지만, 그렇게 할 수 있는 수단이 없었다. 그러다가 갑자기 그 일이 가능해졌다.

유대인은 새로운 규제방식의 영향력을 가장 먼저, 심각하게 느꼈다. 독일을 장악한 나치는 처음에는 독일을 떠나라고 유대인을 압박했다. 그래서 많은 유대인들이 그곳을 떠났다. 그러나 미국과 영국이 할당 이민제도를 도입하고 영국 정부가 유대인의 팔레스타인 이주를 막으면서, 1930년대에 인도주의적 위기가 발생했다. 유대인은 늘 그렇듯이 피난처를 찾아서 살던 곳을 떠나려고 했다.

그러나 세계 각국이 사람들의 물리적 위치를 통제하는 전능한 권력과 사랑에 빠졌다. 이 권력을 가장 잘 이용한 집단은, 아리안족이 통치하는 새로운 세상을 건설하고 싶어했던 나치였다. 제3제국의 이 살인 집단은 동성애자, 로마인, 정신질환자, 정적 등 자신들이 증오했던 모든 집단처럼 유대인도 말살하기 시작했다. 할아버지의 이야기는 모든 소수자가 겪었던 일이다.

과거에는 위험에 처하면 다른 곳으로 자유롭게 이동했지만, 이제는 불가능하다. 유럽에 사는 유대인의 대다수가 나치와 그 동맹국에 의해서 몰살되었다. 제2차 세계대전과 홀로코스트가 끝난 후, 국제사회는 대량 학살이 재발하지 못하도록 규범을 마련하고 협약을 맺기로 합의했다. 이후로 제2차 세계대전과 같은 극악무도한 만행은 일어나지 않았지만, 여전히 많은 사람들이 고국을 등지도록 압박하는 악의 무리와 새로운 곳으로 가는 길을 막는 장벽 사이에서 옴짝달싹 못하고 있다. 그리고 그 장벽 앞에서 사람들이 죽기도 한다.

세계 시민

국경을 넘는 사람들의 대규모 이동은 전혀 새롭지 않지만, 지난 100년간 그러한 집단의 이동을 막으려는 시도가 성공했다는 점은 새롭다. 거대한 국경 통제 실험을 시도할 여건이 되지 않는 나라도 있겠지만, 어쨌든 서구 사회는 그 실험을 영원히 계속할 것이다. 지금 전 세계가 혼란에 빠진 이유는 반드시 이동해야 하는 사람들이 전례 없이 강력한 장벽에 막혀서 움직이지 못하고 있기 때문이다. 영국의 코미디언 러셀 브랜드는 이민자에 대한 생각을 이렇게 정리했다.

"이민자들! 이민자들! 이민자들!……"
당신도 알다시피 이민자란 그저 전에 다른 곳에 살았던 사람이다.
"아! 늘 거기에 있었나요?"
"아니요, 아니에요. 전에는 다른 데에 있었어요."
"앗! 움직이지 마세요! 저는 주변을 돌아다니는 사람이 불편합니다. 무한한 공간에 떠 있는 이 구형(球形)의 바위에 가만히 있어요. 그때그때 경제 현실에 맞게 가상의 지정학적 국경이 설정되는 구형의 바위 위에서 움직이지 마세요. 세계 자본이 자유롭게 이동하면 그에 따른 수요를 충족시키기 위해서 노동력의 자유로운 이동도 필요하지 않을까라고 고민하지 말아요. 그건 복잡한 경제 지식이니 당신은 이해하지 못할 겁니다. 그냥 바위 위에 가만히 있어요."[17]

이민자를 "그저 전에 다른 곳에 살았던 사람"으로 정의하는 방식은 대다수 사람들의 생각과는 거리가 멀다. 그것은 문화적 차이, 예컨대 중동 사람과 런던 교외에 사는 사람의 차이를 무시하는 정의이다. 문화적 차이는 종교, 사회적 지위, 경제적 형편, 식민주의, 공동체의 역사적 기억 때문에 발생하고, 이것들이 바로 공동체를 구성한다. 또한 문화적 차이는 이민에 대한 대중의 생각과 반응에도 대단히 중요한 영향을 미친다. 무엇보다도 공동체의 특징은 그 구성원들에 의해서 결정되므로 구성원이 바뀌면 공동체의 모습도 달라진다.

브랜드의 생각은 보편적이며, 그런 관점에서 보면 이민은 논쟁거리가 되지 않는다. 그는 민족 자결주의나 전통적, 종교적 가치를 별로 중요하게 생각하지 않는다. 이런 조잡한 보편주의는 정치인들에게 유용한 재료가 된다. 2016년에 당시 영국 총리였던 테리사 메이는 이렇게 말했다. "오늘날 너무 많은 권력자들이 거리에 있는 사람들, 자신들이 고용한 사람들, 거리에서 자신들의 옆을 지나가는 사람들보다 국제사회의 엘리트 집단과 더 많은 공통점을 가진 것처럼 행동한다. 그러나 자신을 세계 시민이라고 생각하는 사람은 어느 나라의 시민도 아니다. 그런 사람은 '시민권'이 무엇을 의미하는지도 모르는 사람이다."[18] 메이의 발언은 인간 사회의 작동 원리를 통찰한 말 같지만 실은 그렇지 않다. 이것은 앞에서 민족주의와 근본주의를 다룬

장들에서 언급한 내용처럼, 세계가 하나라는 지구촌의 개념과 지역 정체성은 서로 대립된다는 점을 강조하려는 또다른 시도이다. 세계주의는 유연하고 열린 개념이다. 전통을 중시하는 노동자 계급도 세계주의자가 될 수 있다. 세계주의자라고 해서 모두 비즈니스 클래스나 타면서 위화감을 조성하지는 않는다.[19]

메이 전 총리의 논리에는 또다른 문제도 있다. 세계 인구의 절반(사실은 영국 국민의 절반이지만)이 자신을 세계 시민이라고 생각한다는 사실이다. 그와 동시에 이들은 당연히 특정 국가의 국민이기도 하다. 세계경제 포럼 산하의 커뮤니티인 글로벌 셰이퍼스는 2017년 연례 조사에서, 수만 명의 전 세계 청년들에게 자신의 정체성을 구성하는 가장 중요한 요소가 무엇인지를 물었다. 응답자 다수가 "인간"이라고 답했고, 두 번째는 "세계 시민"이라고 답했다. 그 두 가지가 전체 응답의 60퍼센트를 차지했다. 특정 나라의 시민이라는 답이 세 번째였고, 종교적 정체성이라고 답한 비율은 한참 낮았다. 응답자를 소득 수준에 따라서 분류했을 때, 중산층은 대부분 인간이나 세계 시민이라고 응답했다. 저소득층 중에서는 40퍼센트만 그렇게 답했고, 최상류층 역시 그렇게 응답한 사람의 비율이 중산층보다는 낮았다.[20] 제2장에서 언급한 바 있는 BBC 국제 여론조사에서는 18개국 국민에게 "나는 한 나라의 국민이기보다는 세계 시민에 더 가깝다"라는 문장을 어떻게 생각하는지 물었다. 2016년에 영국 응답자의 47퍼센트가 그 획기적인 생각에 동의하거나 적극 동의한다고 답했다. 같은 조사에서 캐나다인은 54퍼센트, 스페인인은 59퍼센트, 그리고 미국인은 43퍼센트가 동의하거나 적극 동의한다고 답했다.

그런데 놀랍게도 극빈율이 높고 국경 분쟁을 자주 겪는 개발도상국가에서도 그 문장에 동의한다고 대답한 비율이 높았다. 즉, 나이지리아인은 73

퍼센트, 인도인은 67퍼센트, 페루인은 70퍼센트가 스스로를 세계 시민이라고 생각했다. 그러므로 큰 그림에서 보면, 자신을 세계 시민으로 생각하는 사람들과 한 나라의 국민이라고 생각하는 사람들의 수는 거의 비슷했다고 할 수 있겠다.[21]

사실 이것은 놀라운 결과이다. 어쨌든 스스로를 세계 시민이라고 생각하는 사람들은 실제로 존재하지 않는 조직에 적을 두고 있다는 의미이기 때문이다. 한 나라의 시민이 되면 구체적이고 명확한 법적 결과물과 각종 제도를 누릴 수 있다. 예를 들면, 국가에는 (1개 이상의) 공식 언어, 국기, 군대, 국민에게 공동체의 가치를 심어주는 정치 체제 등이 있다. 그러나 자신을 세계 시민이라고 생각하는 사람들은 글로벌 정체성과 같은 아무런 법적 토대도 없는 모호한 개념을 택했다. 그러니 국민국가들이 당황하지 않았겠는가? 거절당한 국민국가는 분노하기 시작했다.

***

BBC가 글로브스캔에 의뢰해서 매년 실시하는 국제 여론조사에서, 자신을 세계 시민이라고 생각하는 사람의 수와 자신이 속한 나라의 국민이라고 생각하는 사람의 수가 비슷해진 것은 최근의 일이다. 스스로를 세계 시민이라고 생각하는 사람들의 수가 증가한 것은 나이지리아나 중국, 브라질 같은 개발도상국 국민들이 세계화에 우호적이기 때문이다. 그와 반대로, 조사 대상국 중 7개의 유럽 국가들에서는 자신을 세계 시민이라고 생각하는 사람들의 비율이 해를 거듭할수록 줄어들고 있다. 2017년 조사에서는 자신을 세계 시민이라고 답한 독일인의 비율이 30퍼센트밖에 되지 않는데, 이는 2009년보다 13퍼센트 감소한 비율이다. 민족주의자로 넘쳐나고 억압적인 정부가 통치하는 러시아에서는 불과 24퍼센트의 국민만이 스스로를 세계 시민으로 인식했다.

여론조사 결과는 보이는 대로 받아들이면 안 되지만, 이 BBC 조사는 서양에서 벌어지고 있는 굵직한 사건들, 예를 들면 영국의 EU 탈퇴에 관한 결정, 유럽 대부분의 지역에서 벌어지고 있는 시리아 난민 위기, 외국인 혐오증이 확산되는 서양의 새로운 정치 지형 등과 관련이 있어 보인다.

지금 우리는 서구 사회의 배신을 목도하고 있다. 현대판 초국가주의와 보편주의를 세상에 심은 당사자는 미국인과 유럽인이다. 그런데 유색 인종의 나라, 중국, 저개발국들이 세계화라는 배에 승선하자, 백인이 사는 선진국은 그 배에서 뛰어내리고 있다. 그렇다면 지금까지 선진국이 세계화를 지지한 이유가 사실은 저개발국들을 지배하기 위함이었는가라는 질문을 하지 않을 수 없다. 세계화가 그 본래의 의미대로 세계로 확대되자, 이제 선진국은 세계화에서 벗어나려고 하고 있다. 세계화라는 배의 4등석에서 땀을 흘리던 사람들이 밖으로 나와서 그 배를 끌겠다고 주장하자, 선진국 국민들은 차라리 배를 버리고 구명정에 올라타겠다고 한다.

탈출을 너무 서두른 나머지, 수많은 유럽인들과 미국인들은 단순한 상식은 물론, 제2차 세계대전이 준 교훈도 잊고 말았다. 유럽은 국제무역과 이민의 최대 수혜자이다. 독일은 제2차 세계대전이 끝나고 터키 노동자들 덕분에 경제를 재건할 수 있었고, 영국은 EU 회원국들 사이를 자유롭게 이동한 덕분에 서비스 산업에서 효율성을 높일 수 있었다.

인류 역사상 이민의 혜택을 가장 많이 본 미국은 1980년대 이후로 수용 난민을 줄이고 있으며, 트럼프 정권에서는 그 수가 크게 줄었다.[22] 2019년 10월, 통계가 집계되고 처음으로 미국은 단 한 명의 난민도 수용하지 않았다. 2017년에 한 행사에서, 공화당 의원 스티브 킹은 "다른 사람들의 후손으로는 우리 문화를 회복할 수 없습니다"라고 말했다.

대통령으로 한 마지막 연설에서, 로널드 레이건은 이민이 부리는 마법과 이민이 미국 역사에서 가지는 중요성에 대해서 이렇게 말했다. "이 기회의 땅에 새로 온 사람들 덕분에 우리는 영원히 젊고 영원히 새로운 아이디어와 에너지가 넘쳐나며 따라서 항상 선두에 서서 세계를 새로운 세상으로 이끌 겁니다. 이런 특징은 한 나라로서 우리의 미래에 대단히 중요합니다. 만약 우리가 새 미국인에게 문을 닫는다면, 세계를 주도할 힘을 조만간 잃고 말 겁니다."[23]

미국이 이민자 덕분에 주도권을 잡았다는 말은 정말 사실일까? 혹자는 그 말이 정치적 사실이라기보다는 낭만적인 생각에 가깝다고 말한다. 어느 쪽이 맞든, 그 생각은 트럼프주의에 의해서 폐기 처분되었다. 2019년 여름에 트럼프는 심지어 KKK와 다른 인종주의 집단의 논리를 채택했고 이민에 반대했을 뿐만 아니라 한두 세대 전에 미국으로 온 이민자 가정 출신의 여성 의원 4명에게 그들의 출신 나라로 돌아가라고 요구하기까지 했다. 트럼프는 이렇게 말했다. "당신의 출신 지역은 당신의 도움이 절실하게 필요할 겁니다. 그러니 당장 떠나세요."

이때 트럼프는 진보의 개념을 탄생시킨 자유주의적 가치관, 즉 시민권의 기본 원리를 거부했다. 시민권은 다양한 배경을 가진 사람들을 하나의 국가 공동체 안에 평등하게 통합한다. 그러나 트럼프는 미국 의회 의원으로서 지역구 주민을 대표하는 사람이라고 할지라도, 그 부모와 가족의 최초 정체성이 당사자에게 영원히 남는다고 가정한다. 바로 이 지점에서 이민 반대는 토착주의로, 토착주의는 인종주의로 변질된다.

국경을 봉쇄하려는 노력은 세계화로 거의 잃었거나 약화된 힘을 되찾고 싶은 열망을 반영한다. 이런 노력은 점점 확산되고 있으며, 그 과정에서 이따금 현실과 멀어진다. 나는 시리아 난민을 취재하면서 헝가리-세르비아 국경에 세워져 있던 감시탑과 높은 철조망을 보았다. 혈기 왕성한 헝가리 경찰 한 명이 내게 장벽을 구경시켜주면서 장벽에 도입된 선진기술을 자랑스러워했다. 자신감에 찬 그가 말했다. "조만간 우리는 이민자를 완벽히 차단할 수 있을 겁니다." 그런데 내가 대화를 나누었던 난민들 가운데 어느 누구도 그 경찰관의 나라에는 정착할 마음이 없었다.

15

피로 물든 강

"우리는 독일에 가서 공부하고 일할 거예요.
행복하게 살 수 있기를, 인샬라."
— 열여섯 살 시리아 소년 샤우키 아부단

그때는 시리아 난민에게 너무나 중요한 순간이었다. 그리스 섬의 해안은
탈출한 시리아인들이 입었던 수천 개의 구명조끼로 뒤덮였다. 이른 오후,
비키니를 입은 여성과 자외선 차단제를 하얗게 바른 남성들이 가득 들어찬
해변에서, 촬영기사와 나는 해안으로 접근하는 고무 보트 한 대를 보고 있
었다. 20명가량의 시리아인들이 놀란 표정으로 배에서 내렸다. "여기가 어
딥니까?" 그들이 아랍어로 물었다. 우리가 코스 섬이라고 말하자 여자아이
를 안고 있던 남자가 펄쩍펄쩍 뛰며 외쳤다. "그리스라니, 이렇게 고마울
수가. 드디어 그리스에 왔군요!"

　해변에서 수영하던 사람들 대부분은 패키지 여행을 온 유럽인이었다. 이
들은 지금 인본주의 드라마가 펼쳐지는 현장에 있었고, 그 순간 나름의 역
할을 했다. 많은 사람들이 지친 난민들에게 다가가서 물과 과일, 음식을 나
누어주었다. 몇몇 휴가객이 해안가에 있던 어린아이들을 육지 안쪽의 큰

도로 옆으로 옮겼다.

도착한 난민들은 지쳐 있었지만 다들 기뻐서 어쩔 줄을 몰라 했다. 무사히 항해하게 해준 아름답고 고요한 바다, 이들을 막지 않은 그리스 해군, 자신들에게 항구를 제공한 해변, 그곳까지 무사히 인도해준 신, 심지어 모래사장에 서서 이들을 환영해준 이스라엘 기자에게까지, 이들은 그저 감사할 뿐이었다.

해변을 따라 걷다가, 큰 키에 각진 안경을 쓰고 함박웃음을 짓던 리야드 비람을 만났다. 그의 가족은 쿠르드족이 살던 코바니 출신이었는데, 그곳은 전쟁 중에 ISIS가 포위해서 거의 폐허가 된 도시이다. 비람은 재빨리 명함을 내밀었는데, 거기에는 프로그래머라는 직업명과 연락처가 적혀 있었다. 그는 왓츠앱과 바이버를 둘 다 사용한다고 말했다. 돈이나 여권도 없고 집도 없었지만(대부분의 난민들처럼 그도 길거리에 텐트를 쳤다), 비람은 이미 구직 면접을 준비하고 있었다. 과거에는 어떤 난민도 소셜 미디어에 자신의 피난 여정을 사진으로 찍어 올릴 생각을 하지 못했다. "저는 소프트웨어 기술자예요. 시리아가 완전히 무너져서 그곳을 떠났어요." 그가 영어로 말했다.[1] "시리아에는 미래가 없어서 우리 가족은 떠나기로 했어요. 조금도 지체하고 싶지 않았어요. 한두 달 뒤에 유럽이 국경을 봉쇄할지도 모르는데, 그러면 떠날 수가 없으니까요."

비람 옆에 알레포 대학교에서 건축공학을 공부했다는 그의 남동생 오스만이 서 있었다. "제 동생은 아주 똑똑해요. 동생이 시리아에 계속 있었다면 학업을 마칠 수 없을 거예요. 왜 시리아에 계속 있겠어요? 여기로 오면, 동생은 엔지니어, 의사, 교사 등 좋은 직업을 가질 수 있는데요. 시리아에서는 기껏해야 일용직 노동자밖에 되지 못할 거예요. 그래서 우리 가족은 시리아를 떠나게 되었습니다." 그의 낙관적인 태도는 전염성이 있었다.

북쪽으로 몇백 미터 더 걸어갔을 때, 200명 정도의 사람들이 경찰서 앞에서 시위를 하고 있는 모습이 보였다. 시위자들은 아랍어가 아닌 페르시아어로 구호를 외쳤으며, 몇몇 피곤해 보이는 그리스 경찰관들 앞에서 필사적으로 "이란! 이란!"을 반복하고 있었다. "우리가 이란인이라는 이유로 저 사람들이 우리에게 증서를 내주지 않고 있어요." 면도를 하지 않은, 서른 살쯤 되어 보이는 남자 한 명이 내게 설명했다. "우리는 잘 곳도, 씻을 곳도 없는데 저 사람들 때문에 유럽의 다른 나라로 가지 못하고 있어요." 시리아인과 달리 이란인은 공식적으로 전쟁 난민으로 인정받지 못했기 때문에 아직 그리스 정부는 이란인들을 어떻게 처리해야 할지 결정하지 못한 상태였다. "이란에서 제 동생이 교수형을 당했어요." 그 남자는 손으로 자신의 목을 조르는 시늉을 했다. "이란으로 돌아가면 저도 그렇게 될 거예요."

흰색 셔츠와 줄무늬 반바지를 입은 짧은 금발의 한 남성이 갑자기 나타났다. 분명 그리스인은 아니었다. 억양이 북유럽 출신 같았다. 그가 군중에게 소리치기 시작했다. "우리도 좀 존중해주시죠! 이 나라 생각도 좀 하고요. 당신네들은 법과 경찰이 안중에도 없습니까? 유럽으로 오고 싶다고요? 지금 뭣들 하는 거죠? 정말 믿을 수 없네요. 당신들은 아무것도 존중하지 않고 있잖아요!" 그러더니 내게 이렇게 말했다. "당신은 말도 안 되는 장면을 보고 있어요. 유럽은 저들을 환영해줬어요. 우린 저들에게 음식도 주고 돈도 주고 집도 줬어요. 그런데 고맙다는 인사도 한마디 없군요!" 그가 불평했다. 시위를 하던 이란인 가운데 한 명이 자신들은 물도 없고 음식도 없다고 손짓을 하자, 그 금발의 남자는 그를 흉내 내며 원숭이처럼 야유하는 소리를 냈다.

"물도 없고 음식도 없다는데 당신은 어떻게 하시겠어요?" 내가 그에게 물었다.

"여기가 당신네 나라라면 당신도 저들을 죽이거나 추방할 겁니다!" 그가 내게 소리쳤다. "이곳에서 우리는 아무것도 할 수 없어요. 저 사람들이 경제를, 코스 섬을, 그리스를 망가뜨리고 있어요." 그가 다시 시위자들을 향해서 빠르게 이렇게 외쳤다. "참 고맙군요! 유럽에 오신 것을 환영합니다!"

이런 식으로 적대감을 표출하는 장면은 2015년 중반까지는 비교적 드물었지만 그후로는 널리 확산되었다. 유럽은 수많은 중동 난민들이 오기 훨씬 전부터 아프리카 난민들이 끊이지 않았다. 이제는 출신지를 가리지 않고 거의 모든 이민자들에 대한 반감이 커지고 있는데, 어떤 나라는 정치권에서 열심히 난민을 막는가 하면, 어떤 나라에서는 기성 집단이나 운동 단체가 그런 반감을 이용하기도 한다. 2017년 말, 여론조사기관인 입소스가 25개국을 조사해서 발표한 자료에 따르면, 응답자의 20퍼센트가 이민이 자국에 도움이 된다고 답했고, 그보다 2배 더 많은 40퍼센트는 도움이 되지 않는다고 답했다.[2] 또한 응답자의 절반 정도는 자국에 이민자가 너무 많다고 답했다.

빈곤층과 이민자

민족주의자들은 거의 항상 이민자가 일자리를 빼앗고 있다고 주장한다. 실제로 노동자 수가 늘면 미숙련 노동자의 임금이 낮아진다는 사실을 입증한 연구가 있다. 단기적으로 보면 일리가 있는 주장이다. 일자리를 두고 경쟁하는 노동자가 많아질수록 고용주는 인건비를 줄일 수 있다. 그러나 대부분의 연구 결과는 노동력 유입에 따른 긍정적인 효과가 나타나는 데에 시간이 오래 걸리지 않음을 보여준다. 경제학자들은 대체로 이민자의 유입을 긍정적으로 생각한다. 이민자들이 더 많은 수요를 창출하고, 혁신의 동력을 제공하며, 노동 효율성과 생산성을 높이기 때문에 이 모든 장점들로 단기적인 문제들을 상쇄할 수 있다는 주장이다. 이민자를 받아들이면 처음에는 많은 비용을 치러야 한다. 예를 들면, 이민자가 납부하는 세금만으로 이들에게 제공하는 교육과 의료 서비스 비용(대체로 이민자 가정은 대가족이다)을 충당하지 못하기 때문이다. IMF의 보고서에 따르면, 이민자의 수와 사회 전반적인 삶의 질 상승은 직접적인 관계가 있다. 이런 상관관계는 이민자의 숙련도에 좌우되지 않았다. 고숙련자든 미숙련자든 모든 이민자들이 노동 생산성을 높이는 데에 기여한다.[3] 2017년에 추산한 자료에 따르면, 미국이 매년 800만 명의 이민자를 받아들이면 놀랍게도 연간 경제 성장률이 4퍼센트까지 상승할 수 있다.[4]

선진국의 근본적인 문제 가운데 하나는 고령화이며, 이 현상은 노인의 의료비 지출을 늘리고 심각한 보험 위기도 초래한다. 이민자는 젊은 편이지만, 일반적으로 기존 주민보다 자녀를 더 많이 낳기 때문에 사회가 전반적으로 젊어진다. 또한 새로운 나라에서 태어난 이민 2세대가 사회에 중요한 기여를 하는 경우도 많다. 미국에서 이민 2세대의 평균 소득은 대체로 전체 인구의 평균 소득과 비슷하며, 이들의 빈곤율은 낮고 교육수준은 좀더 높다.[5]

이민자는 출세욕이 강하며, 새로운 나라에 정착함으로써 그들의 생활수준도 눈에 띄게 개선된다. 2009년의 한 연구에 따르면, 미국으로 온 멕시코 노동자는 구매력을 기준으로 했을 때, 멕시코에 있을 때보다 2.5배나 많은 수입을 올렸다. 같은 조사에서 아이티 출신 노동자는 10배, 나이지리아 출신 노동자는 15배나 많은 수입을 벌어들였다.[6] 선진국에서 안전하게 더 나은 교육을 받고 각종 제도와 사회 기반시설의 혜택을 누린 덕분에, 이민자들은 성공해서 부유해질 기회가 더 많아졌다. 미국의 불법 체류자들은 지역 주민에게 주어지는 권리와 혜택을 모두 누리지는 못하지만, 이들 역시 지역 경제에 중요한 기여를 한다. 최근 한 연구에서는 이들의 기여도를 금액으로 환산하면 10년 동안 6조 달러에 해당하는 금액이라고 밝혔으며, 불법 체류자들을 합법화하면 그 기여도가 50퍼센트 이상 증가할 것이라고 예측했다.[7]

***

문제는 이민자가 경제 발전에 도움이 되는지가 아니라, **누구에게** 그 이익이 돌아가는지이다. 미국의 경우, 최근 몇십 년 동안 경제적 불평등이 심화되었기 때문에 그들에게 이 문제는 아주 중요하다. 이민자의 경제적 효과에 관한 최근 연구 중에서 가장 포괄적인 분석에 따르면,[8] 가장 큰 수혜자는 이민자와 부유층이다. 당연하지만, 이민자는 삶의 질이 개선되고 구매력이 상승한다. 이민자의 유입으로 지역사회에 증가된 부를 의미하는 이민 잉여는 540억 달러로, 전체 소득 증가분의 0.31퍼센트에 불과하다.[9]

그럼 이민자는 지역 주민에게 어떤 영향을 미칠까? 이민에 대한 회의론 가운데 가장 널리 인용되는 것은 아마도 하버드 대학교 경제학자 조지 보하스의 견해일 것이다. 그는 가난한 미국인과 이민자가 일자리를 두고 경쟁을 벌임으로써 임금은 하락하고 기업의 인건비는 줄어들게 되는데, 그로 인해서 막대한 부가 저소득층에서 상위 10퍼센트로 이전된다고 주장한다. 이민자의 유입이 교육수준이 낮은 가난한 미국인과 이전에 이민을 온 사람들로 구성된 빈곤층에 해로운 영향을 미친다는 것이다. (동료 학자들 사이에서 논란이 되고 있는) 그의 다른 연구에 따르면, 이민자 유입으로 노동자의 수가 10퍼센트 증가하면, 이민자와 교육수준이 비슷한 노동자들 사이에 경쟁이 심화되어 이들의 평균 임금이 4퍼센트 줄어든다.[10] 보하스는 이민자가 기업에 실질적인 자산이 된다고 말한다. 그의 주장에 따르면, 이민자 유입으로 사회 전체의 부가 540억 달러 증가하는 동안, 노동자에게서 기업으로 이전된 부는 5,000억 달러에 달한다.[11]

독일에 급작스럽게 유입된 체코 노동자들의 경제적 효과를 분석한 결과를 보면, 독일 노동자의 임금은 다소 하락했고, 고령 노동자의 취업률은 크게 줄었다.[12] 그러나 앞에서 인용한 IMF 보고서는 고용 시장에서 이민자의 증가는 모든 소득 분위(所得分位)에서 1인당 소득을 증가시켰다고 주장했다.

"피로 물든 강"

이민의 경제적 효과에 관한 경제학자들의 논쟁은 이민 문제를 둘러싸고 현실에서 벌어지는 충돌을 그럴듯하게 감춘다. 현실에서 이민 논쟁은 사회의 정체성과 특징에 관한 문제로, 인구 구성을 가장 중요하게 생각한다. 1970년에 해외에서 출생한 미국인의 비율은 4.7퍼센트였다. 2017년에는 그 비율이 13.6퍼센트였으며, 이는 1920년 이후 최고치였다.[13] 영국에서는 외국에서 출생한 영국인의 비율이 1980년대 이후로 2배 이상 증가했다.[14] 독일 상황도 마찬가지였는데, 외국에서 출생한 독일인의 수가 30년 만에 2배로 늘었다. 이민자가 늘고 서구 사회가 변했다는 생각은 당시 대통령 후보였던 오바마가 말한 "총과 종교에 집착하는" 불평분자들의 착각이 아니다. 외국 출생자의 비율이 증가한 현상에는 두 가지 중요한 이유가 있다. 하나는 합법적인 이민이 경제에 중요하므로 장려해야 한다는 정치권의 암묵적인 합의가 있었기 때문이고, 또다른 하나는 불법 체류자 수가 급증했기 때문이다. 미국의 불법 체류자의 수는 1990년대 이후로 3배나 증가했다.[15]

이런 요인들로 사회 전반적인 구조가 변했고, 그에 따라서 사회의 정체성도 바뀌었다. 또한 공동체와 그 문화를 직접 통제할 수 있다는 구성원들의 생각에도 변화가 생겼다. 이민자가 별로 없는 지역에서도 반이민 정서가 심하다는 증거를 들이미는 자유주의자들의 모습은 아주 흔하다. 이것은 확실히 비논리적인 주장이며, 그저 생색내기용이다. 뉴욕이나 런던에서 살아야만 나라가 변했다고 느끼는 것은 아니다. 텔레비전과 소셜 네트워크를 통해서 접하는 대중문화도 새로운 인구구조를 반영한다. 다만 새로운 구성원과의 물리적 거리가 가까우면 정체성을 위협받는다는 느낌을 좀더 많이 받을 수 있다.

선진국의 주류 정당들은 대체로 이민 문제를 쟁점화하지 않는다. 우파는 경제 성장을 위해서 대규모 이민을 원했다. 좌파는 이민자가 자신들을 지지하리라고 생각했다. 이민자는 부유층에도 도움이 되었다. 어차피 외국에서 온 가난한 이민자들은 부촌에 살 수 없고, 고학력자를 필요로 하는 일자리도 얻지 못한다. 또한 부유층은 학교나 보건소에서 이민자들을 마주칠 일도 없다. 부유한 사람들은 이민자들이 경제를 활성화함으로써 서비스 가격은 낮아지는 반면, 그들이 미치는 정치적 영향력은 거의 없다고 생각했다. 이민자 지원 정책은 주류 우파와 좌파 모두에게 도덕적인 매력이 있었다. 그리고 보기에도 좋았다.

그러나 이민자가 들어오면서 사회 안에서 시한폭탄이 작동하기 시작했다. 한번도 이민 정신을 장려한 적이 없던 유럽은 이민 가정을 사회에 통합시키는 데에 심각한 어려움을 겪었다. 2012년 프랑스에서는 아프리카 출신 부모에게서 태어난 청년의 3분의 1이 직장을 구하지 못했고, 학교를 졸업하지 못한 이들도 거의 3분의 1에 달했다. 이 비율은 이민 가정 출신이 아닌 다른 프랑스의 젊은이보다 2배나 많은 수치였다.[16] 2015년에 프랑스 이민자의 중간 소득은 전체 평균보다 14퍼센트 낮았다.[17] 심지어 기존 주민과 동일한 자격을 갖춘 이민자도 직장을 구하는 데에 어려움을 겪었다. 이들은 사회적 소외계층이자 인종주의의 피해자였으며, 자원 배분 과정에서도 차별

을 받는 사람들이었다.[18]

이런 현상이 새삼 놀랍지는 않다. 서유럽은 백인 기독교 문화의 본고장이다. 서유럽보다 캐나다, 미국, 러시아에 사는 소수민족이 더 많다. 수백 년 동안 유럽은 세계 어느 지역보다 차별과 추방, 이따금 말살 정책 등을 통해서 인종적, 종교적 소수자를 숙청하는 데에 탁월한 능력을 발휘했다. 유럽이 이민자의 땅으로 바뀌는 일은 어쩌면 가능할 수도 있겠으나, 그런 일이 일어나게 하려면 그동안의 역사는 묻어둔 채, 용감하고 진심 어린 대화를 먼저 해야 할 것이다. 영국의 이넉 파월과 같은 주류 정치인들이 이민자를 비난하기 위해서 자극적인 표현을 사용했을 때, 이들은 외국인 혐오자나 인종주의자라는 거센 비난을 받았다. 1968년에 파월이 "불길한 예감이 듭니다. 고대 로마 시대처럼, 피로 물든 테베레 강이 보이는 것 같습니다"라며 암울한 예언을 했는데, 이것은 확실히 사람들을 선동하는 발언이었다.

그러나 이민 담론은 반드시 필요하다. 오늘날 유럽의 우파는 지난 20년간 이슬람 극단주의 테러 조직이 유럽에서 활동을 벌여왔음을 지적하며, 파월의 공격적인 "피로 물든 강" 예언이 실현될 것이라고 주장한다. 최근 유럽이 당한 테러 중 일부는 이민자나 그 후손이 저지른 사건들이었다. 그와 비슷한 예로는 2005년 런던 폭탄 테러, 2012년 툴루즈 유대인 학교에서 발생한 총기 난사, 2013년 런던 중심가에서 일어난 영국 리 릭비 상병 참수, 2015년 프랑스 풍자 주간지 「샤를리 에브도(Charlie Hebdo)」의 파리 사무소 및 유대인 슈퍼마켓 공격, 같은 해 파리 바타클랑 극장과 몇몇 교외 지역에서 동시다발적으로 발생한 연쇄 테러, 2016년에 86명이 사망한 니스 트럭 테러, 2016년 말 베를린의 크리스마스 시장에서의 공격과 그로부터 불과 몇 달 후인 2017년 런던 웨스트민스터에서 발생한 차량 테러 등이 있다.[19]

이민자의 테러는 유럽의 동질성 상실이 유럽의 안전을 해칠 것이라고 오랫동안 주장해온 사람들에게 강력한 무기가 된다. 이민자를 반대하는 주된 이유는 일자리 부족이나 임금 하락이 아니라 위협받는 느낌 때문이다. 아직 성공하지 못했지만, 수십 년간 극우파는 "이민자들이 우리의 일자리를 빼앗고 있다"라는 표어로 대중의 지지를 얻으려고 노력하고 있다. 테러 공격이 사람들을 불안하게 할 때면 외국인 혐오 현상이 급증했다. 엘리트 집단은 외국인에게 살해당할까봐 두려워하는 사람들의 마음에 정치가 미치는 영향력과, 실제 위협이 사라진 뒤에도 그 두려움이 한참 동안 지속될 수 있다는 사실을 끊임없이 과소평가했다.

많은 서양인들이 자신들의 공동체 안팎에 생각보다 많은 무슬림이 산다고 주장한다. 입소스가 프랑스인을 대상으로 자국에 있는 무슬림의 비율이 얼마나 된다고 생각하는지를 묻는 조사를 했을 때, 응답자의 평균은 28퍼센트였다.[20] 그러나 실제 무슬림의 비율은 약 9퍼센트였다.[21] 벨기에, 캐나다, 오스트레일리아, 이탈리아, 미국 등도 프랑스와 비슷한 결과를 보였다.[22] 사람들은 타자들이 실제로 존재하지 않는 곳에도 그들이 있다고 생각한다.

이런 왜곡된 인식은 폭력적인 극우파와 독일을 위한 대안, 이탈리아의 마테오 살비니 같은 포퓰리즘적인 민족주의 집단이나 인물에게 절호의 기회를 제공한다. 정치 담론은 만연한 거짓말과 부유한 엘리트의 오만, 그리고 경제적 이해관계 때문에 계속 변질되며 그 범위도 좁아진다. 그렇게 되면 과거에 변방으로 밀려났던 극단주의자들의 주장이 조금씩 담론의 중심부로 이동할 수 있다.

아부단 가족

2015년 여름, 샤우키와 샤헤드 아부단이 부둣가에 앉아서 물에 닿을 듯 말

듯 다리를 흔들며 푸른 바다를 응시하고 있었다. 이 10대들은 시리아인이 할레브라고 부르는 알레포에서 온 남매였다. 여자아이는 열네 살, 남자아이는 열여섯 살이었다. 두 아이는 밤에 국경을 넘어서 터키로 들어온 다음 고무 보트를 타고 바다를 건너서 그리스에 도착했다. 이날 아침, 아이들은 난민을 실은 또다른 배가 도착하기를 기다리고 있었고, 그 낡아빠진 배에 자신들의 부모가 타고 있기를 바랐다. 길고 검은 머리카락을 가진 샤헤드가 나를 보더니 따뜻한 미소를 지었고, 샤우키는 열심히 다리를 흔들었다. 두 아이 모두 예쁘고 순수했으며 자신들의 미래에 대해서 너무나 긍정적이고 확신에 차 있어서, 전쟁으로 폐허가 된 나라에서 탈출한 아이들이라고는 믿기 어려울 정도였다. 샤우키는 탈출 과정을 자세히 이야기했다. 먼저 시리아에서 터키의 가지안테프로 갔다가 다시 이스탄불로 갔는데 "그곳에서 일이 잘 풀리지 않았다"고 했다. 그래서 다시 이즈미르로 갔는데 "그곳에서는 모든 사람들이 거리에서 잤다"고 했다. 그리고 마침내 배를 타기로 한 보드룸에 도착했지만, 터키 경찰에게 잡혀서 다시 이즈미르 돌아가야 했다. 어쨌든 그곳에서 밤에 몰래 배를 타고 바다로 나왔다고 말했다. 샤우키는 그 모든 여정이 위험한 탈출이 아니라 수학여행인 것처럼 웃으며 이야기했다.

아이들은 전쟁이 한창이던 알레포에서의 생활에 대해서도 말해주었는데, 언제 밖에 나가도 괜찮은지, 언제 나가면 안 되는지 등에 관한 것이었다. 샤우키는 "최신 유행하는" 머리 모양을 한 탓에, 기독교인으로 오인받아서 ISIS의 검문소에 갇힌 적도 있다고 했다. 샤헤드의 학교는 아사드 군대의 폭격을 받아서 문을 닫았다. 그녀는 소아과 의사가 되고 싶다고 했고, 샤우키는 "엔지니어가 되고 싶다"고 했다. 두 아이는 확실히 독일에 갈 수 있다고 장담했다. "우리는 독일에 가서 공부하고 일할 거예요. 행복하게 살 수 있기를, 인샬라." 샤우키가 말했다.

2015년 겨울에 나는 독일 프랑크푸르트 근처에서 샤우키와 샤헤드를 다시 만났다. 아이들은 부모와 형제자매와 함께 있었다. 난민으로 가득한 코스 섬에서 두 아이를 만난 지 얼마 지나지 않은 때였다. 이들 아부단 가족은 난민 수용소로 개조한 옛 독일군의 막사에 있었다. 이들은 독일에서 받은 환대에 기뻐하고 있었다. 한 조사에 따르면, 3,000만 명이 넘는 독일인이 중동 난민들에게 음식과 옷, 돈을 나누어주었다고 한다. 아부단 가족은 독일 정부가 지원하는 독일어 수업을 듣기 시작했는데, 이 정책은 과거 독일에서 실패한 이민자 통합 사례를 참고한 것이었다. 아부단 가족이 알레포에서 지내던 집은 그들이 탈출하기 전에 이미 시리아 공군의 폭격을 받아서 무너졌다고 한다.

"그래서 떠나기로 한 거예요?"

"아니에요." 아이들의 아버지인 압달라가 말했다. "그때는 집을 다시 짓기로 했어요."

"그런데 집이 또 무너졌어요." 샤우키가 눈을 반짝이며 대화에 끼어들었다. "제 동생은 탁자 밑에 숨어서 겨우 목숨을 건졌어요."

"그래서 떠나기로 하셨군요."

그들은 이번에도 아니라고 말했다. 처음에는 시리아의 다른 해안가로 이사했는데, 그곳도 안전하지 않았다고 한다. 샤우키는 아직도 어머니의 가슴에 폭탄의 파편이 박혀 있다고 덧붙였다. 모두가 잠시 아무 말도 하지 않았다. "지금 우리 가족은 새로운 시작을 하려고 해요. 과거를 잊고 새 삶을 사는 거죠." 샤우키가 불쑥 말했다.

이 대화는 서양의 격렬한 이민 논쟁에서 잊힌 무엇인가를 우리에게 알려준다. 시리아인이든 엘살바도르인이든, 사람들은 달리 선택할 대안이 없을 때에 자신의 집과 고향을 떠난다. 대부분의 이민자들은 자신들이 치러야 할 엄청난 대가를 극도로 잘 알고 있다. 이들은 남은 생을 이방인으로 살아야 할 뿐만 아니라, 외국인 억양이 섞이기 마련인데다 결코 완벽하게 익힐 수도 없는 새로운 언어를 배우느라 고생해야 한다. 사회적 사다리의 밑바닥에서 출발해 새로운 문화에 소외감을 느끼며, 이따금 고국과 과거를 그리워할 것이다. 대부분은 자신의 잠재력을 제대로 발휘할 수 없을 것이다. 시리아인이나 베네수엘라인, 남수단인에게 이민은 어떤 유행에 휩쓸려서 한 선택이 아니다. 가난하지만 안정된 나라에서는 난민이나 망명자가 그다지 발생하지 않는다.

2019년 여름, 이번에는 샤우키를 스카이프를 통해서 만났다.[23] 그를 포함한 모든 가족이 초급 수준의 독일어를 구사하고 있었는데, 이는 난민에게 독일어를 가르치는 독일 정부의 정책이 적어도 일부나마 성공했음을 보여준다. "불가능한 것은 없어요." 샤우키가 말했다. "어려웠지만 우리 가족은 해냈어요. 독일어를 배웠답니다." 독일 교사 중에는 훌륭한 사람도 있었고 그렇지 않은 사람도 있었지만 "이따금 학생들을 때리는 시리아 선생님들과 달리" 전반적으로 좋았다고 했다. 샤우키는 시리아에서 청바지를 입고 학교에 갔다는 이유로 선생님에게 맞은 적이 있다고 회상했다. "그곳에서는 선생님이 때려도 별 수 없어요."

샤우키의 아버지는 버스를 운전하고, 어머니는 학교 주방에서 일한다고 했다. 샤우키는 고등학교를 졸업하고 출장 음식 업체에서 일하고 있다. 샤우키의 가족은 임대 아파트에 살면서 그 집을 구입하려고 돈을 모으고 있다고 한다. 의사가 되고 싶다던 샤헤드는 약학대학에 진학하기로 했다. 샤우키의 또다른 여동생은 법학을 공부할 계획이다. 엔지니어가 되고 싶다던 샤우키는 내년에 사진을 배우기로 했다. 그는 독일로 오면서 자신의 생각이 바뀌었고, 자신이 진짜로 원하는 것이 무엇인지 알게 되었다고 말했다.

샤우키는 "제가 본 세상을 텔레비전이나 소셜 미디어를 통해서 다른 사람들에게 알리고 싶어요"라고 말했다. 그의 생각을 듣고 샤우키의 부모님도 좋아했다고 한다. "부모님은 제가 원하는 일을 해야 한다고 말씀하세요. 가장 중요한 건 제가 행복하게 뭔가를 하는 것이라고요." 그는 독일인들에 대해서 이렇게 말했다. "아주 친절하지만, 다 그렇지는 않아요. 일부는 우리를 미워하는데, 전 그 이유를 모르겠어요. 그 사람들은 독일에 난민이 한 명도 없기를 바라요. 하지만 그런 사람들은 아주 적어요……많지는 않지만, 독일의 동부 지역에는 나치주의자도 조금 있대요. 저는 제가 사는 도시에서 만난 적이 없는데, 제 친구들은 마주친 적이 있나 봐요. 경찰들은 마음씨 좋고 친절해요. 이곳 독일인들도 좋은 사람들이에요. 그들은 독일인이나 우리나 모두 같은 사람이라고……모두 똑같다고 말해요." 샤우키는 자신이 아주 운이 좋았다고 생각한다. "여기에 온 게 꿈만 같아요. 이곳에 와서 평화롭고 행복하게 사는 게 우리 가족의 꿈이었거든요."

샤우키가 "행복한 삶"이라고 말할 때, 나는 아리스토텔레스를 떠올렸다. 극한의 고통과 거대한 진보를 경험했기 때문에 이민자는 행복한 삶의 의미를 제대로 이해할 수 있다. 당연한 일이다. 통제가 심한 세상에서 박해받는 사람들이 국경을 넘어서 새 보금자리를 찾기란 극히 어렵다. 그러나 그렇게 할 수 있을 때, 이들을 구속하는 가난이나 분쟁의 사슬은 끊어진다. 탈출한 사람들은 스스로 신세계를 만들었으므로, 아리스토텔레스가 행복한 삶의 증거로 언급한 에우다이모니아(eudaemonia), 즉 인간으로서 만족하며 살고 있다는 느낌을 경험하게 될 것이다.

***

전통 매체든 소셜 미디어든, 언론에서는 샤우키 가족과 같은 성공 사례는 별로 다루지 않고, 공동체 안에서 증가하는 극단적인 정서와 테러 위협, 극우파의 부상, 새로운 사회에 적응해야 하는 이민자의 고충 등을 더 많이 부각한다. 2015-2018년에 독일에 들어온 망명자는 140만 명이 넘는다. 이들은 중동 지역의 내전, 기후변화로 인한 사회 불안, 부족 및 인종 간의 갈등, 종교 분쟁으로 인해서 난민이 되었다. 그들 중 소수만이 전쟁 난민을 가장해서 유럽으로 들어온 과격분자들이다.[24] 2016년 12월 31일, 새해맞이 행사에서 쾰른을 포함한 독일의 몇몇 도시에서 일어난 집단 성폭력 같은 심각한 범죄와 폭력 사건들은 극우파에게 좋은 기회를 제공했다. 그때부터 극우파의 존재감이 커졌으며, 이와 더불어 무슬림 이민자와 소수자를 노린 폭력 사건이 증가하기 시작했다.

제2차 세계대전이 끝나고 2008년에 금융 위기가 도래하기까지 60여 년간 독일 사회는 홀로코스트를 반성하는 의미에서 인종주의에 엄격하게 대응해왔다. 또한 다른 서구 국가들과 달리, 독일의 중산층은 금융 위기로 큰 타격을 받지 않았다. 그러나 갑작스러운 대규모 난민 유입과 2016년 마지막 날 새해맞이 행사에서 벌어진 폭력 사건은 그동안 독일 사회가 누려오던 안락함을 몰아내고 인종주의의 불씨를 당기기에 충분했다.

서로 싸우는 저항 집단

난민 행렬이 유럽을 향한 지 1년도 채 되지 않은 2016년 6월 23일, EU는 발족 이후 가장 충격적인 사건을 접한다. EU 탈퇴 찬반을 묻는 국민투표에서 영국 국민이 찬성 쪽의 손을 들어준 것이다. 이 사건은 9-11 테러 이후 가장 구체화된 반세계화 현상이었고, 영국을 포함한 서구 국가의 언론과 정치 지도층은 충격에 휩싸였다. 국민투표 과정은 격렬하고 험악했으며, 영국 특유의 절제된 태도는 전혀 보이지 않았다. 한 극우주의자가 EU 잔류를 지지한 조 콕스 의원을 살해했는데, 당시 그는 이렇게 외쳤다고 한다. "이것은 영국을 위한 일이다. 언제나 영국이 최우선이어야 한다."

브렉시트를 결정한 데에는 복잡한 역사적, 정치적 배경이 있다. 이 결과는 마거릿 대처 정부 때부터 이어져온 영국의 보수주의, 영국과 EU의 애증 관계, 보수당과 노동당 모두 겪고 있는 리더십의 부재 등과 연관된다. 또한 2008년 금융 위기에서 확인된 것처럼, 영국의 정치권이 평범한 사람들의 현실적인 문제를 해결할 능력이 없다는 인식이 강화된 탓도 있다. 영국에서 EU의 위상이 약한 이유는, 영국인들은 전통적으로 자신들의 나라는 유럽 대륙과 별개이며 다른 유럽 나라보다 더 우수한 나라에 살고 있다고 믿었을 뿐만 아니라, EU가 대중의 지지를 받지 못하는 관료들에 의해서 하향식으로 운영된다고 생각했기 때문이다.

아무도 국민투표에서 찬성 쪽이 승리하리라고 확신하지 못했지만, 이따금 몇몇 요인들이 정치적인 반전을 일으키기도 한다. 브렉시트 지지층은 한 가지 확실한 이점이 있었다. 이들은 이민자를 반대하는 사람들인데, 그 무렵 반이민 정서가 크게 확산되고 있었다. EU의 부유한 나라들은 중유럽과 동유럽에서 온 양질의 저임금 노동자들 덕분에 이익을 얻었음에도 불구하고, 이들 나라에서는 자유 이동을 둘러싼 갈등으로 정치적 긴장이 고조되고 있었다. EU 회원국에서 온 합법적인 이민자와 중동 난민에 대한 반감이 일종의 정치 폭탄을 조립했고, 이것이 브렉시트 찬반 투표에서 터졌다. 브렉시트 지지층은 반이민 정서를 반EU 운동의 발판으로 삼았다. 투표가 실시되기 한 달 전에 나온 한 보고서는, EU 회원국을 포함한 다른 나라에서 영국으로 온 이민자의 수가 한 해에만 33만 명을 기록했다고 발표했다.[25] 33만 명이라는 숫자가 공식화된 순간부터 영국인들은 이민 허용에 대한 찬반이 아니라, 누가 쇄도하는 이민자를 막을 수 있는지를 다투기 시작했다. EU 잔류파는 갑자기 EU에 속해 있어야 이민 통제가 더 수월하다는 주장을 폈지만, 오히려 그런 태도 변화는 위선적으로 비춰졌다.

이민자에 대한 광범위한 관심은 브렉시트를 지지하는 우파 포퓰리즘의 승리를 의미했다. 나이절 패라지 영국 독립당 대표는 발칸 반도를 통과하는 수백만 명의 중동 난민들의 행렬을 찍은 사진으로 자극적인 포스터를 만들었다. 포스터에 빨간 글씨로 "한계점"이라고 쓰고, 그 아래에 "EU는 우리 모두를 실망시켰다"라고 적었다.[26] 이 포스터는 매우 비난받았다. 그것을 나치의 선전물에 비유한 사람도 있었다. 그러나 소셜 미디어 시대에는 비난도 중요하다. 전달하려는 메시지가 더 많이 노출되고 사람들의 참여가 더 활발했음을 의미하기 때문이다.

사람들의 관심을 이민자에 집중시키려는 시도는 성공한 것 같다. 한 연구에 따르면, 이민자 문제에 대해서 "우려한다"고 답했던 사람들의 73퍼센트가 브렉시트에 찬성표를 던졌다.[27] 브렉시트 찬반 투표에 참여했던 유권자들을 조사한 연구에 따르면, 투표 결과를 가장 잘 예측한 지표는 경제나 안보 정책 등에 대한 정치적 성향이나 유권자의 나이가 아닌 외국인에 대한 태도였다.[28] 브렉시트 찬성 운동을 이끌고 2019년 12월에 총리에 취임한 보리스 존슨과 같은 사람들은 외국인 혐오증과 싸우는 가장 좋은 방법이 EU를 탈퇴하는 것이라고 주장하면서 "통제권을 되찾으면 반이민 정서를 누그러뜨리기 위한 많은 일들을 할 수 있다"라고 말했다.

브렉시트 찬성 운동에서 존슨이 한 다른 말들처럼 당시에 이 말도 터무니없는 것으로 들렸으나 투표가 끝난 후에 보니 몹시 위험한 발언이었다. 영국 경찰은 국민투표를 앞두고, 그리고 심지어 투표가 끝난 후에도 인종주의적 폭력과 증오 범죄가 크게 증가했다고 보고했다.[29] 국민투표가 끝나고 몇 달간 증오 범죄는 41퍼센트나 증가했으며,[30] 그 비율은 계속 늘고 있다. 런던 경찰이 제공한 자료에 따르면, 투표 이전에 비해서 증오 범죄는 투표 이후 매년 15퍼센트씩 증가하고 있다.[31] 국민투표 전후를 조사한 한 연구에서는 투표가 끝난 후에 유머를 가장한 적대적인 발언, 이민자에 대한 폭언, 온라인상의 욕설 등이 심해졌다고 불평하는 소수민족이 증가했음이 밝혀졌다.[32] 민족주의는 마치 자가면역질환과 같다. 한번 발병하면, 신체가 전과 같은 균형 상태를 회복하기 어렵다.

***

저항운동은 다면적이다. 서양의 수많은 중산층이 이민자를 환영하는 자유주의에 반대하면 이민자는 국경 봉쇄에 반대하는 운동을 벌인다. 양측은 언제나 대립한다.

지난 10년간 수백만 명의 이민자와 난민들이 국경을 넘을 기회를 엿보고 있었다. 2017년 독일의 타블로이드판 신문 「빌트(Bild)」가 폭로한 독일 정부 보고서는 지중해를 건너서 유럽으로 들어오려고 대기 중인 사람들이 600만 명 이상이라고 추산했다.[33] 2018년 이후부터는 미국으로 가기 위해서 먼저 중남미로 향하는 아프리카 난민의 수가 늘어나고 있다. 전 세계가 신속하게 대책을 마련하지 못하면, 기후변화와 생물 다양성 위기 때문에 좀더 안전한 지역으로 이동하려는 사람들이 점점 많아질 것이다. 극심한 가난에 시달리는 수억 명의 인구에게 이주는 자신을 구하는 가장 합리적이고 효과적인 방법이다. 또한 이들이 부모라면 당연히 자식을 보호하고 싶을 것이다.

결국 이민자와 난민은 이미 누군가가 살고 있는 나라로 가서 정착할 것이다. 이는 단순한 비유가 아니다. 제13장의 마지막 부분에서 자신의 집 뒷마당을 난민들이 점유했다고 불평한 터키 여성의 이야기를 떠올려보자. 국경 앞에서 자신들의 나라로 들일 사람과 들이지 않을 할 사람을 정하는 것은 국제적으로 공인된 주권국의 권리이다. 또한 내국인과 외국인을 구분하는 일도 기본적으로 국가가 할 일이다.

옛 세계 질서에서는 국민의 구성이 바뀌지 않도록 막을 권리가 각국에 있었다. 이런 공식적인 권리가 변화무쌍한 역사로부터 개별 국가를 보호해 줄 수 있을까? 내전과 억압, 굶주림을 피해서 탈출하는 수백만 명의 난민을 막는 것은 도덕적으로 정당한 일일까?

민족주의자들은 고대 로마 제국의 몰락을 언급하며, 그 원인으로 외국인의 유입을 지적한다. 그러나 그 외국인이 유입됨으로써 현대 유럽이 탄생했다. 이것은 이민자 덕분에 국가와 문명이 변화하고 발전한 구체적인 사례이다.[34] "공동체가 변화를 막을 수 있는가?"라는 질문에 역사는 그렇지 않다는 대답을 반복한다. 하지만 역사는 국경 통제와 철조망에 대해서는 어떤 판단도 하지 않는다. 이민자를 막는 다양한 실험은 역사의 발전을 방해하거나 지연할 뿐이다.

이민자들은 국경을 넘어서 새로운 나라에 정착하게 되더라도 위험에서 벗어나지 못한다. 아마도 이들은 근본주의자나 경제적 불평등과 싸우게 되거나 저출산으로 인한 위기를 겪게 될 것이다. 난민의 유입은 국가를 분열시켜서 국민에 대한 국가의 통제력을 약화시킬지도 모른다. 그래도 정치인 한 명의 반대로는 외국어를 구사하는 이 불청객들을 막지 못한다. 그러나 일부 정치인들은 이민자 문제를 기회로 생각할 것이다. 2016년에 공화당 대선 후보가 정해진 이후, 트럼프 진영에서 전국에 내보낸 첫 텔레비전 광고에는 시리아 난민의 모습이 등장했으며, 미국으로 "물밀듯이 밀려드는" 난민을 힐러리 클린턴이 수용할 것이라는 험악한 경고의 메시지가 담겨 있었다.[35] 힐러리와 벌인 두 번째 방송 토론에서 트럼프는 이렇게 말했다. "사람들이 우리 나라로 오고 있는데, 우리는 이들이 누구고, 어디 출신이며, 우리 나라에 대해서 어떻게 생각하는지 전혀 모릅니다……이것은 거대한 현대판 트로이 목마가 될 겁니다."[36]

2016년 미국 대선의 향방을 가늠해줄 3개 주(미시간 주, 위스콘신 주, 펜실베이니아 주)의 출구 조사에서는 유권자들에게 미국이 당면한 문제들(외교관계, 경제, 테러 위협, 이민 문제) 중에서 가장 중요한 이슈가 무엇이라고 생각하는지 물었다. 경제가 가장 중요하다고 생각하는 사람들 사이에서는 힐러리가 근소하게 앞섰고, 이민과 테러 위협이 가장 심각한 이슈라고 생각하는 사람들 사이에서는 트럼프가 크게 앞섰다.[37]

선진국의 엘리트 집단과 권력층은 이민 정책에 관해서 국민적인 합의를 도출하지 못할 경우 이민에 관한 문제를 은밀하게 처리할 방법을 모색해왔다. 그러나 중산층이 국가 정체성과 안보가 위협받는다고 느끼기 시작했을 때, 그런 시도는 보기 좋게 실패했다. 수많은 사람들이 (트럼프의 표현처럼) 성문 밖의 트로이 목마에 이민자들이 숨어 있다고 생각했으므로 성문을 걸어 잠그고 싶어했다. 그래서 장벽을 짓기 시작했다.

16

제국 시민의 이야기

2016년 6월, 펜실베이니아 주의 마리아나

우리는 곳곳에 물웅덩이가 파인 마을의 좁은 도로를 1시간이나 운전해가면서 퀴글리 가족의 집을 찾고 있었다. 탄광촌의 잿빛 하늘에서 폭우가 쏟아졌다. 이미 밤도 깊어져 가시거리가 짧았으며 GPS도 멈춰버렸다.

포기하려던 찰나, 그 집이 나타났다.

목조 주택의 따뜻한 거실에는 조엘의 두 아이가 즐겁게 놀고 있었고 집 안에는 가족사진이 가득했다. 아이들은 손에 스마트폰을 쥔 채로 서로 장난을 치고 있었다. 제시카와 조엘, 그리고 조엘의 부모님인 조엘과 캐럴라인은 다 함께 소파에 앉아 있었다. 내가 그 집을 방문한 이유는 곧 있을 대선에서 누구에게 투표를 할지 알아보기 위해서였다.

겉보기에 이것은 무의미한 조사였다. 펜실베이니아 주는 1988년 이후로 한번도 공화당 후보가 다수표를 얻은 적이 없었고, 각종 여론조사에서도 힐러리 클린턴이 꾸준히 앞서고 있었기 때문이다. 내가 워싱턴에서 만났던 공화당과 민주당 관계자들 모두 여론조사 결과를 근거로 들면서 트럼프가 낙선할 것이라고 분명하게 말했다. 어디에서나 모든 사람들이 그렇게 말했다. 트럼프가 출마했을 때, 자유주의 성향의 미국 블로그 뉴스 매체인 「허핑턴 포스트(*Huffington Post*)」는 정치 분야보다 연예 쪽에서 트럼프 소식을 다룰 것이라고 보도했다. 당시 내가 읽었던 기사의 제목은 "느긋해지자. 도널드 트럼프가 이기지는 못할 테니"[1]와 "2016년에 힐러리 클린턴을 지지해야 하는 이유는 그녀가 미치광이들이 이끌지 않는 미국 유일의 주류 정당 후보이기 때문이다"[2]였다. 미국 언론의 한 유력 인사가 비공개적으로 내게 이렇게 말했다. "그 말을 믿지 말아요. 무슨 일인가가 진행되고 있어요. 공화당 내부에서 그를 제거할 겁니다. 그 사람이 공화당 대선 후보가 되지는 않을 거예요. 날 믿어요. 내가 방금 누구와 통화했는지 당신은 상상도 못할 겁니다." 이방인인 내게 트럼프의 선거운동은 괴짜 억만장자의 장난처럼 보였다.

그러나 트럼프가 유발하는 분노에 집중하기보다 그가 하는 말에 귀를 기울이자, 내 생각은 바뀌었다. 그는 세계 질서를 인정사정없이 공격했다. 공격의 주된 수단은 노골적인 거짓말과 선동이었다. 하지만 비논리적인 그의 발언에는 억제되어온 세계화의 어두운 면이 고스란히 드러났다. "조작된 체제"와 자유무역을 맹비난했을 때, 혹은 정치적 올바름에 격분했을 때 그가 보여준 행동은 마치 국제관계학이나 정치경제학 수업에서, 어떻게 포퓰리즘적 민족주의자가 "세계화의 단점과 세계화가 노동시장과 지역 문화에 미치는 영향으로 미국 대통령이 될 수 있었는지를 5장 분량으로 작성하라"와 같은 문제에 답변할 때와 같았다.

방송기자는 보통 촬영을 하기 전에 배경이 되는 이야기를 조사한다.[3] 촬영기사와 함께 인터뷰를 하러 갈 때, 나는 이미 그 이야기의 주인공들이 무슨 말을 할지 잘 알고 있었다. 그러나 마리아나에서 우리는 크게 놀랐다.

우리는 조엘 부부와 그의 부모님으로부터, 그들이 늘 지지해왔던 민주당에 투표할지 말지를 고민하고 있다는 말을 들으리라고 예상했다. 하지만 뜻밖에도 이 근면한 노동자들은 아메리칸 드림에 대한 환멸감을 토로했다. 이것은 트럼프와 클린턴 중에서 누구에게 표를 줄지를 묻는 질문과는 차원이 달랐다. 과거 공산주의자와 극우파의 전유물이던 냉소주의를 펜실베이니아주의 전형적인 중산층 가정에서 접할 줄은 꿈에도 몰랐다.

퀴글리 가족의 집 앞에 걸린 미국 국기가 비바람에 흠뻑 젖은 채 펄럭이고 있었다. 전형적인 미국 가정인 퀴글리 가족은 그들이 왜 나라에 화가 났는지를 한참 동안 설명했다. 그것은 곧 벌어질 일에 대한 첫 번째 조짐이었다. 미국 대선은 내가 앞에서 상술한 위기들, 즉 결함을 드러낸 세계화와 국제무역, 그리고 고용, 이민자, 안보 문제 등에 관한 대중의 생각을 묻는 일종의 국민투표로 변질되고 있었다. 힐러리 클린턴은 대선 결과를 통해서 보편주의를 지향하는 미국의 밝은 미래를 확인하고 싶었겠지만, 뜻밖에도 선거는 그동안 국가가 저질러온 잘못에 대한 중산층의 반발심만 확인해주었다. 마리아나에서 나는 미국이 전환점을 맞았다고 판단했다. 이제 더 이상 미국인은 제국의 변방에 사는 우리와 생각이 같지 않았다.

***

수십 년간 미국이 지배하던 세상에서는, 누구나 저마다 미국에 대한 이미지와 꿈, 아이디어와 두려움을 가지고 있었다. 내가 생각하는 미국의 모습은 9–11 테러가 끝나고 몇 달 후부터 마리아나에 가기 전까지 14년간 만들어진 이미지이다. 나는 아리엘 샤론 이스라엘 총리의 수행 기자단으로 조지 부시 전 미국 대통령을 만나기도 했다. 이스라엘과 팔레스타인 영토에서 제2차 인티파다(팔레스타인의 반이스라엘 투쟁을 이르는 말로, 1987–

1993년까지를 제1차, 2000년을 제2차 인티파다로 구분한다/옮긴이)가 일어났을 때, 미국은 이미 아프가니스탄을 침공했으며 이라크도 공격할 준비를 하고 있었다. 샤론 총리는 팔레스타인 사람들의 정신적인 지도자인 야세르 아라파트 팔레스타인 해방기구 의장과 협상하라는 미국의 압박에 저항하고 있었다. 그로서는 팔레스타인 해방기구의 존재는 인정하더라도 팔레스타인 국가가 건설되는 일은 막겠다는 원대한 계획을 실현하기 위해서 반드시 부시 행정부와 좋은 관계를 유지해야 했다. 그의 전략은, 항상 협상하겠다고 말하고는 그가 너무나도 싫어하는 아라파트와 결코 대화하지 않는 것이었다. 언젠가 샤론 총리는 내게 이렇게 말했다. 중동 지역에서 살아남으려면 먼저 말부터 하고, 생각은 나중에 하며, 행동은 완전히 다르게 해야 한다고.

2002년, 워싱턴은 알카에다의 공격에 따른 충격에서 벗어나고 있었다. 그곳은 모호하고 기만적인 대테러전을 치르는 중이었다. 정부의 주도권은 신보수주의자들이 쥐고 있었다. 이들은 군사력을 활용해서 패권을 유지하는 방식을 공식적으로 오랫동안 지지했다. 당시 워싱턴의 분위기는 어수선했고, 그것은 내가 성인이 되어 워싱턴에 온 후로 처음 겪는 경험이었다. 호텔 주변의 코네티컷 로와 워싱턴 가를 몇 시간 동안 걷다 보니, 무엇이라고 설명하기 어려운 정서 같은 것이 미국인들에게서 느껴졌다.

그것은 현재 벌어지는 일이나 정치와는 완전히 무관한 감정이었다. 세상에는 질서가 있고 모든 일에는 논리가 있으며 그 질서와 논리를 만들어내는 권력의 중심지에 내가 와 있다는 느낌을 받았다. 그러니까 나는 내가 사는 제국의 수도에 와 있었다. 2세기에 이베리아 반도에서 성장한 청년이, 웅장하지만 타락한 모습을 로마에서 직접 보았을 때에 느꼈을 법한 그런 감정이 들었다. 역사를 통틀어서, 인간은 세상을 지배하는 권력의 중심지에 늘 매혹당했다. 어쨌든 20세기 전반기에 인류 문명이 발달하는 데에 가장 중요한 역할을 한 나라는 미국이다.

비서양인이 보기에, 역사적으로 미국은 전형적인 제국은 아니지만 제국의 특징은 고루 갖추고 있다. 누구나 미국 달러가 전 세계에서 통용되는 화폐임을 잘 안다. 또한 미국이 군사, 경제, 정보, 문화, 예술 등 전방위에 걸쳐 권력을 휘두르고 있으며, 특히 영화와 텔레비전을 통해서 미국 문화가 전 세계에 두루 퍼져 있다는 점도 알 것이다. 하지만 그것을 잘 알고 있더라도 워싱턴이나 뉴욕에 직접 가보면 우리 삶의 가장 중요한 부분은 미국에서 온다는 사실을 새삼 깊이 깨닫게 된다. 그러니까 내 나라의 정치와 경제, 심지어 미학 분야에서 벌어지던 담론들은 사실 이 먼 나라의 문화가 번역된 것이었다.

그리고 열등감은 아니지만 내 과거와 현재에 미국 문화가 끊임없이 영향을 미쳤다는 깨달음을 얻는다. 이제 이런 메시지가 들린다. 집중하고, 실수하지 말라. 너는 제국의 시민이며, 그 통치자는 미국이다. 나는 그 모든 깨달음을 워싱턴에서 얻었다. 링컨 기념관 계단 위의 남쪽 벽에 새겨져 있는 게티즈버그 연설의 한 대목, "국민의, 국민에 의한, 국민을 위한 정부"를 읽을 때도 마찬가지였다. 수많은 통치자들과 정권이 자유민주주의는 더 이상 미국의 전유물이 아니며, 미국식 민주주의가 최선의 방식은 아닐지도 모른다고 주장한다. 미국식 민주주의는 공정함의 원천이다. 그리고 공정함에 대한 개념이 바로 이 돌에 새겨져 있다. 누구도 에이브러햄 링컨과 같은 울림을 주지 못할 것이다. 그가 공언한 "국민의 정부"가 언제나 기본 바탕이 될 것이다. 제국의 국민이 이것을 알게 되면, 한밤중에 자다 깨어, 오랫동안 잊고 지냈던 수수께끼의 해답을 얻은 듯한 느낌을 받게 된다.

기념관에 있는 링컨은 의자에 앉아서 밖을 응시한다. 이는 역사적인 국가

지도자와 영웅의 조각상에서 흔히 볼 수 있는 모습이 아니다. 링컨은 조용하지만 강력한 기운을 발산한다. 권력을 차분하고 자연스럽게 사용하는 방식은 미국이라는 현대 제국만의 독특한 특징이다. 미국은 식민지 농장을 탐욕스럽게 착취하던 상업제국도 아니고, 새로운 땅을 개척해서 빼앗은 다음 그 땅을 수탈해서 상류층에 증여하던 제국도 아니다. 토머스 제퍼슨의 말처럼, 미국은 "창세 이후 한번도 없었던 자유의 제국"으로 탄생했다.[4]

미국은 서서히, 수많은 방법들을 동원해서 영토를 확장해왔다. 유럽인 특유의 잔인함을 발휘해서 원주민을 억압하고 쫓아내고 살해하고 말살했다. 미국 경제는 19세기까지 존속했던 노예제도를 기반으로 성장했다. 미국은 사방에서 싸우고 사방에 머물렀다. 이따금 현지인들에게 권력을 넘겨주기도 했지만, 항상 군대와 경제적 이해관계를 남겼다. 미국은 70개가 넘는 나라와 자치령에 미군을 주둔시켰으며, 역대 가장 강력한 군사력을 보유하고 있다. 소련과 맞서던 냉전 기간에는 이란과 온두라스를 포함한 모든 나라에 있는 독재자, 잔인한 왕, 마약 조직 등을 지원하거나 쿠데타를 조장했고, 반체제 인사들을 살해하고 고문하는 일을 도왔다. 당시는 다른 제국과 경쟁하고 있었으므로 어떤 수단도 정당화할 수 있었다. 서로 대립하던 미국과 소련 모두 "제국주의자"라는 표현을 경멸조로 사용했지만, 사실 두 나라 모두 제국이었다.

그러나 역사 속 다른 제국들과 달리, 미국은 권력을 휘두르는 과정에서 자유주의 가치도 함께 심었다. 독일과 일본을 임시 점령하는 동안에는 시민권 보호를 장려했고, 역사상 한번도 보지 못한 방식으로 자유시장 경제 원리도 전파했다. 그렇게 해서 미국은 민주주의 시대의 제국이 되었다. 적절하게도 링컨은 시민의 자유에 관한 자신의 연설문이 새겨진 기념관 속 의자에 앉아 있다. 그가 잡고 있는 팔걸이에는 막대기 다발 속에 도끼를 끼운 문양이 새겨져 있는데, 본래 이 문양은 고대 로마 시대 집정관의 명령권(imperium)을 상징한다. 링컨 기념관은 연방의 힘, 그리고 남북전쟁 이후에 연방을 유지할 필요성을 나타낸다. 그것이 미국의 명소인 링컨 기념관이 주는 메시지이다. 그러나 나처럼 미국 밖에서 사는 사람들에게 링컨의 명령권은 어떤 메시지를 줄까? 아마도 미국에는 자유가 있는 동시에 다른 사람들을 복종하게 하는 권력도 있다는 내용이 담겨 있지 않을까 싶다.

제국의 세상에서 위계질서는 분명하다. 당신이 미국 대통령의 집무실 밖에서 양국 정상과 사진 촬영을 하러 들어가려고 줄을 서서 기다리고 있다고 상상해보자. 백악관 관계자는 간단하게 규칙을 설명한 다음, 밀집한 사람들 사이에서 적합하지 않은 사람들을 골라낸다. 이것은 분명히 방문객을 구분하는 통상적인 방식이지만, 내가 느끼기에는 마치 14세기에 중국의 황제를 알현하기 위해서 대기하는 모습과 비슷하다. 미국 대통령 집무실 안으로 들어가니, 당신 나라의 늙은 총리 옆에 침착하고 차분하게 앉아 있는 부시 대통령의 모습이 보인다. 당신 나라의 총리는 제4차 중동전쟁(1973년 10월에 이집트와 시리아가 이스라엘을 공격하면서 시작된 전쟁/옮긴이) 당시 기갑부대를 지휘하며 나라를 구한 사람이지만, 지금 그는 긴장한 듯이 땀을 흘린다. 누가 권력을 쥐고, 누가 그 권력을 침착하게 휘두를 수 있는지 아주 분명하다.

물론 그런 관점은 편협한 생각이지만, 어떤 의미에서 보면 1950년대부터 세계의 절반이 미국이라는 제국의 속주였고, 1990년대 이후에는 그 수가 절반을 넘어섰다. 그리고 이런 불평등한 관계는 세계화로 인해서 확대되고 고착되었다. 분열되고 위협적이며 가난한 세상에서 미국은 풍요의 근원지라는 인식을 사람들에게 심어주었다.

예를 들면, 외국인이 미국에 와서 겪은 가장 기분 좋은 일이 무료 리필을 받은 경험이라는 사실을 미국인들은 알고 있을까?

그 외국인들의 출신지가 생활수준을 개선하고 싶어하는 아프리카든, 인색했던 공산주의 시대를 아직 기억하는 동유럽이든, 한때 미국보다 생활수준이 높았던 서유럽이든, 혹은 중동이든 아무 상관없다. 난생처음 커피나 탄산음료의 무료 리필 서비스를 받는 순간 이들은 어떤 깨달음을 얻는다. 나는 어린 시절 무료 리필이라는 개념을 처음 접하고 느꼈던 희열과 놀라움을 기억한다. 모든 사람들이 콜라를 계속해서 무료로 마실 수 있다니, 어떻게 놀라지 않을 수 있겠는가. 무료 리필이 가능했던 비결은 간단하다. 콜라가 충분했기 때문이다. 마시고 싶은 사람들은 얼마든지 마실 수 있었다. 굳이 가난한 나라에서 살면서 풍요롭고 안전한 미국을 부러워할 필요가 없었다. 그저 미국으로 가기만 하면 되었다. 아메리칸 드림의 매력은 무료 리필로 구현되고 카페나 주유소가 고객에게 가지는 신뢰로 요약되는데, 여기에서 신뢰란 고객이 무료 리필을 남용하지 않을 만한 기본 예의를 갖추었으리라는 믿음이다. 또한 고객에게 물건 하나를 할인해서 팔면 그것이 추가 구매로 이어진다는 자본주의적 통찰에서도 아메리칸 드림의 매력을 찾을 수 있다. 이는 고객에게 소비란 재미있는 것이라는 신호를 준다. 물론, 과식, 환경오염, 탐닉 행위가 하나의 생활양식으로 굳어질 위험도 있다.

미국 예외주의

비록 미국이 다양한 분쟁에 관여하고 그럴 때마다 미국 내의 갈라진 틈들이 벌어지면서 내상을 입기는 했지만, 미국은 여전히 각종 "소프트 파워(과학이나 문화 등을 앞세워 상대방을 통제하는 힘/옮긴이)"를 동원해서 세계 정상 혹은 그 근처에 머문다.[5] 미국은 전 세계에 미식(美食) 문화를 퍼뜨린 프랑스나 왕실, 옥스브리지, 비틀스 등으로 상징되는 영국과 다르다. 미국은 막강하지만 대중적이다.[6] 미국 밖에서 사는 사람들이 강대국인 미국에 느끼는 매력은 아메리칸 드림과 미국 제품에 대한 동경에서만 나오지 않는다. 미국이 멀리 떨어져 있는 나라 또한 보호해주리라는 기대에서도 나온다. 예를 들면, 중동 사람들은 중동에 전쟁이 임박했고 그 전쟁이 끔찍한 결과를 가져오리라고 예상하면서도, 미국이 (그리고 과거에는 소련과 함께) 개입하면 전쟁이 신속하게 끝나리라고 암묵적으로 기대한다.

이스라엘의 안보 정책은 전쟁이 일어나면 어느 시점에 미국이 전쟁 종식을 명령할 것이라는 전제하에 세워진다. 그래서 언제나 이스라엘군의 전투 원칙은, 유한한 기간 동안에 전쟁을 치르며 (처음에는 두 나라였지만 지금은 하나만 남은) 초강대국이 멈추라고 말할 때에 전쟁을 끝낸다는 것이다. 실제로 미국과 소련은 분쟁국들의 교전을 강제로 멈추게 했고, 이따금 휴전선도 설정했다.

미국이 맡은 책임자 역할이 미국의 우방국에게 항상 환영을 받은 것은 아니었지만, 이따금 급박한 긴장을 완화하는 기능을 했다. 예컨대, 우방국의 의사 결정자들은 미국 핑계를 대며 내전을 도발하려는 세력들을 물리칠 수 있었다.

어떤 정책은 미국의 지지를 받고, 어떤 정책은 미국의 심기를 불편하게 한다. 1970년대 말, 이집트는 이스라엘과 평화협정을 맺고 미국 대신 힘을 잃어가는 소련과 동맹을 맺었다. 중동은 주로 서유럽의 관심지였으나 소련이 붕괴된 후에는 전 세계의 이목을 끌었다.

1956년에 미국은 자신들이 건설하기 시작한 세계에서 통제권을 쥐고 있음을 프랑스와 영국, 이스라엘에 분명히 했다. 미국은 (소련과) 합동 작전을 펴서, 세 나라가 이집트로부터 빼앗은 시나이 반도와 수에즈 운하에서 완전히 철수하게 했다. 이에 반발하는 나라(특히 프랑스)도 있었는데, 그때 서구의 나라들은 전략적으로 중요한 결정을 할 때에는 미국의 동의가 필요하다는 사실을 깨달았다. 1963년 케네디 대통령은 공산주의 국가인 동독이 베를린 장벽을 세운 이후 서베를린을 방문해서 "저는 베를린 사람입니다(Ich bin ein Berliner)"라고 연설했으며, 이를 통해서 미국의 동맹국에게 "여러분은 혼자가 아닙니다"라는 메시지를 보냈다.

그렇다고 미국이 파멸로 이어지는 어리석은 행동이나 실수를 저지르지 않았다거나 베트남 전쟁과 같은 대규모 살상이 일어난 전쟁을 일으키지 않았다는 의미는 아니다. 미국은 자신의 권력을 잘 알고 있었고, 공산주의를 물리치고 자유를 전파하기 위해서 그 힘을 사용하는 것이 역사적 책무이자 심지어 신이 부여한 역할이라고 생각했다. 바로 그 점이 미국과 다른 나라를 구분하는 특징이라고 미국은 생각했다. 이런 관점은 (이미 1840년대에 채택되었으며) 미국 예외주의라고 불린다.

미국의 대선 후보자들이 미국 예외주의에 충성한다고 맹세할 때, 외국인의 귀에는 그것이 마치 신비 종교의 입회 서약처럼 들린다. 오바마 대통령은 미국의 제국적 역할을 부정하는 취지의 발언을 한 후, 임기 내내 그것에 분개한 사람들의 공격을 받아야 했다.[7]

미국이 세상을 이끌고 도덕적 의무를 다하는 언덕 위의 도시라고 스스로를 인식하는 태도는 전혀 낯설지 않다. 미국 예외주의의 독특한 점은 역사적으로 볼 때 그것이 예외적인 현상이 아니라는 사실이다. 고대 로마 제국이 유대 지역을 점령해서 헤롯을 속국의 왕으로 세운 지 얼마 지나지 않은 1세기에, 고대 로마의 시인 베르길리우스는 로마의 젊은이들에게 로마 예외주의에 관해서 이렇게 설교했다. "이것이 너희의 사명이라는 것을 절대 잊지 말라. 자신의 기술로 세상을 통치하고, 침착하게 질서와 정의로 세상을 평화롭게 하며, 패자를 용서하고 자만하는 자를 물리쳐서 전쟁을 끝내라."[8]

***

그러나 문제가 있다. 더 큰 권력을 가진 미국으로부터 지시를 받으므로 국내 정치 세력에 휘둘리지 않아도 된다는 안도감은 오직 미국 밖에서 사는 사람들만 느끼는 감정이었다. 미국 시민을 보호해주거나 미국 내에 있는 무책임한 지도자들을 혼내줄 외부 세력이 없었다. 파국을 맞을 전쟁에 참전하지 말라고 친절하게 조언해줄 강력한 우방국도 미국에게는 없었다. 미국 대통령은 다른 모든 나라의 지도자들이 두려워하는 일, 즉 워싱턴에서 걸려오는 전화를 받아본 적이 없다. 또한 인간의 사악한 본능에 굴복하지 않도록 미국 지도자를 도와준 사람이 한 명도 없었다. 그와 동시에, 모든 제국이 그랬듯이 미국 역시 멀리 떨어져 있는 영지들, 스스로 부여한 책임감 혹은 제국의 특권 등과 불가분의 관계가 되었다. 미국의 신학자 라인홀드 니부어는 『미국 역사의 아이러니(*The Irony of American History*)』에서 이렇게 썼다. "강한 미국은 힘이 비교적 약했을 때보다, 즉 안전을 위협받았지만 아이같이 순수하고 평화롭던 시절보다 불완전하게 자신의 운명을 통제하게 되었다……우리 방식이 '인류의 행복'을 지켜준다고 믿는 순간에도 우리는 우리의 뜻대로 할 수 없다."[9]

그러나 미국은 니부어의 방식을 거부했다. 20세기에 두 차례 세계대전을 거치고 뒤이어 경쟁국 소련을 압도하는 과정에서 미국은 핵심적인 역할을 했고, 그로 인해서 스스로 무적이며 반드시 필요한 존재라고 믿게 되었으며, 종종 천진난만한 야심도 품었다. 유명 작가이자 「뉴욕 타임스」의 칼럼니스트인 토머스 프리드먼은 언젠가 내게 이렇게 말했다. "사람들은 미국과 미국인의 순진함을 조롱하기를 즐깁니다……하지만 그런 순진함은 세계 평화에 대단히 중요합니다. 만약 미국이 인권과 사생활권, 성 평등권을 보장하지 않고 기본적인 예의를 지키지 않으면 온 세상은 변하게 됩니다. 미국이 어둠에 빠지면 세상은 암흑천지가 됩니다."

2016년 봄, 나는 프리드먼의 워싱턴 사무실에서 그런 대화를 나누었다. 그로부터 몇 달 후, 도널드 트럼프가 대통령에 당선되었다.

제국의 계획

로마 제국에 퍼진 기독교처럼, 오늘날 우리가 아는 세계화 역시 서구 세계를 통해서 확산되었다. 세계화는 15-16세기 해상 제국처럼, 사람들이 교류하고 교역하는 방식을 바꾸어놓았다. 또한 과거 어느 강대국들보다 더 많은 영토와 사람들을 포위하고 지배했다. 이러한 세계화는 바로 미국이 만들었다.

미소 냉전 초기에 마셜 플랜과 함께 브레턴우즈 체제가 발족했다. 제2차 세계대전이 끝나자, 미국 경제 분야에서는 전 세계가 자유롭게 교역하고 밀접하게 연결되기를 바랐다. 1950년에 미국은 전 세계 제품의 절반을 생산하고 있었지만,[10] 사람들의 수는 세계 인구의 6퍼센트에 불과했다. 미국은 자국의 효율적인 공장과 조립 라인, 음료를 병에 담는 시설 등에서 생산한 수많은 라디오와 자동차, 탄산음료 등을 구입해줄 소비자가 필요했다.

미국은 전후 유럽을 재건하기 위해서 약 120억 달러(2020년 기준으로 1,700억 달러)를 투자했다. 당시 이 금액은 미국의 연간 GDP의 4퍼센트에 달하는 규모였다.

미국의 역사가이자 극작가인 찰스 미는 마셜 플랜을 다룬 책에서, 미국 국무장관이 발표하기도 전에 어떻게 유럽과 특히 영국의 신문사에서 플랜의 핵심 내용과 중요성을 미리 보도했는지를 설명한다.[11] 이들과 반대로, 미국 정부는 국내 언론이 마셜 플랜의 내용을 가능한 한 조금만 보도하도록 최선을 다했다. 당시 미국 기자들은 "평범한 졸업식 연설"(당시 마셜 국무장관은 유럽 원조계획을 1947년 하버드 대학교 졸업식 연설에서 처음 밝혔다/옮긴이) 내용이 공개된 자리에 초대받지 못했다. 훗날 「워싱턴 포스트(The Washington Post)」가 밝혔듯이, 당시 일선 기자들은 그 사건이 얼마나 극적인지를 보도하려고 했지만 편집자들이 막았다고 한다. 그 이후에도 미국 국무부는 기자들에게 아무런 정보도 주지 않았다.[12]

놀랍게도 제국의 국민은 그 제국이 다른 나라에 약속한 안보와 경제 지원에 대한 소식을 사후에나 들을 수 있었다. 이는 미국이라는 제국이 국민에게 정직하지 않은 상태에서 세워졌음을 방증한다. 미국의 정책들과 관련된 진실은 국민에게 제공된 정보 안에 있지 않았고 제국 밖에 있었다. 1846년에 제임스 포크 대통령은 멕시코와 전쟁을 벌여서 서부 영토를 확장하고 싶었기 때문에 의회에 거짓말을 했다. 1940년에 프랭클린 루스벨트 대통령은 전쟁을 준비하는 동안 국민에게 "여러분의 아들들을 외국과 치르는 전쟁에 보내지 않을 겁니다"라고 말했다. 1961년에 케네디 대통령은 피그스 만을 침공하기 직전에, 미국은 쿠바에 군사 개입을 할 생각이 없다고 국민에게 말했다.

유럽 재건 계획은 미국과 유럽 사이에 전략적인 동맹관계를 형성하고, NATO를 탄생시키는 토대를 마련했다.[13] 베를린 장벽이 무너지자, 미국은 민영화, 자본시장 개방, 무역 장벽 철폐 등을 골자로 한 이른바, '워싱턴 컨센서스(Washington Consensus)'를 제시했다.

1998년에 매들린 올브라이트 국무장관은 "우리는 필수 불가결한 국가"라고 선포했다. 그녀의 발언은 미국만이 세계를 안전하고 번영하게 할 힘이 있다 것을 의미했다. 그로부터 10년간, 미국은 수백 년간 이어져온 발칸 반도, 북아일랜드, 중동 등과의 문제를 해결하려고 노력했다. 그리고 이따금 성공했다.

올브라이트의 선언이 있고 3년 후, 알카에다가 미국을 공격했으며 이 사건으로 세계는 안전하지 않고 근본주의가 자유주의 질서를 위협하고 있음이 밝혀졌다. 미국의 자신감은 그저 착각이었던 것이다.

이런 전략적인 실패에 놀란 미국은 전쟁을 두 차례 일으켰다. 첫 번째 전쟁은 알카에다를 지원하고 보호한 탈레반을 무너뜨리기 위해서 아프가니스탄에서, 두 번째 전쟁은 수많은 속임수와 자기기만 행위를 일삼은 사담 후세인 정권을 무너뜨리기 위해서 이라크에서 일으켰다. 미국은 항상 전형적인 제국과 달리 다른 나라를 지배한다는 생각을 거부해왔지만 그것에 점점 익숙해졌고, 군사적인 필요에 의한 것처럼 혹은 당연한 운명처럼 그 생각을 받아들이기 시작했다. 미국은 더 이상 권좌에 앉아서 "국민의, 국민에 의한 정부"를 선언한 나라의 모습이 아니었다. 그냥 권좌에 앉은 나라였다.

이것이 전후 미국이 만든 세계화라는 작품의 탄생 배경이다. 다른 민족에 대한 제국의 무력 통치, "문명들" 사이의 전쟁, 국경 폐쇄 등 이 모든 일들은 1945년 이후에 미국이 구축한 열린 세계 및 경제와는 한참 거리가 멀었다. 모든 정체(政體)의 필수 조건인 개인의 안전을 필사적으로 추구하던 미국인들은 시대착오적인 권력과 사랑에 빠졌다. 역사학자 니얼 퍼거슨은 미국이 "스스로 그 이름을 감히 입에 올리지는 않지만……하나의 제국"이라고 선언했으며, "제국임을 부인하기" 때문에 미국이 세계를 위험에 빠뜨리고 있다고 주장했다.[14] 「뉴욕 타임스」는 "미국 제국(이 말에 익숙해져야 한다)"이라는 표현을 헤드라인으로 뽑았고, 이후에도 그와 비슷한 제목들이 심심치 않게 등장했다.[15] 부시 대통령의 수석 고문 가운데 한 명은 「포린 폴리시(Foreign Policy)」와 비공개를 전제로 한 인터뷰에서 "우리는 지금 제국입니다"라고 말했다.[16] 2003년 12월에 딕 체니 부통령은 "참새 한 마리가 땅에 떨어질 때도 하느님의 허락이 있어야 하는데, 하느님의 도움 없이 제국이 일어날 수 있겠는가?"라는 벤저민 프랭클린의 명언이 담긴 성탄 카드를 보냈다.[17] 그런 명언을 성탄 카드에 적은 사람이 미국 부통령이라면, 그 행위가 단순한 글짓기는 아닌 것이다. 당시 이라크 전쟁에 파병된 미군은 바그다드에서의 첫 크리스마스를 보내고 있었다. 부시 대통령은 미국의 제국적 야망을 공개적으로는 부인해야 한다고 생각해서 "미국은 제국을 확장할 생각도, 유토피아를 건설할 생각도 전혀 없다"라고 힘주어 말했다. 아프가니스탄 전쟁과 이라크 전쟁에 지출된 비용에 관해서는 여러 논란이 있지만, 지금까지 알려진 최저 금액만 해도 1조6,000억 달러이고[18] 다수가 추정하는 금액은 거의 3조 달러에 이른다.[19] 2018년에 진행된 한 연구에서는 상이군인에게 지급할 연금까지 계산하면, 총비용이 6조 달러에 달한다고 발표했다.[20]

동맹국들 중에는 미국에게 참전하지 말라고 경고한 나라들도 일부 있었다. 그러나 부드럽게 말하면서 힘을 과시하는 미국 대통령들 가운데 어느 누구도 동맹국들에 이렇게 경고한 적은 없었다. "만약 공격을 받은 당신이 값비싼 전쟁으로 대응할 경우, 당신은 막대한 부채를 짊어지게 될 것이고 사회 기반시설과 다른 성장 동력에 대한 투자는 줄게 될 것이며 방위비는 급증해서 국내 경제가 위기에 빠지게 될 겁니다. 이것은 전형적인 쇠퇴 과정입니다." 미국을 막고, 미국으로부터 미국을 구할 수 있는 강대국은 어디에도 없었다.

녹슨 공장 지대에 사는 사람들

미국이라는 제국은 효율적인 소프트 파워를 비효율적인 하드 파워(소프트 파워에 대비되는 개념으로, 군사력이나 경제력 따위를 의미한다/옮긴이)로 대체했다. 그러는 동안 미국은 스스로 1930년대 대공황 이후 최악의 불황 속으로 뛰어들었다. 한때 철강 산업의 중심지였다가 지금은 녹슨 공장 지대가 된, 펜실베이니아 주의 마리아나에서 내가 만났던 사람들처럼, 대가를 치르는 쪽은 늘 그렇듯이 불안한 중산층이다. 내가 그들을 만나고 몇 달 후, 트럼프가 미국의 정치 역사상 가장 큰 이변을 일으키며 대통령에 당선되었다.

20세기 초에 마리아나는 미국의 산업 중심지였다. 그곳 주민들은 실내에 배관이 있는 현대식 석조 주택에서 살았다. 당시는 이민이 자유롭던 시절이었기 때문에 중유럽과 러시아, 이탈리아에서 미국으로 이민자들이 몰려들었다. 마을은 피츠버그 버펄로 컴퍼니가 운영하는 3개의 탄광 근처에 형성되었는데, 당시 이 회사는 가장 안전하고 기술이 발전한 광산회사로 유명했다. 1908년 10월, 시어도어 루스벨트 대통령은 이 회사의 선진기술을 직접 보기 위해서 유럽의 석탄 전문가들과 함께 그곳을 방문했다. 그로부터 44일 후, 국가적인 재난이 발생했다. 폭발 사고로 광부 154명이 사망한 것이다.

규모는 작지만 관리가 잘된 마을 도서관에서 나는 조 글래드를 만났다. 그는 89세였지만, 자세가 꼿꼿하고 눈매가 날카로웠다. 그는 야구 모자를 쓰고 있었다. 글래드는 강철 제조에 사용되는 커다란 유연탄 조각을 어루만지면서 "불순물이 제거된 품질 좋은 석탄"이라고 말했다. 그는 제2차 세계대전이 끝나고 2년 후부터 탄광에서 일하기 시작했다. 아버지 손에 이끌려 광산으로 갔고, 광부로서 필요한 생존 지식을 배웠다고 한다. 예를 들면,

먼지가 일고 삐걱대는 소리가 나면서 쥐들이 재빠르게 움직이면 "쥐들과 함께 도망가야 한다."

처음 일을 시작했을 때, 글래드는 아버지와 함께 석탄을 싣는 일을 했다. 날마다 한 사람당 약 3톤의 석탄을 실었다. 그리고 1톤당 93센트씩을 받았다.[21] 그가 커다란 두 손을 내게 보여주었다. 그는 아침에 가끔씩 "굳은살 때문에" 손이 잘 펴지지 않았다고 회상했다. "그럴 때마다 아버지가 수돗가로 데려가서 내 손에 따뜻한 물을 틀어주셨지. 그러면 곧 손이 풀렸고, 우린 일하러 갔다네."[22]

자치구 의원인 제러미 베라르디넬리는 과거 탄광촌에 있는 낡은 건물의 문을 열었는데, 그곳은 1988년에 폐쇄되었다. 워낙 규모가 컸기 때문인지 그곳은 폐허가 되었어도 위풍당당해 보였고, 상흔마저 아름다웠다. 글래드가 그곳 땅에서 나온 마지막 석탄 더미를 보여주었다. "이곳에 박물관을 세울 때를 대비해서 사람들이 남겨놓은 것이라오." 그가 말했다. 박물관은 아직 건립되지 않았다. 글래드가 자신이 일했던 관리인 사무실로 나를 데려갔다. 그가 눈물을 글썽였다. "마음이 아프다네. 나만 그런 게 아니야. 아직 일할 수 있는 사람들이 많아. 나는 늙었어. 곧 죽을 걸세. 한 1~2년 살겠지. 하지만 젊은 사람들은 무슨 일을 해야 한단 말인가?"

조엘 퀴글리도 젊은 사람이다. 한때 그는 마리아나에서 멀지 않은 웨인즈버그 부근의 한 탄광에서 일했지만, 그곳은 지금 다른 탄광들처럼 문을 닫았다. 내가 퀴글리 가족의 거실에서 그들과 나눈 대화는 석탄으로 시작해서 석탄으로 끝났다. 석탄 산업이 다시 회복될 것인가, 석탄 산업이 왜 필요한가, 석탄 산업을 방해하는 사람들은 누구인가 등등. 조엘의 아내는 7년간 집에서 아이들을 돌보았지만, 지금은 "조엘의 벌이가 충분하지 않기 때문에" 일자리가 필요하다고 했다. 조엘은 탄광에서 일할 때보다 "2배나 많이 일하지만, 수입은 절반밖에 되지 않는다"라고 말했다.

지역 탄광회사를 언급하면서 조엘은 이렇게 말했다. "그들은 석탄 산업이 불황이어서 회사가 파산했다고 하지만, 사실 회사가 파산한 건 그들 잘못이에요." 32년간 광부로 일한 후에 연금 수급자가 된 조엘의 아버지는 파산의 원인을 "기업의 탐욕"으로 돌렸다. 조엘은 "아버지가 다니셨던 회사의 CEO는 아직도 재산이 많아요"라며 동의했다. 조엘의 가족은 트럼프를 언급할 때면 미안해하는 말투로 이야기했다. 조엘의 아버지는 "트럼프는 노동자들을 일터로 돌려보내려고 노력할 거예요. 이런 상황에서는 당신도 그렇게 할 거예요"라고 말했다. 조엘의 어머니 캐럴라인은 트럼프를 좋아하지는 않는다며 이렇게 말했다. "난 그 사람이 싫어요. 하지만 그가 우리를 일터로 보내준다면 나는 그를 찍겠어요."

내가 말했다. "여러분도 아시겠지만, 이 나라의 지도자들은 석탄 산업을 구할 수 없다고 말해요. 탄광이 문을 닫으면 다른 일자리가 생길 거라고요. 그러면서 석탄 산업을 지원하지 않겠다고 하죠. 석탄 산업도 자유시장 논리에 따라야 해요. 아마도 그게 미국의 모습이겠죠. 저는 잘 모르겠습니다. 미국인이 아니니까요." 조엘의 가족은 잠시 웃었다. 조엘은 미국이 중국으로 석탄을 보내서 "그들의 발전소는 돌리게 하면서 우리 발전소는 왜 폐쇄하는지" 도무지 그 이유를 모르겠다고 말했다. 실제로 미국은 중국으로 석탄을 수출하고 있다.

그들은 과거에 한번도 공화당에 표를 준 적이 없다고 했다.

"그런데 트럼프를 찍으시려고요?"

"그래야 할 것 같아요." 모두 웃었다.

"미국이 세계에서 가장 위대한 나라라고 생각하세요?" 강하게 반대하는 소리가 거실에 울려퍼졌다. "아니요! 절대 아니에요!" 조엘이 자신의 아버지 쪽으로 몸을 돌려서 말했다. "할아버지가 자라던 시절에나 미국이 위대했겠죠. 하지만 지금도 그럴까요?" 조엘의 아내 제시카는 미국이 "창피하다고" 덧붙였다. 조엘의 가족이 한 말 중에서 제시카의 말이 가장 가슴에 와닿았다. 그들은 자신들의 나라가 부끄러웠다. 다른 나라 국민들이 "미국의 도움을 받는" 동안 이 나라의 아이들은 굶주리고 있다고 그들은 말했다. 나는 트럼프가 당선되고 난 후에야 그런 인식이 미국 사회에 얼마나 많이 퍼져 있었는지를 깨달았다.

제시카는 이렇게 말했다. "노력한다고 될 일이 아니에요. 여기에서는 불가능해요. 물건은 해외에서 더 싸게 살 수 있고, 다른 나라에서는 할 수 있는 일들이 여기에서는 **불가능해요**." 그녀는 마지막 말을 특히 강조해서 말했다.

"여기에서는 불가능해요"라는 제시카의 말은 확실히 일리가 있다. 그 말은 "플라이오버 컨트리(flyover country : 비행기가 상공을 통과하는 지역이라는 의미로, 미국의 중부 지방을 비하하는 표현이다/옮긴이)"라고 불리는 미국의 농촌이 등한시되고 있다는 점과 부유한 도시와 나머지 지역 사이의 격차가 크다는 점을 지적하고 있었다. 그녀의 말에서 불명확한 부분은 "여기"라는 단어이다. 세계화된 세계는 서로 밀접하게 연결되어 있기 때문에 여기라는 말이 사실 무의미하다.

나는 퀴글리 가족이 언급한 다른 나라의 출신이다. 우리는 책임의 시대가 제공한 안전장치의 수혜자이다. 클린턴, 부시, 오바마 등 누가 대통령이 되었든, 그들의 정책이 현명했든 그렇지 않았든, 미국은 늘 그 자리에 있었다.

그러나 미국이라는 제국의 힘은 먼 다른 나라에는 아직 남아 있는 반면, 제국의 엔진 역할을 하던 아메리칸 드림은 불꽃을 잃었다. 일본이 패망하고 수십 년이 지난 후에 밀림 밖으로 걸어나오던 한 일본인 노병처럼, 우리는 오래 전에 사라진 무엇인가에 사로잡혀 있었다. 우리는 미국에 관해서 이야기하고, 기대하고, 미국을 두려워하지만, 미국의 약속은 이미 사라져버렸다. 선거운동을 시작하자마자 트럼프는 자학적인 만족감에 빠진 사람처럼, 수없이 "아메리칸 드림이 죽었다"라고 선언했다.

2016년에 퀴글리 가족은 트럼프에게 표를 주었다. 그들도 어쩔 수 없었다.

17

"어머니가 이곳에서
살해되었습니다"

아메리칸 드림이 사라져버린 디트로이트보다 더 많이 그 드림을 갈망하는 지역도 없었다. 나는 도시의 버려진 건물들을 돌아보는 작은 투어 버스에 타고 있었다. 동승자들은 일본 남자, 젊은 독일인 힙스터, 플로리다에서 온 미국인 부부 등으로, 나름의 이유로 폐허 현장에 매료된 관광객들이었다. 투어는 미국인의 일상적인 의식으로 시작되었다. 즉 우리가 돌아볼 버려진 건물, 마약중독자들의 소굴로 변한 폐교, 먼지 쌓인 교회의 부서진 성가대석 등에서 범죄나 사고가 일어나도 투어 담당자에게 책임을 물을 수 없다는 조항에 서명을 한 것이다.

칙칙한 거리에 자리잡은, 크고 구조가 인상적인 해리 허친스 중학교 앞에 투어 버스가 섰다. 개교 당시, 지역신문은 이 학교가 "아이들에게 학업뿐만 아니라 체육, 직업과 관련한 내용도 충분히 가르칠 수 있으며……커뮤니티 센터 역할도 할 수 있다"라고 보도했다.[1] 그때가 1922년이었는데, 디트로이트의 선진 교육제도를 배우려고 미국 전역에서 관계자들이 찾아왔다.

학교 안으로 들어갔을 때, 가이드가 손전등을 사용하되 바닥에 있는 물건들, 특히 바늘을 건드리면 안 된다고 주의를 주었다. 구멍이 숭숭 난 벽에서 물이 떨어졌다. 누군가가 금속이란 금속은 전부 뽑아 갔다. 가이드가 우리에게 탈의실을 보여주었다. 샤워실은 수입 대리석으로 꾸며졌다. 20세기 초의 디트로이트는 오늘날로 치면 실리콘 밸리였으므로 아이들을 위해서 돈을 아끼지 않았다.

탈의실을 지나니 크고 깊은, 그러나 지금은 텅 빈 수영장 2개가 보였다. 하나는 남학생용이고, 다른 하나는 여학생용이다. 학생들이 전기 작업, 인쇄술, 목공, 자동차 정비 등을 배우던 작업장도 있었다. 맞춤 제작된 자연목 옷장은 아직 그 자리에 있었다. 햇빛이 안뜰에서부터 지금은 사용되지 않는 교실로 쏟아져 들어왔다. "구름이 있어서 너무 밝지 않아 사진 찍기에 좋네요." 가이드가 말했다. 관광객 한 명이 낡은 신발 한 짝을 집어서 다 썩어가는 책상 위에 올려놓는다. 벽마다 빛바랜 낙서가 가득했다. 카메라 플래시가 터진다.

2018년에 디트로이트의 인구는 약 67만 명이었다.[2] 이곳은 면적이 무려 370제곱킬로미터에 달하는 대도시로, 자동차 산업에 최적화된 도시였다. '자동차의 도시'라고 불리는 디트로이트의 인구는 1950년에 180만 명이었지만 그 이후로 65퍼센트나 줄었다.[3] 2010년 기준으로 주택은 5만3,000채가 버려졌고, 공터는 최소 9만 개이며, 공터 중 대부분은 불에 타거나 파손된 집들이 있던 자리였다. 몇몇 동네는 사람들이 거의 보이지 않았다. 거리에 외롭게 서 있던 집들 사이로 공터가 보였는데, 전에 그 자리에는 다른 집들이 있었다.

디트로이트는 19세기 골드러시 현상으로 지역 경제가 광산에만 의존하다가 광물이 고갈되면서 공동체가 붕괴된 도시가 아니다. 또한 지진이나 기근, 전쟁 등으로 인구 수가 급감한 지역도 아니다. 이 도시가 쇠퇴한 이유는 세계화라는 바람이 서쪽에서 동쪽으로 불었기 때문이다. 디트로이트의 불운은 끔찍하게 산산조각 난 아메리칸 드림을 상징한다. 또한 이곳은 잘못된 도시계획, 기업에 대한 지나친 의존, 빈곤의 악순환, 세입 감소, 범죄, 마약 유행, 인종 차별, 실패한 재개발 정책 등으로 고통을 겪었다. 공식적으로 파산 선고를 하고 재건에 착수한 후부터는 도심이 활기를 되찾고 건축호황기를 맞이했다. 그러나 2018년 현재, 디트로이트는 미국에서 세 번째로 살인사건이 많이 일어나는 도시이다.

성 마거릿 메리 성당은 버려진 듯이 보이는 거리에 있었는데, 성당의 문은 빗장이 걸린 채 잠겨 있었다. 자동차 한 대가 우리 옆에 멈춰섰다. 차 안에는 백인 여성 2명이 타고 있었는데, 샤론 프롭스트와 그녀의 딸이었다. 두 사람은 이 낡은 마을에서 가족의 뿌리를 더듬고 있던 와중에 때마침 성당 앞에서 우리를 만났다. 70대인 샤론은 1963년에 이 성당에서 결혼했다고 한다. 지팡이에 몸을 의지한 채, 약한 중서부 억양으로 그녀가 말했다. "그때의 성당은 지금과 모습이 아주 달랐어요." 그리고 자신의 딸을 가리키면서 "이 아이는 여기에서 세례를 받았죠"라고 했다.[4] 샤론이 내게 성당을 뒤덮은 풀들을 헤치고 안으로 들어갈 수 있게 도와달라고 부탁했다.

성당 안은 낙서로 가득했고, 금속이란 금속은 벽에서 모두 떨어져나갔다. 습기 때문에 썩어가는 피아노 한 대가 한쪽에 서 있었다. 성구(聖具) 보관실에는 먼지 때문에 회색이 되어버린 흰색 가운 하나가 공포 영화의 싸구려 소품처럼 걸려 있었다. 샤론이 성단소(聖壇所)에 놓인 제단 가까이 다가가 황금 날개 조각상 아래에 섰다. 지팡이로 바닥을 세게 두드리더니, 옛날에는 성당에 사람들이 많았다고 말했다.

"머지않아 떠나야 했어요. 더 이상 아무도 믿을 수 없었죠. 힘든 시간들이었어요. 정말 힘들었어요." 샤론이 잠시 말을 멈추더니 이렇게 덧붙였다.

"어머니와 새아버지는 이 마을에서, 살던 집에서 살해되었어요……1974년 12월 6일이었죠."

내가 강도 사건이었냐고 물었다.

"네, 옆집 사람들이 벌인 짓이었어요." 샤론이 대답했다. "그들은 총알을 22발씩 쐈어요. 먼저 개를 칼로 찔러 죽였는데, 레이디라는 이름의 개가 집을 지키고 있었기 때문이죠. 그러고는 집 안으로 들어와서 두 분을 살해했어요. 그들이 어머니에게 총을 쐈을 때, 어머니는 경찰과 통화 중이었어요. 수화기가 떨어지고 어머니가 바닥에 쓰러지는 소리가 들렸대요. 그때 새아버지는 지하실에 있었는데, 1층으로 올라왔을 때 그들이 거기에 있었죠. 그리고 총에 맞았어요."

샤론은 담담하게 그 끔찍한 사건에 대해서 이야기했다. 나중에 내가 찾은 오래된 신문에는 피해자였던 클리프턴과 리 레드베터의 자녀들이 레이디를 잘 묻어주었다는 기사가 실려 있었다.

***

미국에서 인상 깊었던 순간들도 있었다.

2008년에 시카고 그랜트파크에서 나는 버락 오바마의 당선 소감 연설장을 떠나던 군중들 사이를 걷고 있었다. 그들은 몹시 들떠 있었기 때문에 마치 구름 위를 걷는 듯 보였다. 휴대전화를 들여다보았다. 1시간 전에 연설장 주변의 안전선을 가까스로 통과해서 단상에 오르는 오바마의 모습을 찍은 영상이었다. 일흔쯤 되어 보이는 흑인 할머니가 연설장을 떠나면서 "뭐 좀 건졌어요?" 하고 내게 물었다. 내가 영상을 보여주었고, 우리는 비밀이라도 공유한 사람들처럼 함께 웃었다. 그날 저녁 행복한 기분에 젖어 호텔로 돌아왔을 때, 청바지와 스웨트 셔츠를 입은 2명의 백인 남자가 나와 내 친구가 탄 엘리베이터에 올라탔다. 내 친구가 대선에 관해서 가벼운 농담을 던졌다. 두 남자는 관심이 없는 듯하다가, 어느 순간 짐승처럼 우리를 공격했다. 그들 중의 한 명이 엘리베이터 안에서 우리에게 가까이 다가오더니 "망할 외국 놈들, 우리 선거 좀 망치지 마!"라고 소리쳤다. 나머지 한 사람도 합류했다. 두 남자에게서 술 냄새가 났는데, 이들은 우리가 오바마를 찍었다고 생각한 모양이었다. 우리는 서둘러 엘리베이터에서 내렸다.

2016년 대선이 있기 몇 주일 전에 오하이오의 낙태 전문병원에서 한 사건이 발생했다. 병원 운영자인 데이비드 버콘스 박사는 누가 자신을 미행하고 있다는 느낌을 받았다. 일흔에 가까운 그는 오하이오 주에서는 가장 나이가 어린 낙태 전문 의사였다고 한다. 젊은 의사들이 비난을 받으면서까지 위험한 수술을 하려고 하지 않았기 때문이다. 병원 앞에서 줄기차게 시위를 벌이던 두 남자에게 버콘스는 아기 살인자나 다름없었고 결국 그는 살해 위협을 받았다. 한 어린 학생이 약물을 이용한 낙태를 하러 병원에 왔다. 그녀는 내게 이렇게 말했다. "저는 올바른 결정을 했어요. 확실해요." 병원 밖에서 야구 모자를 쓴 채 소름 끼치는 팻말을 들고 있던 남자들이 그녀가 나오기를 기다리고 있었다. 그들은 "이건 살인이야. 여긴 아우슈비츠라고. 홀로코스트야"라며 나를 비난했다. 어린 흑인 여성이 대기실에 있었다. 그녀는 꼭 낙태 수술을 받아야 했지만 돈이 없었다. 수술비는 425달러였다. 그녀는 정부 지원금을 받을 수 있는지 물었다. 깜짝 놀란 의사는 쓴 웃음을 삼켰다. 그런 정부 지원금은 없다.

노스캐롤라이나 주의 윈스턴세일럼에 론 바이티가 재직하는 교회가 있다. 그의 독실한 신자들은 주일 예배를 준비하고 있었다. 바이티는 게이를 구더기에 비유하고, 성서에서 소돔과 고모라를 묘사할 때에 사용한 용어로 동성 결혼을 비난한 사람이다. 그는 이렇게 말했다. "여러분은 지금 에볼라가 심각하다고 생각하시죠. 하지만 기다려보세요."⁵ 그날은 아버지의 날이 있었고, 남자들에게는 선물로 드라이버가 나눠지고 있었다. 나는 수북이 쌓인 드라이버 더미를 보았다. 교회 문 앞에 쌓여 있던 드라이버들이 어찌나 황량해 보이던지, 나는 웃음을 터뜨리지 않을 수 없었다. 2016년 대선까지 두 달도 채 남지 않은 때였다. 교회 밖에서 바이티 목사는 내게 트랜스젠더는 정신질환이며, 미국은 아직 살아 있고 이를 극복할 것이라고 말했다. "아직은 우리를 포기하지 말아요." 그가 충고하듯이 내게 말했다.

바이티와 이야기를 나누기 며칠 전에 나는 샬럿에서 100킬로미터 떨어진 곳에서 트랜스젠더 여성인 에리카 라호위츠를 만났다. 그녀는 바이티 목사도 열심히 지지한, 노스캐롤라이나 주의 일명 화장실법을 위반했다.* 그 당시 에리카는 여덟 살 난 딸 앨리스를 데리고 요즘 인기가 많은 지역 특산물 시장에 갔다가 여자 화장실을 이용했다고 한다. 귀여운 앨리스는 지금 엄마 품에 머리를 파묻고 있다. 나는 에리카와 앨리스를 아이스크림 가게에서 만났다. 앨리스가 테이블에 앉아서 자신의 친구 이야기를 들려주었다. "저는 유치원 때부터 리건을 알았어요. 그래서 리건의 생일에 늘 걔네 집에 갔고, 리건도 제 생일에 우리 집에 왔어요. 그런데 2학년 때, 리건이 저를 생일에 초대하지 않았어요." 앨리스가 자신의 엄마를 바라보았다. "우리 엄마가 트랜스젠더라는 사실을 리건이 몰랐을 때는 늘 저를 초대했어요. 그런데 제가 리건에게 사실을 말한 다음부터는 저랑 말을 안 하더라고요."

---

* 흔히 '하우스 빌 2(House Bill 2)' 혹은 '화장실법'이라고 불리는 '공공시설 사생활 및 보안법'은 2016년에 제정되었다. 이 법은 학교나 공공시설의 화장실을 이용할 때 타고난 성별에 맞는 화장실만 쓰도록 규정한다. 또한 자치단체들이 차별 금지 정책을 자체적으로 도입하지 못하도록 금지한다.

혁명적인 순간

몇 장의 스냅 사진 속에 한 사회의 혁명적인 순간이 담기기도 한다. 여기에서 혁명적인 순간이란 전에는 생각할 수 없었던 일이 관습이라는 철창 밖으로 나와서 하나의 선택지가 되는 때이다. 오바마가 대통령에 당선되던 순간, 미국인들의 마음속에 깊이 숨겨져 있던 시민권과 사회이동, 차별 철폐에 대한 열망이 꿈틀댔다. 그러나 일부 사람들은 나라를 빼앗겼다고 느꼈다. 트럼프 같은 사람들은 자신들이 바랐던 일과 실제 일어난 일 사이의 간극을 메우기 위해서 황급히 음모론을 꺼내들었다. 오바마는 미국 태생이 아니므로 대통령이 될 자격이 없다고 주장하는 이른바 '버서들(birthers)'은, 오바마를 당선자는커녕 대선 후보자로도 인정하지 못하겠다는 미국인들이 많다는 사실을 보여주었다. 이들은 오바마가 가짜 대통령이고 사기꾼이며 사악한 거짓말 덕분에 당선되었다고 주장해야 했다.

혁명적인 순간은 사회가 가까운 미래에 어떻게 바뀔지 합리적으로 예측하는 능력의 상실을 수반한다. 정치적인 문제에서도 중도 의견은 무시된 채 극단적인 주장만 늘어간다. 앞으로 미국에서 유색인종이 좀더 평등하게 기회를 누리게 될지 아니면 기득권층이 만든 미로에 갇혀 계속 차별을 받을지는 알 길이 없다. 또한 게리맨더링으로 그들의 투표권이 무의미해질지도 모르고, 권력자들이 속임수를 써서 유색인의 투표권을 제한하고 공공 자원을 불평등하게 배분할지도 모른다.

내가 샬럿에서 만난 트랜스젠더 여성은 앞으로 자신이 성 소수자에게도 평등한 나라에서 살게 될지 아니면 그 반대의 상황에 놓인 나라에서 살게 될지 알지 못한다. 바이티 목사는 자신이 언제까지 동성애, 성 소수자 문제, 미국의 미래 등을 주제로 설교하게 될지 예측할 수 없다. 수백만 명의 미국인들은 오바마케어가 몇 년 뒤에 폐지될지, 아니면 정확히 그 반대가 될지 전혀 알지 못한다. 혹시 포괄적인 의료보험제도가 오바마케어를 대체할까? 도심 거주자들은 20년간 약속받아온 르네상스를 경험할 수 있을지 아니면 자신들의 도시가 디트로이트 동부의 폐가처럼 무너질지 알지 못한다. 국가가 여성의 자기결정권을 어느 범위까지 인정할지 아무도 모르며, 이미 시작된 일이지만 대법원이 '로 대 웨이드' 판례를 뒤집고 여성이나 의료진에게 낙태죄를 물을지도 모른다.[6]

이런 불확실성은 평범한 정치 분열과 다르다. 미국의 불확실한 미래는 미국인이 자신의 나라를 바라보는 관점, 즉 미국은 세계에서 제국의 의무를 다하는 나라인가, 아니면 문을 닫고 국경 너머의 문제들에 관여하지 않는 고립주의 국가인가에 대한 생각에 지대한 영향을 미친다. 자유주의 가치관에 따라서 사람들에게 자율권을 주는 미국과 백인 우월주의가 주류 정치에 침투한 미국은 서로 다르다. 지금 미국은 수많은 젊은이들의 마음을 사로잡았던 사회주의로 향할지 아니면 계속 자본주의로 남을지에 관한 논쟁을 벌이고 있다.

돈을 갖고 튀어라

미국에서 발전기 역할을 했던 자유주의 정신은 오랫동안 확실한 번영을 약속했다. 그러나 이 발전기는 연료가 떨어지고 있다. 제2차 세계대전이 끝난 후, 전 세계적으로 자유시장 체제를 확립하고 무역 장벽을 철폐하려는 움직임이 일면서 세계화가 확산되었고 그 덕분에 미국은 번영할 수 있었다.

전쟁이 끝났을 때, 미국의 비농업 종사자 가운데 거의 40퍼센트가 제조업에 고용되었다. 우수한 산업을 보유하고 시장 접근성이 좋은 나라에 세계화는 꼭 필요했다. 그러나 전 세계가 전쟁의 폐허에서 회복되기 시작하고 프랑스, 영국, 독일, 일본 등의 경제가 점점 발전하자, 제조업 분야에서 미국이 가지고 있던 상대적 우위는 약화되기 시작했다. 2015년에 미국의 제조업 종사자는 전체 노동자의 9퍼센트에 불과했다.[7]

이는 자동화와 생산성 증가의 결과만은 아니었다. 세계화된 세계에서 경쟁은 점점 더 치열해졌지만, 미국은 디트로이트의 3대 자동차회사인 제너럴 모터스(GM), 포드, 크라이슬러가 바람과 태양 같은 무소불위의 자연력이라도 되는 것처럼 이들을 대했다. 다른 부문의 생산성이 자동차 산업보다 훨씬 더 빠르게 증가했지만, 자동차 공장 노동자들은 여전히 고임금을 받고 있었다.[8] 미국에서 철강 산업이 쇠퇴한 원인을 논할 때에 자유시장과 자유무역을 비난하는 주장이 주를 이룬다. 하지만 펜실베이니아 주의 철강 공장들이 폐업한 이유는 수입 철강 때문이 아니라 공장들이 미국 내에서 상대적으로 인건비가 낮고 노동권이 덜 보호되는 남부 지방으로 이전되었기 때문이다.

그러나 미국 산업이 쇠퇴하는 데에 수입품도 중요한 역할을 했다. 인건비가 저렴한 나라에서 물건을 생산함으로써 기업은 비용을 줄일 수 있었고, 소비자는 저렴한 물건 값 덕분에 가처분소득이 늘어나서 전반적으로 국민의 생활수준이 증가했다. 이런 혜택을 거부할 미국인은 거의 없었다. 내가 마리아나에서 사는 퀴글리 가족에게 미국에서 텔레비전과 스마트폰을 생산하면 가격이 비싸지는데 괜찮냐고 물었을 때, 이들은 웃었다.

매사추세츠 공과대학교(MIT)의 교수인 데이비드 아우터는 미국의 지역사회가 국제무역으로 어떤 피해를 입었는지 연구했다. 그는 2000년대 미국 제조업 분야에서 불과 몇 년 사이에 최소 100만 명이 일자리를 잃었고, 이들 중에서 몇몇은 이전보다 임금이 낮고 덜 안전한 직종으로 재취업했다는 사실을 발견했다. 아우터에 따르면, 미국 내의 소규모 지역사회는 2001년부터 급부상한 중국의 제조업이 준 충격을 극복하지 못했다.[9] 그해 중국은 세계무역기구(WTO)에 가입했다. 2017년에 한 인터뷰에서 아우터는, 노동자가 임금 삭감을 감수하면 어느 업종으로든 이동할 수 있다는 통념은 틀렸다고 설명했다. 그는 이렇게 말했다. "사람들은 흔쾌히 직장을 옮기지 않습니다. 이들은 종사하던 산업에 특화된 기술을 가지고 있고, 자신의 직업에 애착도 있으며, 그런 것들이 그들의 정체성을 형성합니다. 이들은 특정 지역에 모여 살았기 때문에 충격의 여파가 매우 컸습니다."[10]

그 결과, 이미 저임금을 받던 제조업 종사자들의 임금이 더욱 낮아졌고 출산율과 혼인율도 하락했으며, 혼외 출산아와 극빈 가정의 아동은 증가했다. 프린스턴 대학교 경제학과 교수 앵거스 디턴과 앤 케이스는 대략 25－64세인 중년 백인 남성이 자살, 약물중독, 알코올성 간 질환 등으로 사망하는 비율이 증가하는 현상을 "절망의 죽음"이라는 개념으로 설명한다.[11] 이 현상의 극단적인 증거는 미국 내의 오피오이드 남용과 그로 인한 수만 명의 피해자이다. 또한 일반적인 증거로는 미국의 노동 연령 인구 가운데 백인 남성 사망률이 증가한 것이 있다.

그러므로 국제무역과 수입품의 증가가 제조업 종사자의 일자리를 빼앗았다고 볼 수 있다. 즉, 제로섬 게임인 셈이다. 2016년 대선 운동 기간에 트럼프는 디트로이트에서 이렇게 연설했다. "베이징과 전 세계 도시들에는 마천루가 올라갔는데 디트로이트의 공장과 마을은 허물어졌습니다."[12] 그러나 무역과 수입품 때문에 제조업 일자리가 사라졌다는 주장은 일부만 사실이다. 예를 들면, 1990년대에 미국의 자동차회사는 일본과 유럽의 경쟁 회사들로부터 도전을 받자 효율성을 높였다. 그 결과, 미국의 GDP와 생산성은 증가했지만 제조업 부문의 일자리는 점점 줄어들었다. 1980년대의 일자리 감소는 생산 라인의 자동화와 관련이 깊다. 여러 자료들에 따르면, 2000－

2010년까지 미국에서 제조업 부문의 일자리가 (87퍼센트까지) 사라진 주된 원인은 기술 발전이었다.[13] 바꾸어 말하면, 최근 몇십 년간 미국의 일자리가 감소한 주된 원인은 국제무역이 아니다. 그보다는 로봇과 향상된 자동화 기술 때문이다. 멕시코나 중국을 탓하는 것이 쉽다. 아직까지는 로봇을 비난할 수 없으니까.

세계화는 어떤 사회도 섬처럼 고립될 수 없음을 의미한다. 북한을 제외한 어떤 사회도 수요와 공급의 힘을 통제할 수 없다. 오늘날과 같은 형태로 세계화를 탄생시킨 가장 부유한 나라조차도 수요와 공급의 영향을 받는다. 전체 사회를 풍요롭게 해준 세계화 과정은 그 사회의 수많은 구성원들을 가난하게 만들 수 있다. 그리고 세계경제의 관점에서만 보면, 그것은 별로 중요하지 않다. 실제로 중국에서 들여온 수입품이 미국 중산층의 생활수준을 높였고, 그에 따른 이익이 2000년 이후 일자리 감소에 따른 비용보다 많기 때문이다. 생산 라인의 현대화는 잔인하지만 예측 가능한 과정이다.

문제는 이런 현상 자체가 아니라 미국의 엘리트 집단이 그 현상에 대응하는 방식이다. 이들은 기반시설과 교육에 투자를 늘리고, 기술 개발을 위해서 더 많은 세금을 거두라는 제안을 받아들일 수도 있었다. 아니면 그동안 자수성가한 미국인이 부의 사다리를 오를 때에 택했던 고전적인 방식대로, 중소기업과 신생 기업을 보호해줄 수도 있었다. 그러나 미국의 엘리트 집단은 그중 어떤 일도 하지 않았다. 실제로 1970년대 이후에 미국 내 중소기업의 수는 절반으로 줄었다.[14] 그 이유 중의 하나는 중소기업이 터를 닦은 틈새시장을 대기업과 체인점들이 규모의 경제를 이용해서 장악했기 때문이다.[15]

그러나 훨씬 더 심각한 일들이 벌어졌다. 기업과 그 운영자들이 미국뿐만 아니라 전 세계에 있는 개인과 사회에 해를 끼친다는 사실을 알면서도 그러한 사업과 상품을 기획한 것이다. 1977년에 이미 정유회사들은 화석연료가 기후변화의 원인이라는 과학적 증거를 수집했다. 이때는 기후변화가 공론화되기 11년 전이다. 심지어 이들은 온실 가스 배출량으로 기후변화를 예측하는 복잡한 실험도 했다.[16] 정유회사들은 거짓 정보를 유포하는 데에 자신들이 보유한 지식을 활용했고, 기후변화에 대한 과학적인 증거를 반박하는 데에 수천만 달러를 썼다.[17] 이들은 미국의 담배회사들이 담배가 건강에 해롭다는 사실을 감추기 위해서 했던 것과 똑같은 방법을 사용했다.

미국 기업들 가운데 이익을 얻으려고 거짓말을 했던 최악의 사례는 마약성 진통제인 옥시콘틴을 판매하기 위해서 데이터를 조작한 퍼듀 파마라는 제약업체이다.[18] 옥시콘틴은 수만 명의 목숨을 앗아가고 있는 오피오이드 부작용을 일으킨다.

이런 행위들은 착취와 다름없고 충분히 비양심적이지만, 미국의 부유층과 권력층도 그에 못지않았다. 무엇보다 이들은 세금 부담을 줄이고 자본의 이익을 늘리는 데에 집중했다. 한마디로, 이들은 돈을 가지고 (조세 피난처 같은 곳으로) 튀었다. 2017년에 토마 피케티와 그의 동료 2명이 발표한 연구 결과를 보면, 2014년에 하위 50퍼센트의 소득은 실질 가치로 환산했을 때 1980년과 같은 수준이었다. 이들의 소득은 (2014년 기준으로 세전) 1만 6,000달러에 불과했다. 그러나 같은 기간에 상위 1퍼센트의 1인당 소득은 3배나 증가해서 134만 달러에 달했다.[19] 당연한 결과이지만, 미국의 국민 소득 중에서 하위 50퍼센트의 소득이 차지하는 비율은 절반으로 떨어졌다.[20]

미국 노동자의 임금과 소득 수준은 논란이 많은 곤란한 주제이다. 겉보기에는 단순하지만 수년간 경제학자들을 괴롭혀온 질문은, 임금은 증가하고 있는지, 그렇다면 얼마나 증가했는지이다. 한 기준에 따르면, 1970년대 중반부터 1990년대 중반까지 미국 노동자들의 평균 시급은 변동이 없었다.

그러나 공인된 다른 기준을 적용하면, 평균 시급은 크게 줄었다.[21] 어떤 통계에서는 생산직과 비관리직 노동자의 평균 주급이 1978년에 가장 높았는데, 그 이후로는 한번도 그 수준에 도달한 적이 없었다.[22] 1990년대에 평균 임금이 상승하기 시작했을 때에도, 과거에 비해서 증가율은 낮았다. 퓨 리서치 센터 보고서에 따르면, 오늘날의 평균 임금은 구매력을 기준으로 했을 때에 40년 전과 동일한 수준이다.[23] 그러나 인플레이션을 고려하고 중산층을 포함하여 다른 방식으로 계산하면, 사실 평균 임금은 크게 증가했다. 생활수준이 꾸준히 개선된 점은 사실이기 때문에 일부 경제학자들은 임금 정체가 근거 없는 믿음이라고 주장했다.

이 상반된 주장을 해결하는 한 가지 방법은 가구 소득 분석이다. 푸드 스탬프(일정한 자격을 갖춘 저소득층에게 음식 구입비를 지원하는 미국의 제도/옮긴이)와 의료보험 혜택을 포함했을 때, 미국 중산층(대략 소득 2분위부터 8분위까지)의 세후 소득은 37년간 총 47퍼센트가 늘었는데, 이를 환산하면 해마다 1퍼센트 남짓 증가한 셈이다.[24] 이전 세대의 중산층은 이들보다 훨씬 잘 살았다. 이전 세대의 평균 소득 상승률은 이들보다 2배 이상 높았다.[25] 그래서 1940년에 태어난 사람들의 90퍼센트는 부모 세대보다 소득이 훨씬 더 많았다.[26] 1980년 이후 전 세계적으로 소득 불평등이 심화되었으며, 미국이 유럽보다 더욱 심했다.[27]

미국의 정책 결정자와 정치인들이 국내에서 벌어지는 일들을 외면하지 않았다면, 아마 미국의 중산층은 무너지지 않았을 것이다. 그동안 중산층은 파티의 주빈이었다. 그런데 1980년대 중반부터 미국은 정치운동과 로비에 지출하는 비용이 크게 증가했다. 의회가 수행한 사례 연구를 보면, 미국 기업들은 로비 활동비로 2만2,000퍼센트 정도의 수익을 얻을 수 있다.[28]

미국 지도자들은 전반적으로 GDP와 생산성이 증가하고 있고, 그와 동시에 주가지수도 상승했다고 생각했다. 그러나 그런 수치들은 미래 사회를 위협할 정치적인 암 덩어리를 숨긴다. 아우터의 연구는 무역이 활발한 지역들에서 좌파든 우파든 정치적 극단주의가 어떻게 득세하고 주류 정치인들이 어떻게 과격파로 대체되는지를 보여준다.[29] 1980년대, 그리고 베를린 장벽이 붕괴된 이후부터 더 많은 미국인들이 1984년 로널드 레이건의 선거 광고에 나온 문구인 "미국에 다시 아침이 밝았다"는 약속을 받았다. 그러나 실제로는 수많은 사람들에게 밤이 오고 있었다.

새로운 의식의 탄생

나는 그렇게 밤을 맞이한 사람들 몇 명과 펜실베이니아 주의 웨인즈버그에 앉아 있다. 몇 시간 전에는 2015년에 문을 닫기 전까지 그 지역의 생계를 책임졌던 에메랄드 광산에 들어가보려고 했다. 그러나 입구에서 경비원이 막아섰다. 이 지역에는 약 4,000명이 살고 있으며, 이들 중에서 절반은 연간 가구 소득이 4만4,500달러 이하인데, 이는 펜실베이니아 주의 중위 소득보다 1만5,000달러 적다.[30] 이곳 사람들의 말에 따르면 젊은 노동자는 연간 1만4,000달러 정도 버는데, 이는 멕시코의 평균 소득보다 적다. 지역 인구의 절반 정도가 빈곤선 이하로 살고 있는 것이다.

우리는 조명이 밝고 가구는 간소하지만, 사람들로 가득한 방으로 들어갔다. 내가 앉은 탁자의 반대편에는 지방정부 공무원들과 미국 광산 노동자 연합의 지도부가 앉아 있었다. 내가 탄광 폐쇄는 순수하게 경제적인 이유 때문이라고 말하자 그들은 격분했다. "정부가 폐쇄하고 싶어합니다." 블레어 치머만 카운티 의원이 말했다. "정부가 공동체를 파괴하고 있어요. 우리에게 무슨 일이 일어나고 있는지 관심도 없죠. 우리 지역에는 알코올, 약물,

가족 문제 등이 있어요. 집에서 아이들의 숙제를 봐주고 아내를 도와주던 남편이 트럭 운전수가 되었죠." 장거리 트럭 운전은 실직한 광산 노동자들에게 벌이가 가장 괜찮은 일자리이다. 그럼에도 불구하고 그들의 수입은 광산에서 일할 때에 받던 돈의 절반 정도에 불과하고, 가족 얼굴은 거의 보지 못한다.

그곳에 모인 사람들은 모두 덴마크와 일본이 효율적인 청정 석탄을 사용해서 발전소를 가동한다는 사실을 잘 알고 있었다.[31] 그들은 천연가스 산업이 석탄 산업에 반대하는 환경단체와 정치운동에 자금을 대고 있다고 주장했다. 그것은 음모론이 아니다. 「타임(Time)」의 보도에 따르면, 미국에서 가장 오래된 환경단체인 시에라 클럽은 2007–2010년에 미국의 천연가스 산업과 여러 환경문제를 일으키는 오일셰일 산업 등으로부터 2,500만 달러 이상을 받았다. 무엇보다 이 돈은 탄광 폐쇄를 강하게 요구하는 "석탄 너머 (Beyond Coal)" 캠페인을 벌이는 데에 사용되었다.[32] 시에라 클럽은 가스회사들이 3,000만 달러 이상을 추가로 기부하고 싶어했으나 이제는 이들의 후원금을 받지 않기로 했다고 발표했다.

노동자 연합 간부 중의 한 명인 에드 양코비치가 흥분해서 말했다. "우리가 직업을 바꿔야겠죠. 그렇죠? 그런데 일자리가 없습니다. 아무 데도 없어요! 여기 애팔래치아에는 어디에도 없다고요! 당신은 애팔래치아 산맥 정상, 그러니까 아마도 메인 주에서 출발해서 앨라배마까지 훑은 다음에 일자리가 있는 곳을 내게 말해줄 수도 있겠죠! 하지만 없어요. 애팔래치아 산맥에 있는 이곳 그린 카운티의 아이들은 머리가 나쁘지 않아요. 아주 영리해요. 우리는 주민들을 첨단산업에 맞게 훈련시킬 수 있지만, 내일 아침에 집집마다 문을 두드리고 '자, 첨단산업 단지로 일하러 갑시다'라고 말하지 못해요. 왜냐하면 여기에는 일자리가 전혀 없으니까요! 제가 아는 한, 시간이 지나도 이곳에는 일자리가 생기지 않을 거예요."

양코비치가 의자에 등을 기댄다. 이 방에 있는 사람들의 아이들은 바보가 아니며, 그저 공정한 기회를 받지 못했을 뿐이라고 말하면서 자존심이 상한 것이 분명하다.

***

2016년 3월, 힐러리 클린턴이 오하이오 주의 콜럼버스에서 석탄 화력발전소를 재생 가능한 청정 에너지로 대체하겠다는 계획을 발표했다. "저는 석탄의 나라에서 재생 가능한 청정 에너지를 이용하는 산업을 핵심 경제 정책으로 삼은 유일한 후보입니다. 우리는 광산 노동자를 해고하고, 광산업체를 폐업시킬 겁니다. 아시겠죠?"

힐러리의 공약에는 탄광촌에 300억 달러를 투자하는 내용이 포함되어 있었다. 그러나 아무도 그 계획에는 관심을 두지 않았다. 탄광 노동자들에게는 힐러리가 "광산 노동자를 해고하고, 광산업체를 폐업시키겠다"라고 하는 소리만 들렸다. 훗날 그녀는 이 일을 두고 선거운동 중 최악의 실수라고 평할 것이었다.

트럼프 선거운동 본부는 힐러리의 발언을 비난했다. 5월에 광산촌이 있는 웨스트버지니아 주에서 트럼프의 유세가 열렸다. 그는 안전모를 썼다. 눈을 가늘게 뜨고 입을 오므린 채 광산 노동자의 삽을 드는 동작을 했다. 유세장에 모인 사람들이 열광했다. 트럼프가 외쳤다. "여러분은 제가 승리하면 무슨 일이 일어날지를 보고 있습니다. 우리는 광부들을 원래의 자리로 돌려보내겠습니다. 여러분은 여기에 있는 여러분의 대통령이 자랑스러울 겁니다. 여러분의 나라도 자랑스러울 겁니다."

나와 대화를 나누었던 웨인즈버그 폐광촌의 광산 노동자들은 두 가지 거짓말을 들었다. 첫 번째는 죽어가는 석탄 산업을 되살리겠다는 트럼프의 거짓말이다. 그리고 두 번째로 힐러리에게서 더 광범위하고 암울한 거짓말을 들었다. 그녀도 알고 광산 노동자들도 아는 것처럼 어떤 정부도 이들을 구제할 수 없으며 어떤 첨단산업 단지도 하늘에서 툭 떨어지지는 않는다. 그들은 정부가 이미 오래 전에 자신들을 잊었다는 것을 알았고, 힐러리는 자신이 여러 정치적인 이해관계를 두루 고려해야 한다는 것을 알았다. 그녀는 광산 노동자들의 표가 필요했지만, 석탄을 청정 에너지로 대체하고 싶은 환경주의자들에게 설득되었다. 광산 노동자들에게 힐러리의 약속은, 버려진 마을에서 녹슬어가는 석탄 운반차 위로 세차게 쏟아지는 빗소리 같은 소음이었다. 그렇다고 그들이 트럼프를 믿은 것은 아니었다. 나와 이야기를 나눈 사람들은 대부분 트럼프를 좋아하지 않는다고 강조했다. 일부는 질색하기도 했다. 웨인즈버그 폐광촌의 탄광 노동자 가운데 한 명이 전에 자신이 일했던 탄광 입구에서 이렇게 말했다. "우리는 두 거짓말쟁이 사이에서 결정해야 했어요. 그리고 적어도 트럼프는 노력이라도 하겠거니 생각했죠." 이들은 자신들이 익사한 후에 미래의 언젠가 뗏목을 만들어주겠다고 약속하는 사람 대신, 믿기 어렵지만 기술 발전과 세계화라는 강력한 흐름을 멈추겠다고 약속하는 사람의 거짓말을 택했다.

광산 노동자들은 벌이가 좋은 직장을 잃었다. 이들의 저축액은 두 자릿수로 떨어졌고 국민 소득에서 이들이 차지하는 비율도 급락했으며 노동조합은 유명무실해졌지만, 아이들에게만큼은 어떻게든 평등한 교육 기회를 제공하기를 바랐다. 빈곤층으로 전락하리라는 공포는 민족주의에 불을 지피는 강력한 정치적 동기가 된다. 2008년 금융 위기로 자산 붕괴를 경험했던 미국의 중산층은 두려움에 떨며 사회의 하위 50퍼센트 쪽을 쳐다보았다.[33] 그와 동시에, 퀴글리 가족이 반복해서 말했던 "다른 나라"는 미국인들에게 정체성과 삶을 위협하는 존재로 인식되었다. 그리고 그 문제가 임금 정체보다 훨씬 중요해졌다.

여기에서 새로운 의식이 탄생했다. 공상과학 영화 「터미네이터」 속 인물은 이렇게 말한다. "스카이넷은 기하급수적인 속도로 학습한다. 이것은 동부 표준 시간으로 새벽 2시 14분에 가동을 개시한다."[34] 내가 만난 사람들은 조용히 오랫동안 국가 번영의 도구로 이용되었다. 그러나 정보 접근성이 높아지고 소셜 네트워크 사용과 세계화 의식이 증가하면서, 육체 노동자들이 현실을 제대로 인식하게 되었다. 마리아나와 웨인즈버그의 탄광 노동자들은 주주 배당금, 법인세, 교육 정책, 세계경제, 에너지 시장 등과 관련한 전문 지식을 드러냈는데, 이것은 과거 펜실베이니아 주의 작은 마을에서는 좀처럼 듣기 어려운 이야기들이었다. 이들은 기하급수적인 속도로 학습했으므로, 2008년 금융 위기 이후에 점화된 혁명적인 순간이 만든 기회를 놓칠 생각이 없었다. 그들이 보기에 그 기회는 "역풍"이나 "포퓰리즘의 물결"이 아니었고, 지금도 아니다. 그것은 미국에서 권력과 우선순위의 방향을 근본적으로 바꿀 기회였다. 의회에서부터 언론까지, 사회제도 전반을 믿을 수 없었던 이들은 저항을 택했다.

18
반세계화 운동가

위대한 승리를 거둔 후에 나는 한밤중에 환상을 보았다. 환상 속은 평화와 고요로 가득했다. 꽃이 만발한 들판 위의 맑은 하늘이 지평선까지 뻗어 있었다. 그곳에는 국경도, 철조망도 없었다. 환상 속에서 사람들은 증오나 두려움 없이 밭과 공장에서 일하고 있었고, 국적이나 종교, 인종이나 성별을 구분하지 않고 함께 어울려 일하고 있었다. 왜냐하면 모두가 하나의 목표를 향해서, 나를 위해서 일하고 있었기 때문이다.

_ 하노흐 레빈, 「쉬츠」(1974)[1]

2018년 말, 나는 영국의 한 외딴집에서 열린 학자 및 전문가 모임에 참석했다. 날이 추워서 포트와인을 홀짝이며 몸을 데웠다. 참석자들은 트럼프가 미국 대통령이 된 이후 2년간 변화된 국제 정세에 관해서 의견을 나누었다. 유럽인들은 브렉시트가 임박한 상황이었지만, 침착하게, 그리고 조금은 냉정한 태도로 의견을 말했다. 그와 반대로, 트럼프를 뽑지 않았던 미국인들은 실존적인 절망에 너무나 깊이 빠져 있어서 이들을 동정하지 않을 수 없을 정도였다. 미국인들은 트럼프 정부가 파괴한 정치 규범을 나중에라도 회복할 수 있을지 의심했다. 미국의 위상은 아직 훼손되지 않았을지도 모르지만 과거 미국이 동맹국들에게 심어주었던 안전감은 회복하지 못할 수도 있다. 그러나 나는 그곳에서 전혀 뜻밖의 이야기를 들었다. 트럼프의 출현이 불가피했다는 말이었다. 한 미국인이 말했다. "트럼프는 기존에 우리가 했던 기본 가정들을 재고하게 했어요. 하지만 무엇보다도 자유주의 논쟁을 재점화했죠." 그들은 트럼프를 싫어했지만, 모두가 꺼려했던 주제를 논의할 수 있게 해준 공만큼은 인정했다. 또다른 미국인은 "트럼프는 우리 모두 알고는 있지만 아무도 말하고 싶어하지 않았던 상처들을 건드렸어요. 이민 문제에서부터 미국의 세계적 위상까지, 온갖 문제점과 그 해결책까지 말이에요"라고 말했다. 그런 이슈들을 언급하기 꺼리던 미국의 정치 문화가 그 모든 금기들을 깰 인물을 등장시킨 셈이다. 그래서 나는 트럼프의 등장에 가장 중요한 역할을 담당했던 그의 지지자들을 다시 만나보기로 했다.

2020년 1월, 나는 펜실베이니아 주 마리아나에 사는 퀴글리 가족을 다시 찾았다. 그 사이 제시카와 조엘은 더 큰 집으로 옮겼는데, 그곳은 은퇴 기념으로 전국 일주를 떠난 부모에게 물려받은 집이었다. 마을이 내려다보이는 언덕에 자리잡은 조엘의 집은 대지만 수천 제곱미터였다. 조엘은 탄광 일을 다시 시작했지만, 전에 일하던 곳은 아니었다. 제시카는 다니던 호텔에서 승진했는데, 그 호텔의 주요 고객은 에너지 분야 종사자라고 한다. 마리아나는 상황이 나아진 듯 보였다. 퀴글리 가족은 더 이상 다른 지역으로 고기를 사러 갈 필요가 없다고 했다. 마을에 정육점이 생겼기 때문이다. 저녁 식사 시간이 되어서, 퀴글리 가족과 함께 피자를 먹으러 갔다. 조엘의 아이들은 몇 달 전에 디즈니 월드로 놀러 갔던 이야기를 했다.[2] 퀴글리 가족이 예전처럼 잘 지내게 된 것은 트럼프 정부의 석탄 산업 지원책 덕분이었을까? 그들은 꼭 그렇지는 않지만 경제가 전반적으로 나아진 것은 어쨌든 대통령 덕분이라고 말했다. "올바른 방향으로 가기 시작했어요." 조엘이 말했다.

그들의 집을 다시 방문하기 전에 전화로 대화를 나누었을 때, 조엘의 목소리는 단호하면서 희망에 차 있었다. 그는 "트럼프가 나라를 위해서 많은 일을 했어요. 일자리를 만들고 실업률을 낮췄죠. 하지만 말하는 방식에는 좀 문제가 있어요. 쓸데없는 말을 하기는 하지만 사업적으로는 제대로 일한다고 생각해요"라고 말했다. 그러면서 트럼프 뽑기를 잘했다고 했다. 심지어 제시카는 공화당원이 되었단다. "전반적으로 경제가 좋아지고 있어요. 사람들이 나가서 돈을 벌고, 쓰기도 하죠. 제 평생 지금이 가장 실업률이 낮은 것 같아요." 제시카는 그렇게 말했다. 그녀는 주변의 부정적인 시각을 유감스럽게 생각하면서, 트럼프 반대자들을 비난했다. "소셜 미디어상의 대통령 모습이 우습기는 하지만, 그게 트럼프의 전부는 아니라고 생각해요. 소셜 미디어에서는 많은 부분이 지나치게 과장되는 것 같아요……사람들이 너무 겁을 먹더라고요." 퀴글리 가족은 트럼프에 대한 민주당의 비난이 지나치다고 생각했다. 제시카는 "너무 호들갑을 떨어요. 트럼프를 무너뜨리려고만 하죠"라고 말했다. 조엘은 "모든 사람들과 함께 일하고 싶다"는 트럼프의 말에 감동받았다고 한다. "그는 노력하고 있어요"라고 조엘이 말했다.

그러나 조엘은 트럼프가 "막말 같은 것"을 할 때는 싫다고 했다. 그러면서 이런 이야기를 들려주었다. "요전에 트럼프가 자신이 존 스튜어트보다 얼마나 더 나은 사람인지 이야기하는 모습을 봤어요. 존 스튜어트는 텔레비전 프로그램 진행자였죠. 그는 9-11 당시 고생한 소방관과 응급 요원들에게 의료 혜택을 주기 위해서 애써온 사람이에요. 그런데 갑자기 트럼프가 자신이 존 스튜어트보다 낫다고 말했어요. 그런 말은 할 필요가 없는데 말이죠."

나는 조엘과 제시카의 말을 생각하며, 2016년에 그들의 집을 방문했을 때에 내가 남겼던 기록들을 살펴보았고, 중요한 변화가 있다는 사실을 깨달았다. 2016년에는 미국의 위상과 함께 세계, 그리고 "다른 나라"가 대화의 중요한 주제였다. 그러나 3년이 지난 지금, 퀴글리 가족은 그런 주제들에 대해서는 아무 말도 하지 않았다. 그들은 오직 미국에 대해서만 이야기했다. 조엘과 제시카는 2020년 재선 때도 트럼프를 찍겠다고 말했다.

***

책임의 시대는 현대 세계화의 서막을 열었고, 그 시기부터 미국과 서유럽이 번영했다. 세계화 1막에서는 세계가 체계적으로 분리되었다. 그때는 초강대국과 번성하는 도시, 노동과 환경을 착취하는 허브로 나뉘었다. 그러나 이 착취 허브가 진보 사상에서 영감을 얻고 제조업 발달과 기술 발전에 힘입으면서 해방의 몸짓을 시작했다.

2막에서는 부유한 나라들이 점점 불안정해졌다. 인건비 절감을 위해서 제조업 공장들을 개발도상국으로 이전함에 따라, 그 나라의 수백만 명이 극빈 상태에서 벗어났다. 부유한 나라들의 좌파와 우파 모두 사회적, 경제적 이유 때문에 이민자를 환영했다. 그와 동시에 자유주의 가치에 반대하는 사람들이 늘어났고, 근본주의가 세력을 키우기 시작했다.

2막이 끝나갈 무렵, 모든 나라들이 저항할 준비를 마쳤다. 개인의 안전과 공동체의 정체성, 그리고 일자리에 위협을 느끼는 사람들이 많아졌다. 배신감을 느낀 중산층이 총을 꺼내서 자신의 집 벽난로 위에 올려놓았다. 3막이 시작되고 상황이 급박하게 전개되자 도처에서 저항이 일어났다. 근본주의와 좌파 극단주의, 포퓰리즘과 민족주의가 부상하고, 이민자가 심각한 사회 문제가 되고 있으며, 영국이 EU를 탈퇴하기로 했고 국가 간 무역 전쟁이 일어나고 있다. 즉, 세계 질서가 붕괴되고 있는 것이다. 대다수는 아니지만 수많은 사람들이 저항하고 있다. 구심점이 되는 체계적인 이념이 없으므로, 저항의 모습은 지역적인 상황에 맞게 다양하게 나타난다.

누군가의 주장처럼, 오늘날은 1917년 10월에 일어난 볼셰비키 혁명 때와 다르다. 그때는 소규모 군대가 과격하지만 포괄적이고 체계적인 이데올로기로 무장한 덕분에 러시아를 장악할 수 있었다. 마르크스와 엥겔스의 이론에 기반을 둔 러시아 공산주의는 등장과 동시에 사회의 대안 모델이 되었다.

지금은 다르다. 변화의 동력은 마련되었지만, 우리는 단지 새로운 시대로 가는 첫발을 뗐을 뿐이다. 이런 혁명적인 순간에 활동하는 세력들은 문제 해결을 위해서 현재의 권력구조를 파괴하려고 한다. 그러나 대안에 관해서는 일관성이 없고 합의되지 않은 의견만 내놓는다.

굳이 유사점을 찾자면, 현 상황은 러시아의 10월 혁명이 아니라 그보다 몇 달 전에 일어난 2월 혁명과 비슷하다. 당시 러시아에서는 차르가 축출되었고 군주제가 폐지되었으며 소비에트(노동자 평의회)가 구성되어 임시정부를 세웠다. 훗날 일어나게 되는 내전과 달리, 이 시기에는 유혈사태는 거의 없었지만 대학살의 조짐은 있었다. 2월 혁명이 러시아의 정치 체제를 완전히 뒤바꾼 덕분에 급진파가 세력을 조직하고 공격력을 갖출 수 있었다. 레닌은 그 유명한 "봉인" 열차를 타고 빌헬름 2세가 통치하던 독일을 통과해서, 처칠의 표현처럼 "전염병"을 가지고 러시아로 돌아왔고 쿠데타를 일으켰다.[3]

도널드 트럼프는 레닌이 아니다. 그는 2막에서 중산층이 벽난로 위에 올려놓은 총을 발사해 새로운 시대를 연 사람일 뿐이다. 트럼프주의는 단지 시작에 불과하다.

어둠의 자식

아이러니하게도, 역대 미국 대통령 중에서 세계화의 덕을 가장 많이 본 사람은 다름이 아니라 세계화를 파괴하고 싶어하는 트럼프이다. 그는 세계 금융 위기 이후 정치적인 인기를 얻기 시작했는데, 2016년 대선 기간에 이민과 일자리 정책, 실패한 국제무역 정책 등에 관하여 이야기하며 보여준 거친 수사법은 다른 공화당 후보들과 차별되는 것이었다.

그러나 트럼프에게 새로운 인생의 문을 열어준 것은 정치뿐만이 아니다. 그는 부동산 개발업자로서 전 세계에 골프 리조트를 건설하고, 중국산 강철로 맨해튼에 고층 건물을 지었으며, 러시아인들에게 아파트를 팔고, 독일 은행에서 돈을 빌려 망해가는 회사를 살렸다. 또한 그는 세계적인 소셜 네트워크인 트위터 중독자이다. 이 긴 목록은 중요한 의미를 담고 있다. 뉴욕의 부동산 거물이 중국의 철강 산업과 독일 금융, 러시아 자본을 이용하고 해외에 직접 투자해서 부를 쌓을 수 있었던 것은 상품과 정보와 자본의 흐름을 막는 장벽이 철폐된 덕분이었다. 트럼프는 브레턴우즈 체제, 세계은행, UN, WTO 등 자신이 경멸하는 모든 체제가 확립된 책임의 시대에 부자가 되었다. 이런 세계 질서의 토대가 된 정책들이 없었다면 그는 아마도 지금과 같은 부를 쌓지 못했거나 자금난에 빠진 자신의 회사를 구하지 못했을 것이다. 그의 아버지, 프레드 트럼프는 거의 국내에서만 부동산 제국을 건설했다. 반면, 도널드 트럼프는 전 세계로 나가고 싶어했다. 그런 그가 세계화의 적이 되었다고? 오히려 그는 세계화의 진정한 내부자이다.

그동안 트럼프는 대단히 모순된 행보를 보여왔다. 그는 민주당원이었다가 공화당원이 되었고, 낙태와 관련한 여성의 선택권을 지지했다가 지금은 맹렬히 비난하며, 미국의 이라크 침공을 옹호했다가 지금은 비판한다. 그러나 두 가지 이슈에 대해서는 일관된 태도를 보였다. 1980년대부터 트럼프는 미국의 무역 정책과 약화된 위상에 대해서 끈질기게 비난하고 있다. 또한 다른 나라들이 정치적, 경제적으로 미국을 이용하고 있으며, 자신이 썼다고 주장하는 『거래의 기술(*The Art of the Deal*)』의 저자로서 자신만이 미국을 구할 수 있다고 줄기차게 주장하면서, 보도거리에 목말라 있는 언론에 먹거리를 제공해왔다. 처음에는 세계화를 이용해서 부를 축적했지만, 이제는 정치적으로 성공하기 위해서 세계화를 공격하고 있다.

트럼프는 소비 지상주의 시대를 대표하는 사람이다. 언젠가 그는 텔레비전 생방송에서 월드 레슬링 엔터테인먼트(World Wrestling Entertainment)의 CEO를 링 위로 끌고 와서 그의 머리에 비누 거품을 끼얹고 이발하는 연기를 했다. 또한 촬영기사를 직접 사무실로 불러서, 자신의 어깨에 흰머리 독수리를 얹어놓고는 리얼리티 쇼를 찍기도 했다. 닭처럼 분장한 배우들과 함께 밝은 노란색 정장을 입고 「새터데이 나이트 라이브」에 출연해서 가상의 가게인 "도널드 트럼프의 하우스 오브 윙스"를 홍보하기도 했다. 그는 늘 그런 사람 좋은 모습으로 개인적인 성공을 감추고 있었다. 그의 지지자들은 그가 연설할 때 스스로를 청중이 아니라 재미있는 쇼를 즐기는 관객이라고 생각했다.

"억만장자"는 트럼프의 이미지에서 대단히 중요한 꼬리표이다(그가 즐겨 쓰는 표현은 "수십억의 수십억"이다). 그러나 요즘은 억만장자가 너무나 많아졌다. 미국적인 맥락에서 트럼프의 독특한 점은 그가 한 점의 의심도 없이 자신의 이미지를 억만장자의 전형으로 가꾸어왔다는 것인데, 이러한 모습은 애니메이션 「심슨 가족」에서도 등장한 바 있다. 그를 상징하는 모습은 독특한 헤어스타일과 오렌지빛 얼굴, 그리고 과장된 말과 행동이다. 트럼프가 전용 비행기에서 KFC나 맥도날드 버거를 먹는 사진들은 그가 평범한 남자이며 보통 사람들의 삶을 이해할 줄 아는 낭만적인 중산층이라는 점을 보여주려는 의도를 담고 있는데, 이런 방식은 역설적이면서 기이하기까지 하다. 미국 작가 프란 리버위츠가 말했듯이 "트럼프는 가난한 사람이 상상하는 부자의 전형이다."

당연히 트럼프는 평범한 남자가 아니지만, 접근하기 어렵지 않은 억만장자이기는 하다. 그와 같은 부자들은 거의 하지 않는 행동이지만, 그는 활발하게 자신을 드러냈다. 그는 모든 억만장자들 중에서 가장 돈이 많거나 똑똑하거나 매력적인 사람은 아니지만, 언론과 연예 산업에 꾸준히 모습을 드러냄으로써 가장 눈에 띄는 억만장자가 되었다. 대통령이 되기 전에는 하워드 스턴의 라디오 쇼에 정기적으로 출연해서, 전날 밤 패션모델과 데이트한 이야기나 여러 여성들의 신체적인 특징에 관한 생각들을 말함으로써 청취자들을 즐겁게 했다. 또한 텔레비전 심야 프로그램에 고정 출연하거나 경제 프로그램에 나가서 인터뷰를 했고, 영화와 텔레비전에 출연해 직접 연기를 하기도 했다. 심지어 대통령이 된 후에도, 아무 언질도 없이 라디오와 텔레비전 쇼에 전화를 걸었다. 그는 바쁘지 않았고, 사람들의 관심을 너무나 많이 받고 싶었기 때문에 기자들에게 전화를 걸어서 스스로를 트럼프의 친구이자 홍보 담당자인 "존 밀러"라고 소개하고는 했다고 「워싱턴 포스트」는 보도했다.[4] 트럼프는 밀러인 척하면서 자기 자신에 대한 찬사를 쏟아냈다. 그의 대화가 녹음된 자료에는 이런 내용도 있었다. "그는 여기저기에서, 특히 여성들로부터 전화를 많이 받습니다. 당신이 기사로 다룬 적 있던 여배우들이 전화를 걸어서 트럼프와 데이트를 할 수 있냐고 물어봐요." 트럼프 아바타는 특히 이렇게 주장했다. "그는 마돈나에게 전혀 관심이 없는데 그녀가 전화를 걸어서 그와 데이트하고 싶다고 했죠."[5] 트럼프가 예비선거에서 계속 승리하자, 보수파의 핵심 이론가로서 트럼프를 싫어했던 빌

크리스톨은 "공화당이 오즈의 마법사를 대통령 후보로 지명할 것 같다"라며 맹공을 퍼부었다.

크리스톨의 말은 맞지만, 그의 분노는 대상이 잘못되었다. 미국에서 마법사가 되려면 마법사처럼 보이기만 하면 된다. 트럼프는 채무 조정, 파산 처리 등의 방법을 동원해서 위기를 헤쳐왔지만, 경제 전문가들은 그의 사업수완과 소위 말하는 명성을 조롱했다. 마침내 트럼프를 구한 것은 2000년대 초에 방영된 리얼리티 쇼 「어프렌티스」였는데, 여기에서 그는 최고 경영자의 역할을 훌륭히 해냈다. 억만장자는 자본주의의 먹이사슬에서 가장 높은 자리에 있는 사람이지만, 트럼프는 평범한 미국인의 집에 정기적으로 모습을 드러낸 유일한 억만장자였다. 전에는 뉴욕의 유명인사였지만, 인기 텔레비전 쇼 덕분에 이제 전국적인 인물이 되었다. 트럼프가 납품비나 소송비를 지불하지 않았다는 근거 있는 주장에도 불구하고, 당연히 텔레비전 쇼에서는 트럼프의 경영 실패를 다루지 않았다.[6] 미국인들은 텔레비전에서 거칠고 공격적인 악덕 자본가의 모습을 시청했다. 그는 "당신은 해고야!"라는 말로 패배자들을 시장경제 방식으로 처형하는 자본주의 쇼를 진행했다. 그는 자신의 이미지를 미국 대중이 이루지 못한 성공에 대한 최고 권위자로 만들었다. 이런 이미지는 무관심을 용납하지 않는 소셜 네트워크 세계에 완벽하게 어울리는 모습이었다.

트럼프가 승리하고 몇 년이 지난 지금도, 여전히 수많은 사람들은 그가 백악관에 입성한 사실을 믿기 어려워한다. 트럼프는 성추행과 성폭행 등의 혐의로 22명의 여성에게 고발당했다. 또한 "당신이 스타라면, 그들은 당신이 마음대로 하도록 둘 거야. 당신은 뭐든 할 수 있지. 여성들의 그곳을 움켜쥘 수 있어"라고 말한 녹음 테이프도 있다.[7] 어떤 미국 대통령도 이런 대형 추문에 휘말린 적이 없었지만, 이 사건은 트럼프가 만든 여러 선례들 중의 하나였을 뿐이다. 그는 대선 전에 공직에 몸담은 적이 없었던, 그리고 리처드 닉슨 이후로 납세 신고 자료를 내지 않은 최초의 대통령이었고, 수차례 파산한 회사를 보유한 최초의 대선 후보자였다. 2016년에 미트 롬니는 "도널드 트럼프는 위선자에 사기꾼"이라고 말했다.[8] 아무리 객관적으로 판단해도, 트럼프는 오늘날 거짓말을 가장 많이 하는 강대국 지도자들 가운데 한 명이다. 그런데 중요한 점은 트럼프가 거짓말을 거리낌 없이 한다는 사실이며, 그의 거짓말은 누구나 눈치챌 정도로 대담하고 노골적이라는 것이다. 2016년에는 아무도 트럼프 지지자를 막지 못했고, 그중 상당수가 여전히 그를 지지하고 있다.

미국이라는 제국에 지도층이 무시하고 방치한 심각한 구조적인 문제가 없었더라면, 트럼프는 승리하지 못했을 것이다. 미국의 지도층은 세계적인 체제가 국민에게 고통을 주고 있다는 사실을 부인했다. 또한 미국의 세계적인 위상이 약화되고 있으며, 9-11 이후 미국인들이 느끼기 시작한 불안감이 점점 커지고 있음을 부정했다. 이들은 이민자, 정체성 같은 사람들이 쉽게 흥분하는 이슈들에 별로 관여하고 싶지 않았다. 육체 노동자의 괴로움을 인지할 때도 있었지만, 그때마다 포춘 쿠키에서나 볼 법한 '긍정적으로 생각하기' 같은 주문이나 암송하면서, 미국은 어떤 도전도 극복할 수 있다며 신비주의적인 예언만 반복했다. 그런 주장들은 전형적인 귀납법 오류의 사례다. 말하자면, 그들은 미국이 항상 최고였으므로 앞으로도 계속 최고가 될 것이라고 믿었다.

트럼프는 미국 지도층의 주장과 완전히 상반되는 파격적인 메시지를 전했다. 그는 미국의 대재앙을 예언한 사람들이 옳다고 주장했다. 영업 천재인 그는 절망이라는 신제품을 홍보했다. (국제무역뿐만 아니라 세계 문제에 관여하는 일과 보편주의 가치에 이르기까지) 세계화에 대한 반감이 사람들의 구석구석에 깊이 스며 있어서, 맨해튼의 억만장자 금수저 트럼프조차도 그런 정서를 이용하지 않을 수 없었다. 트럼프가 공화당 전당대회에서 했던 대선 후보 수락 연설은 암울한 분노로 가득했다. 그는 이렇게 선언했다. "나라가 위기에 빠진 지금, 우리는 전당대회를 열고 있습니다." 그의 연설에는 다음과 같은 불길한 예언이 담겨 있었다.

> 공격······테러······거리에서의 폭력······혼돈······범죄와 폭력······살인······총기 사고······전과가 있는 불법 체류자······평화 시민을 위협하는 자유 이동······국제사회에서 미국이 잇따라 겪는 굴욕. 문제는 끝도 없습니다······미국은 불안하고, 세계는 안전합니다······재앙들도 있었고······ISIS가 우리 나라와 전 세계에 퍼져 있죠······과격한 무슬림 형제단도 있고요······혼돈······위기······세상은 그 어느 때보다 더 나빠졌습니다······죽음과 파괴와 테러와 나약함······솔직히 말하면, 지금 미국은 저와 이곳에 모인 모든 사람들이 경험해왔던 그 어떤 곳보다 더 위험해졌습니다.[9]

글로벌 선거

트럼프의 수사법은 저항의 시대의 특징인 불안정과 위험에 잘 들어맞는다. 2016년 대선은 미국 역사상 가장 세계화된 선거였으며, (문제가 많기는 했지만 어쨌든) 이 선거로 트럼프는 세계 최강국의 지도자 자리에 올랐다.

무엇보다 도널드 트럼프는 미국의 정치 담론에 개입한 외세의 덕을 보았는데, 미국의 정보기관에 따르면 러시아는 미국 내의 분열을 조장하고 트럼프의 당선 확률을 높이기 위해서 광범위하고 은밀하게 작전을 펼쳤다. 러시아가 미국 대선을 좌우했다고 믿지는 않더라도, 그들이 전대미문의 첩보

작전을 펼쳤다는 사실은 부인하기 어렵다. 러시아는 소련이 초강대국이던 시절에도 하지 못했던 일을 완수했다. 그들은 수백만 명의 미국인에게 정보를 유포했고, 그들에게 속은 상당수의 미국인들은 자신도 모르게 푸틴의 집무실에서 나왔을 정책을 홍보하는 역할을 수행했다.[10]

그러나 푸틴만 미국 대선에 영향을 준 것이 아니었다. 대부분은 영리를 목적으로 해외에서 활동하는 민간 작전 세력도 허위 정보를 퍼뜨렸다. 영국의 정치 컨설팅 회사인 케임브리지 애널리티카는 명시적인 동의 없이 수백만 명의 페이스북 이용자의 개인 정보를 수집했고, 이 정보를 유권자의 성향에 맞춘 광고 제작에 이용했다. 한편, 오바마 행정부는 ISIS와 전쟁을 벌이고 있었으므로 시리아 내전에 개입하지 않기로 했다. 시리아 내전은 전 세계에 난민 위기를 초래했고 주로 유럽이 피해를 입었다. 난민 위기는 영국에서 브렉시트 지지자의 수를 늘리는 역할을 했다. 그리고 미국에서는 트럼프의 대선운동에 도움을 주었다. 세계화된 세계에서는 지역 분쟁이 단독으로 일어나지 않는다. 그러므로 수동적으로 대응하는 초강대국은 대가를 치르기 마련이다.

세계화는 점진적으로 국민국가의 주권을 침해했으며 그 정점은 2016년이었다. 트럼프는 "미국 먼저!"라는 구호를 채택했지만, 원격 시위 조종과 투표 집계기 조작 의혹까지, 과거 어떤 대선에서도 외세의 개입 흔적이 이렇게 많이 남았던 적은 없었다.[11]

미국의 대선 사례는 국가들의 관계가 점점 긴밀해지면서 발생하게 된 불가피한 결과였다. 세계화는 연극이 상연될 무대만 만든 것이 아니었다. 연극의 음악과 율동, 그리고 대본도 고쳤다. 무대가 마련되자 세계화는 트럼프를 지지하는 사람들에게 그 무대를 보냈다. 곧이어 트럼프는 이전에는 배경으로만 존재했던 세계화를 무대 밖으로 끄집어내어 주목받게 했다. 그는 이렇게 선언했다. "우리는 더 이상 글로벌리즘이라는 거짓 노래에 이 나라나 국민을 내어주지 않을 겁니다. 행복하고 조화로운 삶의 진정한 토대는 여전히 국민국가입니다. 저는 우리를 구속하고 미국의 사기를 떨어뜨리는 국제기구들을 믿지 않습니다."[12] 힐러리 클린턴은 명백히 세계화를 지지하고 고립주의에 반대했는데, 이런 그녀의 입장이 미국 노동자들에게는 상처가 되었을 것이다. 또한 이전에는 미국 중산층에게 당연했던, 직업 안정성과 공동체 연대, 자녀가 더 나은 삶을 살리라는 기대 등이 대선 즈음에 이르러서는 불확실한 전망으로 바뀌었다.

이런 일그러진 현실 속에서 트럼프라는 인물이 탄생했다. 이 국민의 억만장자는 언론에 증오를 쏟아내면서도 그들과 공생관계를 유지한다. 트럼프의 전기를 쓴 뛰어난 작가 마이클 단토니오는 트럼프와의 만남은 그가 이미 써놓은 대본에 따라서 진행되는 연극에 발을 들이는 것과 같다고 내게 말했다. 트럼프가 낭독하는 원고는 미국의 위대함을 널리 알리는 내용이지만, 거기에 등장하는 단어들은 그 출처와 무관하고, 미국의 발전에 기여한 가치 및 정책들과 동떨어져 있었다. 자신의 펜트하우스에 금박을 입혀 베르사유 궁전처럼 꾸민 행동에서도 드러나지만, 트럼프는 위조품이나 다름없는 비현실적인 리얼리티 쇼를 통해서 미국인의 의식에 침투했다고 보는 편이 적절할 것이다.

여기에서 주목할 점은 트럼프의 조작이 아메리칸 드림이 사라져버린 그린 카운티와 펜실베이니아 주의 소도시에 사는 수많은 사람들의 갈망과 정확히 일치한다는 점이다. 오늘날 중간 소득 계층은 저축보다 대출이 많고, 재정 건전성보다 소비지상주의를 선호하며, 근무 시간은 늘었는데 임금은 그대로이고, 영양가 낮은 즉석식품을 즐기며, 스마트폰으로 세상과 연결되지만, 부모 세대가 누렸던 풍요로운 생활을 즐길 가능성은 줄어들고 있다.

거짓이 사실을 대체하는 세상에서는 가장 뻔뻔한 거짓말쟁이가 왕이 된다.

선거 결과는 예측을 빗나갔다. 힐러리는 거의 300만 표를 더 얻었지만 3개 주에서 총 8만 표를 적게 얻었고, 결국 낙선하고 말았다. 여성 대통령이 싫지 않은 미국인이 0.25퍼센트만 더 있었다면, 힐러리가 좀더 많은 유색인들을 설득해서 자신에게 투표하게 했다면, 하다못해 제임스 코미 전 FBI 국장이 그녀의 이메일을 재조사하겠다는 그 악명 높은 편지를 보내지 않았다면, 그녀는 승리했을 것이다. 그러나 힐러리는 패배했다. 미국 사회는 너무 많이 고장 난 상태였기 때문에 트럼프 같은 남자가 결승선을 통과할 수 있었다.

미국의 정치 지도자들이 거침없는 진보, 자유무역, 느슨한 이민법 등에 기대어 몸을 웅크린 채 졸고 있는 동안, 국민은 위협을 느꼈다. 그때 '매가(MAGA)'라는 이름의 빨간색 야구 모자를 쓴 남자가 나타났다. 주변부에서 시작된 반세계화 저항은 세계 최강국의 정치 중심지에서 게릴라 공격을 감행했고, 결국 최고 자리까지 차지했다. 트럼프는 세계화에 대한 불만에 논리적인 대안을 제시하는 사람이 아니라 세상을 파국의 길로 안내하는 최약체 기수일 뿐이다.

타고난 민족주의자

2018년, 의회의 중간 선거를 앞두고 트럼프 대통령이 테드 크루즈 상원의원 응원차 휴스턴으로 갔다. 트럼프와 크루즈는 공화당 대선 후보 자리를 두고 경쟁할 당시 서로에게 끔찍한 말을 퍼붓던 사이였다. 물론 트럼프 쪽이 훨씬 더 심했다. "대단히 불안정한 사람", "좀 미친 사람"이라는 표현은 말할 것도 없고, "지금까지 봤던 사람들 중에서 최악의 거짓말쟁이"라고 주장한

다음부터는 아예 크루즈에게 "거짓말쟁이 테드"라는 별명을 붙였다. 크루즈는 트럼프가 대통령이 될 자격이 없으며 "자아도취에 빠진 사람"이고 "상습적인 바람둥이"일 뿐만 아니라, 어느 날 아침 미국인들은 그가 "덴마크를 핵무기로 공격했다"는 소식을 듣게 될지도 모른다고 말했다. 이것들은 두 사람이 주고받은 비방의 일부일 뿐이다.

트럼프의 승리 이후, 크루즈 역시 다른 공화당 의원들처럼, 미국에 위험한 사람이라며 비난했던 남자 편에 섰다. 그리고 물론 트럼프도 공화당 대통령으로서, 크루즈 상원의원의 의석을 잃고 싶지 않았다.

이제 트럼프는 크루즈를 "아름다운 테드"라고 불렀다. 마치 중세 교황이 자신에게 대항하던 귀족을 어르듯이 말이다. 그날 저녁 휴스턴은 수많은 열성 지지자들이 모인 가운데 축제 분위기였다. 연설에서 트럼프는 미국의 경제 상황에 대해서 장광설을 늘어놓은 다음, 유럽 나라들이 "더 이상 편승하지 못해요, 여러분"이라고 말했다.[13] 그리고 나서 지금의 자유주의 질서와 세계화를 어떻게 뒤집을지 설명했다. 그는 아주 낡고 진부한 비유를 들었다. 청중을 향해서 이렇게 말했다. "미국이 다시 승리할 겁니다. 우리가 미국을 가장 중요하게 여기기 때문에 미국은 다시 존경받고 있습니다. 우리는 미국을 우선시합니다. 수십 년간 하지 못했던 일이죠." 그런 다음 적들을 비난했다. "과격한 민주당은 권력에 굶주리고 부패한 글로벌리스트들이 지배하던 시대로 시계를 되돌리고 싶어합니다. 여러분도 글로벌리스트가 어떤 사람인지 압니다. 그렇죠? 그들이 어떤 사람인가요? 글로벌리스트는 솔직히 자기 나라는 별로 신경 쓰지 않고, 세계가 잘 돌아가기만 바라는 사람입니다."

자유주의 가치관을 가진 사람을 반역자로 모함하는 것은 민족주의자의 전형적인 수법이다. 그런 식의 수사법은, 보편적인 가치들은 반드시 지역의 이익과 문화에 모순된다는 잘못된 이분법에 빠지게 한다. 민족주의자들의 메시지는 명확하다. 우리 가운데 적이 숨어 있다는 것이다. 미국의 극우파는 반유대주의를 옹호할 때에 주로 "글로벌리스트"라는 단어를 사용한다. 유대교로 개종한 딸과 유대인인 사위와 손주를 둔 트럼프가 그런 맥락을 이해하고 있을까? 어쨌든 그는 20세기부터 지금까지 미국 정치 담론에서 독약처럼 취급되던 그 용어를 아무렇지도 않게 받아들이고 있다.

트럼프는 이렇게 말했다. "여러분도 아시겠지만, 저들이 싫어하는 단어가 있죠. 지금 그 말은 한물간 용어가 되어버렸어요. 그것은 민족주의자라는 말입니다. 우리는 그 단어를 쓰면 안 된다고 들었죠. 그런데 제가 누굽니까? 제가 바로 민족주의자예요. 아시겠죠? 저는 민족주의자예요. 민족주의자……이제 이 단어를 사용하세요. 이 말을 쓰시라고요."

그날 밤 트럼프는 민족주의의 의미를 설명하지 않았고, 그다음 날 백악관 기자회견장에서도 마찬가지였다. 기자회견장에서 그는 여러 번 자신을 민족주의자로 소개했지만, 그 용어가 인종주의나 백인 우월주의와 연결되는지는 잘 모르겠다고 강하게 주장했다. 민족주의자들이 으레 그러하듯, 트럼프 역시 자신이 어떤 사람인지가 아니라 어떤 사람이 아닌지를 설명하기 위해서 민족주의자를 자청한다. 말하자면, 자신은 국제 정책이라는 미명하에 은밀히 미국을 파괴하려는 위험한 글로벌리스트가 아니라는 의미였다.

당연하지만, 트럼프의 발언으로 미국에서는 민족주의에 대한 공개 토론이 활발하게 일어났으며, 이 토론에서는 종족적 혹은 인종적 민족주의, 고전 사상이자 이탈리아의 혁명가 주세페 마치니가 만든 자유주의적 민족주의, 스티브 배넌이 주장한 경제 민족주의 등 모든 민족주의가 총망라되었다. 이 논쟁에서는 그동안 미국의 정통 정치 담론에서 민족주의의 개념이 사라진 이유도 다루었다. 이러한 민족주의 논쟁으로 인해서 명백한 사실

하나가 가려졌다. 즉, 트럼프가 자신이 정말로 어떤 사람인지를 말했다는 사실이다. "민족주의"는 오랫동안 꾸준히 분란을 일으켜온 트럼프의 행보를 정확히 설명해주는 단어이자, 그가 자신을 설명하기 위해서 사용한 유일한 "주의(ism)"이다.

수년간 몇몇 평론가들은 트럼프에게는 형식이 내용이고, 스타일이 본질로 통한다고 주장했다. 트럼프가 공허하고 선동적인 수사를 동원해서, 그저 의식의 흐름에 따라서 트위터에 자아도취적인 발언들을 쏟아내기 때문에 그렇다는 것이다. 이렇게 보면 트럼프는 기껏해야 위험한 어릿광대인 셈이다.

그러나 지지자들이 보기에 트럼프는 실용적이고 결단력 있는 좋은 포퓰리스트이며, 정해진 규칙이나 통용되는 기준에 구애받지 않고 말하고 행동하면서 케케묵은 기성 정당에 맞서는 앞서가는 사람이었다. 2016년 대선에서 트럼프가 승리하기 전에, 미국의 언론인 살레나 지토는 시사 주간지 「애틀랜틱(*The Atlantic*)」에서 트럼프 지지자들의 생각을 이렇게 정리했다. "언론은 그를 보이는 모습으로만 받아들이고, 진지하게 보려고 하지 않는다. 하지만 그의 지지자들은 그를 진지하게 받아들이고, 보이는 모습으로만 보지 않는다."[14]

돌이켜 생각해보면, 트럼프라는 사람을 진지하게도 바라보고, 보이는 대로도 바라보아야 했다. 트럼프는 미국의 사회, 경제, 외교, 정치 문화 등에 어떤 희생이 발생하더라도 자신의 공약들을 이행하려고 노력했다. 트럼프는 멕시코 국경 장벽, 무역 전쟁, 이민자와 난민 차별 등의 공약을 이행할 때 관대하거나 신중하지 않았고, 기존의 규범을 따르지도 않았다. 프랑스 부르봉 왕조에 대한 유명한 평가는 트럼프에게도 잘 맞는다. 그는 대통령으로서 아무것도 배우지 못했고 아무것도 잊지 않았다. 제45대 미국 대통령 트럼프는 행정부 내의 활화산이었으며, 자신의 입맛에 맞게 마음대로 이용하는, 마찰과 균열의 원인 제공자였다.

트럼프는 끊임없이 민족주의와 관련된 어휘와 비유를 사용한다. 확실히 그는 홀로 편하게 지내는 삶을 추구하는 전형적인 고립주의자는 아니었다. 그는 미국 국민의 절반이 세계적인 세력과 결탁해서 국가를 위험에 빠뜨릴 음모를 꾸민다고 생각한다. 또한 자신의 정적들을 "국민의 적"으로 간주한다. 그의 적은 언론인, 이민자, 글로벌리스트, 민주당원, 해외로 공장을 이전하는 기업, 연방준비은행, 고(故) 존 매케인 상원의원 등이며, 코로나-19가 확산된 지금은 식품의약국(FDA) 관계자들도 추가되었다. 트럼프가 즐겨 외치는 "미국 먼저"는 본래 제2차 세계대전에 개입하지 않기 위해서, 그리고 더 나아가 외국인 혐오증을 부추기기 위해서 사용하던 구호이다. 그의 경제 정책은 미국 보수주의자들이 전통적으로 중요하게 생각했던 자유시장 원리에 전혀 맞지 않으며 철저히 민족주의적이다. 그는 이슬람 국가의 국민이 미국에 오지 못하도록 막았다. 그리고 덴마크에서부터 중국까지 다른 나라의 지도자들과 끊임없이 공식적으로 대립했다. 이민자를 막고 국경에 장벽을 세우는 일에 집착하는 행동은, 겉보기에는 역사와 문화유산, 정체성 등을 보호하는 것 같지만, 사실 이는 백인을 암시하는 "진짜 미국인"과 외국인을 구별하려는 종족적 민족주의자의 전형적인 모습이다.

버지니아 주의 샬러츠빌에서 신나치주의자와 백인 우월주의자들이 행진하며 반대파 시위자들과 충돌했을 때(시위자 중의 한 명이 살해되었다), 트럼프는 "양쪽 모두에 좋은 사람들"이 있다고 말했다.[15] 그는 유색인 여성 의원 4명에게 출신 나라로 "돌아가라"고 말한 사람이다.[16]

이는 일관적이지 않은 태도이다. 트럼프 행정부의 특징은 끊임없는 즉흥성이다. 어쨌든 그의 민족주의에는 흠이 있다. 진정한 민족주의자라면 자국에서 실시하는 선거에 외국이 개입할 경우 이에 무관심하거나 이를 적극적으로 환영하지 않을 것이다. 또한 조국의 전쟁 영웅들을 비방하거나, 텔레비전 인터뷰에서 "나는 우리 나라도 사람을 많이 죽인다고 생각합니다"라는 말로 외국 지도자의 잔인함을 정당화하지는 않을 것이다.[17]

트럼프의 포퓰리즘은 오래 전부터 민족주의와 손을 잡았다. 그러나 둘 사이에는 근본적인 차이가 있다. 우선 포퓰리즘은 누가 위에 있고, 누가 아래에 있는지를 묻는다. 벤저민 드 클린이 말했듯이, 포퓰리즘은 권력의 유무를 따진다.[18] 포퓰리스트의 주장에 따르면, 대중은 정확하고 정당한 요구를 하고 엘리트 집단과 정당은 대중이 그런 요구를 하지 못하게 막는다.

서양에서 "포퓰리즘"은 어떤 현상을 전반적으로 설명하는 두루뭉술한 단어가 되고 있다. 이는 모든 것들을 포괄함으로써 아무 의미도 없는 용어가 되었다. 오늘날 포퓰리즘은 19세기 말처럼 정당을 조직하는 단계까지는 이르지 못했고, 단순히 어떤 현상을 설명하는 기술적 용어로, 그리고 이따금 경멸적인 단어로만 사용될 뿐이다. 오늘날 "포퓰리즘"은 민족주의, 인종주의, 근본주의, 급진적 좌익 사상 등의 출현을 제대로 설명하지 못한다. 중요한 점은 오늘날에는 자칭 포퓰리즘 정당이 없는 것처럼, 일관된 포퓰리즘 정책도 없다는 사실이다. 이따금 학자와 권위자, 언론인과 주류 정치인들은 모호한 용어를 사용하는 쪽을 선호한다. 따라서 대통령이 자신을 묘사하기 위해서 "민족주의자"라는 용어를 사용하는데도, 이들은 대통령과 그의 지지자들을 공화당원으로, 대통령을 포퓰리스트로 부른다. 오늘날 폭도에게 "포퓰리스트"라는 이름을 붙이는 나라가 미국만은 아니다. 유럽 역시 극우 정당에 민족주의자나 파시스트, 인종주의자라는 이름을 붙이기를 꺼리는데, 그 이유는 그런 용어들이 1930년대의 억압적인 전체주의와 제2차 세계대전의 끔찍함을 연상시키기 때문이다. "포퓰리즘"은 다양한 사상이 뒤섞여 있어서 겉으로는 근사해 보이며, 악의나 폭력의 냄새를 풍기지 않는다.

포퓰리즘과 달리, 민족주의는 누가 지배하고 누가 지배받는지 묻지 않는다. 민족주의 가치관은 수직적이지 않고 수평적이다. 그것은 이상적인 국가 공동체 안에 속하는 사람과 속하지 않는 사람을 구분하려고 애쓰며, 누구를 밖으로 내보낼지 정한다.

트럼프는 포퓰리스트가 관심을 가지는 계급과 권력관계에 별 흥미가 없고, 국민의 자격 조건으로서 정체성을 구성하는 요소에 초점을 맞춘다. "이곳은 스페인어가 아니라 영어를 사용하는 나라입니다." 트럼프는 2016년 대선 후보자 토론회에서 그렇게 말했다. 그리고 다른 토론회에서는 미국인이라도 멕시코 이민자 가정에서 태어난 판사는 이해 충돌의 소지가 있으므로 자신을 상대로 제기된 소송을 맡으면 안 된다고 주장했다.

민족주의는 다른 사상들과 공생할 경우 오래 지속되기 어렵다는 특징도 있다. 트럼프의 공약과 세제 개혁안, 공화당 지도부와의 좋은 관계 등을 보면 확실히 그는 포퓰리스트가 아니다. 특히 트럼프는 엘리트와 대중 사이에 형성된 기본적인 권력관계를 바꾸지 않았고, 바꾸려는 노력조차 하지 않았다. 그는 국민에게 권력이나 복지 혜택을 주지 않았고, 정부 지출도 늘리지 않았다. 그와 반대로, 그가 국민에게 준 것은 분노뿐이며 그래서 그는 외국인을 막으려고 "크고 아름다운 벽"을 세울 수 있었다.

트럼프가 자신의 색깔을 오랫동안 감출 수 없는 이유는 그것이 민족주의자의 특성이기 때문이다. 민족주의적 사회주의는 사회주의가 아니며, 민족주의적 포퓰리즘은 수명이 짧다. 종족적 혹은 인종적 민족주의는 파시즘하고만 조화를 이룰 수 있으며, 놀랍게도 둘은 서로를 보완한다.

트럼프의 부상으로 미국이 파시즘 사회가 되는 것이 아니냐는 우려도 있지만, 트럼프가 미국을 과격한 전체주의 국가로 만들기 위해서 민주주의를 파괴하려는 파시스트라는 증거는 거의 없다. 특히 탄핵 소추안이 부결된 후에, 트럼프가 미국 민주주의를 잠식하기 위해서 시작한 방식은 계획적이라기보다는 개인적이고 직관적이다.

그의 세계에서 자기 자신보다 더 위대한 아이디어는 없다. 그래도 어떤 방향성은 있는데, 그것이 바로 민족주의이다. 트럼프의 민족주의는 조잡하다. 그것은 나라 안팎에서 미국의 독특한 정체성과 국가적인 성공을 위협하는 세력이 있다는 느낌에 초점을 맞춘다. 그러므로 진실과 정의를 기준으로 독립국가의 지위가 결정된다는 가정은 그의 세계관을 위협한다. 시민 공동체는 사회주의, 보수주의, 민주주의에서 중요하지만, 민족주의에서는 늘 부차적인 문제로 다루어진다. 본질적으로 민족주의는 항상 자신의 숙주를 제거한다.

트럼프가 바로 그런 일을 했다. 그는 양법이든 악법이든, 엘리트 통치방식을 근본적으로 바꾸거나 새로운 자원 배분방식을 규정한 포퓰리즘 법률은 전혀 도입하지 않았다. 그의 포퓰리즘은 스타일이나 액세서리의 문제이며, 대본이 있는 대형 집회에서 감정을 고취하는 행위 그 이상도 아니다.

트럼프는 열렬한 민족주의자임에도 정작 무역 전쟁으로 인해서 미국 경제와 노동자가 입은 피해에는 눈을 감았다. 그는 국가적 위상과 노동자들의 복지가 실질적으로 어떤 영향을 받을지 고민하지 않은 채, 어떤 나라도 미국을 이용해서는 안 된다는 자신의 결심에만 집중했다.

조지 오웰은 이렇게 썼다. "민족주의는 권력욕이 자기기만으로 완화된 형태이다. 민족주의자는 끊임없이 권력과 승리, 패배와 복수에 관해서 골몰하지만, 현실에서 벌어지는 일에는 별로 관심이 없다. 이들은 자기 집단이 다른 집단을 이기고 있다는 느낌만 원할 뿐이다."[19]

시간이 지나도 민족주의가 사라지지 않고, 계획이 명백히 실패했는데도 그것을 추진한 정치인이 계속 살아남는 것을 보면, 사회 전체에 객관적인 진실에 대한 무관심이 퍼져 있음이 분명하다.

19

진실의 붕괴

"숀 스파이서 대변인이 그것에 대해서
대안적인 사실을 말했습니다……."[1]
_ 켈리앤 콘웨이, 트럼프 대통령 선임 고문(2017)

이 시대에 민족주의자와 근본주의자가 정치적으로 성공하고 저항운동이 맹위를 떨치게 하기에는 중산층이 경제적, 문화적 권리를 잃었다는 느낌만으로 부족하다. 그런 일이 일어나려면, 먼저 객관적인 진실의 가치가 하락하고 감정이 강조되어 사실에 무관심한 태도가 확산되어야 한다. 소셜 네트워크가 그런 역할을 해왔지만, 그보다 심오한 어떤 현상이 지금 우리 사회에서 일어나고 있다. 그것은 온라인에 퍼져 있는 습관성 거짓말보다는 진실을 드러내는 어려움과 훨씬 더 관련이 깊다.

***

트럼프가 승리하고 몇 달이 지난 후, 나는 미국의 또다른 지역을 찾았다. 이번에는 무시되고 잊혔던 내륙지역이 아닌 실리콘 밸리로 갔다. 당시 첨단기술을 다루는 엘리트들은 공황 상태에 빠져 있었다. 그날 아침 샌프란시스코 만에는 안개가 끼어 있었고, 비가 보슬보슬 내리고 있었다. 내가 머문 호텔은 금문교에서 멀지 않은 소살리토 남쪽에 있었는데, 방에서 뱃고동 소리가 들렸고 푸른 언덕에서 점퍼를 펄럭이며 자전거를 타는 사람들의 모습이 보였다. 이곳은 캘리포니아에 있는 호화롭고 부유한 동네이다. 구불구불한 길을 따라서 작은 마을들을 통과하며 샌프란시스코로 가는 내내, 나는 기분 좋은 풍요로움을 느꼈다.

샌프란시스코 만은 미국에서 빈곤층과 부유층의 경제적 격차가 가장 큰 지역이다. 이곳에서 첨단산업이 발전하면서 불평등이 심화되고 있다.[2] 캘리포니아는 미국에서 대단히 자유로운 주이다. 다른 주보다 노숙자는 많지만,[3] 샌프란시스코 만에는 전 세계 대도시 중에서 가장 많은 억만장자들이 살고 있다.[4] 2019년, 실리콘 밸리에는 미국의 5대 기업 중에서 3곳(구글, 애플, 페이스북)의 본사가 서로 약 24킬로미터를 사이에 두고 떨어져 있었다.

2015년에 애플의 CEO 팀 쿡은 워싱턴 대학교 졸업생들에게 이렇게 말했다. "지난 17년 동안 저는 제 삶을 실리콘 밸리에서 꾸려왔습니다. 그곳은 특별합니다. 해결하지 못하는 문제가 없거든요……순수한 낙관주의가 퍼져 있는 곳입니다. 1990년대로 거슬러올라가면, 애플은 '다르게 생각하라'라는 광고 캠페인을 벌였습니다. 아주 단순한 광고였어요. 광고마다 영웅의 사진을 보여주었죠……간디, 재키 로빈슨, 마사 그레이엄, 알베르트 아인슈타인, 아멜리아 에어하트, 마일스 데이비스 등……이 사람들은 숭고한 가치를 따르고, 원대한 포부를 실현하기 위해서 노력하는 삶을 우리에게 떠올리게 합니다."[5]

쿡의 연설 내용처럼, 실리콘 밸리의 기업가들은 그곳을 단순히 이윤만을 추구하는 기업들의 집합체로 보지 않는다. 그들이 생각하는 실리콘 밸리는 인간의 조건을 개선하라는 구세주의 메시지를 현실에 맞게 해석하는 곳이다. 아니 적어도 그들은 그렇게 홍보하고 있었다.

그리고 2016년 11월을 맞이했다. 실리콘 밸리에서 탄생한 소셜 네트워크와 통신 매체는 스마트폰 세계에 통합되고 적용되어 세상을 연결했지만, 그 결과는 기술산업 귀재들의 생각과 달랐다. 소셜 네트워크와 통신 매체는 같은 생각을 하는 사람들이 모여 소통하면서 자기 확신이 강화되는 환경, 즉 에코 체임버를 만들어냈다. 그 안에 모인 사람들은 다양한 의견을 듣지 않으며, 자신들이 알고 있는 사실이 맞는지도 확인하고 싶어하지 않는다. 2016년 대선 기간에 러시아가 이 체제를 악용했는데, 예를 들면 그들은 힐러리 클린턴이 무슬림 지지자인 것처럼 조작한 사진들을 유포하거나 흑인 밀집 지역의 투표를 막는 글들을 널리 퍼뜨렸다. 러시아 요원들이 배포한 한 포스트는 미국에서 13만 개의 '좋아요'를 받았다. 이 포스트에는 산타 복장을 한 트럼프가 대통령 집무실에 있는 그림과 "우리는 다시 메리 크리스마스라고 인사할 수 있을 겁니다!"라는 문장이 있었다. 이 포스트는 정치적 올바름을 강조하면서 "메리 크리스마스" 대신 "해피 홀리데이"를 쓰도록 "강요하는" 사람들에 대한 항의의 표시였다.[6] 그러나 이 정도의 거짓말은 온라인에 싹튼 사악한 음모론에 비하면 무해한 것이었다.

검색 엔진과 모바일 기술은 사실상 거의 무한한 정보에 쉽게 접근할 수 있게 해주었다. 허위 정보도 마찬가지였다. 인터넷 매체인 버즈피드의 분석에 따르면, 2016년 대선일 전 마지막 3개월간 가장 인기가 많았던 가짜 뉴스 20건이 공유되거나 그것에 댓글 및 반응이 달린 횟수는 총 871만1,000회였다. 페이스북에 널리 유포된 글의 제목은 "프란치스코 교황이 트럼프 지지를 선언해서 세계가 충격에 빠지다", "위키리크스의 폭로, 힐러리 클린턴이 ISIS에 무기를 팔다!", "법을 찾아보라. 힐러리는 연방정부에서 일할 자격이 없다"와 같은 것들이었다. 그에 비해서 「워싱턴 포스트」, 「뉴욕 타임스」, NBC와 같은 기성 매체가 보도한 20건의 유명 기사가 페이스북에서 공유되거나 그것에 댓글 및 반응 등이 달린 횟수는 736만 회였다.[7] 미국인의 약 3분의 2는 소셜 미디어에서 뉴스를 접한다.[8] 선거 이후 진행된 연구들에서는, 평론가들의 예상보다 훨씬 더 많은 미국인들이 가짜 뉴스 사이트에 노출되었다는 사실이 밝혀졌다. 2016년 10월과 11월에 미국인의 25퍼센트가 가짜 뉴스 사이트를 방문했던 것이다. 페이스북은 "가짜 뉴스의 핵심 전파자" 역할을 했다.[9]

IT 전문 매체인 「와이어드(*Wired*)」는 보리스(가명)라는 이름의 10대 마케도니아인이 어떻게 허위 정보를 유포해서 돈을 벌 수 있었는지를 자세히 설명했다. 보리스가 자신의 사이트 '데일리 인터레스팅 싱스(Daily Interesting Things)'에 올린 첫 번째 글은 트럼프가 노스캐롤라이나 주에서 한 유세에서 자신의 말에 동의하지 않는 남성 청중을 때렸다고 주장하는 기사와 연결된다. 물론 그런 일은 없었다. 보리스는 이 글을 자신의 페이스북과 미국 정치에 관심이 많은 사람들의 페이스북 페이지에 공유했다. 「와이어드」는 그 글이 800회 정도 공유되었다고 보도했다. "2016년 2월에 보리스가 자신의 웹사이트를 통해서 벌어들인 구글 광고 수익은 150달러가 넘었다. 이 일이 시간 대비 수익이 높다고 판단한 보리스는 고등학교를 그만뒀다."[10] 보리스의 사례는 가난한 나라에서 수익성 좋은 인터넷 사업을 시작한 한 10대의 이야기이다. 또한 이것은 세계화의 어두운 면을 드러내는 사례이기도 하다.

2017년 겨울, 커다란 주방과 안락의자들을 갖춘 실리콘 밸리의 어느 화려하고 멋진 사무실에 들어갔을 때, 나는 늘 평온하던 그곳의 분위기가 불안감으로 뒤죽박죽되었음을 확인할 수 있었다. 내가 방문한 회사의 임원한 명이 내게 이렇게 말했다(그는 기자와 인터뷰를 할 수 없었기 때문에 비공개로 진행했다). "우리는 이곳에 닥친 어려움을 압니다. 우리에게 무슨 일이 일어났는지 잘 인지하고 있고, 따라서 책임지고 그 문제를 해결할 겁니다." 그는 지쳐 보였다. 그는 고액 연봉과 스톡옵션을 받는 자신의 직업이 사람들을 서로 연결하는 일이라고 굳게 믿었다. 그러나 지금 그는 드라마 「블랙 미러」의 어느 무서운 장면 속에 들어와 있는 자신을 발견했다. 그가 맞닥뜨리게 된 문제들은 점점 심각해지고 있었다. 사람들은 폭력 행위를 선동하고 저질렀으며, 그가 만든 플랫폼을 사용하여 악성 글들을 실시간으로 유포하고 있었다. 우리가 대화를 나누고 2년이 지났을 때, 뉴질랜드의 모스크에서 사람들을 학살한 남자는 그 공격 현장을 페이스북으로 생중계했다.

나와 이야기를 나눈 그 임원은 자신이 맞닥뜨린 문제가 장기화될 것이라고 말했다. 그의 플랫폼은 거짓말을 뿌리 뽑거나, 적어도 이용자들에게 가짜 뉴스라고 경고할 방법을 찾아야 했다. "가까운 미래에는 인공지능만으로 그 문제를 해결할 수 없습니다. 사람이 해야 해요. 그런데 사람이 직접 콘텐츠를 심사하고 편집하기 시작하면 과거로 되돌아가는 거나 마찬가지예요. 전통 매체가 되는 거죠." 그는 그 전망을 끔찍하게 생각했다. 막대한 양의 정보를 감시하고, 무엇이 사실인지 밝혀내며, 진실을 가려내고 서로 모순되는 콘텐츠를 줄일 방법을 찾아야 한다. 간단히 말하면, 수천 명이 쓴 기사를 편집해야 한다. 그의 플랫폼이 미국 밖에서 어떤 영향을 미치는지 내가 묻자, 그는 놀란 듯 보였다. 그의 회사가 당면한 정치적 문제는 미국 안에서 벌어진 일이므로 미국 밖에서 어떤 영향력을 발휘할지는 깊이 생각해보지 않았다는 의미였다.

유튜브, 구글, 페이스북, 트위터 같은 네트워크가 전 세계 인종주의자와 선동가들을 얼마나 많이 부추겼는지는 그때 이후로 좀더 분명해졌다. 그들은 그런 서비스를 이용해서 거짓말을 유포함으로써 사회의 기반을 약화시켰다. 어떤 지역은 아예 처음부터 인종 간의 유대관계가 약하기도 하다.[11] 미얀마에서는 불교를 믿는 다수민족 바마르족과 이슬람교를 믿는 로힝야 소수민족 사이의 긴장관계가 '페이스북 메신저'를 이용한 폭력 선동으로 악화되었으며, 로힝야족은 집단 학살의 희생자가 되었다.[12] 독일의 한 연구는 외국인을 혐오하는 극우파의 페이스북 글들을 추적하면 이민자에 대한 공격을 예측할 수 있다는 사실을 증명했다. 소셜 미디어의 이용자 수가 많은 지역일수록 그러한 상관관계가 높게 나타났다.[13] 2020년에 세계적인 시민단체 아바즈는 페이스북 알고리즘이 코로나-19와의 싸움에서 "공중보건을 심각하게 위협한다"라는 보고서를 발표했다. 이 보고서에 따르면, 페이스북 같은 대형 웹사이트에 올라온 잘못된 의료 정보에 대한 조회 수가 권위 있는 의료 기관이 제공하는 정보의 조회 수보다 4배 가까이 많았다.[14]

대형 소셜 미디어 회사들은 조사를 받게 되자, 자사 플랫폼에서 거짓말과 과격한 표현을 거침없이 표출하던 집단들과 거리를 두려고 했다. 이들은 돈을 들여서 조사하고, 감시하며, 문제가 있는 콘텐츠를 걸러주는 메커니즘을 만들려고 노력했다. 필사적인 노력의 일환으로, 페이스북은 정치 조직과 지지자 단체는 물론 각종 기업과 뉴스 보도기관의 게시물이 이용자의 팝업창에 뜨는 빈도수를 줄였다. 허위 정보의 영향력에 대해서 대중의 우려가 커지자, 기업가들은 거짓말을 식별하고 폭로하는 작업에 더 많은 관심을 기울이고 있다. 텔아비브의 첨단기술 개발자들은 내게 종종 소셜 미디어와 웹사이트들이 허위 정보를 없애고 실시간으로 사실 확인을 하며 좀더 깊이 들여다보아야 할 논쟁적인 정보를 표시하기 위해서 자신들이 어떤 도구를 개발하고 있는지 이야기해준다. 한 이스라엘 회사의 부사장은 내게 이렇게 말했다. "만약 우리가 그렇게 할 수 있다면, 우리는 세상을, 아니 아마도 진실을 구할 수 있을 겁니다."

미디어는 (가짜) 메시지이다

가짜 뉴스 문제에 대해서 대중의 토론이 활발해지고 거대 인터넷 기업들이 대책을 마련하게 된 데에는 몇 가지 전제가 깔려 있었다. 첫 번째는 소셜 네트워크와 인터넷이, 트럼프가 승리하고 러시아인들이 허위 정보를 유포하는 데에 전반적으로 중요한 역할을 했다는 것이다. 두 번째는 소셜 네트워크를 진실이 확산되는 장소로 바로잡을 수 있으며, 그러려면 강제력과 기술, 교육 등의 수단을 동원해야 한다는 생각이다. 세 번째는 무심코 허위 정보에 빠지는 사람들을 보호하고 구제해야 한다는 것이다.

그런데 이 세 가지 전제에는 문제가 있거나 명백한 오류가 있다. 첫째, 소셜 네트워크는 음모론의 주된 전파자가 아닐뿐더러, 러시아의 개입과 가짜 뉴스만으로 트럼프가 승리한 것은 아니다. 미국 대선에서 소셜 네트워크와 인터넷의 영향력은 선거 승리에 필요한 일반적인 조건들, 즉 주류 언론이 보도하는 뉴스와 몇몇 오보, 정당 선호도와 투표율, 제임스 코미 FBI 국장이 힐러리 클린턴의 이메일을 조사하겠다고 의회에 보낸 편지, 트럼프에 대한 백인 육체 노동자들의 지지 등에 비하면 미미했다.[15] 달리 말하면, 가상 세계가 실제 사건을 바꾼 것이 아니었다. 그저 이미 진행되고 있던 어떤 추세가 심화시켰을 뿐이다.

두 번째 전제와 관련해서, 기존 소셜 네트워크 체제를 고치는 방식은 실리콘 밸리 기업들의 영업 환경과 조화를 이루기 어렵다. 캐나다의 문화 비평가 마셜 매클루언은 "미디어가 메시지이다"라는 유명한 말을 했지만,[16]

실리콘 밸리의 프로그래머들은 그의 말을 진지하게 생각하지 않았던 것 같다. 새로운 미디어는 이용자들에게 누구나 목소리를 낼 수 있으며 다른 이용자와 즐겁게 교류하면 그만일 뿐, 정보가 사실인지 여부나 정보를 걸러내는 체제 따위에는 신경 쓰지 말라고 말한다. 실리콘 밸리의 신흥 부자라면 누구나 잘 알고 있듯이, 새로운 미디어는 다국적기업들이 이윤을 창출하기 위해서 만들었다. 거짓말은 소셜 네트워크의 알고리즘에 잘 들어맞으며, 충격적인 거짓말일수록 이용자들은 더 많이 반응하고 개입한다. 소셜 네트워크 안에 그런 알고리즘이 내장되어 있다. 이는 시스템의 오류가 아니라 소셜 네트워크의 속성이다.

세 가지 전제 중에서 세 번째 전제의 논리가 가장 약하다. 통신 매체를 사용하는 소비자가 보호받아야 할 피해자이거나 바보라는 생각을 뒷받침할 경험적인 증거는 거의 없다. 수많은 사람들이 주류 언론의 보도 내용보다, 향상된 기술로 사실 확인을 거친 정보를 더 신뢰할 것이라고 믿을 만한 이유가 거의 없다. 실제로 여러 조사에 따르면, 미국인의 절반 정도는 사실 확인 사이트가 이미 정치적으로 편향되었다고 생각한다.[17] 많은 이용자들은 자신들이 허위 정보와 조작된 이야기를 소비하고 있고, 이따금 그것을 확산한다는 사실을 잘 알고 있다. 2018년에 입소스가 27개국 국민을 대상으로 조사한 결과를 보면, 전체 응답자 1만9,000명 중에서 65퍼센트는 대부분의 사람들이 "인터넷에서 자신과 비슷한 사람들하고만 교류를 하며, 자신의 생각과 같은 의견만 찾아다니면서……자기만의 '거품'" 속에서 살고 있다는 데에 동의했고, 3분의 1 이상은 그것이 자신에게도 적용되는 이야기라고 답했다. 응답자의 60퍼센트는 사람들이 더 이상 사실 여부에 신경 쓰지 않으며, 그저 "믿고 싶은 것만 믿는다"라고 답했다. 이렇게 답한 응답자의 비율이 미국은 68퍼센트, 독일은 62퍼센트였다.[18] 영국 러프버러 대학교의 온라인 시민 문화 센터의 자료에 따르면, 조사에 응한 영국 소셜 미디어의 이용자들 중에서 40퍼센트는 나중에 허위 또는 부정확한 정보였음을 알게 된 뉴스를 공유한 적이 있다고 인정했다. 사실이 아닌 줄 알면서도 고의적으로 자료를 퍼뜨렸다고 답한 사람도 6명에 1명꼴이었다. 소셜 네트워크에서 정치 뉴스를 공유하는 이유를 묻는 질문에, 응답자들 대부분이 자신의 감정을 표현하기 위해서라고 답했는데, 5명에 1명 정도는 다른 사람들을 화나게 하고 싶었다고 말했다.[19]

오늘날은 합리적이고 주제가 분명한 토론보다 감정이 훨씬 더 중요해졌다. 2016년, 공화당 전당대회 기간에 진행된 인터뷰에서 뉴트 깅그리치 전 하원의장은 "국민들이 더 많은 위협을 느끼고 있다"라고 주장하면서, 미국 도시에서 "범죄율이 급증하고" 있다는 트럼프의 거짓말을 옹호했다.[20] 깅그리치를 인터뷰한 CNN 기자는 그가 느낌을 언급한 것은 적절할지 모르나 그런 감정이 사실에 근거하지는 않았다고 말했다. 이에 깅그리치는 이렇게 답했다. "저는 후보자로서 국민 정서에 따를 것이며, 당신이 이론가들의 의견을 따르겠다고 하는 건 제가 어쩔 수 없습니다." 이때 깅그리치는 정치가의 냉소만 보여준 것이 아니었다. 그는 대중들에게 그들 각각의 감정이 중요하다는 메시지를 대신 전달하고 있었다.

2018년에 MIT는 300만 명의 트위터 이용자들이 10년간 공유한 12만 6,000건의 뉴스를 분석한 결과를 발표했다. 이 대규모 연구의 핵심 결론은 진실의 완패였다. 뉴스의 주제가 정치든 연예든 상관없이, 가짜 뉴스나 허위 정보는 어떤 식으로든 정확한 뉴스보다 더 많이 노출되었고, 영향력도 더 컸으며, 훨씬 급격하게 확산되었다. 가짜 뉴스는 진짜 뉴스보다 6배나 빨리 1,500명에게 전달되었다. 가장 중요한 점은 가짜 뉴스가 이해관계를 가진 집단이 동원한 (자동화 계정인) 봇(bots)이 아니라 사람에 의해서 직접 확산되었다는 사실이다. 연구 보고서에 따르면 "사람이 로봇보다 거짓말을 전파할 확률이 더 높기 때문에" 거짓말 문화가 번성한다.[21] 이런 현상은 사람들이 온라인에 자신의 이야기를 늘어놓는 행동과 함께 거짓말을 퍼뜨리는 행동에서도 일종의 길티 플레저(guilty pleasure : 죄의식을 느끼면서도 그 일을 좋아하고 즐기게 되는 심리/옮긴이)를 느낀다는 점을 시사한다.

MIT에서 진행한 연구에서 3명 중 2명은 주류 언론이 악의적으로 조작된 이야기를 대단히 자주 보도한다고 생각했다.[22] 그런데 이들은 어떤 이야기가 사실이고 어떤 이야기가 거짓인지 알 수 있을까? 오늘날은 그런 구별이 더욱 어려워졌다. 2019년 퓨 리서치 센터의 연구 결과에서, 미국인 응답자의 절반은 자신이 조작된 뉴스를 말하게 될까봐 두려워서 다른 사람들과 그와 관련된 대화를 피하는 경우가 이따금 있다고 말했다.[23]

서구 사회에서는 무엇인가 중요한 변화가 일어나고 있다. 여기에서 중요한 질문은 사람들이 왜 거짓말에 속는지가 아니라 사람들이 왜 정부나 학계, 언론과 같이 전통적인 권위자 집단을 신뢰하지 않는지이다. 오늘날 그릇된 주장이나 허위 정보에 반박하는 일은, 비판하기를 좋아하는 엘리트 집단의 취미 활동이 되었다. 그렇다면 우리 사회에 신뢰가 무너지고 거짓말이 확산되는 원인은 도대체 무엇일까?

***

2019년에 안토니우 구테흐스 UN 사무총장은 "세상에 신뢰가 부족하다"라고 선언했다.[24] 모든 사회에서 신뢰와 번영은 함께 일어난다. 둘 사이에 인과관계가 존재한다는 것을 증명한 연구들에 따르면, 구성원들이 서로를 신뢰하는 사회일수록 더 크게 번영한다.[25] 세계 최대 PR 기업인 에델만에서 발표한 신뢰도 지표 조사에서는, 최근 몇 년간 전 세계인이 신뢰 위기를 겪고 있는데 그중에서도 특히 서양인의 상황이 심각하다는 것이 밝혀졌다. 에델만에서 조사한 사람들의 절반이 정부와 비정부기구, 언론과 기업을 신뢰하지 않는다고 답했으며, 소득 및 학력 수준과 무관하게 전체 응답자의 20퍼센트만 현 체제를 신뢰하고 있었다. 미국인 중에서는 70퍼센트가 "변화를 희망한다"라고 답했다.[26] 선진국에서는 국민의 40퍼센트만 정부를 신뢰했다.[27] EU 회원국 국민의 60퍼센트는 자국 정부를 신뢰하지 않는다고 말했다.[28]

미국 내의 거의 모든 기관이 지난 40년간 국민의 신뢰를 상실했다. 의회 신뢰도는 한 자릿수에 머물고 있다. 대통령 신뢰도는 1970년대 이후 27퍼센트나 하락했다. 1972년 전반적인 정부 신뢰도는 53퍼센트였지만, 지금은 3분의 2 이상 떨어졌다.[29] 같은 기간에 GDP와 생산성을 기준으로 미국 경제는 점점 더 성장했고 국민의 생활수준도 높아졌다. 미국은 양대 강대국 중의 하나였다가 지금은 유일한 강대국이 되었다. 미국이 패권을 차지하고 있는 이 시대에는 늦게 태어난 사람일수록 조국인 미국에 대해서 부정적이다. 밀레니얼 세대는 선출직 공무원, 군대, 종교, 기업 등을 거의 신뢰하지 않는다.[30]

그러나 신뢰 문제는 국가 조직에만 국한되지 않는다. "대부분의 사람들이 신뢰받는다"라는 문장에 동의하는지를 조사한 결과, 대인관계와 관련된 신뢰도 역시 하락했다는 사실이 드러났으며 오늘날 그 문장에 동의하는 사람은 미국인 3명 중 1명뿐이었다.[31] 10점 만점으로 했을 때 타인에 대한 신뢰도는 미국인은 평균 5.8점, 영국인은 5.5점, 프랑스인은 4.9점에 불과했다.[32] 청년층 10명 중 7명이 대부분의 사람들이 기회만 주어지면 남을 이용하려고 한다는 말에 동의했다. 이들은 인류 역사상 가장 좋은 환경을 누리고 있는 사람들이다. 책임의 시대에 성장한 65세 이상의 미국인들은 생활수준이 그다지 높지 않았지만, 이들 연령층의 10명 중 오직 4명만이 타인을 불신했다.[33] 전반적으로 노인층이 청년층보다 2배나 더 많이 외국인을 신뢰했다.

이런 결과는 아마도 사람들이 자라온 사회의 환경과 관계가 있는 것 같다. 이 점에 주목한 연구자들은 사회적 평등과 불신 사이에 인과관계가 있다고 주장한다.[34] 배신을 당했다고 느끼는 사람들, 예컨대 소수자, 빈민, 청년, 저학력자 등이 타인에 대한 가장 큰 불신을 드러낸다.[35] 경제적 불평등과 차별, 물질적 결핍이 있는 지역에서 신뢰도는 급격히 떨어진다. 실리콘 밸리에서 멀리 떨어진, 미시간 주 플린트의 주민들은 그것을 어느 누구보다도 절실하게 알고 있다.

중독된 도시

플린트 강물이 햇빛에 반짝이고 있었다. 도로에서 벗어나 진흙투성이 둑으로 다가가니 물속에 무엇인가가 보였다. 녹슨 쇠막대와 흠뻑 젖은 종이봉투였다. 물 위에는 기름 같은 것이 둥둥 떠 있었다. 지난 몇 년간 이 도시는 오늘날의 미국의 암울한 모습을 대표해왔다. 불신과 거짓말 문화가 디지털 시대에 탄생했다고 생각하는 사람이 있다면 이곳에 와서 주민들과 대화를 나눠보아야 한다. 이곳 주민들은 소셜 네트워크가 유행하기 훨씬 전부터 조직적인 거짓말에 속아 믿음을 잃어버린 사람들이기 때문이다.

지금 나는 플린트 강 옆의 정수장 근처에 서 있다. 이곳은 전 세계에서 가장 악명 높은 정수장이다. 중앙에는 번쩍이는 하얀 급수탑이 서 있고 거기서 멀지 않은 곳에 소화전이 있다. 소화전에서 조금씩 흘러나온 물이 작은 웅덩이를 이루고 있는데, 이 물은 나중에 강으로 흘러든다. 플린트 주민들은 그 지역의 상수도를 거의 이용하지 않는다.

플린트는 북쪽으로 새기노, 남쪽으로 디트로이트와 연결되는 교통의 요지에 있다. 백인들이 몰아낸 원주민 수족은 플린트 강을 "부싯돌 강(river of flint)"이라는 의미의 파와눈킹(Pawanunking)이라고 불렀다. 흑인들은 나중에 남부에서 플린트로 이주해왔다. 플린트는 GM이 탄생한 지역으로, 미국의 다른 모든 자동차회사들도 이곳에 공장을 세웠다.

주민 다수가 흑인인 플린트는 인구의 40퍼센트가 빈곤선 이하로 살고 있다. 도시 재정난이 심각해지자 미시간 주지사는 시장과 시의회의 권한 대부분을 박탈했고, 2011년에 비상 재정 담당관을 임명해서 플린트 시를 관리하게 했다. 이 담당관들은 도시의 취약 계층에게 제공되던 기본 서비스를 삭감하는 긴축 정책을 밀어붙였다. 그들이 계획한 효율성 강화 정책 중에는 휴런 호수에서 끌어오던 상수원을 원래 방식으로 되돌려서 비용을 절감한다는 내용도 있었다. 그렇게 되면 물은 플린트 강에서 끌어오게 된다. 그런데 이 강은 플린트에서 자동차 산업이 한창이던 시절에 폐수가 버려지던 곳이다.[36] 시 정부는 물을 정수해서 주민들에게 상수도관으로 공급하면 500만 달러를 절약할 수 있다고 생각했다. 정수 기술을 이용해서 오염된 물을 정화할 것이므로 문제가 없었다. 시 정부는 그 계획안에 서명한 후, 물이 안전하다고 발표했다.

정수장 개장식에서 플린트 시장은 "플린트를 위하여!"라고 건배사를 외치고, 정수 처리된 물을 마셨다.[37] 그러나 주민들은 집에서 수돗물을 틀자마자 불평을 쏟아내기 시작했다. 수돗물 색이 탁하고 수돗물에서 악취가 난다는 것이었다. 공무원들은 문제가 없다고 주민들을 안심시켰다. 2015년 1월, 수도회사는 수돗물에서 발암물질인 트리할로메탄(THMs) 수치가 높게 나왔다는 사실을 발견했다. 시장은 물 전문가를 고용하기로 했다. 도시 전역에서 레지오넬라 폐렴이 발생했고 결국 12명이 사망했지만, 공무원들은 질병과 수돗물이 무관하다고 주장했다. 6월 즈음, 미국 환경청은 충분한 자료를 수집한 다음 주민들에게 수돗물을 식수로 사용하지 말라는 긴급 명령을 발동했다.[38]

그와 동시에 플린트 주민들은 욕조에 담긴 갈색 침전물을 사진으로 찍어서 언론사에 보냈다. 언론사는 주민들에게서 피부 발진이 일어나고 있으며, 아이들이 아프다고 보도했다. 그러나 미시간 주의 환경품질부는 "플린트 식수의 납 성분을 걱정했던 분들은 안심해도 됩니다"라고 발표했다. 버지니아 공과대학의 물 공학자 마크 에드워즈는 그곳 주민의 전화를 받고 나서 과학자들로 구성된 조사팀을 꾸려 플린트로 갔다. 이들은 플린트 시의 수많은 가정들에 공급되는 수돗물에 고농도의 납 성분이 들어 있다는 사실을 밝혀냈다. 몇몇 가정의 수돗물은 처리되지 않은 공장 폐수와 비슷한 수준으로 납 수치가 높았다. 처음에 담당 공무원들은 물이 안전하다고 주장했다. 그러나 이번에는 무시할 수 없는 과학적인 증거가 있었다. 소문은 순식간에 퍼졌다. 원인을 파악한 결과, 정수 처리가 제대로 이루어지지 않고 있었다. 상수원의 산성 성분이 너무 강해서 기존의 낡은 상수도관이 광범위하게 부식되고 있었던 것이다. 납은 파이프 밖으로까지 침출되었다. 납 중독은 평생 질환으로 이어지기도 하는데, 특히 어린이에게 더욱 치명적이다. 납 중독은 뇌 손상, 행동 장애, 성장 지연, 청력 손실 등을 유발하며, 모두 한번 발생하면 회복할 수 없다.

플린트의 상수도관에서 오염수가 흘러나온 지 3년이 지난 2017년, 플린트의 출생률이 2014년 이후로 계속 감소한 이유를 밝힌 연구가 발표되었다. 플린트 시가 오염된 강에서 물을 끌어다 쓰는 동안, 치명적인 질병으로 인한 사망률이 58퍼센트나 증가했다. 그리고 출생률은 12퍼센트 감소했다.[39] 미시간 주 검사는 그 모든 상황들이 공모와 허위 진술 때문에 벌어졌을 가능성이 있다고 보았다. 주 검사는 이렇게 밝혔다. "시 정부는 재정 상황과 재무제표에 집착해왔다. 이런 집착 때문에 생명이 희생되었다······사람보다 숫자를, 건강보다 돈을 중요하게 생각했다."[40]

플린트 사태는 미국의 기반시설이 전반적으로 얼마나 열악한지를 보여주는 끔찍한 사례이다. 뉴저지 주의 뉴어크 시에서부터 앨라배마 주의 휴스턴 카운티에 이르기까지, 미국 전역에서 안전 기준치보다 많은 양의 납 성분이 수돗물에서 검출되었다.

***

플린트 시의 공영 주차장에는 크고 하얀 이동식 아동 진료소가 설치되어 있는데, 이곳에서는 아이들을 대상으로 심리 평가와 작업 치료를 병행한다. 이 진료소는 뉴올리언스에서 왔는데, 원래는 허리케인 카트리나 피해자들을 치료하던 시설이었다. 보수를 하고 페인트칠을 새로 한 이곳은 또다른 피해 지역 사람들을 돕고 있다. 진료소 안에는 공예품들과 함께 망가진 인형도 몇 개 있다. 키아나 타운스는 그곳의 어린이들을 돌보는 상담사이다. 그녀는 내게 가족과 나누는 대화의 주제가 주로 물이라고 말했다. 수도꼭지는 멀찌감치 떨어져서 틀고, 물을 마실 때는 반드시 여과 장치를 이용하거나 병에 담긴 정수된 물을 마신다고 했다. 타운스에게는 열네 살과 일곱 살 난 두 딸이 있다. 그녀는 둘째 딸이 깜빡 잊고 여과기를 작동시키지 않은 채 양치질을 하려고 할 때마다 공황 상태에 빠진다고 했다. "한 모금이라도 삼키면 무슨 일이 일어날지 모르기 때문이라고" 했다. 그녀는 납 성분이 가족의 삶을 망가뜨릴까봐 두려워했다. "제 둘째 딸은 일곱 살인데 공부를 아주 잘해요. 학습 속도도 빠르고 영리하죠. 그런데 아이가 그 물을 마시면 학습 능력이 떨어질지도 모른다는 생각이 들더군요. 그런 생각을 하면 죄책감이 되살아나요. 내가 좀더 주의했다면⋯⋯."

"죄책감"이라는 단어는 우리의 대화 중에 여러 번 등장했다. 타운스가 이렇게 말했다. "정말 엄청나게 죄책감을 느껴요⋯⋯왜냐하면 조짐들이 있었거든요. 수돗물 때문에 샤워 커튼이 변색되었고, 이전에는 나지 않던 냄새가 물에서 나기도 했어요." 그녀의 눈에서 눈물이 흘렀다. "저는 물이 안전하다고 말했던 사람들을 믿었어요. 그래서 아이들을 위한 안전 수칙을 지키지 않았어요."

타운스의 이야기를 들으면서, 나는 그저 그녀의 잘못이 아니라는 말만 반복할 뿐이었다. 또한 나는 이곳에서 잃어버린 것, 그러니까 신뢰에 대해서 생각하지 않을 수 없었다. 이곳에서는 수도꼭지를 틀고 그 물을 아이에게 마시게 해도 해롭지 않으리라는 기대를 하기가 어렵다. "먹는 물을 그렇게 심각한 상태로 내버려두는 자치단체가 세상에 미국 사회에 있으리라곤 전혀 상상하지 못했죠." 그녀가 말했다.

그러나 이제는 타운스도, 그녀의 딸들도 그런 곳이 존재한다는 사실을 안다. 비상 재정 담당관들이 쫓겨난 후에 선출된, 강한 인상의 캐런 위버 시장은 도시 주민들이 불신에 빠졌음을 확실히 알고 있었다. 나는 위버 시장을 그녀의 집무실에서 만났다. 그녀는 만약 그 지역 인구의 다수가 흑인과 빈곤층이 아니었다면 그런 일이 일어나지 않았을 것이라고 말했다. 이에 대해서는 의심의 여지가 없다고 했다. 언젠가 GM 공장이 플린트 강에서 공급받고 있는 물을 끊어달라고 요청했다고도 했다. 물이 금속 부품을 부식시킨다는 이유에서였다. GM은 신속하게 급수관을 막았지만 주민들은 계속 납이 든 물을 마셨다.

미국의 일부 지식인들은 혜택을 받지 못한 사람들이 투표소로 몰려와 복수를 하리라는 낭만적인 환상을 품었다. 그러나 현실에서는 오염 피해를 입고 짓밟힌, 사회와 스스로를 신뢰하지 못하는 약자는 투표소에 가지 않는다. 2016년 대선에서 플린트 시가 속한 제니시 카운티의 투표율은 3-4퍼센트 떨어졌는데,[41] 그 주된 원인은 민주당을 지지하는 가난한 도시 주민들이 투표를 하러 가지 않았기 때문이다. 오염된 강물이 수도관으로 들어오는 플린트 시에서는 더 많은 사람들이 투표하지 않았다. 2012년에는 버락 오바마가 그 지역에서 5만 7,000표를 더 득표했지만, 4년 뒤 힐러리 클린턴은 그곳에서 1만 9,000표만 더 앞섰던 탓에, 트럼프가 미시간 주에서 근소한 차로 승리할 수 있었다. 이 결과는 지난 28년간 공화당이 그 지역에서 거둔 최대 성과였다.

이후로 플린트 시는 수도 시설을 대대적으로 손보았다. 환경청이 여러 검사를 실시해서, 물이 안전하며 납 수치도 낮아졌음을 확인했다. 그러나 오염수 문제가 터지고 5년이 지난 2019년에도, 위버 시장은 여전히 주민들에게 정수 처리된 물을 마시거나 생수를 사서 마시라고 권고했다. 주민들 대부분은 시장의 말대로 하고 있다.

플린트 시는 처음에는 물 때문에, 나중에는 거짓말 때문에 망가졌다. 그리고 거짓말이 남긴 것은 불신이었다.

할머니 속이기

언젠가 할머니는 내게 세탁기를 사다달라고 말씀하셨는데, 전에는 한번도 그런 부탁을 하신 적이 없었다. 조부모님은 여든이 넘은 연세에도 독립적으로 생활하셨다. 책임의 시대를 산 세대로서 꼼꼼하고 근면하셨던 두 분은, 물건을 고를 때면 언제나 필요한 조사를 하고 조언을 구한 다음에 평판이 좋은 가게에서 물건을 사셨고, 신용카드는 사용하지 않으셨다. 할머니는 세탁기 구입을 부탁하시면서 요청 사항도 분명하게 말씀하셨다. 나는 특정 가게에 가서 할머니가 이미 생각해두신 세탁기를 사야 했다. 그 가게는 조부모님이 늘 가전제품을 사시던 곳이었다. "우린 그 집을 믿는단다." 할머니는 그렇게 강조하셨다.

그 가게에 갔을 때, 가게 주인이 내게 알려준 세탁기 가격은 너무나 비쌌다. 사실 터무니없는 가격이었다. 잠시 구글에 검색을 해보았더니, 보증 기간이 같은 동일한 모델을 판매하는 다른 가게가 그 근처에 있었고, 배송료도 이 가게의 3분의 1 미만이었다. 내가 할머니에게 그 말도 안 되는 가격에 대해서 말씀드렸더니 할머니는 크게 놀라셨다. 그러면서 "그럼, 지금까지 그 가게가 우릴 속였다는 말이니?"라고 물으셨다.

나는 중요한 물건을 사기 전에 늘 구글에서 가격을 먼저 확인한다. 그 가게의 판매가가 높은 이유는 분명했다. 그 가게는 고급 쇼핑센터 안에 있었는데, 그곳의 고객들은 주로 연령대가 높고 기존 방식을 고수했다. 그러나 할머니는 마음이 상하셨다. 할머니 시절에는 가격 비교 사이트라는 것이 없었고, 전화나 우편 주문을 통해서 물건을 사지 않을 때는 직접 가서 사는 수밖에 없었다. 이런 방식은 시간과 조사가 필요했다. 또한 물건을 설명해 주는 상인도 믿어야 했다. 지금 할머니는 수십 년간 믿어왔던 가게 주인이 그렇게 정직한 사람이 아니었다는 사실을 불현듯 깨달으셨다.

어떻게 보면, 우리는 모두 언제나 할머니처럼 행동한다. 어느 먼 나라에서는 사람이 죽으면 시신을 땅에 묻기 전에 시신의 신장을 떼어내는 관습이 있다고 주장하는 강연을 어떤 사람이 30년 전에 들었다고 상상해보자. 이 강연자에 따르면, 그런 관습은 불과 몇 년 전에 시작되었다. 강연을 듣던 사람은 그런 관습이 이상하고 비현실적이라고 생각한다. 그래서 강연자의 말이 사실인지 확인해보기로 한다. 그러나 30년 전에는 사실을 확인할 수 있는 방법이 별로 없었다. 도서관도 별 도움이 되지 않는데, 그 이유는 그런 새로운 현상을 다룬 책들이 아직 도서관에 입고되지 않았을 것이기 때문이다. 백과사전도 도움이 되지 않기는 마찬가지이다. 그럼 비행기를 타고 그 먼 나라까지 가보아야 할까? 아니면 그런 관습을 다룬 학술지가 나올 때까지 기다려야 할까? 어쩌면 그 나라 대사관에 전화를 걸면, 대사관 직원이 그것을 조사하여 진위 여부를 확인해줄지도 모르겠다. 그러나 그렇게 하려면 시간과 노력이 너무 많이 든다. 확실한 정답을 들을 때까지 몇 주일 혹은 몇 달이 걸릴지도 모르고, 그러는 동안 그 이상한 나라와 죽은 자의 신장을 꺼내는 관습을 완전히 잊게 될지도 모르겠다.

한편 그 사람이 건강검진을 받으러 가게 되었다. 주치의가 그에게 늘 처방받던 약을 다른 약으로 바꾸면 어떻겠냐고 말한다. 의사는 걱정하지 말라고, 그 신약이 당신이 복용해오던 복제약보다 더 좋으므로, 보험 처리가 되지 않아서 돈을 더 내게 되더라도 그럴 만한 가치가 있다고 말한다. 그는 의사의 말을 믿을 것이다. 사실 그에게는 대안이 없다. 이론상 그는 다른 의사의 의견을 듣거나 의학 학술지에서 관련 주제를 찾아서 읽어볼 수도 있다. 하지만 그렇게 하는 데에 시간과 비용이 너무 많이 들기 때문에 실제로 그런 일이 일어날 가능성은 없다. 많은 의사들이 환자에게 이해 충돌 소지가 있다는 사실을 솔직히 밝히지 않는다는 연구가 꾸준히 발표되고 있다. 한 논문에 따르면, 의사 10명 중 4명이 특정 제약회사나 의료기기 생산업체와 상업적인 관계를 맺고 있다는 사실을 환자에게 알리지 않는다고 한다.[42]

어느 날 밤, 앞에서 강연을 들었던 사람이 텔레비전을 켰다. 재무장관이 경제 자료를 인용한다. 피해자(확실히 이 남자는 피해자이다)가 다른 숫자들을 떠올려본다. 어쩌면 이 사람은 집요하게 경제 잡지의 과월호를 찾아서 수치를 확인할 수도 있다. 하지만 그럴 것 같지는 않다. 그렇지만 그는 재무장관이 인용한 수치가 맞는지 확인하고 싶다. 어떻게 해야 할까?

아침 신문을 보다가 그는 화재가 난 그리스의 어느 숲에서 발견된, 잠수부의 시신에 관한 놀라운 기사를 읽는다. 어떻게 시신이 그곳에서 발견되었을까? 기사는 산불 진압에 투입된 소방 항공기가 바닷물을 탱크에 채울 때 잠부수가 그 안으로 빨려 들어갔고, 화재 현장에 물을 쏟아붓는 과정에서 그 잠수부가 현장에 떨어졌을 것이라고 주장하는 전문가의 말을 인용했다. 이상한 일이지만, 몇 년 전에도 이런 기사를 읽지 않았던가? 그는 그 이야기를 도시 괴담 정도로 생각하지만 이번에도 역시 그것을 반증하기란 어렵다.

이 모든 상황은 구글이 없는 세상에서나 있을 법한 일이며, 지금은 구글을 이용해서 빠르고 값싼 방법으로 온갖 이야기와 주장을 점검하고 비교하고 확인하며, 검증하고 반박까지 할 수 있다.

그리고 세상에는 반박해야 할 주장이 아주 많다. 사람들은 날마다 거짓말을 한다. 1977년에 발표된 어느 유명한 거짓말 연구에 따르면, 사람들은 날마다 선의의 거짓말을 포함해서 평균 200번의 거짓말을 접한다.[43] 또다른 연구에서는 10명 중 6명의 사람들이 10분 동안 대화하면서 두세 번 거짓말을 한다고 밝혔다. 대화를 녹음해서 들려주었더니 이들은 자신이 거짓말을 했다는 사실을 시인했다.[44] 좀더 긍정적인 연구들에서는 미국인들이 일평균 한두 번만 거짓말을 한다고 주장한다. 해당 자료를 다시 검토했던 다른 연구자들은 개인차가 몹시 크다는 사실을 발견했다. 습관적으로 거짓말을 하는 사람이 있는가 하면, 며칠 동안 거짓말을 한번도 하지 않고 사는 사람도 있었던 것이다.[45] 이를 통해서 대부분의 사람들이 자신이 거짓말을 한 횟수를 정확히 밝히지 않았을 것이라는 합리적인 추론을 해볼 수 있는데, 그들이 무심코 그랬을 수도 있고 아니면 그마저도 거짓말이었을 수도 있다.

그렇다면 권력자들은 얼마나 많은 거짓말을 할까? 이것은 중요한 질문이다. 그들은 다른 사람들의 삶에 큰 영향을 주며, 이따금 거짓말을 이용해서 이익을 얻기 때문이다. 권력자들이 얼마나 정직한지를 조사한 연구는 많지 않은데, 컬럼비아 경영대학원 연구자들은 대단히 흥미로운 연구를 수행했다. 이 연구에서는 47명의 사람들을 무작위로 "지도자"와 "부하" 집단으로 나누었다. 지도자 집단은 부하의 사회적, 경제적 지위를 결정해야 하는 복잡한 역할극에서 권력을 행사했다. 그리고 두 집단 모두에게 100달러를 훔친 다음 자신은 돈을 훔치지 않았다고 (실험에 관해서 아무런 정보도 없는) 면접관을 설득해보라고 했다. 면접관을 성공적으로 설득한 사람은 훔친 100달러를 가질 수 있었다.

이 실험은 단순한 역할극이 지도자들을 뻔뻔한 거짓말쟁이로 만든다는 사실을 확인시켜주었다. 지도자들은 부하에 비해서 인지적으로나 감정적으로 거짓말을 한다는 표시가 적게 나타났다. 두 집단에는 심리뿐만 아니라 생물학적 차이도 있었다. 스트레스를 받으면 분비되는 코르티솔 수치를 측정하기 위해서 실험 전과 후에 참여자들의 침을 검사했다. 그 결과 부하보다 지도자 역할을 맡았던 사람들의 코르티솔 수치가 확실히 낮게 나타났다. 또한 부하 집단은 거짓말을 한 후에 기분이 나빠지거나 인지 장애를 일으켰다. 연구자들은 "권력은 권력자들이 중대한 거짓말을 좀더 쉽게 하도록 일종의 완충 역할을 했다"라는 결론을 내렸다.[46]

드러난 부정

여기에 가설 하나가 있다. 처음에 이 가설은 거짓말이 아니었고, 여러 정보를 결합해서 만들었으므로 진실을 찾아낼 능력도 있었다. 그런데 과학기술이 급격히 발전하고 전 세계가 활발하게 교류하면서 갑자기 문제가 생겼다.

진술한 것을 확인하고, 반증 자료를 찾으며, 사실 여부를 확인할 수 있는 역량이 커지면서 한꺼번에 수많은 거짓말이 드러난 것이다. 이제 허위 정보를 공개적으로 반박하기가 훨씬 쉬워졌다. 또한 진실에 더 쉽게 접근할 수 있게 되면서 낡은 권력구조와 관습들이 위협받았다. 사람들이 이전에 사회제도와 다른 구성원들에게 가졌던 믿음에 커다란 균열이 생겼다. 모두가 서로에게 거짓말을 하고 있다는 인상을 받았고, 이런 생각은 저절로 다른 이에게 거짓말을 하도록 부추겼다.

전환점은, 권력자들이 중대한 거짓말을 자주 해왔다는 사실을 대중이 깨달은 순간 찾아온다. 모든 사회는 일부 구성원에게 세상의 진실을 알릴 수 있는 공식적 혹은 비공식적 권한을 준다. 이들은 수많은 청중이 자신에게서 진짜 이야기를 듣거나 특히 삶의 중요한 정보를 제공받을 수 있다고 기대하는 것을 즐긴다.

물론 이 사람들(정치인, 은행가, 의사, 언론인, 경찰, 교사, 지역 지도자, 심지어 할머니의 단골 가게 주인 등)은 거의 항상 다양한 거짓말을 한다. 모든 사람들이 거짓말을 하기 때문에 이들도 거짓말을 하며, 만약 앞에서 언급한 컬럼비아 경영대학원의 연구 결과가 옳다면, 권력자들이 거짓말을 더 잘하지만 죄책감은 덜 느낀다.

약 30년 전까지만 해도, 권력자들은 부정(不正)이라는 베일을 쓰고 사람들에게 부정확한 정보를 주거나 거짓말을 했다. 아직 그 베일이 완전히 벗겨지지는 않았지만, 빠른 속도로 투명해지고 있다. 오늘날은 거짓말을 적발할 수 있는 사람들이 훨씬 더 많아졌는데, 그 이유는 권위자의 주장을 조사하기가 쉬워졌기 때문이다.

그 결과 수많은 거짓말이 드러나고 있다. 기술, 좀더 정확히 말해서 구글이 중요한 이유는 그것이 다른 사람들의 발언이 타당한지를 확인해주는,

쉽고 효과적이며 저렴한 방법을 제공하기 때문이다. 물론 거짓말을 전부 찾아내지는 못하겠지만, 과거보다는 많이 밝혀낼 수 있다. 종이책과 달리 인터넷은 역동적인 공간이므로, 디지털 시대 이전보다 인터넷에서 찾은 진실이나 정보의 양이 더 많고, 내용도 더 시의적절할 것이다. 정보를 검색하려면 인터넷과 디지털을 잘 알아야 한다. 시간이 갈수록, 전 세계적으로 이런 능력을 갖추지 못한 사람은 줄고 있고, 정보를 확인하거나 반박할 수 있는 사람은 증가하고 있다. 만약 특정 사실을 확인할 방법을 모르더라도, 페이스북이나 왓츠앱에 있는 친구 중에서 누군가가 도와줄 것이다.

지금은 정보 과잉의 시대이다. 구글은 이미 2016년에 1분에 400만 개, 1년에 2조 개의 질문을 처리하고 있었고, 그중 상당수는 이전에 한번도 검색되지 않았던 완전히 새로운 질문이었다.[47] 이런 현상은 진실이 확장되었거나 또는 진실을 알고 싶은 욕구가 커졌다는 의미이며, 그로 인해서 관습의 범위가 끊임없이 확장되고 도전받는다. 일례로, 의사들은 환자가 진단과 처방을 예측할 수 있도록 돕는 "닥터 구글"을 몹시 싫어한다.

닥터 구글이 소아과 의사보다 더 도움이 될까? 아마 그렇지는 않을 것이다. 그러나 키보드만 몇 번 두드리면 정보를 얻을 수 있고, 거짓말을 폭로하는 수많은 기사들을 접할 수 있는 이런 새로운 세상에서는 의심이 다툼으로 바뀐다. 한 연구에 따르면, 아이 주치의의 말과 검색 결과가 다를 경우 부모들은 자신이 검색한 정보가 정확한지 확인해보기도 전에 주치의에 대한 신뢰를 거둔다.[48]

이제 무의미한 회의론은 일상이 되었다. 갤럽이 수십 년에 걸쳐서 수집한 신뢰 관련 자료를 보면, 미국에서 신뢰도가 가장 낮았던 때는 1997-2007년이었다.[49] 이런 결과는 중산층의 상황과 경제적 불평등, 그리고 9-11 테러와 관계가 있었다. 그것들이 불신이 싹트는 환경을 만들었다. 그러나 다른 요인들도 있었다. 불신이 깊었던 그 10년은 인터넷과 구글의 시대였기 때문에 많은 사람들이 더 이상 권력자의 말을 믿을 이유가 없었다.

밀레니얼 세대는 바로 이 시기에 성장했다. 이들은 대부분의 사회제도를 대단히 불신하는 반면, 기성세대보다 더 많이 과학자와 교수, 그리고 언론인을 신뢰한다.[50] 이들은 전문가로서 사실을 확인하고 자료를 비교하는 사람들이다. 또한 주장의 진위 여부를 가리는 일도 한다. 바로 그런 점들이 구글 시대에 태어난 사람들에게 신뢰를 주는 것 같다.

***

지금은 거짓말의 시대이다.

진실이 계속 확장하다가 붕괴하면서 공백이 생겼다. 익숙한 사회제도, 명망가의 속임수와 거짓말이 사기꾼들의 힘을 강화했다. 이런 사기꾼들은 백신에 대한 잘못된 정보를 제공하고, 지구가 평평하다는 증거가 숨겨졌다는 음모론을 유포하며, 조지 소로스가 세계를 통제한다고 주장한다.

거짓말을 하는 주체도 달라졌다. 거짓말은 더 이상 권력과 권위를 가진 자들, 혹은 "종말이 온다!"라고 외치는 거리의 전도사들의 전유물이 아니다. 일반 대중도 거짓말을 퍼뜨릴 수 있게 되었다. 이런 상황에서는 다른 사람을 믿지 않는 행동이 합리적인 선택이 된다.

진실의 확장과 침식, 그리고 구글을 이용해서 사실을 확인하는 능력 덕분에 "모두 거짓말을 한다"라는 말이 설득력을 얻게 되었다.[51] 이는 2017년에 전 세계적으로 베스트셀러가 된 세스 스티븐스 다비도위츠의 책 제목이다. 이 책은 사람들이 친구와 연구자, 그리고 자기 자신에게 거짓말을 할 때, 그것에 담긴 근본적인 위선이 무엇인지를 검색 엔진의 자료를 이용해서 보여준다. 스티븐스 다비도위츠는 기술의 시대에 어떻게 정보가 확장되고, 그 결과 사람들이 어떻게 위선을 드러내는지 밝힌다. 예를 들면, 사람들은 마틴 루터 킹 목사의 생일을 기념하면서, 그와 동시에 인터넷에서 흑인에 관한 인종차별적인 농담을 검색한다.

모두 거짓말을 한다고 믿으면 자신의 거짓말을 암묵적으로 정당화할 수 있는데, 그 이유는 거짓말은 단지 누구나 하는 행동이기 때문이다. 물론, 모두 거짓말을 한다. 그런데 크게 보면, **모두 거짓말을 듣고 있다.** 오늘날 대중 담론은 바로 이런 맥락에서 펼쳐진다.

한 조사에 따르면, 미국인의 3분의 2가 타인의 거짓말을 듣고 있다고 주장했다. 이 비율은 1980년대 말보다 50퍼센트가 증가한 수치이다.[52] 아마도 그들은 자신들이 더 많은 거짓말에 노출되었다고 느낄 것이다. 그러나 더욱 중요한 사실은 적어도 그들에게 그 거짓말을 쉽게 알아챌 수 있는 기술이 있다는 점이다. 이제 사람들은 굳이 논쟁을 벌일 필요가 없다. 그저 시리(Siri)에게 질문하면, 구글 검색을 통해서 그럴듯한 답을 얻을 수 있다.

진실이 무너질 때, 사람들은 자신이 통제할 수 있고 반박당하지 않을 만한 것(둘러대기 편하거나 사실을 조작해서 근거를 댈 수 있는 자기만의 의견)으로 도피한다. 이들은 사회적 교류에서 더 이상 사실이 중요하지 않다고 말하거나, 소식과 정보를 주고받는 대화에 더는 참여하고 싶지 않다고 말한다. 한 연구에 따르면, 모든 상황에서 절반 이상의 미국인들이 사실에 근거한 발언과 의견을 잘 구분하지 못한다.[53] 국제 학업 성취도 평가(PISA) 결과를 보면, 15세 청소년의 86퍼센트가 그 둘을 구분하지 못했다. 그러나 문제는 사람들이 과연 그 구분을 하고 싶어하는지이다.

『전체주의의 기원(*The Origins of Totalitarianism*)』에서 한나 아렌트는 억압 장치와 그것이 어떻게 진실과 거짓, 사실과 의견의 구분을 모호하게 하는지에 관해서 썼다. 아렌트는 이렇게 주장한다. "변화무쌍하고 이해할 수 없는 세상에서 대중은 전부를 믿으면서 동시에 아무것도 믿지 않고, 모든 것들이 가능하지만 아무것도 사실이 아니라고 생각하는 지경에 이르렀다. 대중 선전 단체는 아무리 터무니없는 이야기를 하더라도 청중은 언제나 최악을 믿을 준비가 되어 있고, 그들은 모든 진술을 거짓이라고 생각하므로 속았다고 해서 특별히 이의를 제기하지도 않는다는 사실을 알아냈다."[54]

아렌트가 천착한 전체주의는 지금은 적어도 휴지 상태이다. 그러나 그녀가 설명한 진실에 대한 철저한 냉소주의는 다시 고개를 들어서 폭력을 조장하고 있다. 오늘날 명령을 내리는 주체는 파시스트 엘리트가 아니라 온라인에서 활동하는 풀뿌리 대중이다. 진실도 거짓도 없는 곳에서, 진보는 위험에 빠졌다.

20

진보를 위한 싸움

"내가 한 줌의 먼지 속에 있는 두려움을 보여주겠다."
- T. S. 엘리엇, "황무지"

인류가 역사의 새로운 장을 쓰고 있는 지금, 우리는 이전보다 더 밀접하게 연결된 세상에서 살고 있다. 책임의 시대에는 국가 간 전쟁의 횟수가 줄었다. 또한 산업화와 자유무역 덕분에 서양과 달리 풍요로움을 누리지 못했던 저개발국의 수억 명의 국민들에게 새로운 기회가 열렸다. 전반적으로 인간의 조건은 크게 나아졌지만 그것이 전부는 아니다. 전체 공동체에서 일자리가 사라졌고, 실직자들이 사회 주변부로 밀려났으며, 기후변화로 고통을 겪게 되었을 뿐만 아니라 마을이나 나라가 착취 허브가 되었다. 많은 사람들이 자신들의 정체성과 생활방식이 공격을 받는다고 느꼈다. 이런 직관은 잘못된 인식이 아니며, 세계화가 많은 이들에게 상처를 준다는 생각도 오해가 아니다.

이렇게 유망하지만 두렵기도 한 신세계의 모순은, 수백 년간 사람들이 추구해왔던 안전, 생계, 사랑, 신념, 그리고 아마도 자유 같은 것들을 사람들이 아직도 찾고 있다는 사실이다. 오늘날 사람들은 서로 밀접하게 연결되어 있고, 기술 발전이 가져다준 혜택을 누리며, 자신들의 문화를 좀더 초국가적인 관점에서 바라보지만, 이들이 기본적으로 필요로 하고 바라는 것은 예나 지금이나 똑같다. 우리에게 유의미한 가치는 대부분 지역과 관계된다. 세계화는 이런 긴장관계에 자극을 받아서 일어나는 끊임없는 혁명이다. 코로나-19는 당신이 사는 지역과 그곳의 사회 환경, 정치 공동체의 대응방식 등이 당신의 건강과 경제적, 정서적 안녕을 어떻게 위협하는지를 보여주었다. 시절이 좋을 때는 사람들이 글로벌 아바타로 살 수 있다. 그러나 전쟁이 임박하거나 새로운 전염병이 창궐하면 이웃과 정부가 중요해진다. 어떤 사람들은 그 점을 다행으로 여기고 안심할 것이다. 반면에, 다는 아니겠지만 권력을 쥐고 있는 민족주의자나 포퓰리스트, 근본주의자들은 그런 상황을 반기지 않을 것이다. 현재 리더십에 문제가 있는 정부라고 할지라도 전 세계적인 위기가 발생하면 국제기구와 협력해서 공통의 해법을 찾아야 한다. 그러나 지금은 그렇지 못한 상황이다.

노벨 경제학상 수상자 조지프 스티글리츠는 2006년에 이렇게 썼다. "세계 대부분의 지역에서 지금까지 추진되어온 세계화는 악마와의 계약처럼 보인다. 더욱 부유해진 사람은 전 세계에서 소수에 불과하다. 중요하다고 간주되는 GDP 수치는 좋아진 것처럼 보이지만, 사람들의 생활방식과 기본 가치는 위협받고 있다."[1] 그로부터 1년 반 후에, 대공황 이후 최악의 금융 위기가 일어났다. 금융 위기 이후에는 세계적인 경기 침체, 정부 부채 위기, 브렉시트, 트럼프의 승리, 시리아 내전, 난민 위기, 정치 불안, 폭력적인 극우파의 부상, 가짜 뉴스의 확산, 거의 모든 환경 정책의 후퇴, 코로나-19 등 극적인 사건들이 줄줄이 정신없이 일어났다.

세계화에 대한 분노는 점점 커지고 확산되고 있다. 오랜 반세계화 진영은 승리가 임박했음을 알아챘다. 우파 민족주의자들이 "글로벌리즘"이라고 부르는 것에 단호히 반대하는 마린 르펜은 "제 생각에 엘리트 집단은 너무나 오랫동안 자기들끼리만 잘 살아왔습니다"라고 빈정댔다. 그녀는 엘리트 집단을 이렇게 비난했다. "그들은 육식동물처럼 자신들만 부유해지려고 세계를 이용했습니다. 그리고 트럼프의 승리나 브렉시트를 보면서, 엘리트 집단은 사람들이 더 이상 자신들의 이야기를 듣지 않고 사람들 스스로 미래를 결정하고 싶어하며 완전히 민주적인 틀 안에서 사람들이 그들의 운명에 대한 통제권을 회복했다는 사실을 깨달았습니다. 그래서 엘리트 집단은 공황 상태에 빠졌습니다. 기득권을 잃게 되었으니까요."[2]

르펜은 세계화가 민주주의의 산물이며 빈곤과 죽음으로부터 수많은 사람들을 구했다는 사실을 무시한다. 그러나 세계화는 르펜의 수많은 지지자들을 부유하게 만들어주었다. 물론 권력을 잃어가는 정치 엘리트 집단이 세계화를 주도해왔다는 그녀의 말은 옳다. 지역공동체와 기업, 전통이 정보화 혁명의 시대에 살아남기 위해서 분투할 때, 엘리트 집단은 시선을 밖으로 돌렸다. 이들은 부유한 공동체와 첨단기술산업, 그리고 상아탑 속에 은둔했다. 그와 동시에, 사람들은 지구촌의 약속을 깨고 스스로 아웃사이더가 되기로 했다. 이들은 변하는 세상에서 점점 소외감과 불안을 느끼던, 주로 서구에 사는 사람들이다.

***

이런 이탈 현상을 "포퓰리즘 물결"이나 "민주주의에 대한 위협"이라고 부른다면, 이는 상황을 지나치게 단순화한 것이다. 포퓰리즘이라는 용어는 미얀마에서 중동과 유럽에 이르기까지 거의 모든 지역에서 근본주의 세력이 강화되고 있는 현상을 배제한다. 근본주의는 무지한 과거의 망령이 아니라, 현대 정치에서 하나의 세력을 형성한다. 가난하고 취약한 지역에 사는 사람들에게 근본주의는 포퓰리즘이 중산층을 위해서 하는 역할을 한다. 즉, 근본주의는 현 질서에 생긴 균열을 겉보기에 그럴듯하게 보수한다. 처음에는 포퓰리즘처럼 보여도 그 안에는 인종주의나 국수주의의 모습이 감춰져 있을 수 있다.

오늘날의 위기를 바라보는 또다른 관점은 야샤 뭉크를 포함한 몇몇 학자들이 제안했듯이, 세계 민주주의가 분열되고 있다는 시각이다. 실제로 민주주의는 위기에 빠졌으며 독재국가 역시 체제 위협을 받고 있다. 중국은 언론의 자유를 탄압하며, 날로 커지는 공산당에 대한 저항을 두려워하고 있다. 이란에서도 분노하고 저항하는 사람들이 늘고 있으며, 푸틴은 온갖 수단을 동원해서 반대파를 억압하고 숙청하고 있다. 이런 나라들에서는 국민들의 불만이 점점 쌓여가고 있고, 그 불만의 근원은 세계의식의 확대와 세계경제 통합, 그리고 혁신 기술의 확산에서 찾을 수 있다.

서구의 젊은이들이 민주주의에 대한 믿음을 잃었다고 해서 이들이 권위주의를 지지하지는 않는다. 여러 연구에서 증명되었듯이, 이들은 민주주의가 반드시 필요하다고 생각하지 않으며 그렇다고 해서 다른 정부 형태를 요구하며 거리로 나서지도 않는다. 오히려 많은 사람들이 사회제도와 권력집단에 대한 신뢰를 거두고 지금 새로운 사상을 실험하고 있다.[3] 또한 전국민 기본 소득제, 새로운 치안 정책("경찰 예산을 삭감하라"라는 주장에서 비롯되었다), 그린 뉴딜 등 과거에는 주목받지 못했던 정책들을 위해서 싸우는 사람들이 늘어난 반면, 노인과 아동을 위한 정책들은 중요하게 다루어지지 못하고 있다.

지금 우리가 목격하는 일들은 우리와 그들을 나누는 단순한 이분법에서 비롯된 현상이라기보다는 종잡을 수 없이 복잡하고 변덕스러운 무엇인가이다. 이런 식의 이분법은 호소력이 있을지는 모르지만, 정체성이라는 개념

자체가 다층적으로 바뀌었으므로 이제 더 이상 "우리"라는 것이 존재하지 않는다. 예컨대, 오늘날에는 미국인을 도시 엘리트와 대학 교육을 받지 않은 시골 주민으로만 구분할 수 없다. 트럼프가 승리한 이유는 그가 중하층 백인들의 지지를 받았을 뿐만 아니라, 1년에 20만 달러 이상을 벌고 대부분 대도시 근교에 사는 미국인들 또한 힐러리보다 그를 선호했기 때문이다. 냉전 시대에는 이분법이 유행했지만, 오늘날의 세계는 점점 다극화되고 있다. 정치적 패러다임은 무너지고 있으며 낡은 표어들은 오늘날의 저항을 설명하기에 부적합하다. 2016년 이후에 세계에서 가장 눈에 띄는 자유주의 지도자는 앙겔라 메르켈 독일 총리이지만, 그녀는 보수 정당을 이끌고 있다. 역사적으로 자유시장과 자유무역을 지지해왔던 미국의 공화당은 관세와 보조금제도를 지지하는 사람들이 장악하고 있다. 일부 급진 좌파는 반유대주의에 관대한 태도를 보이는데, 그 최근 사례로 제러미 코빈이 이끄는 영국 노동당이 있다. 근본주의, 포퓰리즘, 민족주의, 극좌파 등 이 모든 세력들은 불편한 사실을 부인하거나, 음모론에 관여하고, 혹은 그 둘 다 하기도 한다. 예이츠의 유명한 글처럼 "모든 것이 무너져내린다. 중심은 버틸 수 없다."[4]

지금 수많은 영역에서 일관성 없고 체계적이지 않은 저항이 다양한 모습으로 맹렬하게 일어나고 있다. 세계화된 세계의 다른 모든 것들처럼, 저항의 이질적인 측면들도 서로 연결되어 있다. 포퓰리즘, 근본주의, 반유대주의, 인종적 민족주의 등을 개별 사건으로 생각하거나, 자유주의나 계몽주의를 승리를 쟁취하는 과정에서 잠시 만나는 단순한 장애물로 본다면, 이는 치명적인 실수를 하는 것이다.

위험에 처한 것은 책임의 시대에 주된 목표였던 평화와 번영, 안정뿐만이 아니다. 진보 역시 위협받고 있다. 정치적 부족주의를 조장하는 급진파와 선동 정치가, 그리고 시류에 편승하는 주류 정치인들 때문에 이성과 과학적인 데이터가 점점 주변부로 밀려나고 있다. 미국의 역사학자 바바라 터크먼의 어리석음에 대한 정의를 인용하면, 권력자들은 점점 "이성이 지적하고, 계몽화된 자기 이익(교육이나 계몽을 통해서 공익과 조화를 이루게 된 사익/옮긴이)이 제안하는 방식과는 정반대로 행동한다."[5]

2016년 가을, 코네티컷 주의 뉴타운

제러미 리치먼 박사의 얼굴을 보고 나서, 나는 음모론에 관해서 묻지 않기로 마음먹었다. 그 음모론은 2012년 코네티컷 주 뉴타운의 샌디훅 초등학교에서 총격 사건이 일어나지 않았으며, 그곳에서 6명의 직원과 리치먼의 딸 아비엘 로즈를 포함하여 20명의 1학년 아이들이 사망하지 않았다는 주장이다. 노아 포즈너는 사망 당시 여섯 살이었다. 노아의 가족은 총격 사건 이후 음모론자들의 협박과 비난 때문에 7번이나 이사를 해야 했다.

일부 환각에 빠진 사람들은 살해된 아이들이 아예 태어나지도 않았다고 주장했다. 어떤 사람들은 아이들이 실제로 살해되었으며, 범인은 정부 요원이라고 이야기했다. 이런 식으로 주장하는 사람들은 총격 사건을 오바마 행정부가 총기 규제의 구실을 만들기 위해서 조작한 사악한 음모라고 생각했다.

나는 슬픔에 빠져 있는 리치먼에게 허위 사실 유포자 중의 한 명이자, 인터넷 유명인사이며 트럼프가 "멋지다"고 생각하는 알렉스 존스에 관해서 차마 질문하지 못했다.[6] 존스는 샌디훅 초등학교에서 "아무도 죽지 않았다"라고 주장했다(그는 희생자 가족에게 고소당한 후에 그 주장을 철회했고, 변호사 수임료와 소송비 등으로 10만 달러를 써야 했다).

내가 뉴타운에 갔던 때는 낙엽이 막 지기 시작한 9월이었다. 공원 오솔길에 늘어서 있던 키 큰 나무들의 낙엽이 땅으로 천천히 내려앉았다. 운동장 옆에는 큰 글씨로 "어린이 보호구역. 신고 911"이라고 적힌 안내문이 있었다.

그곳에서 나는 케이틀린 로이그 데벨리스를 만났다. 그녀는 샌디훅 초등학교 총격 사건 당시 1학년을 담당한 교사였다. 2012년 12월 14일, 그날은 날씨가 화창했고 케이틀린은 산타클로스와 크리스마스 쿠키 굽는 방법 등 학생들에게 들려줄 크리스마스 이야기를 준비하고 있었다. 범인은 먼저 자신의 어머니를 살해한 다음, 어머니의 반자동 소총과 실탄 10개를 들고 오전 9시 30분에 학교 건물로 들어왔다. 그는 검은색 옷과 선글라스를 착용하고 귀마개를 했다. 그는 먼저 교직원들을 총으로 살해했다. 그런 다음 최근 정규직 교사가 된 로런 루소가 담임으로 있는 1학년 교실로 갔다. 특수 아동 치료사인 레이철 다비노와 로런이 아이들을 화장실에 숨기려고 했지만 헛수고였다. 두 사람과 15명의 1학년 아이들이 총에 맞아서 사망했다.

케이틀린은 강하고 인상적인 사람이었다. 총성이 들리자, 그녀는 재빨리 자신의 반 아이들을 화장실로 데려갔다. 그녀는 이렇게 말했다. "화장실이 너무 좁아서 저를 포함한 16명이 그 안에 모두 들어가기란 불가능해 보였어요, 하지만 그렇게 하지 않으면 목숨을 건질 수 없잖아요." 그녀는 아이들을 조용히 시켰다.

화장실 벽 너머에는 빅토리아 소토가 맡은 반이 있었는데, 그녀는 아이들의 목숨을 살려달라고 애원하면서 몸으로 아이들을 막은 채 총에 맞아서 사망했다. 케이틀린과 그녀의 반 아이들은 벽 너머에서 들려오는 비명과 총성을 들었다.

우리는 공원에 있는 나무로 된 작은 벤치에 앉았다. 그녀는 자신과 반

아이들이 모두 죽을 것이라고 생각했다고 말했다. "저는 제가 죽을 거라고 생각했어요. 우리 아이들이 죽는 모습을 본 다음에 죽겠구나 생각했죠." 그녀는 그렇게 회상했다. 살인범은 케이틀린이 숨어 있던 화장실에는 들어오지 않았고, 반 아이들과 함께 그녀도 살아남았다. 그녀는 그 사건이 있기 전에, 학교에서 총격 사건이 일어날 수도 있지 않을까 상상해본 적이 있다고 말하며, 항상 최악의 시나리오에 대비한다고 했다. 총격 사건은 미국인들이 가장 많이 떠올리는 시나리오이다.

***

아비엘의 부모인 제러미 리치먼과 제니퍼 헨설은 딸을 기리기 위해서 '아비엘 재단'을 만들었다. 제러미는 알츠하이머를 연구하는 신경과학자였고, 제니퍼는 항암 치료제를 개발하는 미생물학자였다. 아비엘 재단의 설립 목표는 "신경과학 연구, 지역사회 활동, 교육 등을 통해서 폭력을 막고 연민을 가지는 것"이다.[7]

나와 제러미는 뉴타운 중심가에 있는 그의 사무실 밖의 잔디밭에 앉았다. 제러미가 말했다. "아비엘은 밝은 아이였어요. 그 애가 들어오면 방이 환해졌죠. 아비엘은 누구나 원하는 예쁜 미소를 지녔어요. 그 애는 늘 사람들을 웃게 만들고 싶어했는데, 최고의 무기는 이야기를 들려주는 것이었죠. 아비엘은 이야기를 아주 좋아했어요. 이야기 듣는 것을 좋아했고, 크면서는 자신이 직접 이야기를 하고 싶어했어요. 평범한 하루도 재미있는 이야깃거리로 만들고 싶어했죠. 이렇게 말이죠. '난 아빠랑 설거지를 하고 있다. 어떻게 이것을 재미있는 이야기로 만들지?'"

아비엘이 살아 있었다면 다녔을지도 모를 중학교에서 떠들썩한 소리가 들려왔다. 제러미가 이렇게 말했다. "저기 웃고 있는 아이들 틈에 아비엘도 있었을 텐데. 이런 생각을 하면 날마다 죽을 것 같아요. 아이가 너무나 보고 싶어요." 몇 년 사이에 제러미 부부는 이모젠과 오언, 이렇게 2명의 아이를 더 낳았다.

그때 제러미는 자신이 생각하고 있던 목표를 말했다. 그는 딸의 이름을 딴 재단에서 진행할 과학 연구에 관해서 이야기하고 싶어했다. 그 연구의 목표는 미국과 전 세계에서 일어나는 폭력을 과학적으로 막을 방법을 마련하는 것이었다. "우리는 뇌의 구조와 화학 반응이 현실에서 나타나는 행동들과 어떤 관계가 있는지 알아보는 연구를 후원합니다. 생화학과 행동과학 사이에 다리를 놓고 싶어요." 그가 말했다. 총기에 쉽게 접근할 수 있는 가정에서 자란 사람일수록 총을 사용해서 자살을 하거나 살인을 저지를 확률이 높아진다고 제러미는 설명했다. 그는 이를 증명하는 데이터에 관해서 한참을 이야기했다.

제러미를 만나기 며칠 전에 나는 무장 순찰 중이던 미시간 주의 민병대를 만났다. 민병대원들은 무기를 절대로 포기하지 않겠다고 했는데, 이들은 임박한 폭력에 맞서서 스스로를 보호해야 한다고 생각했다. 그들 가운데 일부는 수십 정의 무기를 소유하고 있었다. 내가 제러미에게 말했다. "글쎄, 제가 그들에게 총기 소유의 위험성을 입증하는 통계와 연구 결과를 말했더니, 그들이 다원주의를 언급하면서 바보들이나 자기 자신을 쏜다고 말하더군요. 또 어떤 사람은 학교마다 총기가 비치되어 있었다면 아마도 모든 게 달라졌을 거라고 말했어요. 도널드 트럼프도 그렇게 말했죠."

그러자 제러미는 씁쓸하게 말했다. "당연히 그들은 생각도 하지 않고, 데이터도 보지 않아요." 그는 좌절한 사람처럼 보였다. "그들은 공포를 이용하고, 더 많은 공포를 유발해서 상황을 악화시켜서, 사람들에게 총이 있어야 더 안전하다는 생각을 심어주고 있어요. 그들은 편견이 너무나 심해서, 과학적인 데이터를 보고 싶어하지 않죠. 그들에게는 이미 정해진 결론이 있고, 누구의 말도 듣지 않아요."

2019년 3월 25일, 제러미는 뉴타운 시청 근처에서 사망한 채로 발견되었다. 그는 스스로 목숨을 끊었다. 그의 아내 제니퍼는 "그가 헤어나올 수 없는 슬픔으로 세상을 떠났다"라는 성명을 발표했다.

***

어리석은 정책 때문에 미국에서 수많은 사람들이 살해된 총격 사건에 관한 보도들을 접할 때마다, 나는 몇 해 전에 제러미와 나누었던 대화가 떠오른다.

내 생각에, 그는 자신의 딸을 죽게 한 끔찍한 상황을 과학적이고 합리적으로 설명하려고 노력했다. 미국 의사협회는 총기 폭력을 공중보건의 위기로 간주한다. 헤아리기 힘든 슬픔에 빠졌고, 총격 사건이 없었다고 주장하는 사람들 때문에 괴로웠지만, 제러미는 상황이 변해야 하고 변할 수 있다고 생각했고, 인간의 뇌에 대한 정확한 실증 연구를 통해서 그런 변화를 일으킬 수 있다고 믿었다. 그리고 그런 믿음으로, 과학적인 연구를 통해서 총기 문제를 해결할 방법을 찾으려고 했다. 지난 200년간 인류가 성취한 모든 업적의 기본 가정은, 이성적 사고와 과학, 그리고 진보주의가 인간의 조건을 개선해왔고 여전히 그것들이 최선책이라는 것이다.

이런 이유로, 제러미의 죽음은 끔찍한 개인의 비극을 넘어서 하나의 경고처럼 보인다. "그들은 누구의 말도 듣지 않아요"라는 제러미의 말이 머릿속에 맴돈다.

2018년 로마, 캄포 데 피오리

때는 저녁이었다. 이 작은 광장에는 유럽에서 가장 오래된 시장 중의 하나가 있다. 하루를 마무리하는 장사꾼의 목소리가 공기 중에 쩌렁쩌렁 울려퍼졌다. 광장 한가운데에는 로마에서 흔히 볼 수 있는 전형적인 조각상과는 사뭇 다른 어두운 색의 조각상 하나가 서 있다. 조각상의 강렬한 눈은 아래를 향하고 있고, 머리부터 발끝까지 몸 전체가 수도복으로 감싸져 있다. 배위에 교차한 양손으로는 책 한 권을 들고 있다. 한 발은 앞으로 나가 있고, 다른 발은 곧 앞으로 내딛을 자세를 취하고 있다. 시든 분홍색 꽃 몇 송이가 조각상의 발치에 놓여 있다.

이 조각상의 주인공은 조르다노 브루노이다. 1600년 2월 17일, 로마 군중은 종교재판을 받고 화형에 처해질 브루노를 보기 위해서 이 광장에 모였다. 브루노는 이단으로 선고받아 화형대에 거꾸로 매달렸고, 신성모독 발언을 하지 못하도록 그의 혀는 입천장에 고정되었다.

브루노는 철학자이자 신학자였다. 그는 지구가 태양 주위를 돈다는 코페르니쿠스의 사상을 공공연히 받아들였고 우주에 중심이 없다고 주장했으며 교회가 대중의 환심을 얻기 위해서 비열한 속임수를 쓰고 있다고 비난했다. 그는 무수한 세계가 존재할 가능성을 논하는 우주론을 글로 썼고, 당시 가톨릭 교회의 입장과 대립되는 신비주의 관점을 고취했다. 결국 브루노는 신성모독과 이단 선고를 받았다. 7년간 이어진 재판에서 그는 자신의 비정통적 주장을 철회하지 않았다.

전설에 따르면, 자신에게 사형을 선고한 재판관들에게 브루노는 이렇게 말했다고 한다. "내게 형을 선고하는 당신들은 그 형을 받는 나보다 아마도 더 큰 두려움에 빠질 것이오."[8] 그의 조각상은 1899년에 세워졌는데, 그때는 산업혁명이 가속화되던 시절이었다. 이후로 브루노 조각상은 로마의 익숙한 풍경이 되었다. 그의 이야기에는 옛 영웅의 전형적인 모습이 담겨 있다. 비난을 받다가 잊힌 다음, 사후에 명성을 얻는 식이다(가톨릭 교회는 그를 처형한 사건에 대해서 사과했다). 그리고 그는 다시 잊혔다.

오늘날 학자들은 브루노가 처형당한 이유가 그가 주장한 우주론보다는 신비주의와 이단이 결합된 그의 사상이나 그의 도발적인 성격 때문이었다고 주장한다. 그러나 그것은 더 이상 중요하지 않다. 어쨌든 브루노는 과학자 가운데 최초의 순교자였다.

브루노의 조각상 옆에 아주 작은 종잇조각들이 붙어 있었다. 거기에는 트럼프를 비방하는 내용이 이탈리아어로 적혀 있었는데, 이는 마치 "조각상 앞에서 토론하는" 전통이 이어진 것 같았다. 과거에는 종종 이런 기념물 앞에서 지배층의 관습에 도전하는 사람들이 토론을 벌였다. 이 전단지를 만든 사람들이 보기에 트럼프는 평생 진리에 헌신한 브루노와 정반대되는 인물이었다.

브루노가 죽을 당시, 혁명적인 사상 하나가 온 유럽을 휘젓고 있었는데, 그것은 국적이나 부족, 종교와 상관없이 모든 사람들이 동의할 수 있는 객관적 사실들이 존재한다는 생각이었다. 이 새로운 사상은 다수의 가설과 그에 대한 실증 조사를 필요로 했다. 이제 사람들은 오랫동안 전해져 내려온 사상이나 종교 권위자의 견해를 맹신하지 않고, 단순한 기도를 통한 결과물보다 객관적 관찰과 논리적 추론으로 얻은 결과물이 더 정확하다고 믿게 되었다. 세계적인 베스트셀러 『사피엔스(Sapiens)』에서 유발 하라리는 "과학혁명은 지식 혁명이 아니라, 무엇보다 무지의 혁명이었다"라고 썼다. "과학혁명을 일으킨 위대한 발견은, 가장 중요한 질문들에 대한 답을 인류가 모른다는 사실의 발견이었다."[9] 그런 질문들을 연구함으로써, 인간의 존엄성을 자각한 계몽의 시대가 출현하게 되었다.

그런 질문들을 던지기 시작한 사람들은 어제의 세계가 저물다가 사라질 것이라고 가정했다. 프랑스의 철학자 마르키 드 콩도르세가 1793년에 썼듯이, "이제 태양이 이성 외에 다른 어떤 지배도 받지 않는 자유로운 세상을 비추는 순간이 올 것이다……이때에는 과거에 피해를 입고 속임수에 넘어간 사람들을 안타까워하고, 극악무도한 범죄를 기억해서 신중하게 행동하는 일만이 우리의 유일한 관심사가 될 것이다. 만약 미신과 폭정이 지구상에 다시 모습을 드러내려고 하면, 우리가 즉시 알아채서 이성의 힘으로 그 씨앗을 효과적으로 차단할 수 있을 것이다."[10]

인간의 조건이 크게 개선되었지만, 콩도르세의 예상과 달리 종교재판 시대의 세계관은 사라지지 않았다. 이런 세계관은 진보가 이룬 성취 때문에 한쪽으로 밀려났을 뿐이다.

내가 생각하는 "진보"의 개념은 결정론에서 말하는 점진적인 개선이 아니라 계몽주의적 가치관과 관련된다. 즉, 인간의 존엄성과 개인의 자유, 이성적 탐구를 중시하고, 인간의 조건을 개선하는 방법으로서 과학기술을 인정하며, 정치적 자유주의를 채택하고 있어야 한다. 인간은 자기 운명의 주인이므로, 신에게 간구하지 않고도 구원받을 수 있다. 진보의 시대에 구원이란 아리스토텔레스가 말한 행복, 즉 번영을 의미한다.

역사적으로 볼 때, 이것은 일종의 구조적인 변화이다. 더 이상 먼 옛날에서 지식과 지혜가 흘러나오지 않는다. 더 이상 역사는 순환하지 않는다. 사회가 변화하고 적응하며 발전하는 데에 도움을 주는 것은 과학적인 방법으로 축적된 인간의 지식이다. 17세기 말에 프랑스 철학자 피에르 벨은 이렇게 썼다. "여러 세기와 세대를 거쳐서 전해지는 견해라고 해서 잘못될 리가 없다고 생각한다면 이는 순진한 착각이다."[11]

끊임없이 변화하고 발전하려는 욕구는 믿기 어려운 잔혹 행위로 이어지기도 한다. 이러한 행위는, 급격한 진보에는 이따금 폭력이 수반되거나 정당화된다고 진심으로 믿는 사람들, 혹은 겉으로는 진보주의를 내세우면서 실제로는 탐욕을 부추기고 제국을 건설하려는 사람들이 저지른다. 레오폴드 2세는 콩고 식민지에서 벌인 집단 학살을 "진보 시대의 십자군 전쟁"이라고 표현했다.[12] 실제로 20세기에 모든 전체주의 정권들은 자신들이 진보의 최전선에 있다고 선포했으며, 방해 세력에 대한 잔혹 행위를 정당화하려고 했다. 그들은 진보와 계몽주의 가치를 분리하기 위해서 노력했고 겉만 번지르르한 결과물(예컨대 도로 보수와 공장 건설)을 남겼다. 나라에 훌륭한 과학자들과 최신 시설을 갖춘 감염병 전문 병원들이 있다고 한들, 감염병에 관해서 사실을 말할 수 없고 언론도 제 목소리를 낼 수 없으며 의사들도 위협을 받는 상황이라면, 기술은 아무 소용이 없을 것이다.

위협받는 진보 사상

반세계화 운동은 이 시대에 실제 일어나고 있는 진보 사상을 둘러싼 각종 싸움의 발판을 마련해준다. 착취, 불평등, 환경 대재앙, 지역 정체성 위기, 독단적 사고 등 이 모든 현상들은 진보의 오랜 적이며, 그중에는 근본주의와 인종적 민족주의도 있다. 미디어가 분산되고 세계화 스스로 분산된 미디어와 밀접한 관계를 맺자, 반세계화 사상을 전파하려는 사람들도 전투태세를 갖추었다. 반세계화 세력은 자신들이 중하위 계층의 이익을 대변한다고 주장하지만, 이들의 진짜 의도는 좀더 급진적이다. 원래는 서로 적이었던 종교적 근본주의자와 인종적 민족주의자는 적어도 한 가지 공통점을 가진다. 이들은 세계화가 만든 가치관을 파괴하기 위해서 세계화된 세계에 대한 불만을 이용한다.

반세계화 저항은 주로 두 가지 방식으로 진보를 위협한다. 첫 번째는 신러다이트주의이다. 우리는 이민자와 국제무역에 따른 효과를 잘 알지만, 포퓰리스트나 민족주의자는 이민자와 국제무역 때문에 중산층이 일자리를 잃었다고 주장한다. 그러나 분명한 사실은 최근 몇십 년간 육체 노동자들을 불안하게 만든 요인은 무역이나 이민자가 아니라는 점이다. 그들의 일자리는 주로 산업화와 자동화로 인해서 사라졌다. 2030년 즈음이면, 줄잡아도 전 세계 일자리의 최소 8.5퍼센트가 사라질 것이며, 그 자리를 로봇이나 소프트웨어가 대신할 것이다.[13] 어느 보고서에 따르면, 이는 2,000만 명이 실직한다는 의미이다. 당연하게도 실직자는 직업 훈련을 받아서 다른 직종으로 옮겨야 한다는 말을 듣겠지만, 그것은 헛된 희망이 될 확률이 아주 높다.

솔직히 말하면, 이들은 과거 대장장이가 갔던 길을 걷게 될 것이다. 1850년에 미국에서 대장장이는 전체 노동자의 2퍼센트를 차지했다. 물론, 그들의 일거리는 사라졌다.[14] 산업혁명과 달리, 정보혁명과 뒤이은 인공지능 혁명은 사라진 일자리 수만큼 새로운 일자리를 창출하지는 않을 것 같다. 취업률이 바로 그 증거이다.

1956년에 세계 3대 자동차회사인 크라이슬러, GM, 포드가 직접 고용한 인력은 90만 명이 넘었다. 오늘날 3대 IT 기업인 페이스북, 애플, 구글의 직원을 모두 합치면 30만 명이 넘지 않지만, 이들 기업의 시장 가치와 수익은 과거 자동차회사들보다 훨씬 크다. 그런데 오늘날 미국의 인구는 1950년대보다 2배나 늘었다. 2018년 미국 노동통계국 자료에 따르면, 2028년쯤이면 문서 작성을 하는 업종의 3분의 1이 사라지고, 자동차 수리공과 전화교환원의 28퍼센트, 우체국 직원의 27퍼센트도 마찬가지로 사라지게 될 것이다. 하지만 이것은 일부 사례일 뿐이다.[15] 또한 신기술은 전통과 공동체, 종교를 위협한다. 사람들이 물질적인 이유로만 신러다이트주의자가 되는 것은 아니다. 이들은 세계화가 지역의 생활방식을 짓밟고 권력구조를 위협할까봐 두려워서 신기술을 비난하거나 파괴하려고 든다.

2019년에 실리콘 밸리에서 컴퓨터 기술자로 일하던 한 이스라엘계 미국인이 내게 이렇게 말했다. "트럼프의 세상이 되면서, 저는 횃불(과 쇠스랑)을 든 사람들이 무서워졌습니다." 과장 섞인 그의 불안감에는 일말의 진실이 들어 있었다. 최근 몇십 년간 금융과 기술 분야 같은 선택된 소집단에서만 이윤과 연봉이 상승했다. 파티에 초대받은 사람은 초대받지 못한 사람들에게 별 관심이 없다. 첨단기술 기업들은 자신들의 영향력을 이용해서 규제완화를 유도하고 중소기업과 경쟁하지 않으며 절세 전략을 적극적으로 세우기 위해서 서로 연결된 하나의 세계를 강조한다. 이들은 폭력적이지만 인기 있는 대화방에 광고를 걸어서 이윤을 취하면서, 자신들의 플랫폼에 올라오는 선동적인 글과 언어폭력에 대한 책임은 회피해왔다. 또한 문학과 저널리즘, 창조적인 콘텐츠 시장을 잠식하면서도 문화 전반에 대한 실질적인 투자는 하지 않는다. 황금기에 이들 기업은 아날로그 시대의 늙은 정치인들 몰래 기업을 운영하며 규제 없이 시장을 독점했고, 사회에 미칠 피해를 고려하지 않은 채 이윤을 추구했다.

그러나 이제 그런 시절은 지나갔다. 아날로그 시대의 유권자들과 정치인들은 하나둘 사라지고 있고, 그들의 자리를 온라인 시대에 태어난 세대가 차지하고 있다. 청년층은 기성 정치인들과 달리 "인터넷"을 대단하지 않게 생각한다. 인터넷에 대한 이들의 저항은 이미 시작되었고, 점점 거세지고 있다. 이들은 자유경쟁 체제를 유지하고 민주주의를 보호하기 위해서 거대첨단 기업을 해체하라고 요구한다. 또한 전반적인 기술 개발에 제동을 걸어야 한다고 주장하는 사람들도 있다.

이런 추세를 대변하는 인물로는 「폭스 뉴스」 진행자이자 친트럼프 언론인들 가운데에서 아마도 영향력이 가장 클 터커 칼슨이 있다. 그는 "미국 고졸 남성의 직업 중에서 가장 흔한 것이 운전사인데……이들의 일자리를 없애는 데에 드는 사회적 비용이……너무나 커서 그것을 지속할 수 없고, 따라서 더 큰 이익은 시민을 보호하는 것이므로" 자율 주행 자동차를 반대한다.[16]

칼슨의 주장도 일리는 있다. 미국에서 트럭 운전을 하는 사람들은 350만 명이다. 이들은 적은 보수를 받고 장거리 운전을 하며, 도로 위에서 장시간 홀로 지내는 힘든 생활을 한다. 그러나 거대 첨단 기업이 고속도로에서 인공지능으로 통제되는 안전하고 저렴한 자율 주행 트럭을 개발하고 있기 때문에 이들은 조만간 훨씬 더 힘든 상황에 처하게 될 것이다.

그러나 트랙터가 말[馬]을 대신하고 냉장고의 등장으로 얼음 장수가 망했을 때처럼, 사람들이 기술 발전을 막으려고 했을 때에도 칼슨과 같이 주장하는 사람들이 있었다. 중산층이 임금 동결과 고용 안정성 상실에 반발하는 정치 현상이, 실질적인 기술 발전을 막기 위한 구체적인 정책으로 탈바꿈되고 있다.

화력발전소의 폐쇄를 막고 심지어 이를 되살리겠다는 트럼프의 공약이 바로 그런 예이다. 트럼프는 실직한 노동자들의 지지로 대통령이 되었다. 그러나 실제로 그런 정책은 다른 국민에게 비용을 전가하는 일인데, 그 이유는 화석연료를 태우지 않고 화석연료보다 더 깨끗하고 효율적인 에너지를 더 저렴하게 생산할 수 있기 때문이다.

앞으로는 저항의 대상이 이민자와 무역에서 기술과 인공지능 및 로봇으로 옮겨갈 것이다. 어쨌든 기술 발전이 수많은 일자리를 위협하는 것은 사실이므로, 누군가 첨단기술과 그것을 만든 사람들을 악마로 만들 방법을 반드시 찾아낼 것이다.

***

진보를 위협하는 두 번째 방식은 좀더 현실적이다. 제19장에서는 너무 많은 진실이 실질적으로 어떻게 불신과 거짓말을 만들어냈는지를 다루었다. 너무 많은 진실에 따른 저항은 급진주의자와 음모론자들이 일방적으로 자신들의 주장만 내세우고 불안감을 증폭시키는 에코 체임버를 만들어낸다. 진보의 숙적인 근본주의가 대단히 능숙하게 불신을 이용한다는 사실이 밝혀졌지만, 백신 접종을 거부하거나 지구가 평평하다고 믿는 사람, 인종주의자와 거짓말쟁이 정치가, 파시스트와 부족주의자 등 수많은 집단들 역시 불신을 적극적으로 이용한다. 오늘날 같은 세계화된 세계가 지속 불가능하다는 사실은 저출산 현상과 환경 위기를 통해서 잘 드러나고 있으며, 이를 근거로 진보 자체가 실패했다고 주장하는 사람들도 있다. 이들은 사회제도에 대한 불신이 깊어지는 현상을 이용하여 자신들의 옛 목표를 이루기 위해서 새로운 지지층을 모집하고 있다. 신러다이트주의자들이 물질에 집중하는 동안, 반동주의자들은 의식에 초점을 맞춘다.

　사회제도를 불신하고 사실을 존중하지 않는 현상이 수많은 나라들에서 극단주의자들이 국내 정치에 개입할 수 있는 환경을 조성했으며, 이는 국제 협력에도 영향을 미쳤다. 1980년대에 전 세계가 단호하게 오존 위기를 해결했던 사례는, 훨씬 더 심각한 기후 위기를 겪고 있음에도 불구하고 나태하고 무심하게 대응하는 오늘날의 방식과 상당히 대조된다. 이런 어리석은 행동은 확고부동한 반계몽주의적인 가치관이 아니다. 그보다는 과학자들의 경고에 따랐을 때에 잃게 될 표를 고려한 정치적 냉소주의이다. 트럼프가 기후 위기를 무시하거나 일부 화학 성분이 오존을 고갈시킨다는 과학적인 설명을 조롱할 때, 그는 세계 질서나 무역 협정에 반대한 것이 아니다. 그는 과학이 물질적 세계를 설명하는 믿을 만한 방법이라는 전제에 도전하면서, 과학자들을 좌파 정치 집단과 연결 지은 것이다. 트럼프와 그의 지지자들이 코로나 진단 검사를 중단하면 "혹시 확진자가 있더라도 거의 나오지 않을 것"이라고 넌지시 이야기했는데, 이는 헛소리일 뿐만 아니라 사실도 무시한 행동이었다.

냉소주의 정치와 선동적 근본주의는 둘 다 이성이 사회 담론의 기초가 되어야 한다는 생각을 공격한다. 사실은 중요하지 않으며 실제 정보와 조작된 정보는 구분하기 어렵다고 사람들이 말할 때, 이성적인 담론은 공격받는다. 또한 그것은 나치주의자와 인종주의자들이 인종적 순수성이라는 사이비 개념을 만들어 그것을 회복하려고 할 때, 그리고 중요한 것은 사실 자체가 아니라 사실을 제시하는 사람의 정체성이라고 말할 때 공격받는다. 그뿐만 아니라 기업가와 정부가 과학적 데이터를 무시하고, 기업의 로비와 정신 나간 정치인들 때문에 아무런 제약 없이 온실 가스가 배출될 때, 잘못된 정보를 믿은 부모들이 자녀에게 백신을 접종하지 않을 때, 근본주의자가 현대는 실패했다고 말하고 그 해결책으로 날조된 신앙심을 제시할 때, 의사결정자들이 지금 지구가 멸종의 시대로 가고 있다는 사실을 무시할 때, 인류의 이동을 막는 전례 없는 실험 때문에 수백만 명이 황폐한 고향에 갇혀 있을 때, 포퓰리스트들이 실패한 경제 정책을 추진하는데도 계속 당선될 때 역시 그렇다.

정당한 저항으로 시작된 반세계화 운동이 진보 자체를 거부하는 것으로 변질되었다.

사람들이 중세의 약 대신 오늘날의 약을 선택하는 이유는 약효 때문이다. 이제 사람들은 우물을 팔 장소를 찾을 때에 지팡이를 사용하지 않는데 그 이유는 지질학자들이 물길을 훨씬 잘 탐지하기 때문이다. 농업 연구원에서는 사람들에게 수확량을 높이고 가뭄에 잘 견디는 양질의 품종과 비료를 제공한다. 왕의 권리를 신에게서 받았다고 믿는 절대군주제 사회는 민주주의로 바뀌었다. 민주주의는 사람들에게 더 나은 정부와 행복한 삶을 제공했다. 생산방식을 사람에서 효율적인 로봇으로 바꾼 공장은 더 많은 수입을 기대할 수 있다. 과학이 발전하는 이유는 그것이 효과가 있고, 사회, 경제, 정치 구조가 과학적 발견과 연구를 통해서 확실한 이익을 얻기 때문이다. 막스 베버는 근대성이란 "예측할 수 없는 신비한 힘을 거부하고, 원칙적으로 예측을 통해서 만물을 통제할 수 있다고 믿는 것을 의미한다. 즉, 세상이 마법에서 풀렸다는 의미이다"라고 썼다.[17]

그러나 오늘날의 세상은 다른 유형의 마법, 즉 인간이 만들어낸 마법에 사로잡혔다. 진보는 성공이라는 강력한 주문을 건다. 그래서 세상은 항상 진보한다는 믿음이 생겨났다. 미개간지와 늪지 위에 도시가 세워졌다. 글을 읽지 못했던 사람들을 돕기 위해서 도서관이 지어졌다. 우리의 삶은 조부모 세대 때보다 편해졌다. 세상은 거침없이, 그리고 불가피하게 더욱 나아지고 있다.

넓은 의미에서, 세상이 진보한다는 신화는 지난 200년간 일어난 사실들을 기초로 한다. 부가 창출되고 기대 수명이 늘어나면서, 진보란 멈출 수 없으며 인류는 계속 전진하리라는 생각이 정당화되었다. 이따금 파시즘과 나치즘 같은 폭력 세력이 맹위를 떨치기도 했지만, 어쨌든 패배했다. 진보를 지향하는 민주주의는 완벽하지는 않더라도 회복력이 가장 좋으므로, 결국 승리할 것이다.

그러나 그런 생각도 하나의 신화이다. 인류가 지난 200년간 진보했다고 해서 앞으로도 계속 그러리라고, 혹은 같은 수준으로 진보하리라고 믿을 만한 이유가 사실 전혀 없다. 이따금 어떤 공동체는 전통 사회, 좀더 효율적인 사회, 인종적으로 순수한 사회, 경건한 사회로 돌아가기를 선택했지만, 그런 사회는 비이성적이거나 격렬한 증오를 유발하는 사회였다.

성공이란 진보가 주문을 건 마법이 실현된 결과이지만, 사회가 근본적인 가치관을 심각하게 위협받는다면, 그 주문은 깨질 수 있다. 그리고 그 자리를 상상을 통해서 만들어진 과거나 우월감, 거짓말에 대한 중독이 대체한다. 1979년 이슬람 혁명이 일어나기 전의 이란을 떠올려보자. 이란의 구체제는 부패했고 억압적이었으며 사회를 대단히 불평등하게 만들었지만, 여성에 대한 억압을 완화했고 경제를 성장시켰고 국민의 교육수준을 높였다. 그러다 혁명이 일어났다. 결국 신정국가가 경제와 시민사회를 엄격히 통제하게 되었다.

처음에 터키는 군부독재에서 제한된 민주주의로 옮겨갔다. 그러나 지난 10년간 다시 옛 체제로 돌아가, 이슬람 정권이 이끄는 독재국가가 되었다.

러시아 남성의 기대 수명은 선진국 남성에 비해서 10년이나 짧다. 1960년대 이후 러시아의 기대 수명은 4년밖에 늘지 않았다. 그 이유는 알코올 의존자가 많고, 선진국에 비해서 교육 및 의료 체계가 미비하기 때문이다.

기본적으로 미국 사회가 앓고 있는 문제들을 보면, 얼마나 많은 지도자들이 사회를 후퇴시키고 있으며, 미시간 주의 플린트 시에서처럼 주민들을 위험에 빠뜨리고 있는지가 고스란히 드러난다. 미국인들은 번영한 산업국가를 일종의 금융 과두정치를 하는 국가와 맞바꾸었다.

온갖 문제가 있지만, 가장 심각한 것은 환경이다. 재러드 다이아몬드와 로널드 라이트는 각각 『문명의 붕괴(*Collapse*)』[18]와 『진보의 함정(*A Short History of Progress*)』[19]에서 과거에 자연환경이 어떻게 문명의 발전과 안정에 중요한 역할을 했는지를 생생하게 묘사했다. 여기에서 우리는 인간이 천연자원을 무분별하게 개발하면 붕괴와 퇴보를 초래할 수 있다는 것을 추론할 수 있다. 라이트는 과거에 인구 증가로 인한 자원 고갈 속도가 자연의 회복 속도보다 빨랐다고 경고한다. 다이아몬드는 인류의 지속 불가능한 성장으로 자원이 고갈되면서 문명이 붕괴되는 모습을 자세히 설명한다. 즉, 인류가 연쇄 성공이라는 "진보의 함정"에 갇혀 있으므로, 재앙과 자멸이 일어날 때까지 붕괴는 계속되는 것이다.

그러나 다이아몬드와 라이트는 세계화 시대에 각국이 그 어느 때보다도 강하게 연대하면, 라이트의 표현처럼 문명 자체가 "전 세계로 확대될" 수 있다고 주장한다. 그 결과, 호모 사피엔스는 다 함께 성공하거나 다 함께 망할 것이다.[20] 오늘날에는 빙하가 녹고 종이 멸종을 향해 가고 산호초에 백화현상이 나타나고 해수면이 상승하고 있으며 사막화 또한 진행 중이다. 전 세계 표토(表土)의 절반이 현대식 영농법 때문에 지난 150년 사이에 사라져버렸다. 그래서 남은 표토에서 식량의 95퍼센트를 재배해야 한다.[21] 이런 사실들을 부정하는 것은 인류에게 과학이 절실하게 필요한 시기에 과학혁명에 등을 돌리는 것이나 마찬가지이다.

진보는, 우리에게 주는 혜택이 너무 커서 포기할 수 없는 자연력과 비슷하다. 그러나 지속 가능한 발전은 천연자원과 생태계를 보호하고, 의도적인 거짓말을 거부하는 합리적인 정치 환경에서만 일어난다. 지금까지 잊고 지낸 사실 하나를 다시 기억해야 한다. 즉, 파괴적인 대규모 전쟁이 언제든 일어날 수 있다는 두려움에는 긍정적인 면도 있다는 점이다.

전쟁은 자멸할 수 있는 수단과 정보를 가진 세계에서 언제든 불쑥 나타날 수 있는 궁극적인 위험이다. 노벨문학상을 받은 폴란드의 시인 체스와프 미워시는 1943년 나치의 자행으로 바르샤바 게토가 불태워지는 모습을 바라보면서, 로마 교황청의 명령으로 화형당하던 브루노의 모습을 이렇게 떠올렸다.

이런 광장에서
그들은 조르다노 브루노를 불태웠네.
화형 집행자들이 장작더미에 불을 붙였고,
그 가까이에 군중이 밀집해 있었지.
불길이 채 꺼지기도 전에
술집에는 사람들로 가득했고,
상인들은 어깨에 다시
올리브와 레몬 바구니를 매달았네.

나는 어느 화창한 봄날 저녁에
흥겨운 가락이 울려퍼지는
바르샤바 공원의 회전목마 옆에서
캄포 데 피오리를 생각했네.
게토 담장을 울리던 총소리는
밝은 멜로디에 묻히고,
구름 한 점 없는 높은 하늘에는
새들이 날고 있었지.

이따금 화재 현장에서 날아온 바람이

검은 연을 따라서 떠다니고

회전목마를 탄 사람들은

공중에 떠 있는 꽃잎 같아.

그 더운 바람에

소녀들의 치마가 펄럭이고

사람들은 웃고 있었네.

아름다운 바르샤바의 일요일에.[22]

21

새로운 이야기

미국 국방장관이 되기 전에 제임스 매티스는 이라크에 주둔해 있던 제1해병사단을 지휘했다. 어느 여름날, 이라크의 서부 사막 지대에 있던 미군은 한 젊은 남자를 체포했다. 그는 사단장이 탄 차량 행렬이 지나갈 때에 터트리려고 길가에 폭탄을 설치한 사람이었다. 체포된 남자가 영어로 말하는 소리가 들리자, 매티스는 그에게 다가가 대화를 시도했다. 커피와 담배 한 대를 건네받은 암살 미수범은 미군 사령관과 그의 부하들을 죽이고 싶었다고 말했다. 그들은 이라크 땅을 침략한 외국인이었기 때문이다. 매티스는 그에게 당신의 심정을 이해한다고 말하고는 악명 높은 아부 그라이브 교도소로 보낼 것이라고 알려주었다. 그 남자가 매티스에게 물었다. "장군님. 제가 만약 모범수가 되면, 나중에 미국으로 이민을 갈 수 있을까요?"[1]

이라크 청년은 자신의 나라를 침략한 외국인 이교도와 싸우고 있었다. 그러나 매티스는 자신이 이라크를 해방시키고 테러 집단으로부터 조국을 보호하기 위해서 그곳으로 파병되었다고 생각했다. 그 청년은 적국의 관대한 사령관 덕분에 교도소로 이송되기 전에 커피 한잔을 마시고 담배 한 대를 피울 수 있었다. 그러나 사령관의 제국은 결국 이라크에서 철군했고, 그 파괴적인 전쟁은 막을 내렸다.

미국은 수많은 사람들에게 꿈의 나라이다. 그 이라크 청년이 가고 싶었던 미국은 진짜 미국이 아니라 언덕 위의 빛나는 도시이다. 그것은 "미국"이라는 단어가 미국 밖에서 사는 사람들에게 불러일으키는 어떤 이미지이다. 그 청년은 자유와 풍요와 기회가 있는 땅에서 살기를 바랐다. 인류 문명사를 통틀어서 그것들을 제공하는 유일한 체제는 자유민주주의이며, 그 토대를 이루는 사상은 계몽주의와 진보주의이다.

미군 장군을 죽이고 싶었지만 미국인도 되고 싶었던 그 청년은 오늘날과 같은 혁명적인 순간을 상징한다. 그의 바람은 자유주의 질서가 지역사회와 권력구조를 어떻게 침략하고 소외시키는지를 상기시킴과 동시에, 그 질서가 얼마나 매력적인지도 보여준다.

각자의 자리로

이 책은 지난 10여 년에 걸쳐서 서로 다른 장소에서 일어난 사건들을 다룬다. 나와 대화를 나누었던 사람들(미국인 노동자, 실직한 그리스인, 중국 기업가, 시리아 난민 등)은 희망과 두려움 사이의 좁은 길을 걷고 있었다. 그 좁은 길 위에서 어떤 이는 환멸에 빠진 순간에, 어떤 이는 탈출하는 순간에 기자인 나를 만났다. 목에 높은음자리표 문신이 있던, 열일곱 살의 시리아 난민 릴란은 지금 어디에 있을까? ISIS가 장악한 조국을 탈출해서 유럽에 도착한, 당장 프로그래머로 일하기 위해서 명함을 들고 다니던 리야드는 지금쯤 일자리를 구했을까? 화염병을 만들던 그리스 무정부주의자들은 과거에 누렸던 중산층의 삶으로 돌아갔을까, 아니면 여전히 버려진 건물 어딘가에 몸을 숨기고 야수 자본주의를 공격할 계획을 짜고 있을까? 간스바이 보호소에서 억지로 먹이를 먹던 굶주린 아프리카 펭귄은 어떻게 되었을까? 펭귄들 중에서 몇 마리나 바다로 돌아갈 수 있었을까?

상황이 더욱 암울해진 요즘, 참호 속에서 저항하던 신나치주의자와 인종주의자들이 생각난다. 그들의 환상은 실현되기 시작했다. 세계가 점점 더 분열되고 단절되고 있는 것이다. 그들의 선전이 대량 학살자들을 더욱 자극하고 있다. 서양에서 해가 저물어 그림자가 길어지고 있는 지금, 그들은 무슨 계획을 꾸미고 있을까?

과거였다면, 앞의 질문들은 해결되지 않은 채로 남았을 것이다. 그러나 오늘날처럼 연결된 세상에서는 페이스북이나 왓츠앱을 이용해서 쉽게 답을 찾을 수 있다. 원하기만 한다면 누구든 내게 자신의 일상과 기념하고 싶은 일, 재난 등을 수시로 알릴 수 있다. 코바니 출신인 리야드는 지금 독일에서 프로그래머로 일한다. 그는 독일에서 일자리를 찾은 것을 행운으로 여기지만, 그 사회에서 점점 소외감을 느낀다고 말했다. 릴란은 공부를 하고 있다고 했다. 그녀는 시리아에서 탈출한 이야기는 하고 싶어하지 않는다. 반유대주의에 관해서 장황한 글들을 쓰는 콘스탄틴 플레브리스는 자신의 조언을 받던 사람들이 그리스 정계에서 요직을 차지하는 모습을 보면서 즐거워하고 있다. 스리랑카에 사는 삼파트 에카나야카는 코끼리를 막거나 코끼리를 구할 전기 울타리를 계속 홍보하면서도, 여전히 그들의 운명에 대해서는 비관적이다.

인류가 멸망한다는 예언은 지난 200년간 실현되지 않았다. 인류는 두 차례 세계대전을 치렀고, 홀로코스트를 포함해서 여러 집단 학살을 경험했지만, 종말론자보다 낙관론자의 예언이 계속 적중했다. 또다시 대공황이 온다고 주장한 사람들의 예측도 틀렸다. 냉전 기간에 인류가 자멸할까봐 두려워하면서도, 최선책은 "어차피 내일 죽을 테니 지금 먹고 마시고 즐기는 것"이라고 말했던 사람들은, 세상이 망하지 않았을 뿐만 아니라 새로운 질서 안에서 전반적으로 풍요로워졌다는 사실을 발견했다. 핵 대피소를 짓고 금을 비축해두었던 파멸 예언자들은 그 두려움 때문에 값비싼 대가를 치렀다. 승리자는 모험가와 낙관론자, 그리고 국제주의자였다.

그러나 세계화와 그것이 전파한 것들이 세계를 하나로 통합해서 빈곤을 근절하고 초국가적 보편주의와 서구식 민주주의를 전 세계에 심어줄 것이라고 주장한 사람들에게도 비슷한 일이 일어났다. 우리는 세계화가 환경과 중산층, 수많은 지역사회의 문화와 전통을 파괴한다는 사실을 잘 안다. 하지만 낙관론자들은 세계화를 난폭하고 독단적이라고 느끼는 사람들이 많지 않다고 생각했다. 우월감을 느꼈든 두려움이 없었든, 어쨌든 이 사람들은 삶에서 정체성과 의미가 가지는 중요성을 무시했다. 공포를 조장하는 사람들만큼은 아니더라도, 이들 역시 충분히 잘못 생각했다. 세계화에 대한 거센 저항이 바로 그것을 입증한다.

개혁의 시대

이 시대는 유동적이고 변덕스럽다. 국민국가는 시민을 통제하고 감시하고 조종할 능력이 커졌는데도 주권을 침해받고 있다. 세계가 점점 더 밀접하게 연결되고 있는데, 이민을 막는 장벽은 어떤 면에서 과거보다 더욱 강력해졌다. 지금의 세계 질서는 온건한 정치 지형에서 확립되었지만, 풍요로운 세상에서 태어난 사람들은 점점 더 극단주의자들에게 투표하고 있다. 진실과 거짓말을 쉽고 빠르게 구별할 수 있게 된 지금, 점점 많은 사람들이 자신이 속고 있다고 확신하고 자신도 거짓말을 퍼뜨리고 있음을 스스럼없이 인정한다. 과거보다 물질적으로 풍요로워졌지만 사람들은 기회가 거의 없다고 느낀다. 사회는 성과를 뽐내는 낙관론자들로 넘쳐나지만, 문명의 붕괴를 두려워하며 사는 사람들도 있다.

수많은 사람들을 끔찍한 가난에서 벗어나게 해준 산업혁명과 세계화, 그리고 그로부터 탄생한 제도들이 1억 명 이상의 아이들을 구했고, 국가 간 분쟁 빈도와 희생자 수를 역대 최저 수준으로 줄인 국제 규범을 확립했다. 그러나 많은 지역에서 세계경제 세력이 밀고 들어와 지역의 정체성과 불만은 무시한 채 이들을 착취하면서 저항의 씨앗이 싹트기 시작했다. 세계화는 대체로 지역공동체의 환경을 개선했지만, 반세계화 세력이 힘을 키울 수 있는 환경 또한 마련했다.

그러므로 세계는 경제 질서와 각국이 국내 문제를 다루는 방식을 전반적으로 재고하고, 세계적인 수준의 개혁을 고민해야 한다. 만약 반세계화 운동이 진보 자체에 반대하는 일종의 십자군 전쟁처럼 변질된다면 개혁의 기회는 조만간 사라질 것이다.

모든 개혁은 세계와 세계인이 상호의존적이며, 과거로 되돌아갈 수 없다는 자명한 이치를 전제로 삼아야 한다. 비록 민족주의자들이 승리해서 자유주의의 질서를 무너뜨린다고 하더라도, 세상은 여전히 서로 연결될 것이다. 그러나 그런 연결관계를 효과적으로 관리할 제도는 마찬가지로 부족하다. 상호 책임을 지는 사회는 순진한 몽상이 아니다. 그것은 꼭 필요한 조건이다. 마틴 루터 킹 주니어는 이렇게 말했다. "사실 우리 모두는 운명이라는 한 벌의 옷을 함께 입고 있어서, 꼼짝없이 서로 의존할 수밖에 없습니다. 한 사람이 직접적으로 영향을 받으면, 다른 모든 사람들은 간접적으로 영향을 받습니다."[2] 2020년 초, 코로나-19의 확산으로 세계화가 얼마나 심각한 위기에 처했는지 여실히 드러났다. 바이러스처럼 확산하는 세계화의 특성이, 순식간에 현실에서 당장 해결해야 할 치명적인 문제가 되었다. 국경 폐쇄는 외국인 혐오증이나 보호주의의 결과가 아니라 공중보건을 위해서 반드시 필요한 수단이 되었다. 또한 전염병의 확산은 안전하고 지속 가능한 삶을 보장하는 국제기구와 국제적인 기준의 부재도 드러냈다. 대규모 무역과 항공 수송을 기반으로 확립된 세계경제에서, 국제기구는 여전히 주권국들을 감시하거나 조사하지 못하며 치명적인 전염병의 확산을 신속하게 막지 못한다. 2008년에는 금융 위기가, 2020년에는 치명적인 전염병이 전 세계를 위험에 빠뜨렸다. 앞으로는 지역 분쟁이 세계 분쟁으로 확대될지도 모르겠다. 우리는 글로벌 시대에 살고 있지만, 이 시대를 관리할 능력과 책임을 가진 국제 조직은 없다.

현 세계 질서의 근본 문제들을 해결하기 위해서 지난 20년간 수많은 대책과 개혁안이 등장했다. 여기에서 그 해결책을 전부 다룰 수는 없으며, 따라서 채택할 만한 몇 가지 해법만 소개하고자 한다.

세계는 인류 최대의 문제인 기후변화를 다루기 위해서 구속력 있는 의정서를 채택해야 한다. 당연한 논리이지만, 선진국은 지금까지 배출한 오염물질과 온실 가스, 그리고 그로 인해서 저개발국들이 입은 막대한 피해에 대하여 충분한 비용을 부담해야 한다. 그리고 더욱 중요한 점은 전 세계에 새로운 경제 모델이 절실하다는 사실이다. 재사용을 늘리고 낭비를 줄여서 자원을 최대한 활용하는, 순환 경제 개념을 도입할 필요가 있다. 기후 위기에 대한 공동 대응책이 마련된다고 하더라도, 위기가 확산되면서 기후 난민이 된 수많은 사람들을 돕기 위한 국제 협력 기구는 여전히 필요하다. 또한 생물 다양성이 감소하고 멸종 생물 종이 증가하는 문제도 고민해야 한다. 그래서 영토의 일부가 생태 보호구역으로 지정된 가난한 나라들에 적절한 보상책을 마련해주어야 한다.

기존 국제기구들도 변화가 시급하다. 오늘날 UN의 핵심 기구인 안전보장이사회의 상임 이사국은 (제2차 세계대전 승전국인 미국, 러시아, 영국, 프랑스, 중국) 5개국이며, 이들은 15개 회원국을 통제할 수 있는 거부권을 가진다. 이 거부권을 없애거나 아프리카와 중남미 국가들에 그와 비슷한 특권을 부여하는 방식을 통해서 안전보장이사회를 개혁할 필요가 있다. 국제적인 결정을 내릴 때 아프리카와 중남미 국가들이 지금보다 더 많은 영향력을 행사할 수 있어야 한다. 제2차 세계대전 결과에 따라서 조직된 UN을 처음 형태 그대로 앞으로도 계속 유지할 필요는 없다.

미국이 초강대국의 의무와 책임을 회피하는 태도는 미국은 물론 전 세계에도 위협이 된다. 특히 미국의 국채 금리와 달러 가치가 세계경제에 미치는 영향을 생각한다면, 고립주의는 세계 최대 경제국이 할 수 있는 현명한 선택이 아니다. 미국은 UN과 같은 각종 국제기구들의 힘을 약화시키고 있다. 세계은행이나 IMF뿐만 아니라 UN과 같은 조직들도 세계적인 안정과 번영을 확보하는 데에 중요한 역할을 하므로, 미국의 지원이 절실하다.

전 세계의 무역 규칙 역시 개혁이 시급한데, 특히 큰 어려움 없이 약소국이 강대국에 공산품이나 농산물을 수출할 수 있게 해주어야 한다. 2001-2008년에 도하에서 열린 WTO 각료 회의에서 그런 내용의 개혁안이 마련되었으나 실행되지는 못했다.

다국적기업의 세금 탈루 행위와 책임 회피에서 드러났듯이, 이런 기업들이 도덕적, 법적으로 면책받지 못하도록 필요한 제도를 마련해야 한다. 최근에는 대형 인터넷 기업들이 비난의 대상이 되고 있다. 이런 기업들의 규모와 영향력, 개인의 사생활과 민주주의에 끊임없이 가하는 위협 등을 고려하면, 이들이 독점 체제를 구축하지 못하도록 사례별로 꼼꼼하게 감시할 수 있는 규제법도 필요하다.

일반적으로 각국들이 기업과 억만장자들을 끌어들이기 위해서 법인세와 부유세를 경쟁적으로 낮춘다면, 그 나라들이 세계무대에서 중요한 행위자들이 되어 대표성까지 갖추게 되더라도 국가권력은 계속해서 약화될 것이다. 이를 막으려면 세계적인 조세제도가 마련되어야 한다. 중산층과 상위 1퍼센트 사이에 존재하는 조세 불평등은 공정 사회라는 가치는 물론 자본주의에도 매우 유해하며, 각종 극단주의 세력이 부상하는 빌미가 되기도 한다.

세계적인 세제 개혁 또한 필요하다. 거대 기업이 부유한 선진국에만 영향을 미치는 것은 아니기 때문이다. 오늘날 서구에서는 유럽과 미국 이외의 나라들에서 형성된 과격하고 위험한 정치 담론 덕분에 페이스북이나 구글 같은 기업들이 얼마나 많은 이윤을 올리고 있는지 의식하지 못한다. 이들 기업은 지역 주민을 고용해서 생산 활동을 벌이는 지역 기업들에 손해를 끼치고 있지만, 해당 지역에 세금은 거의 내지 않는다. 이 문제는 개별 합의 방식으로 해결할 수 없다. 그러므로 전 세계에서 온라인 거래를 통하여 이윤을 남기는 사람들은, 이러한 방식으로 수입을 얻는 사람들을 대표하는 정부에 세금을 지불해야 한다.

앞으로 자본주의는 인구가 줄어드는 사회에 맞게 수정될 필요가 있지만, 아직 이 문제는 진지하게 다루어지지 않고 있다. 지금의 이민 위기는 서구 나라들에 기회가 될 수 있다. 출생률이 급감하는 지금, 각국은 이민 윤리 같은 것을 마련해서 채택해야 한다. 이것은 현실적인 요구이다. 그럼에도 불구하고 서구 사회가 이민자를 최소 수준으로만 받고 싶다면, 최선책은 이민자들의 출신 지역에 막대한 투자를 해서 그곳을 살 만한 환경으로 만드는 것이다. 비록 서구 사회가 자신들의 식민지 정책으로 발생된 피해와 불평등에 책임을 질 준비가 되어 있지 않더라도, 그들은 자국의 이익을 위해서라도 가난한 나라가 발전하도록 투자를 아끼지 말아야 한다.

지금까지의 설명은 그저 예시일 뿐이다. 이것들 중에서 어느 것도 특별히 새롭거나 놀랍지 않지만 이 책에서는 다룰 만한 가치가 있는 대책들이다. 이것들은 대체로 일반적인 방식이며, 그렇다고 해서 덜 중요한 것은 아니다.

새로 쓰여야 할 이야기

세계화는 여전히 불안하고 결함이 많지만, 국제사회에서 관할권과 지휘권 문제를 개선하고 무역 정책을 개혁하며 저개발국들의 발전을 돕고 지속 가능한 환경에 맞는 경제 질서를 마련할 방법에 대한 아이디어는 부족하지 않다. 그러나 근본적인 문제는 유권자들이 세계화의 각종 문제에 맞서 싸우려고 하지 않는다는 점이다.

지도자와 정책 결정자들은 안정되고 더 나은 세상을 만들 수 있는 계획과 정책이 무엇인지 알고 있지만, 자신들의 정치적 이익을 희생하면서까지 그 것들을 실행할 마음은 없다. 자칫 시도했다가 실패할 경우, 포퓰리즘의 물결에 휩쓸려 자리에서 물러나야 할지도 모르기 때문이다. 약해진 주류 정치에는 희망이 거의 보이지 않는다. 좌파는 세계화와 그 사례들이 착취 세력때문에 오염되었다고 생각한다. 우파는 세계화가 공동체의 가치를 위협한다고 여긴다. 책임의 시대는 끝났으며, 오늘날의 지도자와 대중은 세계 전쟁을 경험하지도 않았고, 전쟁의 상흔도 없다. 많은 사람들이 국제 협력에 관한 논의를 싫어한다. 신중함은 사라지고, 그 자리를 모험주의가 대신한다. 그래서 지금 계몽주의의 가치는 잘해봐야 기정사실로 간주되고, 최악에는 사실상 독재나 가공의 딥 스테이트(민주주의제도 밖에 숨어 있는 권력 집단/옮긴이)의 도구로 치부된다. 몰락하기 전 로마처럼, 세계화에는 철학자가 아니라 전사가 부족하다. 민주주의 사회에서 전사는 유권자를 의미한다.

세계화는 그 자체로는 지속이 불가능하다. 세계화가 제공하는 이야기가 명백한 거짓일 때는 그것을 바꾸기가 어렵다. 예컨대 "우리 모두 승자가 될 것이다. 우리는 한 가족이다!"와 같은 말이 바로 그렇다. 콩고의 콜탄 광산과 디트로이트의 가난한 마을 주민은 세계화에 관한 그런 진부한 표현이 거짓말이고 사기라는 것을 이미 안다. 산업화와 수요공급의 법칙이 세상을 움직이는 원리라는 사실을 모두가 아는데, 과연 누가 단결해서 싸우겠는가? 그렇게 할 이들은 오직 최상류층뿐일 것이다.

세계화의 두 축인 산업화와 수요공급의 법칙은 둘 다 심각한 결함이 있다. 하나는 완벽히 잘못되었고, 다른 하나는 대중의 지지를 받지 못한다. 대중은 첫 번째 것을 신뢰하지 않고 두 번째 것은 받아들일 수 없다. 그리고 둘 다 지역과 관련된 모든 것들을 위협한다. 지역공동체는 일자리 상실, 임금 정체, 환경오염, 토지 침식, 해수면 상승 등의 문제로 고통을 겪고 있다. 종교적, 국가적 정체성은 낡은 것이라고 조롱받는다. 사람들은 점점 자신들의 제도로는 세계적인 세력의 무서운 전횡에 맞서 싸울 수 없다고 믿게 되었다. 개인들은 삶을 안전하게 지탱해주던 기존 제도를 버리고, 연방준비제도 이사회의 금리 정책 같은 것에 좌우되는 생소한 보편적 제도를 채택할 것이다. 하나의 정치 구조로 자리잡은 현 세계 질서는 마치 자연력처럼 행세하며, 시민들에게 복종을 강요하고 제공되는 혜택을 받아들이라고 요구한다. 그러나 사람들은 세계화와 그 가치가 이미 정해져 있는 것도 아니고 영원하지도 않으며, 세계화가 만든 제도들 역시 제약을 받을 수 있고, 이따금 폐지되기도 한다는 사실을 안다. 산업화와 상호 연결성은 바람이나 태양, 파도 같은 자연물이 아니다.

그러므로 해야 할 일은 명확하다. 세계화된 세계를 개혁할 새롭고 창의적인 방법을 찾아야 할 뿐만 아니라 개혁을 하겠다는 동기 부여도 필요하다. 이 말은 저항의 에너지를 개혁으로 끌어들여야 한다는 의미이다. 자유주의 질서와 그 산물인 세계화를 실현할 수 있되 주류 세력을 혁신할 새로운 이야기가 필요하다.

21세기에 사람들은 조국과 종교를 위해서 싸울 것이다. 그러나 과연 이들이 자유, 과학, 호혜주의에 기초한 상호 연결된 세계, 보편적 가치 등을 위해서도 싸울까? 아니면 그런 것들이 싸울 만한 가치가 있다고 사람들을 설득할 수 있을까?

새로운 이야기의 윤곽은 이미 분명하다. 주권국은 세계화된 세계나 보편적 가치의 적이 아니다. 애국심이 보편적 이익과 양립하지 못한다는 생각은 민족주의자들의 논리이자, 명백히 잘못된 이분법이다. 국제사회는, 주권국들이 복잡한 세계화 사회에서 생존하고 번영하며 실패하지 않도록 필요한 수단을 제공해야 한다. 지금의 국제 질서는 국가 간 분쟁에 어느 정도 개입할 수 있는 여건은 마련했지만 각국의 국내 분쟁을 막을 적절한 방법은 국제 질서 역시 가지고 있지 않다. 특정 국가에서 내전이나 대량 살상이 일어나면 전 세계가 영향을 받는다. 그러므로 세계가 점점 통합될수록, 이전에는 지역 문제로 치부되었던 분쟁들에 국제사회가 개입할 필요성이 커질 것이다.

기술이 발전하는 속도가 빨라짐에 따라서 각국을 가장 심각하게 위협할 문제는 어쩌면 실업일 것이다. 연금, 의료, 사회보장제도의 개혁이나 은퇴 연령 조정 등 과감한 조치들이 필요하다.

또한 기술 혁신이 진행 중인 사회들은 기본적으로 더 나은 사회 안전망을 마련하고 시민을 결속시키기 위해서 더 많은 일을 해야 한다. 누진 소비세와 같은 새로운 유형의 세금을 부과하는 한편, 세율도 높여야 할 것이다. 전 세계가 점점 더 밀접하게 연결되고 있으므로 국가 간의 연대도 강화해야 한다.

부유한 도시민에게 연대세를 부과해서 그 돈으로 농촌에 기반시설과 교육에 대한 투자를 늘리더라도 맨해튼이나 런던은 무너지지 않을 것이다.

그러나 경제 엘리트 집단이 민족주의나 극보수주의 세력과 손을 잡고, 증세를 거부하면서 수많은 사람들을 보살피지 않는다면, 거센 역풍을 맞을 것이다.

하나의 정치사상으로서 세계화는 정체성과 지역성, 전통주의를 파괴하지 말고 오히려 이것들을 인정해야 한다. 국민 정서는 세계화의 적이 아니며 자유주의의 수호자가 될 수 있다. 세계가 점점 비슷해질수록 엘리트 집단은 국기를 흔드는 사람들을 민족주의자로 매도하지 말고 포용해야 한다.

이민에 관해서 공개적인 논의도 하지 않은 채 이민자들을 받아들이도록 각 나라들에 강제할 수 없다. 또한 재빨리 이익을 취하고 빠져나가는 다국적기업들의 횡포에 각국의 국민들이 휘둘리게 두어서도 안 된다. 사람들은 자신의 정체성을 존중받으리라고 확신할 때, 대의를 위해서 기꺼이 싸운다. 고전적인 보수 자유주의는 인권뿐만 아니라 식민지 주민을 보호하기 위해서 제국주의를 거부하고, 품위 있는 전통이라는 이름으로 자선 행위를 장려한다. 이런 이야기들이 세계화에 새롭게 접목되어야 한다.

새로운 세계화는 평범한 사람들과 중산층에게만 유익해서는 안 된다. 특히 세계화 때문에 강제로 붕괴될 위험에 처한 공동체에도 혜택이 돌아가야 한다. 정의라는 가치에 중점을 둘 때에만 사람들을 결속시키고 자율적으로 행동하게 할 수 있다.

***

진보를 통해서 이룬 성취를 그저 말로만 반복한다면, 우리는 2016년 11월 미국 대선 때로 돌아가고 말 것이다. 계몽주의가 거둔 성과는 반박할 수 없는 사실이지만, 사람들에게 그것을 상기시킨다고 한들 정치적인 변화는 일어나지 않는다. 또한 자칫 잘못하면, 계몽주의에 비판적인 사람들을 더욱 소외시킬 위험이 있다. 만약 사람들이 그 소외감을 진보의 전형적인 모습이라고 확신하게 되면, 진보에 반대해야만 자유를 얻을 수 있다고 생각할 수 있다. 그래서 소외감에서 벗어나기 위해서는 전진이 아닌 후퇴를 해야 한다고 판단할지도 모른다. 좌파든 우파든, 자유주의 질서를 인정하는 사람들은 모두 스스로를 다수라고 생각해왔다. 그러나 그 믿음은 무너지고 있다. 이제는 용감하게 반대 입장에 서서 생각해볼 필요가 있다. 트럼프가 세계에서 가장 강력한 인물이 되고, 조지 플로이드 사망 사건에 대한 항의 시위와 시민 단체 주도의 환경운동이 활발하게 일어나면서, 그들이 딛고 서 있던 땅이 흔들리기 시작했다.

미국에서 남북전쟁이 일어나기 얼마 전에 프레더릭 더글러스는 이렇게 말했다. "투쟁은 흥분과 동요를 일으키고 흠뻑 빠져들게 하며 잠시 동안 모든 다른 소란들을 잠재웁니다. 투쟁은 반드시 필요합니다. 그렇지 않으면 아무 일도 일어나지 않습니다. 투쟁이 없으면 진보도 없습니다."[3] 그의 말은 진보가 가져다준 혜택을 마냥 그리워하거나 현재에 만족하는 것만으로 진보가 저절로 이루어지지는 않는다는 사실을 상기하게 해준다. 계속 진보하려면 열심히 투쟁하고 기꺼이 변하겠다는 의지를 보여주어야 한다.

도처에서 저항이 일어나고 있다. 저항하는 사람들은 책임의 시대가 남긴 유산을 제거하고 있다. 그러나 이런 혁명적인 순간이 가져다줄 기회, 즉 더욱 공정하고 지속 가능한 세상을 만들 기회는 그것이 예고하는 위험보다 더 크다. 우리의 목표는 이전 시대에 지어진 집을 보호하는 것이 아니라 그 집을 더욱 살 만한 공간으로 개조하는 것이다. 그것이 지금 우리가 할 일이다.

2020년, 이스라엘 가니 티크바와 그리스 피나카테스에서

감사의 말

이 책은 지난 20여 년간 내가 기자로서 취재하고 체험한 결과물로, 나로서는 한때 내가 몸담았거나 지금 적을 두고 있는 모든 신문사와 방송사에 큰 빚을 진 셈이다. 그들은 정확한 뉴스를 신속하게 전달해야 하는 어려운 사정 속에서도 내게 많은 재량을 허용해주었고, 덕분에 이 책이 탄생할 수 있었다. 특히 이스라엘 방송 「뉴스 10」과 「레셰트 뉴스 13」, 일간지 「예디오트 아흐로노트(*Yedioth Ahronoth*)」와 「마리브(*Ma'ariv*)」, 잡지 「리버럴(*Liberal*)」 등은 이 책에 내 칼럼과 취재 자료를 사용할 수 있게 해주었다. 그들에게 고맙다는 말을 전하고 싶다. 이 책의 히브리어판을 성공적으로 출판해준 예디오트 북스 출판사의 두 대표, 도브 에이헨왈드와 이얄 다두슈에게도 감사한다. 내게는 에이전트 이상인 데보라 해리스에게도 고마운 마음을 전한다. 그녀의 지혜와 결단력이 없었다면 나는 내 원고들을 책으로 묶어내지 못했을 것이다.

내 책을 영어로 번역해준 하임 와츠먼은 고맙게도 날카로운 비평과 함께 여러 가지 오류를 지적해주었다. 조지 엘트먼 역시 소중한 의견을 주고 오류를 바로잡아주었으며, 그의 훌륭한 조언 덕분에 이 책의 내용이 훨씬 더 나아졌다. 인발 애셔는 사실 여부와 출처를 확인해주었을 뿐만 아니라 내용에 대해서도 비판을 아끼지 않았다.

이 책의 히브리어판의 편집자이자 「하레츠」 국제 뉴스 편집자이기도 한

다프나 마오르는 내게 정말 중요한 사람이다. 노아 아미엘 라비와 인바르 골란은 이 책에 필요한 추가 조사를 맡아주었다. 그외에 안셸 프페페르, 리아드 무드리크 박사, 야이르 아슐린, 토메르 페르시코 박사, 오리 카츠 박사, 우리 샤나스 교수, 세피 헨들러 박사, 요아브 야이르 교수, 유발 드로르 박사, 오메르 모아브 교수, 제러미 포겔 박사, 루티 코렌, 힐리크 샤리르, 아리엘 엘그라블리, 갈리 바르탈, 오리트 코펠, 안토니아 야민, 에마누엘 엘바즈 펠프스, 다비드 아가시, 네타 리브네, 노암 기드론 박사, 바라크 라비드 등 수많은 친구들과 전문가들이 자료를 제공하고, 오류를 수정해주었다. 이 책에서 발견되는 오류는 온전히 내 실수임을 밝혀둔다.

늘 내게 용기를 북돋워주는 부모님과 사랑하는 아내 타마르 이시 샬롬은 정말 중요하고 고마운 사람들이다. 그녀는 이 책의 첫 번째 독자이자 가장 중요한 독자이다. 세상에서 가장 소중한, 가족과의 시간을 희생해준 아내와 우리 아이들, 조하르, 힐렐, 나오미에게 말로 표현할 수 없는 고마움을 느낀다.

주

서론

1. Howard J. Langer, ed., *World War II: An Encyclopedia of Quotations*(Abingdon, UK: Routledge, 2013), 39.

2. William A. Lydgate, "My Country, Right or Left?" *The Magazine of the Year*, 1947, http://www.oldmagazinearticles.com/cold_war_opinion_poll-pdf.

3. Ibid.

4. Edward T. Imparato, "General MacArthur: Speeches and Reports 1908–1964"(Nashville, TN: Turner, 2000), 192, 247; General Douglas MacArthur, Radio broadcast from the battleship USS Missouri, September. 2, 1945, Missouri battleship memorial, https://ussmissouri.org/learn-the-history/surrender/general-macarthurs-radio-address.

5. Martin W. Sandler, ed., *The Letters of John F. Kennedy*(New York: Bloomsbury, 2013), 230

6. Roberto Stefan Foa and Yascha Mounk, "The Signs of Deconsolidation," *Journal of Democracy* 28, no. 1 (2017), p. 5–15.

7. "Trends in Armed Conflict, 1946–2017," Peace Research Institute Oslo (PRIO), May 2018, https://www.prio.org/utility/DownloadFile.ashx?id=1698&type=publicationfile.

8. Max Roser and Esteban Ortiz-Ospina, "Literacy," in *"Our World in Data, 2019"* (data sources: OECD; UNESCO), https://ourworldindata.org/literacy.

9. Tomas Hellebrandt and Paolo Mauro, "The Future of Worldwide Income Distribution," Peterson Institute for International Economics, Working Paper Series 15–7, 2015, [data sources: OECD; Consensus Forecasts; IMF/World Bank; authors' forecasts for growth; United Nations for population projections; Luxembourg Income Study and World Bank for household survey data on income distribution].

10. Foa and Mounk, "The Signs of Deconsolidation".

제1장 언론사가 공격받다

1. "Poverty and Shared Prosperity 2018: Piecing Together the Poverty Puzzle," The World Bank, 2018, https://openknowledge.worldbank.org/bitstream/handle/10986/30418/9781464 813306.pdf.

2. Francisco Alcalá and Antonio Ciccone, "Trade and Productivity," *Quarterly Journal of Economics* 119, no. 2 (2004), 613−46.; Steven N. Durlauf, Paul A. Johnson, and Jonathan R. W. Temple, "Growth Econometrics," *Handbook of Economic Growth* 1 (2005), pp. 555−677.

3. James C. Riley, "Estimates of Regional and Global Life Expectancy, 1800−2001," *Population and Development Review*, 31, no. 3 (2005), 537−43; Richard A. Easterlin, "The Worldwide Standard of Living since 1800," Journal of Economic Perspectives, 14, no. 1 (2000), 7−26.

4. "How has life expectancy changed over time?" Decennial Life Tables, Office for National Statistics (UK), September 9, 2015, https://www.ons.gov.uk/peoplepopulationandcommunity/ birthsdeathsandmarriages/lifeexpectancies/articles/howhaslifeexpectancychangedovertime/20 15−09−09; Max Roser, "Life Expectancy," in "Our World in Data, 2019," (data source: Human Mortality Database, University of California), https://ourworldindata.org/life-expectancy.

5. Max Roser and Esteban Ortiz-Ospina, "Global Extreme Poverty," in "*Our World in Data*, 2019," (data source: François Bourguignon and Christian Morrisson, 2002), https:// ourworldindata.org/extreme-poverty.

6. Max Roser, "Child Mortality," in "*Our World in Data*, 2019," (data sources: Gapminder; World Bank), https://ourworldindata.org/child-mortality.

7. Martin Ravallion, "The Idea of Antipoverty Policy," Working Paper 19210, National Bureau of Economic Research (US), 2013, https://www.nber.org/papers/w19210.pdf.

8. Arthur Young, 1771, quoted in Edgar S. Furniss, "The Position of a Labourer in a System of Nationalism: A Study in the Labor Theories of the Later English Mercantilists," (Boston and New York: Houghton Mifflin, 1920), 118.

9. Bernard De Mandeville, "An Essay on Charity and Charity Schools," in *The Fable of the Bees: Or, Private Vices, Publick Benefits*, 3rd ed., (J. Tonson, 1724; reprinted from 1714), 328.

10. Philippe Hecquet, 1740, quoted in Daniel Roche, *The People of Paris: An Essay in Popular Culture in the Eighteenth Century*(Berkeley: University of California Press,

1987), 64.

11. Immanuel Kant, "What Is Enlightenment?" in *Eighteenth-Century Answers and Twentieth-Century Questions*, ed. James Schmidt (Berkeley: University of California Press, 1996), 58.

12. Karl Marx and Friedrich Engels, *The Communist Manifesto*(New York: Simon & Schuster, 2013; reprinted from 1848), 63.

13 Clayton Roberts, David F. Roberts, and Douglas R. Bisson, *A History of England, Volume 2: 1688 to the Present*, 6th ed. (Abingdon, UK: Routledge, 2016), 357.

14. David Mitch, "The Role of Education and Skill in the British Industrial Revolution," in Joel Mokyr, *The British Industrial Revolution: An Economic Perspective*, 2d ed.(Boulder, CO: Westview Press, 1998; reprinted from 1993), 241−79; Sascha O. Becker, Erik Hornung, and Ludger Woessmann, "Education and Catch-up in the Industrial Revolution," *American Economic Journal: Macroeconomics* 3, no. 3 (2011): 92−126.

15. Max Roser, and Esteban Ortiz-Ospina, "Primary and Secondary Education," in *"Our World in Data*, 2019," (Data sources: OECD and IIASA, 2016; Wittgenstein Centre for Demography and Global Human Capital, 2015), https://ourworldindata.org/primary-and-secondary-education].

16. Oded Galor, and Omer Moav, "Das Human Kapital: A Theory of the Demise of the Class Structure," *Review of Economic Studies* 73 (2006): 85−117.

17. Roser and Ortiz-Ospina, "Global Extreme Poverty."

18. Voltaire, "Défense du Mondain ou l'apologie du luxe," 1736, in Theodore Besterman, *Voltaire's Notebooks*(Geneva: Voltaire Institute and Museum, 1952), 244.

19. Gregory Clark, "Introduction: The Sixteen-Page Economic History of the World," in *A Farewell to Alms: A Brief Economic History of the World*(Princeton, NJ: Princeton University Press, 2007), 1.

20. Angus Maddison, *The World Economy*(Paris: OECD, 2003), 263.

제2장 한 달에 두 번 목욕하는 사람들

1. "GDP per Capita (current US$)—China," World Bank, 2019, https://data.worldbank.org/indicator/NY.GDP.PCAP.CD?locations=CN.

2. Hu Angang, Hu Linlin, and Chang Zhixiao, "China's Economic Growth and Poverty Reduction (1978−2002)," in *India's and China's Recent Experience with Reform and Growth*, ed. Wanda Tseng and(Basingstoke, UK: Palgrave Macmillan, 2005), 59−90.

3. "China-Systematic Country Diagnostic," World Bank, 2017, http://documents.worldbank. org/curated/en/147231519162198351/pdf/China-SCD-publishing-version-final-for-submissi on-02142018.pdf, 20.

4. "Literacy Rate," Data for Sustainable Development Goals—China, UNESCO, 2018, http://uis.unesco.org/en/country/cn#slideoutmenu.

5. "Trends in Under-Five Mortality Rate," Key Demographic Indicators—China, UNICEF, 2018, https://data.unicef.org/country/chn/.

6. Quoted in Susan Whitfield, *Life Along the Silk Road*, (Berkeley: University of California Press, 1999), 21.

7. Valerie Hansen, *The Silk Road: A New History*(New York: Oxford University Press, 2012), 9-10, 139.

8. Moahn Nair, "Understanding and Measuring the Value of Social Media," *Journal of Corporate Accounting & Finance* 22, no. 3 (2011): 45−51.

9. Richard Dobbs , James Manyika, and Jonathan Woetzel, *"The Four Global Forces Breaking All the Trends"*, in *No Ordinary Disruption*(New York: Public Affairs and McKinsey Global Institute, 2015).

10. Paul Hirst and Grahame Thompson, "Global Myths and National Policies," in *Global Democracy: Key Debates*, ed. Barry Holden(Abingdon, UK: Routledge, 2000) 50.

11. Esteban Ortiz-Ospina, Diana Beltekian, and Max Roser, "Trade and Globalization," Our World in Data, 2018"(data source: Giovanni Federico and Antonio Tena-Junguito, 2016), https://ourworldindata.org/trade-and-globalization#trade-has-grown-more-than-proportionate ly-with-gdp.

12. "Global Citizenship a Growing Sentiment Among Citizens of Emerging Economies: Global Poll," Globescan for BBC, April 27, 2016, https://globescan.com/wp-content/uploads/ 2016/04/BBC_GlobeScan_Identity_Season_Press_Release_April%2026.pdf, 1, 4.

13. Eric C. Marcus, Morton Deutsch, and Yangyang Liu, "A Study of Willingness to Participate in the Development of a Global Human Community," *Peace and Conflict: Journal of Peace Psychology*, 23, no. 1 (2017): 89−92.

14. Anthony Elliott, *Contemporary Social Theory: An Introduction*(Abingdon, UK: Routledge, 2014), 322−28.

15. Sugata Mitra, "Self-Organising Systems for Mass Computer Literacy: Findings from the 'Hole in the Wall' Experiments," *International Journal of Development Issues* 4, no. 1 (2005): 71−81.

16. Alvin Toffler, *Future Shock*(New York: Random House, 1970), 413-18.

17. Ian Johnson, "Chinese Activists Continue Calls for Protests," *New York Times*, February. 25, 2011, https://www.nytimes.com/2011/02/26/world/asia/26china.html.

18. Andrew Jacobs and Jonathan Ansfield, "Catching Scent of Revolution, China Moves to Snip Jasmine," *New York Times*, May 10, 2011, http://www.nytimes.com/2011/05/11/world/asia/11jasmine.html.

19. *Life*, February. 17, 1941, 65.

20. *The Bhagavad Gita*, trans. Juan Mascaro(New York: Penguin, 1962), 92.

제3장 세계화 전쟁

1. Edward Wong, "In China, Breathing Becomes a Childhood Risk," *New York Times*, April 22, 2013, http://www.nytimes.com/2013/04/23/world/asia/pollution-is-radically-changing-childhood-in-chinas-cities.html.

2. Delin Fang, et al., "Clean Air for Some: Unintended Spillover Effects of Regional Air Pollution Policies," *Science Advances* 5, no. 4 (2019), https://advances.sciencemag.org/content/5/4/eaav4707/tab-e-letters.

3. Celia Hatton, "Under the Dome: The Smog Film Taking China by Storm," BBC, March 2, 2015, http://www.bbc.com/news/blogs-china-blog-31689232.

4. "Air Pollution," World Health Organization, 2018, https://www.who.int/airpollution/en/.

5. "The Cost of a Polluted Environment: 1.7 Million Child Deaths a Year," World Health Organization, March 6, 2017, http://www.who.int/mediacentre/news/releases/2017/pollution-child-death/en/.

6. "9 out of 10 People Worldwide Breathe Polluted Air, but More Countries Are Taking Action," World Health Organization, May 2, 2018, https://www.who.int/news-room/detail/02-05-2018-9-out-of-10-people-worldwide-breathe-polluted-air-but-more-countries-are-taking-action.

7. Qiang Zhang et al., "Transboundary Health Impacts of Transported Global Air Pollution and International Trade," *Nature* 543 (2017): 705-9, https://doi.org/10.1038/nature21712.

8. Ibid., 708-9.

9. "The Air Quality Life Index," Energy Policy Institute at the University of Chicago (EPIC), https://aqli.epic.uchicago.edu/the-index/.

10. 이매뉴얼 월러스틴은 국제무역과 세계경제에서 주변부와 대도시의 역학관계를 분석하여 이 분야에서 중요한 업적을 남겼다.

Immanuel Wallerstein, *World-Systems Analysis: An Introduction*(Durham, NC: Duke University Press, 2004).

11. Jing Meng et al., "The Rise of South-South Trade and Its Effect on Global CO_2 Emissions," *Nature Communications* 9, no. 1(2018): 1–7, https://www.ncbi.nlm.nih.gov/pmc/articles/PMC5951843/.

12. Derek Thompson, "The Economic History of the Last 2,000 Years in 1 Little Graph," *The Atlantic*, June 19, 2012, https://www.theatlantic.com/business/archive/2012/06/the-economic-history-of-the-last-2-000-years-in-1-little-graph/258676/.

13. Gottfried Wilhelm Freiherr von Leibniz, *The Preface to Leibniz' Novissima Sinica: Commentary, Translation, Text*, ed. and trans. Donald Frederick Lach (Honolulu: University of Hawaii Press, 1957; original text published 1699), 69.

14. Emperor Qianlong, Letter to George III, 1793, in Harley Farnsworth MacNair, *Modern Chinese History: Selected Readings*(Shanghai: Commercial Press, 1923), 4–5.

15. Nick Robins, *The Corporation That Changed the World: How the East India Company Shaped the Modern Multinational*(London: Pluto Press, 2006), 152.

16. Hsin-pao Chang, *Commissioner Lin and the Opium War*, (Cambridge, MA: Harvard University Press, 1964), 172–79.

17. Lin Zexu, "Letter to the Queen of England," in *The Chinese Repository*, Vol. 8 (Canton Press, 1840) https://books.google.com/books?id=ngMMAAAAYAAJ&printsec=frontcover&source=gbs_ge_summary_r&cad=0#v=onepage&q&f=false, 499.

18. Angus Maddison, *Contours of the World Economy 1–2030 AD: Essays in Macro-Economic History*(New York: Oxford University Press, 2007), 379.

19. Weimin Zhong, "The Roles of Tea and Opium in Early Economic Globalization: A Perspective on China's Crisis in the 19th Century," *Frontiers of History in China* 5, no. 1 (March 2010): 86–105.

20. Letter from Willaim Jardine to Dr. Charles Gutzlaff, 1832, quoted in Maurice Collis, *Foreign Mud: Being an Account of the Opium Imbroglio at Canton in the 1830s and the Anglo-Chinese War that Followed*(New York: New Directions, 2002; first published 1946), 82.

21. W. E. Gladstone, "War with China—Adjourned Debate," *Hansard Parliamentary Debates, House of Commons*, April 8, 1840, Vol. 53, cols. 817–18, https://api.parliament.uk/historic-hansard/commons/1840/apr/08/war-with-china-adjourned-debate#column_821.

22. Whitney Stewart, *Deng Xiaoping: Leader in a Changing China*(Minneapolis: Lerner,

2001), 23.

23. Zheng Bijian, "The Three Globalizations and China," HuffPost, November 26, 2014, https://www.huffpost.com/entry/globalization-and-china_b_4668216.

24. Paul Michael Linehan, *The Culture of Leadership in Contemporary China: Conflict, Values, and Perspectives for a New Generation*(Lanham, MD: Lexington Books, 2017), 107−22.

25. Yefu Gu et al., "Impacts of Sectoral Emissions in China and the Implications: Air Quality, Public Health, Crop Production, and Economic Costs," *Environmental Research Letters* 13, no. 8 (2018).

26. Library of Congress, "Federal Research Division Country Profile: Haiti, May 2006," https://www.loc.gov/rr/frd/cs/profiles/Haiti.pdf.

27. Malick W. Ghachem, "Prosecuting Torture: The Strategic Ethics of Slavery in Pre-revolutionary Saint-Domingue (Haiti)," *Law and History Review* 29, no. 4 (2011): 985−1029; Anthony Phillips, "Haiti, France and the Independence Debt of 1825," Canada Haiti Action Network, 2008, https://www.canadahaitiaction.ca/sites/default/files/Haiti%2C%20France%20and%20the%20Independence%20Debt%20of%201825_0.pdf.

28. Quoted in Carolyn E. Fick, *The Making of Haiti: The Saint Domingue Revolution from Below*(Knoxville: University of Tennessee Press, 1990), 19.

29. Ibid., 20.

30. David Geggus, *The Haitian Revolution: A Documentary History*(Indianapolis, IN: Hackett, 2014), 13.

31. James, *The Black Jacobins*, 74.

32. Ibid., 271.

33. Ibid., 78.

34. "Haitian Constitution of 1801," The Louverture Project, trans. Charmant Theodore, 2000, http://thelouvertureproject.org/index.php?title=Haitian_Constitution_of_1801_(English).

35. Tim Matthewson, "Jefferson and the Nonrecognition of Haiti," *American Philosophical Society* 140, no. 1 (1996): 22−48.

36. "Haiti's Troubled Path to Development," Council on Foreign Relations, March 12, 2018, https://www.cfr.org/backgrounder/haitis-troubled-path-development.

37. Herb Thompson, "The Economic Causes and Consequences of the Bougainville Crisis," *Resources Policy* 17, no. 1 (1991): 69−85.

38. "PNG Leader Apologises to Bougainville for Bloody 1990s Civil War," Australian

Associated Press, January 29, 2014, https://www.theguardian.com/world/2014/jan/29/papua-new-guinea-apologises-bougainville-civil-war.

39. Daniel Flitton, "Rio Tinto's Billion-Dollar Mess: 'Unprincipled, Shameful and Evil,'" *Sydney Morning Herald*, August 19, 2016, http://www.smh.com.au/world/billiondollar-mess-a-major-disaster-the-people-do-not-deserve-to-have-20160817-gquzli.html.

제4장 코끼리의 마지막 땅

1. Fred Kurt, Günther B. Hartl, and Ralph Tiedemann, "Tuskless Bulls in Asian Elephant Elephas maximus: History and Population Genetics of a Man-Made Phenomenon," *Acta Theriologica* 40 (1995): 125–43; Raman Sukumar, T*he Living Elephants: Evolutionary Ecology, Behaviour and Conservation*(New York: Oxford University Press, 2003), 287.

2. Samuel White Baker, *The Rifle and the Hound in Ceylon*(London: Longman, Brown, Green, and Longmans, 1854), 9, 187, 373.

3. Monique Grooten and Rosamunde Almond, eds., "Living Planet Report–2018: Aiming Higher," WWF, 2018, https://c402277.ssl.cf1.rackcdn.com/publications/1187/files/original/LPR2018_Full_Report_Spreads.pdf?1540487589

4. Gerardo Ceballos, Paul R. Ehrlich, and Rodolfo Dirzo, "Biological Annihilation via the Ongoing Sixth Mass Extinction Signaled by Vertebrate Population Losses and Declines," *Proceedings of the National Academy of Sciences* 114, no. 30 (2017): 6089–96; "Global Assessment Report on Biodiversity and Ecosystem Services: Summary for Policymakers," IPBES, 2019, https://ipbes.net/system/tdf/inline/files/ipbes_global_assessment_report_summary_for_policymakers.pdf?file=1&type=node&id=36213, 12.

5. Vernon R. Booth and Kevin M. Dunham, "'Elephant Poaching in Niassa Reserve, Mozambique: Population Impact Revealed by Combined Survey Trends for Live Elephants and Carcasses," *Oryx* 50, no. 1 (2016): 94–103.

6. Kenneth V. Rosenberg et al., "Decline of the North American Avifauna," *Science* 366, no. 6461 (2019): 120–24.

7. Caspar A. Hallmann et al., "More Than 75 Percent Decline over 27 Years in Total Flying Insect Biomass in Protected Areas," *PLOS ONE* 12, no. 10 (2017): e0185809.

8. Villy Christensen et al., "A Century of Fish Biomass Decline in the Ocean," *Marine Ecology Progress Series* 512 (2014): 155–66; Ransom A. Myers and Boris Worm, "Rapid Worldwide Depletion of Predatory Fish Communities," *Nature* 423 (2003): 280–83.

9. Boris Worm, et al., "Global Catches, Exploitation Rates, and Rebuilding Options for

Sharks," *Marine Policy* 40, (2013): 194-204.

10. "UN Report: Nature's Dangerous Decline 'Unprecedented'; Species Extinction Rates 'Accelerating,'" Sustainable Development Goals blog, May 6, 2019, https://www.un.org/sustainabledevelopment/blog/2019/05/nature-decline-unprecedented-report/

11. Moses Maimonides, *The Guide for the Perplexed*, trans. Michael Friedländer(New York: E. P. Dutton & Co, 1904), Part 3, 274.

12. See Susan Scott's film *Stroop: Journey into the Rhino Horn War*, South Africa, 2018.

제5장 "우리는 죽기를 거부합니다"

1. "Sri Lanka: Floods and Landslides Emergency Response Plan (June-October 2017)," UN, 2017, https://reliefweb.int/sites/reliefweb.int/files/resources/SriLanka_ResponsePlan_020617.pdf; "FAO/WFP Crop and Food Security Assessment Mission to Sri Lanka," Food and Agriculture Organization of the United Nations and World Food Programme, June 22, 2017, http://www.fao.org/3/a-i7450e.pdf.

2. Noah S. Diffenbaugh and Marshall Burke, "Global Warming Has Increased Global Economic Inequality," *Proceedings of the National Academy of Sciences* 116, no. 20 (2019): 9808-13.

3. Stanford's School of Earth, Energy & Environmental Sciences. "Climate change has worsened global economic inequality." ScienceDaily, 2019. www.sciencedaily.com/releases/2019/04/190422151017.htm.

4. Marshall Burke, Solomon M. Hsiang, and Edward Miguel, "Global Non-Linear Effect of Temperature on Economic Production," *Nature* 527 (2015): 235.

5. Sebastian Bathiany et al., "Climate Models Predict Increasing Temperature Variability in Poor Countries," *Science Advances* 4, no. 5 (2018): eaar5809.

6. Martin Parry, et al., "Climate Change and Hunger: Responding to the Challenge," World Food Programme, 2009, https://www.imperial.ac.uk/media/imperial-college/grantham-institute/public/publications/collaborative-publications/Climate-change-and-hunger-WFP.pdf; Terence P. Dawson, Anita H. Perryman, and Tom M. Osborne, "Modelling Impacts of Climate Change on Global Food Security," *Climatic Change* 134, no. 3 (2016): 429-40.

7. "Bangladesh: Reducing Poverty and Sharing Prosperity," World Bank, November. 15, 2018, https://www.worldbank.org/en/results/2018/11/15/bangladesh-reducing-poverty-and-sharing-prosperity.

8. "Bangladesh Climate Change Strategy and Action Plan 2009," Government of the People's

Republic of Bangladesh, September. 2009, https://www.iucn.org/downloads/bangladesh_climate_change_strategy_and_action_plan_2009.pdf, 7−8.

9. Nellie Le Beau and Hugh Tuckfield, "The Change Luck City: Dhaka's Climate Refugees," *The Diplomat*, August. 10, 2016, https://thediplomat.com/2016/08/the-change-luck-city-dhakas-climate-refugees/; Tim McDonnell, "Climate Change Creates a New Migration Crisis for Bangladesh," *National Geographic*, January. 24, 2019, https://www.nationalgeographic.com/environment/2019/01/climate-change-drives-migration-crisis-in-bangladesh-from-dhaka-sun dabans/?cjevent=92f17507352911e981a300f30a240612&utm_source=4003003&utm_mediu m=affiliates&utm_campaign=CJ/.

10. Kanta Kumari Rigaud, et al., "Groundswell: Preparing for Internal Climate Migration," World Bank, 2018, 148; Scott A. Kulp and Benjamin H. Strauss, "New Elevation Data Triple Estimates of Global Vulnerability to Sea-Level Rise and Coastal Flooding," *Nature Communications* 10, no. 1 (2019): 1−12.

11. Julie Rozenberg and Stéphane Hallegatte, "The Impacts of Climate Change on Poverty in 2030 and the Potential from Rapid, Inclusive, and Climate-Informed Development", World Bank, November. 8, 2015, http://documents.worldbank.org/curated/en/3490014681 97334987/pdf/WPS7483.pdf.

12. Mark Spalding, Corinna Ravilious, and Edmund Peter Green, *World Atlas of Coral Reefs*, (Berkeley: University of California Press, 2001; Marjorie Mulhall, "Saving the Rainforests of the Sea: An Analysis of International Efforts to Conserve Coral Reefs," *Duke Environmental Law & Policy Forum* 19 (2009): 321−51.

13. Manfred Lenzen et al., "The Carbon Footprint of Global Tourism," *Nature Climate Change* 8, no. 6 (2018): 522−28.

14. Xavier Romero Frías, The Maldive Islanders: A Study of the Popular Culture of an Ancient Ocean Kingdom, Nova Ethnographia Indica, 1999, 443.

15. Joseph C. Farman, Brian G. Gardiner, and Jonathan D. Shanklin, "Large Losses of Total Ozone in Antarctica Reveal Seasonal ClOx/NOx Interaction," *Nature* 315 (1985): 207− 10.

16. Robert Mackey, "Donald Trump's Hairspray Woes Inspire Climate Denial Riff," *The Intercept*, May 7, 2016, https://theintercept.com/2016/05/06/donald-trumps-got-hairspray-riff-hes-gonna-use/.

17. Douglas Adams, *The Hitchhiker's Guide to the Galaxy*(New York: Harmony Books, 1980 (first published 1979), 35.

18. Alex Crawford, "Meet Dorsen, 8, Who Mines Cobalt to Make Your Smartphone Work,"

Sky News, February. 28, 2017, https://news.sky.com/story/meet-dorsen-8-who-mines-cobalt-to-make-your-smartphone-work-10784120.

19. Naomi Klein, This Changes Everything: Capitalism vs. the Climate, (New York: Simon & Schuster, 2014), 44.

제6장 저항의 조짐

1. "Terror in Mumbai," CNN Transcripts, December. 12, 2009, http://transcripts.cnn.com/transcripts/0912/12/se.01.html.

2. Krishna Pokharel, "Investigators Trace Boat's Last Voyage," Wall Street Journal, Dec. 2, 2008, https://www.wsj.com/articles/SB122816457079069941#.

3. Rahul Bedi, "India's Intelligence Services 'Failed to Act on Warnings of Attacks,'" The Telegraph, November 30, 2008, https://www.telegraph.co.uk/news/worldnews/asia/india/3537279/Indias-intelligence-services-failed-to-act-on-warnings-of-attacks.html.

4. "Terror in Mumbai," CNN Transcripts, December. 12, 2009.

5. Nadav Eyal, "Darkness and Terror in Mumbai," Ma'ariv Daily, November. 30, 2008.

6. Guillaume Lavallée, "'Banned' Group Thrives in Pakistan," AFP, UCA News, February. 10, 2015, https://www.ucanews.com/news/banned-group-thrives-in-pakistan/72963.

7. John C. M. Calvert, "The Striving Shaykh: Abdullah Azzam and the Revival of Jihad," in Ronald A. Simkins, ed., "The Contexts of Religion and Violence," Journal of Religion & Society, Supplement Series 2(2007): 83-102.

8. Shaykh Abdullah Azzam, "Join the Caravan," 1987, https://archive.org/stream/JoinThe Caravan/JoinTheCaravan_djvu.txt, 24.

9. Ibid., 10.

10. Zbigniew Brzezinski to the Mujahideen, "Your cause is right and God is on your side!," YouTube, September. 4, 2014, https://www.youtube.com/watch?v=A9RCFZnWGE0.

11. Peter L. Bergen, "Holy War, Inc.: Inside the Secret World of Osama bin Laden"(New York: Simon & Schuster, 2002), 56.

12. McGregor, Andrew, "'Jihad and the Rifle Alone': 'Abdullah 'Azzam and the Islamist Revolution," Journal of Conflict Studies 23, no. 2(2003): 92-113, https://journals.lib.unb.ca/index.php/jcs/article/view/219/377.

13. "US Embassy Cables: Lashkar-e-Taiba Terrorists Raise Funds in Saudi Arabia," The Guardian, December. 5, 2010, https://www.theguardian.com/world/us-embassy-cables-documents/220186.

14. John Rollins, Liana Sun Wyler, and Seth Rosen, "International Terrorism and Transnational Crime: Security Threats, US Policy, and Considerations for Congress," Congressional Research Service, January. 5, 2010, https://fas.org/sgp/crs/terror/R41004-2010.pdf, 15.

15. "Lashkar-E-Tayyiba," United Nations Security Council, 2010, https://www.un.org/security council/sanctions/1267/aq_sanctions_list/summaries/entity/lashkar-e-tayyiba.

16. Rituparna Chatterje, "Dawood Ibrahim's Wife Tells TV Channel World's Most Wanted Terrorist Is in Karachi, Sleeping at the Moment," *HuffPost*, August. 22, 2015, https://www.huffingtonpost.in/2015/08/22/dawood-ibrahim_n_8024254.html.

17. "Al-Mourabitoun," Counter Extremism Project, March 28, 2019, https://www.counterextremism.com/threat/al-mourabitoun; "Mali: Group Merges with Al Qaeda," Associated Press/ *The New York Times*, December. 4, 2015, https://www.nytimes.com/2015/12/05/world/africa/mali-group-merges-with-al-qaeda.html.

18. Simon Usborne, "Dead or Alive? Why the World's Most-Wanted Terrorist Has Been Killed at Least Three Times," *The Guardian*, November. 28, 2016, https://www.theguardian.com/world/shortcuts/2016/nov/28/dead-or-alive-mokhtar-belmokhtar-most-wanted-terrorist-killed-three-times.

19. Ishaan Tharoor, "Paris Terror Suspect Is 'a Little Jerk,' His Lawyer Says," *Washington Post*, April 27, 2016, https://www.washingtonpost.com/news/worldviews/wp/2016/04/27/paris-terror-suspect-is-a-little-jerk-his-lawyer-says/?noredirect=on&utm_term=.0d0887cd1bb2.

20. Paul Tassi, "ISIS Uses 'GTA 5' in New Teen Recruitment Video," *Forbes*, September. 20, 2014, https://www.forbes.com/sites/insertcoin/2014/09/20/isis-uses-gta-5-in-new-teen-recruitment-video/#59240edb681f.

21. Andrew K. Przybylski and Netta Weinstein, "Violent Video Game Engagement Is Not Associated with Adolescents' Aggressive Behaviour: Evidence from a Registered Report," *Royal Society Open Science* 6, no. 2(2019), https://royalsocietypublishing.org/doi/10.1098/rsos.171474.

22. Jean Baudrillard, *Simulacra and Simulation*, trans. Sheila Faria Glaser(Ann Arbor: University of Michigan Press, 1994; first published 1981), 84.

23. "For What It's Worth," Buffalo Springfield, 1966, https://genius.com/Buffalo-springfield-for-what-its-worth-lyrics.

24. Abdullah Azzam, "So That the Islamic Nation Does Not Die an Eternal Death," *al-Jihad* 63(1990): 29.

25. Asaf Maliach, "Abdullah Azzam, al-Qaeda, and Hamas: Concepts of Jihad and Istishhad,"

Military and Strategic Affairs 2, no. 2 (2010): 80.

26. Bernard Lewis and Buntzie Ellis Churchill, "Islam: The Religion and the People(Upper Saddle River, NJ: Pearson Prentice Hall, 2008), 153.

27. Robert Allen Denemark and Mary Ann Tétreault, Gods, Guns, and Globalization: Religious Radicalism and International Political Economy,(Boulder, CO: Lynne Rienner, 2004).

28. Ibid., 1–3.

29. Michael J. Stevens, "The Unanticipated Consequences of Globalization: Contextualizing Terrorism," in *The Psychology of Terrorism: Theoretical Understandings and Perspectives*, Vol. 3, ed. Chris. E. Stout (Westport, CT: Greenwood Publishing Group, 2002), 31–56.

제7장 민족주의자와의 대화

1. Nicholas Cronk, *Voltaire: A Very Short Introduction*(New York: Oxford University Press, 2017), 37.

2. Tom Baldwin and Fiona Hamilton, "Times Interview with Nick Griffin: The BBC is Stupid to Let Me Appear," The Times, October. 22, 2009, https://www.thetimes.co.uk/article/times-interview-with-nick-griffin-the-bbc-is-stupid-to-let-me-appear-lkqvlv6r6vk.

3. "Barack Obama's Speech in Independence, Mo.," New York Times, June 30, 2008, https://www.nytimes.com/2008/06/30/us/politics/30text-obama.html?mtrref=www.google.com

4. David Nakamura, "Obama: Biggest Mistake Was Failing to 'Tell a Story' to American Public," *Washington Post*, July 12, 2012, https://www.washingtonpost.com/blogs/election-2012/post/obama-biggest-mistake-was-failing-to-tell-a-story-to-american-public/2012/07/12/gJQANHBFgW_blog.html?noredirect=on&utm_term=.547a520e6035.

5. "Countering Violent Extremism," U.S. Government Accountability Office, April 2017, https://www.gao.gov/products/GAO-17-300, 4.

6. "Timothy McVeigh: The Path to Death Row," CNN Transcripts, June 9, 2001, http://edition.cnn.com/transcripts/0106/09/pitn.00.html.

7. Angelique Chrisafis, "Jean-Marie Le Pen Convicted of Contesting Crimes against Humanity," *The Guardian*, Februray. 16, 2012, https://www.theguardian.com/world/2012/feb/16/jean-marie-le-pen-convicted.

8. Jeremy Diamond, "Trump Embraces 'Nationalist' Title at Texas Rally," CNN, October 23, 2018, https://edition.cnn.com/2018/10/22/politics/ted-cruz-election-2018-president-trump-campaign-rival-opponent/index.html.

9. Sigmund Freud, "The Future of an Illusion," trans. and ed. James Strachey(New York: W. W. Norton & Company, 1961; first publishedcation: Tom Kington, 1927), 12.

10. Noam Gidron and Jonathan J B Mijs, "Do Changes in Material Circumstances Drive Support for Populist Radical Parties? Panel Data Evidence from the Netherlands during the Great Recession 2007−2015," *European Sociological Review*, 2019, 35, no 5(2019): 637−50.

11. Carlo Bastasin, "Secular Divergence: Explaining Nationalism in Europe," Brookings Institution, May 2019, https://www.brookings.edu/wp-content/uploads/2019/05/FP_20190516_secular_divergence_bastasin.pdf.

12. Ronald F. Inglehart and Pippa Norris, "Trump, Brexit, and the Rise of Populism: Economic Have-Nots and Cultural Backlash," *Harvard JFK School of Government Faculty Working Paper Series*, No. RWP16-026, August 2016, 1−52.

제8장 나치의 부활

1. Nadav Eyal, "Hatred: A Journey to the Heart of Antisemitism," Channel 10, Israel, October 7, 2014.

2. Thomas Rogers, "Heil Hipster: The Young Neo-Nazis Trying to Put a Stylish Face on Hate," *Rolling Stone*, June 23, 2014, https://www.rollingstone.com/culture/culture-news/heil-hipster-the-young-neo-nazis-trying-to-put-a-stylish-face-on-hate-64736/.

3. Conrad Hackett, "5 Facts About the Muslim Population in Europe," Pew Research Center, November. 29, 2017, https://www.pewresearch.org/fact-tank/2017/11/29/5-facts-about-the-muslim-population-in-europe.

4. "Europe's Growing Muslim Population," Pew Research Center, November. 29, 2017, https://www.pewforum.org/2017/11/29/europes-growing-muslim-population/.

5. J. D. Hunter, "Fundamentalism in Its Global Contours," in Norman J. Cohen, ed., *The Fundamentalist Phenomenon: A View from Within; A Response from Without*, ed. Norman J. Cohen (Grand Rapids, MI: William B. Eerdmans, 1990), 59.

6. Alon Confino, *A World Without Jews: The Nazi Imagination from Persecution to Genocide*, (New Haven, CT: Yale University Press, 2014; Avner Shapira, "The Nazi Narrative: How a Fantasy of Ethnic Purity Led to Genocide," *Ha'aretz*, April 23, 2017 (Hebrew), https://www.haaretz.co.il/gallery/literature/.premium−1.4039220.

7. "International Military Trials—Nurnberg," in Office of United States Chief of Counsel for Prosecution of Axis Criminality, *Nazi Conspiracy and Aggression*, Volume. 4(Washington,

DC: US Government Printing Office, 1946) http://www.loc.gov/rr/frd/Military_Law/pdf/NT_Nazi_Vol-IV.pdf, 563.

8. Michael B. Salzman, "Globalization, Religious Fundamentalism and the Need for Meaning," *International Journal of Intercultural Relations* 32, no. 4 (2008): 319.

9. Garry Wills, *Under God: Religion and American Politics*(New York: Simon & Schuster, 1990), 15-16.

10. General Social Survey Data (GSS), NORC at the University of Chicago, 2018, http://www.norc.org/Research/Projects/Pages/general-social-survey.aspx.

제9장 중산층의 저항

1. "Wall Street and the Financial Crisis: The Role of Investment Banks," Hearing Before the Permanent Subcommittee on Investigations of the Committee on Homeland Security and Governmental Affairs, United States Senate, 111th Congress, second session, vol. 4 of 5, April 27, 2010, https://www.govinfo.gov/content/pkg/CHRG-111shrg57322/pdf/CHRG-111shrg57322.pdf.

2. Bruce Horovitz, "Shoppers Splurge for Their Country," *USA Today*, October. 3, 2001, http://usatoday30.usatoday.com/money/retail/2001-10-03-patriotic-shopper.htm.

3. "Defence Expenditure of NATO Countries (2010-2017)," NATO Public Diplomacy Division, March 15, 2018, https://www.nato.int/nato_static_fl2014/assets/pdf/pdf_2018_03/20180315_180315-pr2018-16-en.pdf; "Defense Budget Overview," United States Department of Defense, Fiscal Year 2020 Budget Request, March 5, 2019, https://comptroller.defense.gov/Portals/45/Documents/defbudget/fy2020/fy2020_Budget_Request_Overview_Book.pdf.

4. Moritz Kuhn, Moritz Schularick, and Ulrike Steins, "Asset Prices and Wealth Inequality," VOX CEPR Policy Portal, August. 9, 2018, https://voxeu.org/article/asset-prices-and-wealth-inequality.

5. Andrew G. Haldane and Piergiorgio Alessandri, "Banking on the State," Bank of England, September. 25, 2009, https://www.bis.org/review/r091111e.pdf; Andrew G. Haldane, "The Contribution of the Financial Sector: Miracle or Mirage?" Bank of England, July 14, 2010, https://www.bis.org/review/r100716g.pdf.

6. Julia Finch and Katie Allen, "What Do Bankers Spend Their Bonuses On?" *The Guardian*, December. 14, 2007, https://www.theguardian.com/business/2007/dec/14/banking.

7. "Northern Rock Besieged by Savers," BBC, September. 17, 2007, http://newsvote.bbc.co.uk/2/hi/business/6997765.stm#story.

8. Jonny Greatrex, "West Midlands Men Planning Credit Crunch Full Monty," *Birmingham Mail*, April 19, 2009, https://www.birminghammail.co.uk/news/local-news/west-midlands-men-planning-credit-239734.

9. William Boston, "Financial Casualty: Why Adolf Merckle Killed Himself," *Time*, January. 6, 2009, http://content.time.com/time/business/article/0,8599,1870007,00.html.

10. Nic Allen and Aislinn Simpson, "City Banker Spent £43,000 on Champagne," *The Telegraph*, February. 20, 2009, https://www.telegraph.co.uk/news/newstopics/howaboutthat/4700148/City-banker-spent-43000-on-champagne.html.

11. Rebecca Smithers, "Au ATM: UK's First Gold Vending Machine Unveiled," *The Guardian*, July 1, 2011, https://www.theguardian.com/money/2011/jul/01/au-atm-gold-vending-machine; Wei Xu, "Gold ATM Activated, but Not for Long," China Daily, September. 27, 2011, http://www.chinadaily.com.cn/business/2011-09/27/content_13801006.htm; Associated Press, "Gold-Dispensing ATM Makes U.S. Debut in Fla.," CBS News, December. 17 2010, https://www.cbsnews.com/news/gold-dispensing-atm-makes-us-debut-in-fla/.

12. "Report of the Study Group on the Role of Public Finance in European Integration," Vols. 1 and 2, Commission of the European Communities, European Union, April 1977, https://www.cvce.eu/content/publication/2012/5/31/91882415-8b25-4f01-b18c-4b6123a597 f3/publishable_en.pdf; https://www.cvce.eu/content/publication/2012/5/31/c475e949-ed28-490b-81ae-a33ce9860d09/publishable_en.pdf.

13. "Why Europe Can't Afford the Euro," *The Times*, November. 19, 1997, from *The Collected Works of Milton Friedman*, ed. Robert Leeson and Charles G. Palm, https://miltonfriedman.hoover.org/friedman_images/Collections/2016c21/1997novtimesWhy Europe.pdf.

제10장 페라리를 모는 무정부주의자

1. Serge Berstein and Jean-François Sirinelli, eds., "*Les années Giscard: Valéry Giscard d'Estaing et l'Europe, 1974–1981*," (Paris: Armand Colin, 2007; first published 2005), 135.

2. "'Seventeen Countries Were Far Too Many,'" *Der Spiegel*, September. 11, 2012, https://www.spiegel.de/international/europe/spiegel-interview-with-helmut-schmidt-and-valery-giscard-d-e staing-a-855127.html.

3. "Taking responsibility for the arson of yachts on 30/3," April 3, 2009, https://bellum perpetuum.blogspot.com/2009/04/303_03.html

4. Henry Miller, *The Colossus of Maroussi*, 2nd ed. (New York: New Directions, 2010; first published 1941), 14.

5. Joergen Oerstroem Moeller, "The Greek Crisis Explained," *Huffington Post*, June 22, 2015, https://www.huffingtonpost.com/joergen-oerstroem-moeller/the-greek-crisis-explaine_b_7634564.html.

6. "Europe Balks at Greece's Retire-at-50 Rules," AP, May 17, 2010, https://www.cbsnews.com/news/europe-balks-at-greeces-retire-at-50-rules; "Pensions at a Glance 2013: OECD and G20 Indicators," OECD, 2013, http://dx.doi.org/10.1787/pension_glance-2013-en.

7. "Greece 10 Years Ahead: Defining Greece's New Growth Model and Strategy," McKinsey, June 1, 2012, https://www.mckinsey.com/featured-insights/europe/greece-10-years-ahead.

8. Suzanne Daley, "Greek Wealth Is Everywhere but Tax Forms," *New York Times*, May 1, 2010, http://www.nytimes.com/2010/05/02/world/europe/02evasion.html?th&emc=th&mtrref=undefined&gwh=C3F3DF2E8C5C22D2A667A933C80604C9&gwt=pay.

9. Elisabeth Oltheten et al., "Greece in the Eurozone: Lessons from a Decade of Experience," *Quarterly Review of Economics and Finance* 53, no. 4 (2013): 317−35; Beat Balzli, "How Goldman Sachs Helped Greece to Mask Its True Debt," *Der Spiegel*, February 2, 2010, http://www.spiegel.de/international/europe/greek-debt-crisis-how-goldman-sachs-helped-greece-to-mask-its-true-debt-a-676634.html.

10. Nikos Roussanoglou, "Thousands of Empty Properties Face the Prospect of Demolition," *Kathimerini*, March 19, 2017, http://www.ekathimerini.com/216998/article/ekathimerini/business/thousands-of-empty-properties-face-the-prospect-of-demolition.

11. "Youth Unemployment Rate," OECD data, 2019, https://data.oecd.org/unemp/youth-unemployment-rate.htm.

12. "Severely Materially Deprived People," Eurostat, July, 2019, https://ec.europa.eu/eurostat/databrowser/view/tipslc30/default/table?lang=en.

13. Nicole Itano, "In Greece, Education Isn't the Answer," Public Radio International, May 14, 2009, https://www.pri.org/stories/2009−05−14/greece-education-isnt-answer.

14. Alyssa Rosenberg, "'Girls' Was About the Path—and Costs—to Being 'A Voice of a Generation,'" *Washington Post*, April 14, 2017, https://www.washingtonpost.com/news/act-four/wp/2017/04/14/girls-was-about-the-path-and-costs-to-being-a-voice-of-a-generation/?utm_term=.0f1a5526c60e.

15. J. Rocholl and A. Stahmer, "Where Did the Greek Bailout Money Go?" ESMT White Paper No. WP−16−02., 2016, http://static.esmt.org/publications/whitepapers/WP-16-02.pdf.

16. Susanne Kraatz, "Youth Unemployment in Greece: Situation Before the Government Change," European Parliament, 2015, http://www.europarl.europa.eu/RegData/etudes/BRIE/2015/542220/IPOL_BRI(2015)542220_EN.pdf.

17. Karolina Tagaris, "After Seven Years of Bailouts, Greeks Sink Yet Deeper in Poverty," Reuters, February. 20, 2017, https://www.reuters.com/article/us-eurozone-greece-poverty/after-seven-years-of-bailouts-greeks-sink-yet-deeper-in-poverty-idUSKBN15Z1NM.

18. "Fertility Rates," "Population," OECD data, 2019, https://data.oecd.org; Lois Labrianidis and Manolis Pratsinakis, "Outward Migration from Greece during the Crisis," LSE for the National Bank of Greece, 2015, https://www.lse.ac.uk/europeanInstitute/research/hellenicObservatory/CMS%20pdf/Research/NBG_2014_-Research_Call/Final-Report-Outward-migration-from-Greece-during-the-crisis-revised-on-1-6-2016.pdf.

19. David Molloy, "End of Greek Bailouts Offers Little Hope to Young," BBC, August. 19, 2018, https://www.bbc.com/news/world-europe-45207092.

20. Dunja Mijatović, "Report of the Commissioner for Human Rights of the Council of Europe," Council of Europe, 2018, https://rm.coe.int/report-on-the-visit-to-greece-from-25-to-29-june-2018-by-dunja-mijatov/16808ea5bd.

21. Marina Economou et al., "Enduring Financial Crisis in Greece: Prevalence and Correlates of Major Depression and Suicidality," *Social Psychiatry and Psychiatric Epidemiology* 51, no. 7 (2016); 1015–24.

22. Ibid., 1020.

23. Herb Keinon, "Greek Minister Distances Himself from Past Associations with Neo-Nazi Groups," *Jerusalem Post*, July 15 2019, https://www.jpost.com/Diaspora/Antisemitism/Greek-Minister-distances-himself-from-past-associations-with-neo-Nazi-groups-595623.

24. "How Some Made Millions Betting Against the Market," National Public Radio, May 2, 2011, https://www.npr.org/2011/05/02/135846486/how-some-made-millions-betting-against-the-market.

25. David Lynch, *Dune*, 1984.

26. "Flashback: Elizabeth Warren (Basically) Predicts the Great Recession," *Moyers on Democracy*, June 25, 2004, https://billmoyers.com/segment/flashback-elizabeth-warren-basically-predicts-the-great-recession/.

27. Thomas Philippon, "Has the US Finance Industry Become Less Efficient? On the Theory and Measurement of Financial Intermediation," *American Economic Review* 105, no. 4 (2015); 1408–38.

28. Sameer Khatiwada, "Did the Financial Sector Profit at the Expense of the Rest of the Economy? Evidence from the United States," International Institute for Labor Studies, Cornell University and International Labor Organization, 2010, https://digitalcommons.ilr.cornell.edu/cgi/viewcontent.cgi?article=1101&context=intl.

29. "Household Debt, Loans and Debt Securities Percent of GDP," IMF, 2018, https://www.imf.org/external/datamapper/HH_LS@GDD/CAN/ITA/USA; "How Has the Percentage of Consumer Debt Compared to Household Income Changed over the Last Few Decades? What Is Driving These Changes?" Federal Reserve Bank of San Francisco, 2009, https://www.frbsf.org/education/publications/doctor-econ/2009/july/consumer-debt-household-income/.

30. "Household Debt and Credit Report (Q1 2019)," Federal Reserve Bank of New York, 2019, https://www.newyorkfed.org/medialibrary/interactives/householdcredit/data/pdf/hhdc2019q1.pdf.

31. Martin Wolf, "Bank of England's Mark Carney Places a Bet on Big Finance," *Financial Times*, October. 29, 2013, https://www.ft.com/content/08dea9d4-4002-11e3-8882-00144fea bdc0.

32. Report on the Economic Well-Being of U.S. Households (SHED), Federal Reserve Board's Division of Consumer and Community Affairs (DCCA), 2018, https://www.federalreserve.gov/publications/report-economic-well-being-us-households.htm.

제11장 사라지는 아이들

1. "Mobile Population Survey (November)," population by municipality, Gunma Prefecture statistical information, November 2019, https://toukei.pref.gunma.jp/idj/idj201911.htm.

2. Kiyoshi Takenaka and Ami Miyazaki, "'Vanishing Village' Looks to Japan's LDP for Survival." Reuters, October. 17, 2018, https://www.reuters.com/article/us-japan-election-ageing/vanishing-village-looks-to-japans-ldp-for-survival-idUSKBN1CM0VM.

3. Ben Dooley, "Japan Shrinks by 500,000 People as Births Fall to Lowest Number Since 1874," *The New York Times*, December 24, 2019, https://www.nytimes.com/2019/12/24/world/asia/japan-birthrate-shrink.html.

4. Charlotte Edmond, "Elderly People Make up a Third of Japan's Population—and It's Reshaping the Country," World Economic Forum, September 17, 2019, https://www.weforum.org/agenda/2019/09/elderly-oldest-population-world-japan/; "Population Projections for Japan (2016–2065)," National Institute of Population and Social Security Research

(Japan), April 2017, http://www.ipss.go.jp/pp-zenkoku/e/zenkoku_e2017/pp_zenkoku2017e. asp; "2019 Revision of World Population Prospects," United Nations, 2019, https://population.un.org/wpp/.

5. "Family Database: The Structure of Families," OECD statistics, 2015, https://stats.oecd.org/Index.aspx?DataSetCode=FAMILY/.

6. Alana Semuels, "Japan Is No Place for Single Mothers," *The Atlantic*, September. 7, 2017, https://www.theatlantic.com/business/archive/2017/09/japan-is-no-place-for-single-mothers/538743/; "Child poverty," OECD Social Policy Division, November. 2019, https://www.oecd.org/els/CO_2_2_Child_Poverty.pdf.

7. "Declining Birthrate White Paper, 2018," Cabinet Office (Japan), 2018, https://www8.cao.go.jp/shoushi/shoushika/whitepaper/measures/english/w-2018/index.html.

8. Mizuho Aoki, "In Sexless Japan, Almost Half of Single Young Men and Women are Virgins," *Japan Times*, September. 16, 2016, https://www.japantimes.co.jp/news/2016/09/16/national/social-issues/sexless-japan-almost-half-young-men-women-virgins-survey/#.WmxosqiWY2x.

9. Abigail Haworth, "Why Have Young People in Japan Stopped Having Sex?" *The Guardian*, October. 20, 2013, https://www.theguardian.com/world/2013/oct/20/young-people-japan-stopped-having-sex; "The Fifteenth Japanese National Fertility Survey in 2015, Marriage Process and Fertility of Married Couples, Attitudes toward Marriage and Family Among Japanese Singles," National Institute of Population and Social Security Research, March 2017, http://www.ipss.go.jp/ps-doukou/e/doukou15/Nfs15R_points_eng.pdf.

10. Cyrus Ghaznavi et al., "Trends in Heterosexual Inexperience Among Young Adults in Japan: Analysis of National Surveys, 1987−2015," *BMC Public Health* 19, no. 355 (2019), https://bmcpublichealth.biomedcentral.com/articles/10.1186/s12889-019-6677-5.

11. Léna Mauger, *The Vanished: The "Evaporated People" of Japan in Stories and Photographs*, trans. Brian Phalen, with photographs by Stéphane Remael (New York: Skyhorse, 2016).

12. Frank Baldwin and Anne Allison, eds., *Japan: The Precarious Future*, (New York: NYU Press, 2015).

13. Justin McCurry, "Japanese Minister Wants 'Birth-Giving Machines', aka Women, to Have More Babies," *The Guardian*, January. 29, 2007, https://www.theguardian.com/world/2007/jan/29/japan.justinmccurry.

14. Baldwin and Allison, *Japan*, 58−59.

15. "OECD Economic Surveys: Japan 2017," OECD, April 13, 2017, https://www.oecd-

ilibrary.org/economics/oecd-economic-surveys-japan-2017/the-wage-gap-between-regular-a
nd-non-regular-workers-is-large_eco_surveys-jpn-2017-graph28-en; Koji Takahashi, "Regular/
Non-Regular Wage Gap Between and Within Japanese Firms," Japan Institute for Labour
Policy and Training, 2016, https://www.jil.go.jp/profile/documents/ktaka/asa14_proceeding_
721357.pdf.

16. "Employed Persons by Age Group and Employee by Age Group and Type of Employment,"
Historical data (9), Japan Statistics Bureau, 2019, https://www.stat.go.jp/english/data/
roudou/lngindex.html.

17. Kathy Matsui, Hiromi Suzukib, and Kazunori Tatebe, "Womenomics 5.0," Portfolio
Strategy Research, Goldman Sachs, April 18, 2019, https://www.goldmansachs.com/insights/
pages/womenomics-5.0/multimedia/womenomics-5.0-report.pdf, 14.

18. "The Global Gender Gap Report 2018," World Economic Forum, 2018, http://www3.
weforum.org/docs/WEF_GGGR_2018.pdf, p. 8.

19. "Record Low of 16,772 Children on Day Care Waiting Lists in Japan, Welfare Ministry
Says," *Japan Times*, September. 6, 2019, https://www.japantimes.co.jp/news/2019/09/06/
national/japan-day-care-waiting-record-low/#.XfyXbOgzY2w; "Report on the Status Related
to Day-Care Centers," Ministry of Health, Labor and Welfare (Japan), April 1, 2019,
https://www.mhlw.go.jp/stf/houdou/0000176137_00009.html.

20. Justin McCurry, "Japanese Women Suffer Widespread 'Maternity Harassment' at Work,"
November. 18, 2015, https://www.theguardian.com/world/2015/nov/18/japanese-women-
suffer-widespread-maternity-harassment-at-work.

21. Matsui, Suzukib, and Tatebe, "Womenomics 5.0."

22. Mary Brinton, "Gender Equity and Low Fertility in Postindustrial Societies," Lecture at
the Radcliffe Institute for Advanced Study, Harvard University, April 9, 2014, https://
www.youtube.com/watch?v=XiKYU07QqPI.

23. Ibid.

24. "Employees Working Very Long Hours," Better Life Index, OECD, 2019, http://www.
oecdbetterlifeindex.org/topics/work-life-balance/.

25. "White Paper on Measures to Prevent Karoshi," Ministry of Health, Labour and Welfare
(Japan), 2017, https://fpcj.jp/wp/wp-content/uploads/2017/11/8f513ff4e9662ac515de9e646f
63d8b5.pdf.

26. "Japan's State-Owned Version of Tinder," *The Economist*, October 3, 2019, https://www.
economist.com/asia/2019/10/03/japans-state-owned-version-of-tinder.

27. Chizuko Ueno, "The Declining Birth Rate: Whose Problem?" *Review of Population and Social Policy* 7 (1998): 103-28.

제12장 인류가 맞닥뜨린 위기

1. "Fertility Rate, Total (Births per Woman)," World Bank, 2019 (data source: United Nations Population Division, World Population Prospects: 2019 Revision), https://data.worldbank.org/indicator/SP.DYN.TFRT.IN.

2. Christopher J. L. Murray et al., "Population and Fertility by Age and Sex for 195 Countries and Territories, 1950-2017: A Systematic Analysis for the Global Burden of Disease Study 2017," *The Lancet* 392, no. 10159 (2018): 1995-2051.

3. Anthony Cilluffo and Neil G. Ruiz, "World's Population Is Projected to Nearly Stop Growing by the End of the Century," Pew Research Center, June 17, 2019, https://www.pewresearch.org/fact-tank/2019/06/17/worlds-population-is-projected-to-nearly-stop-growing-by-the-end-of-the-century/; Max Roser, "Future Population Growth," in "Our World in Data, 2019," https://ourworldindata.org/future-population-growth.

4. "Vital Statistics Rapid Release, Births: Provisional Data for 2018," Report No. 7, National Center for Health Statistics (U.S.), May 2019, https://www.cdc.gov/nchs/data/vsrr/vsrr-007-508.pdf.

5. "Fertility Rate, Total (Births per Woman)," World Bank, 2019, https://data.worldbank.org/indicator/sp.dyn.tfrt.in.

6. "Population Growth (Annual %)," World Bank, 2019, https://data.worldbank.org/indicator/SP.POP.GROW?locations=ES-PT.

7. Rachel Chaundler, "Looking for a Place in the Sun? How About an Abandoned Spanish Village," *New York Times*, April 9, 2019, https://www.nytimes.com/2019/04/09/realestate/spain-abandoned-villages-for-sale.html.

8. J. C. Caldwell, *Demographic Transition Theory* (Dordrecht, The Netherlands: Springer, 2006), 249.

9. Life Expectancy," World Health Organization, 2020, http://www.who.int/gho/mortality_burden_disease/life_tables/situation_trends_text/en/.

10. "Mapped: The Median Age of the Population on Every Continent," World Economic Forum, February 20, 2019 (data source: The World Factbook, CIA, 2018), https://www.weforum.org/agenda/2019/02/mapped-the-median-age-of-the-population-on-every-continent/; Charles Goodhart and Manoj Pradhan, "Demographics Will Reverse Three Multi-Decade

Global Trends," Bank of International Settlements, Working Paper No. 656, 2017, https://www.bis.org/publ/work656.pdf, 21.

11. Jay Winter and Michael Teitelbaum, *Population, Fear, and Uncertainty: The Global Spread of Fertility Decline* (New Haven, CT: Yale University Press, 2013).

12. "Germany's Population by 2060, Results of the 13th Coordinated Population Projection," Federal Statistical Office of Germany, 2015, https://www.destatis.de/GPStatistik/servlets/MCRFileNodeServlet/DEMonografie_derivate_00001523/5124206159004.pdf;jsessionid=0EDFA73EBE669FB229AAED0566265526, 6, 20.

13. "The Labor Market Will Need More Immigration from Non-EU Countries in the Future," Bertelsmann Stiftung, 2015, https://www.bertelsmann-stiftung.de/en/topics/aktuelle-meldungen/2015/maerz/immigration-from-non-eu-countries/.

14. Lorenzo Fontana and Ettore Gotti Tedeschi, La culla vuota della civiltà : *All'origine della crisi* (Verona: Gondolin, 2018).

15. George Alter and Gregory Clark, "The Demographic Transition and Human Capital," in *The Cambridge Economic History of Modern Europe: Volume 1, 1700–1870*, ed. Stephen Broadberry and Kevin H. O'Rourke (Cambridge: Cambridge University Press, 2010), 64.

16. John Bingham, "Falling Birth Rates Could Spell End of the West—Lord Sacks," *The Telegraph*, June 6, 2016, https://www.telegraph.co.uk/news/2016/06/06/falling-birth-rates-could-spell-end-of-the-west---lord-sacks/.

17. Fabrice Murtin, "Long-Term Determinants of the Demographic Transition, 1870–2000," *Review of Economics and Statistics* 95, no. 2 (2013): 617–31.

18. Una Okonkwo Osili and Bridget Terry Long, "Does Female Schooling Reduce Fertility? Evidence from Nigeria," *Journal of Development Economics* 87, no. 1 (2008): 57−75.

19. Amartya Sen, *Development as Freedom* (New York: Oxford University Press, 2001; first published 1999), 153; Max Roser, "Fertility Rate" (under "Empowerment of Women"), in "Our World in Data, 2017," https://ourworldindata.org/fertility-rate.

20. Gary S. Becker, *A Treatise on the Family* (Cambridge, MA: Harvard University Press, 1981); Gary S. Becker, "An Economic Analysis of Fertility," in Demographic and Economic Change in Developed Countries, ed. Gary S. Becker (New York: Columbia University Press, 1960), 209–40.

21. Luis Angeles, "Demographic Transitions: Analyzing the Effects of Mortality on Fertility," *Journal of Population Economics* 23, no. 1 (2010): 99−120.

22. Hagai Levine et al., "Temporal Trends in Sperm Count: A Systematic Review and

Meta-Regression Analysis," *Human Reproduction Update* 23, no. 6 (2017): 646–59.

23. Chuan Huang et al. "Decline in Semen Quality Among 30,636 Young Chinese Men from 2001 to 2015," *Fertility and Sterility* 107, no. 1 (2017): 83–88; Priyanka Mishra et al. "Decline in Seminal Quality in Indian Men over the Last 37 Years," *Reproductive Biology and Endocrinology* 16, no. 1 (2018), article 103.

24. Conversation with the author, October 2019.

25. Netta Ahituv, "Western Men's Free-Falling Sperm Count Is a 'Titanic Moment for the Human Species,'" *Ha'aretz*, November. 17, 2017, https://www.haaretz.com/science-and-health/. premium.MAGAZINE-western-men-s-dropping-sperm-count-is-a-titanic-moment-for-human s-1.5466078.

26. "South Korea's Fertility Rate Falls to a Record Low," *The Economist*, August. 30, 2019, https://www.economist.com/graphic-detail/2019/08/30/south-koreas-fertility-rate-falls-to-a -record-low.

27. Joori Roh, "Not a Baby Factory: South Korea Tries to Fix Demographic Crisis with More Gender Equality," Reuters, January. 4, 2019, https://www.reuters.com/article/us-southkorea-economy-birthrate-analysis/not-a-baby-factory-south-korea-tries-to-fix-demographic-crisis-with-more-gender-equality-idUSKCN1OY023.

28. A. M. Devine, "The Low Birth-Rate in Ancient Rome: A Possible Contributing Factor," *Rheinisches Museum für Philologie* 128:3/4 (1985), pp. 313–317.

29. Goran Therbon, *Between Sex and Power: Family in the World, 1900–2000* (Abingdon, UK: Routledge, 2004), 255; Kate Bissell, "Nazi Past Haunts 'Aryan' Children," BBC, May 13, 2005, http://news.bbc.co.uk/2/hi/europe/4080822.stm8.

30. Wang Feng, Yong Cai, and Baochang Gu, "Population, Policy, and Politics: How Will History Judge China's One-Child Policy?" *Population and Development Review* 38, Supplement 1 (2013): S115–29; Stuart Gietel-Basten, Xuehui Han, and Yuan Cheng. "Assessing the Impact of the "One-Child Policy," in "China: A Synthetic Control Approach," *PLOS ONE* 14, no. 11 (2019).

31. James Renshaw, *In Search of the Romans* 2nd ed. (London: Bloomsbury, 2019), 244.

32. "China," *The World Factbook*, Central Intelligence Agency, 2018, https://www.cia.gov/library/publications/the-world-factbook/geos/ch.html; Simon Denyer and Annie Gowen, "Too Many Men," *Washington Post*, April 18, 2018, https://www.washingtonpost.com/graphics/2018/world/too-many-men/.

33. Valerie M. Hudson and Andrea M. den Boer, *Bare Branches: The Security Implications*

of Asia's Surplus Male Population, (Cambridge, MA: MIT Press, 2004).

34. "World Population Prospects," UN, 2019, https://population.un.org/wpp/DataQuery/.

제13장 탈출하는 사람들

1. "Refugee Data Finder," Refugee Statistics, UNHCR, https://www.unhcr.org/refugee-statistics/.

2. "Forced Displacement in 2015" Global Trends, UNHCR, June 20, 2016, https://www.unhcr.org/576408cd7.

3. "Refugee Data Finder," Refugee Statistics, UNHCR, https://www.unhcr.org/refugee-statistics/.

4. "Syria Refugee Crisis," UNHCR, 2019, https://www.unrefugees.org/emergencies/syria/.

5. Max Roser, "War and Peace After 1945," in "Our World in Data, 2019" (data sources: UCDP; PRIO), https://ourworldindata.org/war-and-peace#war-and-peace-after-1945.

6. UNHCR's Populations of Concern, UNHCR Statistics, 2019, http://popstats.unhcr.org.

7. Mary Kaldor, *New and Old Wars: Organized Violence in a Global Era* (Cambridge, UK: Polity Press, 1999).

8. "UN and Partners Call for Solidarity, as Venezuelans on the Move Reach 4.5 million," UN News, October 23, 2019, https://news.un.org/en/story/2019/10/1049871.

9. Ted Enamorado et. al., "Income Inequality and Violent Crime: Evidence from Mexico's Drug War," Latin America and the Caribbean Region, Poverty Reduction and Economic Management Unit, World Bank, June 1, 2014.

10. Kimberly Heinle, Octavio Rodríguez Ferreira, and David A. Shirk, "Drug Violence in Mexico," Department of Political Science & International Relations, University of San Diego, March 2017, https://justiceinmexico.org/wp-content/uploads/2017/03/2017_DrugViolencein Mexico.pdf.

11. "Refugee Data Finder," Refugee Statistics, UNHCR, https://www.unhcr.org/refugee-statistics/.

12. Hugh Naylor, "Desperate for Soldiers, Assad's Government Imposes Harsh Recruitment Measures," *Washington Post*, December 28, 2014, https://www.washingtonpost.com/world/middle_east/desperate-for-soldiers-assads-government-imposes-harsh-recruitment-measures/2014/12/28/62f99194-6d1d-4bd6-a862-b3ab46c6b33b_story.html; Erin Kilbride, "Forced to Fight: Syrian Men Risk All to Escape Army Snatch Squads," *Middle East Eye*, April 3, 2016, http://www.middleeasteye.net/news/escape-assads-army-373201818.

13. "Gen. Breedlove's Hearing with the House Armed Services Committee," United States

European Command Library, February. 25, 2016, https://www.eucom.mil/media-library/ transcript/35355/gen-breedloves-hearing-with-the-house-armed-services-committee.

제14장 실험과 그 대가

1. Universal Declaration of Human Rights, Article 13, Clause 2, UN, https://www.ohchr.org/ EN/UDHR/Documents/UDHR_Translations/eng.pdf.

2. Joseph de Veitia Linage, *Norte de la contratacion de las Indias Occidentales* (Sevilla: por Juan Francisco de Blas, 1672), cited in Bernard Moses, *The Casa de Contratacion of Seville*, 1896, 113.

3. Prudentius, "The Divinity of Christ," in *Prudentius*, trans. H. J. Thomson, Vol. 1 (London: William Heinemann and Harvard University Press, 1949), 161.

4. Haim Beinart, *The Expulsion of the Jews from Spain*, trans. Jeffrey M. Green (Oxford: Littman Library of Jewish Civilization, 2001), 285.

5. Francois Soyer, "King John II of Portugal 'O Principe Perfeito' and the Jews (1481– 1495)," *Sefarad* 69, no. 1 (2009): 75–99.

6. Moises Orfali and Tom Tov Assis, eds., *Portuguese Jewry at the Stake: Studies on Jews and Crypto-Jews* [Hebrew] (Jerusalem: Magnes, 2009), 30.

7. Richard Zimler, "Identified as the Enemy: Being a Portuguese New Christian at the Time of the Last Kabbalist of Lisbon," *European Judaism* 33, no. 1(2000): 32–42.

8. Rachel Zelnick-Abramovitz, Not Wholly Free: The Concept of Manumission and the Status of Manumitted Slaves in the Ancient Greek World(New York: Brill, 2005).

9. John C. Torpey, *The Invention of the Passport Surveillance, Citizenship and the State*, 2nd ed.(Cambridge: Cambridge University Press,2018; first published 2000), 27.

10. Alan Dowty, *Closed Borders: The Contemporary Assault on the Freedom of Movement* (New Haven, CT: Yale University Press, 1987); Bonnie Berkowitz, Shelly Tanand, and Kevin Uhrmacher, "Beyond the Wall: Dogs, Blimps and Other Things Used to Secure the Border," *Washington Post*, February 8, 2019, https://www.washingtonpost.com/ graphics/2019/national/what-is-border-security/?utm_term=.cd9d7eb58313.

11. Mae M. Ngai, "Nationalism, Immigration Control, and the Ethnoracial Remapping of America in the 1920s," *OAH Magazine of History* 21, no. 3(2007): 11–15.

12. Daniel C.Turack, "Freedom of Movement and the International Regime of Passports," *Osgoode Hall Law Journal* 6, no. 2 (1968): 230.

13. Richard Plender, *International Migration Law* (Leiden, The Netherlands: Martinus

Nijhoff, 1988); Martin Lloyd, *The Passport: The History of Man's Most Travelled Document* (Canterbury, UK: Queen Anne's Fan, 2008; first published 2003), 95–115.

14. Ibid.

15. Mae M. Ngai, Impossible Subjects: Illegal Aliens and the Making of Modern America (Princeton, NJ: Princeton University Press, 2014).

16. "Immigration Timeline," The Statue of Liberty-Ellis Island Foundation, https://www.libertyellisfoundation.org/immigration-timeline.

17. "Russell Brand: Messiah Complex (2013)—Full Transcript," *Scraps from the Loft*, November. 7, 2017, https://scrapsfromtheloft.com/2017/11/07/russell-brand-messiah-complex-2013-full-transcript/.

18. Theresa May, "Theresa May's Conference Speech in Full," *The Telegraph*, October 5, 2016, http://www.telegraph.co.uk/news/2016/10/05/theresa-mays-conference-speech-in-full/.

19. Irene Skovgaard-Smith and Flemming Poulfelt, "Imagining 'Non-Nationality': Cosmopolitanism as a Source of Identity and Belonging," *Human Relations*, 71, no. 2 (2018): 129–54; Pnina Werbner, ed., *Anthropology and the New Cosmopolitanism: Rooted, Feminist and Vernacular Perspectives* (New York: Berg, 2008); Kwame Anthony Appiah, "Cosmopolitan Patriots," *Critical Inquiry* 23, no. 3 (1997): 617–39.

20. World Economic Forum, Global Shapers Annual Survey 2017. http://www.shaperssurvey2017.org/.

21. "Global Citizenship a Growing Sentiment Among Citizens of Emerging Economies: Global Poll," Globescan for BBC, April 27, 2016, https://globescan.com/wp-content/uploads/2016/04/BBC_GlobeScan_Identity_Season_Press_Release_April%2026.pdf.

22. Brittany Blizzard and Jeanne Batalova, "Refugees and Asylees in the United States," Migration Policy Institute, June 13, 2019, https://www.migrationpolicy.org/article/refugees-and-asylees-united-states.

23. Ronald Reagan, January 19, 1989, in *Public Papers of the Presidents of the United States: Ronald Reagan, 1988–1989* (Washington, DC: US Government Printing Office, 1990), https://www.reaganlibrary.gov/research/speeches/011989b, 1752.

제15장 피로 물든 강

1. 시리아 난민들과의 대화는 이스라엘 방송 '채널10'에서 방영한 다큐멘터리 제작을 위해서 취재한 자료이다.

2. "Global Views on Immigration and the Refugee Crisis," Ipsos, September 13, 2017, https://www.

ipsos.com/sites/default/files/ct/news/documents/2017-09/ipsos-global-advisor-immigration-refugee-crisis-slides_0.pdf.

3. Florence Jaumotte, Ksenia Koloskova, and Sweta Chaman Saxena, "Impact of Migration on Income Levels in Advanced Economies," International Monetary Fund, 2016, https:// www.imf.org/en/Publications/Spillover-Notes/Issues/2016/12/31/Impact-of-Migration-on-Income-Levels-in-Advanced-Economies-44343.

4. Lena Groeger, "The Immigration Effect," ProPublica, July 19, 2017, https://projects. propublica.org/graphics/gdp.

5. "Second-Generation Americans: A Portrait of the Adult Children of Immigrants" Pew Research Center, February. 7, 2013, https://www.pewsocialtrends.org/2013/02/07/second-generation-americans/.

6. "The Progressive Case for Immigration," *The Economist*, March 18, 2017, https://www. economist.com/news/finance-and-economics/21718873-whatever-politicians-say-world-nee ds-more-immigration-not-less?fsrc=scn/tw/te/bl/ed/.

7. Ryan Edwards and Francesc Ortega, "The Economic Contribution of Unauthorized Workers: An Industry Analysis," *Regional Science and Urban Economics* 67 (2017): 119–34.

8. Francine D. Blau, and Christopher Mackie, *The Economic and Fiscal Consequences of Immigration* (Washington, DC: National Academies Press, 2017).

9. George J. Borjas, "Among Many Other Things, That Current Policy Creates a Large Wealth Transfer from Workers to Firms," *National Review*, September. 22, 2016, http://www. nationalreview.com/article/440334/national-academies-sciences-immigration-study-what-it-r eally-says, accessed January. 29, 2018.

10. George J. Borjas, "The Labor Demand Curve Is Downward Sloping: Reexamining the Impact of Immigration on the Labor Market," *Quarterly Journal of Economics* 118, no. 4 (2003): 1,335–74.

11. Borjas, "Among Many Other Things,"

12. Christian Dustmann, Uta Schönberg, and Jan Stuhler, "Labor Supply Shocks, Native Wages, and the Adjustment of Local Employment," *Quarterly Journal of Economics*, 132, no. 1 (2017): 435–83.

13. Jynnah Radford, "Key Findings About U.S. Immigrants," Pew Research Center, June 17, 2019 (data sources: US Census Bureau; American Community Survey [IPUMS]), https:// www.pewresearch.org/fact-tank/2019/06/17/key-findings-about-u-s-immigrants/.

14. "Proportion of Resident Population Born Abroad, England and Wales; 1951–2011," Office for National Statistics (UK), 2013, http://www.ons.gov.uk/ons/rel/census/2011-census-analysis/

immigration-patterns-and-characteristics-of-non-uk-born-population-groups-in-england-and-wales/chd-figure-1.xls; "Population of the UK by Country of Birth and Nationality: 2018," Office for National Statistics (UK), May 24, 2019, https://www.ons.gov.uk/people populationandcommunity/populationandmigration/internationalmigration/bulletins/ ukpopulationbycountryofbirthandnationality/2018.

15. Jens Manuel Krogstad, Jeffrey S. Passel, and D'vera Cohn, "5 Facts about Illegal Immigration in the U.S.," Pew Research Center, June 12, 2019, https://www.pewresearch. org/fact-tank/2019/06/12/5-facts-about-illegal-immigration-in-the-u-s/.

16. "An Edgy Inquiry," *The Economist*, April 4, 2015 (data source: Insee–National Institute of Statistics and Economic Studies [France], France strategie), https://www.economist. com/news/europe/21647638-taboo-studying-immigrant-families-performance-fraying-edgy-i nquiry.

17. "Settling In 2018: Indicators of Immigrant Integration," OECD, 2018, https://www. oecd.org/publications/indicators-of-immigrant-integration-2018-9789264307216-en.htm.

18. Rick Noack, "Some French Wanted to Find Out How Racist Their Country Is. They Might Get Sued for It," *Washington Post*, February. 4, 2016, https://www.washingtonpost. com/news/worldviews/wp/2016/02/04/why-it-can-be-illegal-to-ask-people-about-their-religi on-or-ethnicity-in-france/?utm_term=.21f58814349b.

19. "Timeline: Deadly Attacks in Western Europe," Reuters, August. 17, 2017, https://www. reuters.com/article/us-europe-attacks-timeline-idUSKCN1AX2EV; David Batty, "Timeline: 20 Years of Terror That Shook the West," *The Guardian*, November. 14, 2015, https:// www.theguardian.com/world/2015/nov/14/paris-attacks-timeline-20-years-of-terror.

20. "The Perils of Perception 2018," Ipsos MORI, 2018, https://www.ipsos.com/ipsos-mori/ en-uk/perils-perception-2018.

21. Hackett, "5 Facts about the Muslim Population in Europe."

22. "The Perils of Perception 2018," Ipsos MORI, 2018; Pamela Duncan, "Europeans Greatly Overestimate Muslim Population, Poll Shows," The Guardian, December 13, 2016, https:// www.theguardian.com/society/datablog/2016/dec/13/europeans-massively-overestimate-mu slim-population-poll-shows.

23. 이 대화는 내가 이 책을 쓸 때 도움을 주었고, 이스라엘 방송 '채널10'에서 방영한 다큐멘터리 「탈출」을 제작할 때 함께 작업했던 내 연구 조사원 인바 골란이 취재했다. 우리는 다큐멘터리 취재 중 아부단 가족을 만났다.

24. "German Spy Agency Says ISIS Sending Fighters Disguised as Refugees," Reuters,

February. 5, 2016, https://www.reuters.com/article/us-germany-security-idUSKCN0VE0XL; Anthony Faiola and Souad Mekhennet, "Tracing the Path of Four Terrorists Sent to Europe by the Islamic State," *Washington Post*, April 22, 2016, https://www.washingtonpost.com/world/national-security/how-europes-migrant-crisis-became-an-opportunity-for-isis/2016/04/21/ec8a7231-062d-4185-bb27-cc7295d35415_story.html?utm_term=.7cf4615e01c9.

25. Alan Travis, "Net Immigration to UK Nears Peak as Fewer Britons Emigrate," *The Guardian*, May 26, 2016, https://www.theguardian.com/uk-news/2016/may/26/net-migration-to-uk-nears-peak-fewer-britons-emigrate.

26. Heather Stewart and Rowena Mason, "Nigel Farage's Anti-Migrant Poster Reported to Police," *The Guardian*, June 16, 2016, https://www.theguardian.com/politics/2016/jun/16/nigel-farage-defends-ukip-breaking-point-poster-queue-of-migrants.

27. "The Vote to Leave the EU," in *British Social Attitudes* 34, The National Centre for Social Research, 2017, http://www.bsa.natcen.ac.uk/media/39149/bsa34_brexit_final.pdf; Daniel Boffey, "Poll Gives Brexit Campaign Lead of Three Percentage Points," *The Observer(The Guardian)*, June 5, 2016, https://www.theguardian.com/politics/2016/jun/04/poll-eu-brexit-lead-opinium.

28. Rose Meleady, Charles R. Seger, and Marieke Vermue, "Examining the Role of Positive and Negative Intergroup Contact and Anti-Immigrant Prejudice in Brexit," *British Journal of Social Psychology* 56, no. 4 (2017): 799–808.

29. Yago Zayed, "Hate Crimes: What Do the Stats Show?" House of Commons Library, April 8, 2019 (data source: Home Office, Office for National Statistics), https://commonslibrary.parliament.uk/home-affairs/justice/hate-crimes-what-do-the-stats-show/.

30. Hannah Corcoran and Kevin Smith, "Hate Crime, England and Wales, 2015/16," Home Office (UK) , October. 13, 2016, https://assets.publishing.service.gov.uk/government/uploads/system/uploads/attachment_data/file/559319/hate-crime-1516-hosb1116.pdf.

31. Qasim Peracha, "How Hate Crimes Have Spiked in London since the Brexit Referendum," *My London*, May 3, 2019 (data source: London Metropolitan Police), https://www.mylondon.news/news/zone-1-news/how-hate-crimes-spiked-london-16217897; "Hate Crime or Special Crime Dashboard," London Metropolitan Police, 2019, https://www.met.police.uk/sd/stats-and-data/met/hate-crime-dashboard/.

32. Robert Booth, "Racism Rising since Brexit Vote, Nationwide Study Reveals," *The Guardian*, May 20, 2019 (data source: opinion survey, 2014–16), https://www.theguardian.com/world/2019/may/20/racism-on-the-rise-since-brexit-vote-nationwide-study-reveals.

33. Franz Solms-Laubach, "Mehr als 6 Millionen Flüchtlinge auf dem Weg nach Europa," *Bild*, May 23, 2017, https://www.bild.de/politik/ausland/fluechtlinge/6-millionen-warten-auf-reise-nach-europa-51858926.bild.html.

34. Peter Heather, *Empires and Barbarians: Migration, Development and the Birth of Europe* (London: Macmillan, 2009).

35. "Two Americas: Immigration," August 18, 2016, YouTube, https://youtu.be/3mKzYPt0Bu4.

36. "Transcript of the Second Debate," *The New York Times*, Oct. 10, 2016, https://www.nytimes.com/2016/10/10/us/politics/transcript-second-debate.html.

37. "Exit Polls," CNN, November. 23, 2016, http://edition.cnn.com/election/results/exit-polls/national/president; Philip Bump, "In Nearly Every Swing State, Voters Preferred Hillary Clinton on the Economy," *Washington Post*, December. 2, 2016, https://www.washingtonpost.com/news/the-fix/wp/2016/12/02/in-nearly-every-swing-state-voters-preferred-hillary-clinton-on-on-the-economy/?utm_term=.cf8fbdc0763f.

제16장 제국 시민의 이야기

1. Jon Wiener, "Relax, Donald Trump Can't Win," *The Nation*, June 21, 2016, https://www.thenation.com/article/trump-cant-win/.

2. Jonathan Chait, "Why Hillary Clinton Is Probably Going to Win the 2016 Election," *New York Magazine*, April 12, 2015, http://nymag.com/daily/intelligencer/2015/04/why-hillary-clinton-is-probably-going-to-win.html.

3. 여기에 언급된 인터뷰들은 2016년 미국 대선 전에 이스라엘 방송 '채널10'에서 방영한 다큐멘터리 제작을 위해서 취재한 자료이다.

4. Thomas Jefferson to James Madison, April 27, 1809, National Archives, https://founders.archives.gov/documents/Jefferson/03-01-02-0140.

5. Jonathan McClory, "The Soft Power 30, A Global Ranking of Soft Power, 2018," Portland and USC Center on Public Diplomacy, July 2018, https://www.uscpublicdiplomacy.org/sites/uscpublicdiplomacy.org/files/useruploads/u39301/The%20Soft%20Power%2030%20Report%202018.pdf.

6. Iliana Olivié and Manuel Gracia, "Elcano Global Presence Report 2018," Elcano Royal Institute, 2018, http://www.realinstitutoelcano.org/wps/wcm/connect/897b80cc-47fa-4130-9c3d-24e16c7f0a66/Global_Presence_2018.pdf?MOD=AJPERES&CACHEID=897b80cc-47fa-4130-9c3d-24e16c7f0a66.

7. Michael Scherer, "Obama Too Is An American Exceptionalist," *Time*, April 4, 2009,

https://swampland.time.com/2009/04/04/obama-too-is-an-american-exceptionalist/.

8. Virgil, *The Aeneid*, Book Six, trans. David Ferry(Chicago: University of Chicago Press, 2017), 201.

9. Reinhold Niebuhr, *The Irony of American History*(Chicago: University of Chicago Press, 2008), 74.

10. Alan P. Dobson and Steve Marsh, *US Foreign Policy since 1945 (The Making of the Contemporary World)*, (London and New York: Routledge, 2006), 55.

11. Charles L. Mee, Jr., *The Marshall Plan*(New York: Simon & Schuster, 1985), 99−100.

12. John T. Bethell, "How the Press Missed 'Mr. Marshall's Hint,'" *Washington Post*, May 25, 1997, http://www.washingtonpost.com/wp-srv/inatl/longterm/marshall/bethell.htm.

13. Bruce D. Jones, ed., *The Marshall Plan and the Shaping of American Strategy*(Washington, DC: Brookings Institution Press, 2017).

14. Niall Ferguson, *Empire: The Rise and Demise of the British World Order and the Lessons for Global Power*(New York: Basic Books, 2003).

15. Michael Ignatieff, "American Empire (Get Used to It)," *New York Times Magazine*, January. 5, 2003, https://www.nytimes.com/2003/01/05/magazine/the-american-empire-the-burden.html.

16. Richard H. Immerman, *Empire for Liberty: A History of American Imperialism from Benjamin Franklin to Paul Wolfowitz*(Princeton, NJ: Princeton University Press, 2010), 3.

17. Molly Ivins, "Cheney's Card: The Empire Writes Back," *Washington Post*, December 30, 2003, https://www.washingtonpost.com/archive/opinions/2003/12/30/cheneys-card-the-empire-writes-back/18317ced-c7d4-4ea2-a788-d9a67cd72f86/.

18. Amy Belasco, "The Cost of Iraq, Afghanistan, and Other Global War on Terror Operations Since 9/11," Congressional Research Service, Report RL33110, 2014, https://fas.org/sgp/crs/natsec/RL33110.pdf.

19. Joseph Stiglitz and Linda J. Bilmes, *The Three Trillion Dollar War* (New York: W. W. Norton & Company, 2008).

20. Neta C. Crawford, "United States Budgetary Costs of the Post-9/11 Wars Through FY2019: $5.9 Trillion Spent and Obligated," Brown University, November. 14, 2018, https://watson.brown.edu/costsofwar/files/cow/imce/papers/2018/Crawford_Costs%20of%20War%20Estimates%20Through%20FY2019.pdf.

21. "Israeli Journalist Mines a Story in Marianna," *Observer-Reporter* [Washington, PA], July 30, 2016, updated December 5, 2017, https://observer-reporter.com/news/localnews/israeli-

journalist-mines-a-story-in-marianna/article_923b8bbb-e3a8-54c8-992b-90e65404d987.html.

22. 마리아나 사람들과의 대화는 2016년 7월에 이스라엘 방송 '채널10'에서 방영한 다큐멘터리 제작을 위해서 취재한 자료이다.

제17장 "어머니가 이곳에서 살해되었습니다"

1. "Hutchins Intermediate School," 1922, http://detroiturbex.com/content/schools/hutchins/index. html.

2. Detroit, Michigan, Quick Facts, United States Census Bureau, 2018, https://www.census. gov/quickfacts/fact/table/detroitcitymichigan/PST045218.

3. "1950 Census of Population, Population of Michigan by Counties," United States Census Bureau, April 1, 1950, https://www2.census.gov/library/publications/decennial/1950/pc-02/pc-2-36.pdf.

4. 이 대화는 2016년 10월에 이스라엘 방송 '채널10'에서 방영한 다큐멘터리 「미국을 위한 싸움」 제작을 위해서 취재한 자료이다.

5. Ed Mazza, "Ron Baity, Baptist Preacher, Claims God Will Send Something Worse than Ebola as Punishment for Gay Marriage," *HuffPost*, October. 15, 2014, https://www.huffpost. com/entry/ron-baity-ebola-gay-marriage_n_5987210.

6. Anna North and Catherine Kim, "The 'Heartbeat' Bills That Could Ban Almost All Abortions, Explained," Vox, June 28, 2019, https://www.vox.com/policy-and-politics/2019/4/19/18412384/abortion-heartbeat-bill-georgia-louisiana-ohio-2019; Jacob Gershman, and Arian Campo-Flores, "Antiabortion Movement Begins to Crack, After Decades of Unity," *Wall Street Journal*, July 17, 2019, https://www.wsj.com/articles/antiabortion-movement-begins-to-crack-after-decades-of-unity-11563384713.

7. "All Employees: Total Nonfarm Payrolls," Federal Reserve Bank of St. Louis, 2019 (data source: US Bureau of Labor Statistics), https://fred.stlouisfed.org/graph/?g=4EKm.

8. Lee E. Ohanian, "Competition and the Decline of the Rust Belt," Economic Policy Paper No. 14-6, Federal Reserve Bank of Minneapolis, 2014.

9. David H. Autor, David Dorn, and Gordon H. Hanson, "The China Shock: Learning from Labor-Market Adjustment to Large Changes in Trade," *Annual Review of Economics* 8 (2016): 205−40.

10. Zeeshan Aleem, "Another Kick in the Teeth: A Top Economist on How Trade with China Helped Elect Trump," Vox, March 29, 2017, https://www.vox.com/new-money/2017/3/29/15035498/autor-trump-china-trade-election.

11. Anne Case and Angus Deaton, "Mortality and Morbidity in the 21st Century," Brookings Papers on Economic Activity, Vol. 1, 2017, 397–476.

12. Andrew Buncombe, "Donald Trump's Detroit Speech: Read the Full Transcript," *The Independent*, August 8, 2016, http://www.independent.co.uk/news/world/americas/us-elections/donald-trumps-detroit-speech-read-the-full-transcript-a7179421.html.

13. Michael J. Hicks and Srikant Devaraj, "The Myth and the Reality of Manufacturing in America," Center for Business and Economic Research, Ball State University, 2015. https://conexus.cberdata.org/files/MfgReality.pdf.

14. Ryan A. Decker et al., "Where Has All the Skewness Gone? The Decline in High-Growth (Young) Firms in the US," *European Economic Review* 86 (2016): 4–23 (data source: US Census Bureau).

15. Ronald S. Jarmin, Shawn D. Klimek, and Javier Miranda, "The Role of Retail Chains: National, Regional and Industry Results," in *Producer Dynamics: New Evidence from Micro Data*, ed. Tim Dunne (Chicago: University of Chicago Press, 2009), 237–62.

16. Neela Banerjee, Lisa Song, and David Hasemyer, "Exxon's Own Research Confirmed Fossil Fuels' Role in Global Warming Decades Ago," Inside Climate News, September. 16, 2015, https://insideclimatenews.org/news/15092015/Exxons-own-research-confirmed-fossil-fuels-role-in-global-warming.

17. Geoffrey Supran and Naomi Oreskes, "Assessing ExxonMobil's Climate Change Communications (1977–2014)," Environmental Research Letters 12, no. 8 (2017): 084019.

18. Art Van Zee, "The Promotion and Marketing of Oxycontin: Commercial Triumph, Public Health Tragedy," *American Journal of Public Health* 99, no. 2 (2009): 221–27, doi 10.2105/AJPH.2007.131714.

19. Thomas Piketty, Emmanuel Saez, and Gabriel Zucman, "Distributional National Accounts: Methods and Estimates for the United States," *Quarterly Journal of Economics* 133, no. 2 (2017): 553–609, doi 10.3386/w22945.

20. Facundo Alvaredo et al., "World Inequality Report, 2018," World Inequality Lab, 2018, https://wir2018.wid.world/files/download/wir2018-full-report-english.pdf, 82.

21. Bruce Sacerdote, "Fifty Years of Growth in American Consumption, Income, and Wages," Working Paper No. 23292, National Bureau of Economic Research, 2017; Michael R. Strain, "The Link between Wages and Productivity Is Strong," American Enterprise Institute, 2019, https://www.aei.org/wp-content/uploads/2019/02/The-Link-Between-Wages-and-Productivity-is-Strong.pdf.

22. "Average Weekly Earnings of Production and Nonsupervisory Employees, 1982–84 Dollars, Total Private, Seasonally Adjusted," https://data.bls.gov/pdq/SurveyOutputServlet Employment; "Hours, and Earnings from the Current Employment Statistics Survey (National)," Bureau of Labor Statistics (U.S.), 2019, https://www.bls.gov/webapps/legacy/cesbtab8.htm.

23. Drew DeSilver, "For Most U.S. Workers, Real Wages Have Barely Budged in Decades," Pew Research Center, August. 7, 2018, https://www.pewresearch.org/fact-tank/2018/08/07/for-most-us-workers-real-wages-have-barely-budged-for-decades/.

24. "The Distribution of Household Income, 2016," Congressional Budget Office, July 2019, https://www.cbo.gov/system/files/2019-07/55413.

25. David Leonhardt, "Our Broken Economy, in One Simple Chart," *New York Times*, August. 7, 2017, https://www.nytimes.com/interactive/2017/08/07/opinion/leonhardt-income- inequality.html?smid=tw-share.

26. Raj Chetty et al., "The Fading American Dream: Trends in Absolute Income Mobility Since 1940," *Science* 356, no. 6336 (2017): 398–406.

27. Alvaredo et al., "World Inequality Report, 2018," 45, https://wir2018.wid.world/files/download/wir2018-full-report-english.pdf.

28. Raquel Meyer Alexander, Stephen W. Mazza, and Susan Scholz, "Measuring Rates of Return for Lobbying Expenditures: An Empirical Case Study of Tax Breaks for Multinational Corporation," *Journal of Law and Politics* 25, no. 401 (2009): 401–58.

29. David Autor et al., "Importing Political Polarization? The Electoral Consequences of Rising Trade Exposure," National Bureau of Economic Research, Working Paper No. w22637 (2016): 936–53, doi 10.3386/w22637.

30. Data USA, 2017 (data source: US Census Bureau), https://datausa.io/profile/geo/waynesburg-pa/?compare=pennsylvania#about.

31. Julian Turner, "Lean and Clean: Why Modern Coal-Fired Power Plants are Better by Design," June 21, 2016, https://www.power-technology.com/features/featurelean-and-clean-why-modern-coal-fired-power-plants-are-better-by-design-4892873/.

32. Bryan Walsh, "How the Sierra Club Took Millions from the Natural Gas Industry—And Why They Stopped," *Time*, February. 2, 2012, http://science.time.com/2012/02/02/exclusive-how-the-sierra-club-took-millions-from-the-natural-gas-industry-and-why-they-stopped/.

33. Neil Irwin, "How Are American Families Doing? A Guided Tour of Our Financial Well-Being," *New York Times*, September. 8, 2014, https://www.nytimes.com/2014/09/09/

upshot/how-are-american-families-doing-a-guided-tour-of-our-financial-well-being.html?m
odule=inline.

34. Terminator 2: Judgment Day, James Cameron, 1991.

제18장 반세계화 운동가

1. Hanoch Levin, *Schitz*, trans. Naaman Tammuz, in *Selected Plays One*(*1975−1983*), (London: Oberon, 2020), 110.

2. 퀴글리 가족과 나눈 이 대화는 2019년 7월에 내 연구 조사원인 인바 골란이 취재했다.

3. Winston S. Churchill, *The World Crisis: The Aftermath*(New York: Scribner, 1929), 63.

4. Marc Fisher and Will Hobson, "Donald Trump Masqueraded as Publicist to Brag About Himself," *Washington Post*, May 13, 2016, https://www.washingtonpost.com/politics/donald-trump-alter-ego-barron/2016/05/12/02ac99ec-16fe-11e6-aa55-670cabef46e0_story.html.

5. Chris Cillizza, "Donald Trump's 'John Miller' Interview Is Even Crazier Than You Think," *Washington Post*, May 16, 2016, https://www.washingtonpost.com/news/the-fix/wp/2016/05/16/donald-trumps-john-miller-interview-is-even-crazier-than-you-think/.

6. Patrick Radden Keefe, "How Mark Burnett Resurrected Donald Trump as an Icon of American Success," *The New Yorker*, December. 27, 2018 https://www.newyorker.com/magazine/2019/01/07/how-mark-burnett-resurrected-donald-trump-as-an-icon-of-american-success.

7. David A. Fahrenthold, "Trump Recorded Having Extremely Lewd Conversation About Women in 2005," *Washington Post*, October 8, 2016, https://www.washingtonpost.com/politics/trump-recorded-having-extremely-lewd-conversation-about-women-in-2005/2016/10/07/3b9ce776-8cb4-11e6-bf8a-3d26847eeed4_story.html.

8. "Transcript of Mitt Romney's Speech on Donald Trump," *New York Times*, March 3, 2016, https://www.nytimes.com/2016/03/04/us/politics/mitt-romney-speech.html.

9. Brad Plumer, "Full Transcript of Donald Trump's Acceptance Speech at the RNC," Vox, July 21, 2016, https://www.vox.com/2016/7/21/12253426/donald-trump-acceptance-speech-transcript-republican-nomination-transcript.

10. Craig Timberg and Tony Romm, "New Report on Russian Disinformation, Prepared for the Senate, Shows the Operation's Scale and Sweep," *Washington Post*, December 17, 2018, https://www.washingtonpost.com/technology/2018/12/16/new-report-russian-disinformation-prepared-senate-shows-operations-scale-sweep/; Philip N. Howard, Bharath Ganesh, and Dimitra Liotsiou, "The IRA, Social Media and Political Polarization in the United States, 2012-2018," University of Oxford, 2018, https://comprop.oii.ox.

ac.uk/wp-content/uploads/sites/93/2018/12/The-IRA-Social-Media-and-Political-Polarization.pdf.

11. David E. Sanger and Catie Edmondson, "Russia Targeted Election Systems in All 50 States, Report Finds," *New York Times*, July 25, 2019, https://www.nytimes.com/2019/07/25/us/politics/russian-hacking-elections.html; "Report of the Select Committee on Intelligence, United States Senate, on Russian Active Measures Campaigns and Interference in the 2016 U.S. Election, Volume 1: Russian Efforts Against Election Infrastructure," US Senate, July 25, 2019, https://www.intelligence.senate.gov/sites/default/files/documents/Report_Volume1.pdf, 21–28.

12. "Transcript: Donald Trump's Foreign Policy Speech," *New York Times*, April 27, 2016, https://www.nytimes.com/2016/04/28/us/politics/transcript-trump-foreign-policy.html.

13. "Speech: Donald Trump Holds a Political Rally in Houston, Texas," Factbase, October 22, 2018, https://factba.se/transcript/donald-trump-speech-maga-rally-houston-tx-october-22-2018.

14. Salena Zito, "Taking Trump Seriously, Not Literally," *The Atlantic*, September. 23, 2016, https://www.theatlantic.com/politics/archive/2016/09/trump-makes-his-case-in-pittsburgh/501335/.

15. Rosie Gray, "Trump Defends White-Nationalist Protesters: 'Some Very Fine People on Both Sides,'" *The Atlantic*, August. 15, 2017, https://www.theatlantic.com/politics/archive/2017/08/trump-defends-white-nationalist-protesters-some-very-fine-people-on-both-sides/537012/.

16. Katie Rogers and Nicholas Fandos, "Trump Tells Congresswomen to 'Go Back' to the Countries They Came From," *New York Times*, July 14, 2019, https://www.nytimes.com/2019/07/14/us/politics/trump-twitter-squad-congress.html.

17. Paul Waldman, "Trump Sucks up to Putin, Embarrassing Us Yet Again," *Washington Post*, June 28, 2019, https://www.washingtonpost.com/opinions/2019/06/28/trump-sucks-up-putin-embarrassing-us-yet-again/.

18. Benjamin De Cleen, "Populism and Nationalism," in *The Oxford Handbook of Populism*, ed. Cristóbal Kaltwasser Rovira et al. (New York: Oxford University Press, 2017), 342–62.

19. George Orwell, "Notes on Nationalism," *Polemic* 1 (October. 1945), paragraphs 4, 15.

제19장 진실의 붕괴

1. Alexandra Jaffe, "Kellyanne Conway: WH Spokesman Gave 'Alternative Facts' on Inauguration

Crowd," NBC, January. 22, 2017, https://www.nbcnews.com/storyline/meet-the-press-70-years/wh-spokesman-gave-alternative-facts-inauguration-crowd-n710466.

2. "Income Inequality in the San Francisco Bay Area," Silicon Valley Institute for Regional Studies, June 2015, https://jointventure.org/images/stories/pdf/income-inequality-2015-06.pdf.

3. "California Homelessness Statistics," United States Interagency Council on Homelessness, 2018, https://www.usich.gov/homelessness-statistics/ca.

4. Theodore Schleifer, "One Out of Every 11,600 People in San Francisco Is a Billionaire," Vox, May 9, 2019, https://www.vox.com/recode/2019/5/9/18537122/billionaire-study-wealthx-san-francisco; "The Wealth-X Billionaire Census 2019," Wealth-X, May 9, 2019, https://www.wealthx.com/report/the-wealth-x-billionaire-census-2019/?utm_campaign=bc-2019&utm_source=broadcast&utm_medium=referral&utm_term=bc-2019-press&utm_source=broadcast&utm_medium=referral.

5. Tim Cook, "Tim Cook to Grads: This Is Your World to Change," Time, May 18, 2015, http://time.com/collection-post/3882479/tim-cook-graduation-speech-gwu/.

6. Mike Isaac and Scott Shane, "Facebook's Russia-Linked Ads Came in Many Disguises," New York Times, October. 2, 2017, https://www.nytimes.com/2017/10/02/technology/facebook-russia-ads-.html?rref=collection%2Fbyline%2Fmike-isaac&action=click&contentCollection=undefined%C2%AEion=stream&module=stream_unit&version=latest&contentPlacement=5&pgtype=collection.

7. Craig Silverman, "This Analysis Shows How Viral Fake Election News Stories Outperformed Real News on Facebook," BuzzFeed, November. 17, 2016, https://www.buzzfeed.com/craigsilverman/viral-fake-election-news-outperformed-real-news-on-facebook?utm_term=.uyRyVedQ2P#.hj5KkW1nXJ.

8. Kurt Wagner, "Two-Thirds of Americans Are Now Getting News from Social Media," Vox, September. 7, 2017, https://www.vox.com/2017/9/7/16270900/social-media-news-americans-facebook-twitter; "In 2017 Two-Thirds of U.S. Adults Get News from Social Media," Pew Research Center, September. 5, 2017, https://www.journalism.org/2017/09/07/news-use-across-social-media-platforms-2017/pi_17-08-23_socialmediaupdate_0-01/.

9. Andrew Guess, Brendan Nyhan, and Jason Reifler, "Selective Exposure to Misinformation: Evidence from the Consumption of Fake News During the 2016 US Presidential Campaign," European Research Council, January. 9, 2018, http://www.dartmouth.edu/~nyhan/fake-news-2016.pdf.

10. Samanth Subramanian, "The Macedonian Teens Who Mastered Fake News," Wired,

February. 15, 2017, https://www.wired.com/2017/02/veles-macedonia-fake-news/.

11. Thomas Fuller, "Internet Unshackled, Burmese Aim Venom at Ethnic Minority," *New York Times*, June 15, 2012, https://www.nytimes.com/2012/06/16/world/asia/new-freedom-in-myanmar-lets-burmese-air-venom-toward-rohingya-muslim-group.html?searchResultPosi tion=8&module=inline.

12. "Report of the Independent International Fact-Finding Mission on Myanmar," Human Rights Council, UN, September. 17, 2018, https://www.ohchr.org/EN/HRBodies/HRC/Pages/News Detail.aspx?NewsID=23575&LangID=E.

13. Karsten Müller and Carlo Schwarz, "Fanning the Flames of Hate: Social Media and Hate Crime," 2018, http://dx.doi.org/10.2139/ssrn.3082972.

14. "Facebook's Algorithm: A Major Threat to Public Health," AVAAZ, August 19, 2020, https://avaazimages.avaaz.org/facebook_threat_health.pdf

15. Alan I. Abramowitz, "Did Russian Interference Affect the 2016 Election Results?" Sabato's Crystal Ball, University of Virginia Center for Politics, August, 8, 2019, http://crystalball.centerforpolitics.org/crystalball/articles/did-russian-interference-affect-the-2016-election-results/; Morgan Marietta, "Did Russian Interference Change Votes in 2016?" *Psychology Today*, August. 15, 2019, https://www.psychologytoday.com/us/blog/inconvenient-facts/201908/did-russian-interference-change-votes-in-2016; Yochai Benkler, Robert Faris, and Hal Roberts, N*etwork Propaganda: Manipulation, Disinformation, and Radicalization in American Politics*, Oxford University Press, 2018), 235–68.

16. Herbert Marshall McLuhan, *Understanding Media: The Extensions of Man*(New York: McGraw-Hill, 1964).

17. Mason Walker and Jeffrey Gottfried, "Republicans Far More Likely than Democrats to Say Fact-Checkers Tend to Favor One Side," Pew Research Center, June 27, 2019, https://www.pewresearch.org/fact-tank/2019/06/27/republicans-far-more-likely-than-democrats-to-say-fact-checkers-tend-to-favor-one-side/.

18. "Fake News, Filter Bubbles, Post-Truth and Trust," Ipsos, September. 2018, https://www.ipsos.com/sites/default/files/ct/news/documents/2018-09/fake-news-filter-bubbles-post-trut h-and-trust.pdf.

19. Andrew Chadwick and Cristian Vaccari, "News Sharing on UK Social Media: Misinformation, Disinformation, and Correction," Online Civic Culture Centre, Loughborough University, May 2, 2019, https://www.lboro.ac.uk/media/media/research/o3c/Chadwick%20Vaccari%20O3C-1%20News%20Sharing%20on%20UK%20Social%20Media.pdf.

20. Francine Prose, "Truth Is Evaporating Before Our Eyes," *The Guardian*, December. 19, 2016, https://www.theguardian.com/commentisfree/2016/dec/19/truth-is-evaporating-before-our-eyes.

21. Soroush Vosoughi, Deb Roy, and Sinan Aral, "The Spread of True and False News Online," *Science* 359, no. 6380 (2018): 1146−51.

22. "Fake News," Ipsos, September 2018.

23. Galen Stocking, "Political Leaders, Activists Viewed as Prolific Creators of Made-Up News; Journalists Seen as the Ones to Fix It," Pew Research Center, June 5, 2019, https://www.journalism.org/2019/06/05/political-leaders-activists-viewed-as-prolific-creators-of-made-up-news-journalists-seen-as-the-ones-to-fix-it/.

24. António Guterres, "Secretary-General's Remarks to UNA-USA Global Engagement Summit," United Nations, Secretary-General, UN, February. 22, 2019, https://www.un.org/sg/en/content/sg/statement/2019-02-22/secretary-generals-remarks-una-usa-global-engagement-summit-delivered.

25. Yann Algan and Pierre Cahuc, "Inherited Trust and Growth," American Economic Review 100, no. 5 (2010): 2060−92; Oguzhan C. Dincer and Eric M. Uslaner, "Trust and Growth," *Public Choice* 142 (2010): 59−67.

26. "2019Edelman Trust Barometer, Global Report," Edelman, 2019, https://www.edelman.com/sites/g/files/aatuss191/files/2019-02/2019_Edelman_Trust_Barometer_Global_Report.pdf.

27. "Trust in Government," Directorate for Public Governance, OECD, 2019, https://www.oecd.org/gov/trust-in-government.htm.

28. Public Opinion, Eurobarometer Interactive, European Commission, June 2019, https://ec.europa.eu/commfrontoffice/publicopinion/index.cfm/Chart/getChart/themeKy/18/groupKy/98; "Standard Eurobarometer 89 Spring 2018," European Commission, 2018, https://ec.europa.eu/commfrontoffice/publicopinion/index.cfm/ResultDoc/download/DocumentKy/83548.

29. "Confidence in Institutions," Gallup, 2019, https://news.gallup.com/poll/1597/confidence-institutions.aspx; "Public Trust in Government: 1958−2019," Pew Research Center, April 11, 2019, https://www.people-press.org/2019/04/11/public-trust-in-government-1958-2019/.

30. John Gramlich, "Young Americans Are Less Trusting of Other Peopleand Key Institutions-than Their Elders," Pew Research Center, August. 6, 2019, https://www.pewresearch.org/fact-tank/2019/08/06/young-americans-are-less-trusting-of-other-people-and-key-institutions-than-their-elders/.

31. Esteban Ortiz-Ospina and Max Roser, "Trust," in "Our World in Data, 2019"(data source:

US General Survey Data, 2014), https://ourworldindata.org/trust#in-the-us-people-trust-each-other-less-now-than-40-years-ago; US General Survey Data, 2018, https://gssdataexplorer.norc.org/variables/441/vshow.

32. Trustlab, OECD, 2019 (data source: OECD survey, 2016–18), https://www.oecd.org/sdd/trustlab.htm.

33. Gramlich, "Young Americans."

34. Alberto Alesina and Eliana La Ferrara, "The Determinants of Trust," National Bureau of Economic Research, Working Paper No. 7621, 2000; Henrik Jordahl, "Economic Inequality," in *Handbook of Social Capital*, ed. Gert Tinggaard Svendsen and Gunnar Lind Haase Svendsen (Cheltenham, UK: Edward Elgar, 2009), 323–36.

35. Lee Rainie and Andrew Perrin, "Key Findings about Americans' Declining Trust in Government and Each Other," Pew Research Center, July 22, 2019, https://www.pewresearch.org/fact-tank/2019/07/22/key-findings-about-americans-declining-trust-in-government-and-each-other/.

36. Susan J. Masten, Simon H. Davies, and Shawn P. McElmurry, "Flint Water Crisis: What Happened and Why?" *Journal of the American Water Works Association* 108, no. 12 (2016): 22–34.

37. Mitch Smith, Julie Bosman, and Monica Davey, "Flint's Water Crisis Started 5 Years Ago. It's Not Over," *New York Times*, April 25, 2019, https://www.nytimes.com/2019/04/25/us/flint-water-crisis.html.

38. "High Lead Levels in Flint, Michigan: Interim Report," United States Environmental Protection Agency, June 24, 2015, http://flintwaterstudy.org/wp-content/uploads/2015/11/Miguels-Memo.pdf.

39. Daniel S. Grossman and David J. G. Slutsky, "The Effect of an Increase in Lead in the Water System on Fertility and Birth Outcomes: The Case of Flint, Michigan," University of West Virginia and University of Kansas, 2017.

40. James Salzman, *Drinking Water: A History*, rev. ed. (New York: Abrams, 2017), 149–50.

41. Lauren Gibbons, "See How Voter Turnout Changed in Every Michigan County from 2012 to 2016," Michigan Live, November. 11, 2016, https://www.mlive.com/news/2016/11/see_how_every_michigan_county.html.

42. Sowmya R. Rao, et al., "Survey Shows That at Least Some Physicians Are Not Always Open or Honest with Patients," *Health Affairs* 31, no. 2 (2012): 383–91; Marcia Frellick, "Physicians, Nurses Draw Different Lines for When Lying Is OK," Medscape, January.

31, 2019, https://www.medscape.com/viewarticle/908418.

43. Jerald M. Jellison, *I'm Sorry, I Didn't Mean To, and Other Lies We Love To Tell* (Chicago: Chatham Square Press, 1977).

44. Robert S. Feldman, James A. Forrest, and Benjamin R. Happ, "Self-Presentation and Verbal Deception: Do Self-Presenters Lie More?" *Basic and Applied Social Psychology* 24, no. 2 (2002): 163–70, https://doi.org/10.1207/S15324834BASP2402_8.

45. Kim B. Serota, Timothy R. Levine, and Franklin J. Boster, "The Prevalence of Lying in America: Three Studies of Self-Reported Lies," *Human Communication Research* 36, no. 1 (2010): 2–25.

46. Dana Carney et al., "People with Power Are Better Liars," Columbia Business School, 2017, https://www0.gsb.columbia.edu/mygsb/faculty/research/pubfiles/3510/Power.Lying.pdf. Carney, D. R. (2009, October). People with power are better liars. Presented at the Person Memory Interest Group, Boothbay Harbor, ME. 2.

47. Danny Sullivan, "Google Now Handles at Least 2 Trillion Searches per Year," Search Engine Land, May 24, 2016, https://searchengineland.com/google-now-handles-2-999-trillion-searches-per-year-250247.

48. Nikita Sood et al., "Paging Dr. Google: The Effect of Online Health Information on Trust in Pediatricians' Diagnoses," *Clinical Pediatrics* 58, no. 8 (2019): 889–896.

49. Reid Wilson, "Fury Fuels the Modern Political Climate in US," *The Hill*, September 20, 2019 (data source: Gallup), https://thehill.com/homenews/state-watch/351432-fury-fuels-the-modern-political-climate-in-us; Frank Newport, "Americans' Confidence in Institutions Edges Up," Gallup, June 26, 2017, https://news.gallup.com/poll/212840/americans-confidence-institutions-edges.aspx.

50. Gramlich, "Young Americans."

51. Seth Stephens-Davidowitz, *Everybody Lies: Big Data, New Data, and What the Internet Can Tell Us About Who We Really Are*(New York: Harper Collins, 2017).

52. Exclusive Third Rail with OZY–The Marist Poll, September 2017, https://www.pbs.org/wgbh/third-rail/episodes/episode-1-is-truth-overrated/americans-value-ideal-truth-american-society/.

53. Amy Mitchell et al., "Distinguishing Between Factual and Opinion Statements in the News," Pew Research Center, June 18, 2018, https://www.journalism.org/2018/06/18/distinguishing-between-factual-and-opinion-statements-in-the-news/.

54. Hannah Arendt, *Totalitarianism: Part Three of The Origins of Totalitarianism*(New York:

Harcourt Brace and Company, 1973; originally published 1951), 382.

제20장 진보를 위한 싸움

1. Joseph E. Stiglitz, *Making Globalization Work* (New York: W. W. Norton & Company, 2006), 292.

2. "CNBC Transcript: French Presidential Candidate & National Front Party Leader Marine Le Pen Speaks with CNBC's Michelle Caruso-Cabrera Today," CNBC, November. 21, 2016, https://www.cnbc.com/2016/11/21/cnbc-transcript-french-presidential-candidate-national-front-party-leader-marine-le-pen-speaks-with-cnbcs-michelle-caruso-cabrera-today.html.

3. Roberto Stefan Foa and Yascha Mounk, "The Danger of Deconsolidation: The Democratic Disconnect," *Journal of Democracy* 27, no. 3 (2016): 5–17.

4. W.B. Yeats, "The Second Coming," 1919, https://www.poetryfoundation.org/poems/43290/the-second-coming.

5. Barbara W. Tuchman, *The March of Folly* (New York: Knopf, 1984), 5.

6. Eric Bradner, "Trump Praises 9/11 Truther's 'Amazing' Reputation," CNN, December. 2, 2015, https://edition.cnn.com/2015/12/02/politics/donald-trump-praises-9-11-truther-alex-jones/index.html.

7. The Avielle Foundation, 2019, https://aviellefoundation.org/about-the-foundation/welcome-message/.

8. Dorothea Waley Singer, *Giordano Bruno: His Life and Thought* (New York: Henry Schuman, 1950) 179.

9. Yuval Noah Harari, *Sapiens: A Brief History of Humankind* (London: Harvill Secker, 2014), 215.

10. Marie Jean-Antoine-Nicolas de Caritat, Marquis de Condorcet, *Outlines of an Historical View of the Progress of the Human Mind*, trans. from the French (London: Printed for J. Johnson, 1795), 327.

11. Pierre Bayle, *Various Thoughts on the Occasion of a Comet*, 1682, trans. Robert C. Bartlett (Albany: SUNY Press, 2000), 130.

12. Quoted in Mark Twain, "King Leopold's Soliloquy" (New Delhi: LeftWord Books, 1970; first published 1905), 12.

13. "How Robots Change the World," Oxford Economics, June 2019, https://www.oxfordeconomics.com/recent-releases/how-robots-change-the-world;.

14. Quoctrung Bui, "How Machines Destroy (And Create!) Jobs, in 4 Graphs," National

Public Radio, May 18, 2015 (data source: IPUMS-USA, University of Minnesota), https://www.npr.org/sections/money/2015/05/18/404991483/how-machines-destroy-and-create-jobs-in-4-graphs.

15. "Fastest Declining Occupations, 2018 and Projected 2028," Bureau of Labor Statistics, United States Department of Labor, September. 4, 2019, https://www.bls.gov/emp/tables/fastest-declining-occupations.htm.

16. "Ben Shapiro and Tucker Carlson Debate the Impact of Driverless Cars," YouTube, November. 4, 2018, https://www.youtube.com/watch?v=o5zPKxpPHFk.

17. Max Weber, "Science as a Vocation," *From Max Weber: Essays in Sociology*, translated, edited, and with an introduction by H. H Gerth and C. Wright Mills (Abingdon, UK: Routledge, 1971), 139.

18. Jared Diamond, *Collapse: How Societies Choose to Fail or Succeed* (New York: Viking, 2005).

19. Ronald Wright, *A Short History of Progress*(Toronto: House of Anansi Press, 2004).

20. Wright, *A Short History*, 64; Diamond, *Collapse*, 64, 118–19.

21. Susan Cosier, "The World Needs Topsoil to Grow 95% of Its Food—But It's Rapidly Disappearing," *The Guardian*, May 30, 2019, https://www.theguardian.com/us-news/2019/m43ay/30/topsoil-farming-agriculture-food-toxic-america.

22. Czeslaw Milosz, "Campo dei Fiori," 1943, trans. David Brooks and Louis Iribarne, Poetry Foundation, https://www.poetryfoundation.org/poems/49751/campo-dei-fiori, from *The Collected Poems: 1931–1987* (New York: Ecco, 1988), 33–35.

제21장 새로운 이야기

1. Robert Burns, "Away from Washington, a More Personal Mattis Reveals Himself," Associated Press, January. 9, 2018, https://www.apnews.com/667bd4c51217464487e44948ccf6b631.

2. Martin Luther King Jr., Methodist Student Leadership Conference Address, Lincoln, Nebraska, 1964, American Rhetoric Online Speech Bank, https://americanrhetoric.com/speeches/mlkmethodistyouthconference.htm.

3. Douglass, "West India Emancipation Speech."

역자 후기

1964년에 장 폴 사르트르는 프랑스 일간지 「르몽드(*Le Monde*)」와의 인터뷰에서 "죽어가는 어린아이 앞에서 『구토(*La Nausée*)』는 아무런 힘도 없다"라고 말했다. 비참한 현실 앞에서 문학의 역할이란 무엇인가를 생각해보게 하는 그의 발언은 이후 참여문학과 순수문학 사이에 뜨거운 논쟁을 일으켰다고 한다. 언뜻 이런 효용성에 대한 고민은 문학이나 인문학의 영역이 아닐까 생각되지만, 억압이나 불평등 같은 사회문제를 재료로 삼은 사회과학 텍스트도 어려운 전문용어와 딱딱한 서술방식 때문에 자칫 현실과 동떨어지기 십상이다. 그런 점에서 기자가 직접 취재해서 얻은 자료를 바탕으로 쓴 책들은 흥미(현실 밀착형 글)와 의미(사회문제에 대한 고민)라는 두 마리 토끼를 모두 잡을 가능성이 높다.

이스라엘 태생의 유대인 기자가 쓴 이 책 『리볼트』는 세계화의 명암과 반세계화 운동, 그로 인해서 위협받는 민주주의와 진보 사상을 다룬다. 제2차 세계대전 이후 냉전 시대와 미국 패권주의 시대를 거치면서 세계화라는 단어는 우리 시대를 규정짓는 패러다임이 되었다. 모든 패러다임이 시간이 지나면서 위기를 겪듯이, 세계화 역시 추진 과정에서 희생된 사람들과 자연의 반격에 휘청대고 있다. 저자는 세계화 이면에 숨겨진 암울한 이야기들을 통해서 세계화의 문제점을 비판하면서도, 객관적인 관점에서 세계화가 가져다준 혜택은 인정해야 한다고 주장한다. 또한 세계화 덕분에 인간의 조건이 전반적으로 크게 개선되었다는 점은 사실이며, 이마저 거부한다면 민족주의적 포퓰리즘이나 극우 세력의 주장과 다를 바가 없다고 말한다.

20세기 중반부터 지금까지 세계화와 반세계화는 사회과학적 담론의 중요한 주제였으므로, 당연히 이를 주제로 삼은 책들은 아주 많다. 그럼에도 불구하고 『리볼트』가 다른 책들과 차별되는 점은 난민, 테러, 환경오염, 저출산, 극단주의, 포퓰리즘, 가짜 뉴스 등 사회 전반에 숨어 있는 세계화의 문제점들을 빠짐없이 다루되, 각 주제마다 저자 자신의 개인적인 경험과 생생한 취재 내용을 곁들여 설득력과 흡인력을 높였다는 사실이다.

내가 생각하는 독서의 즐거움 중 하나는 그동안 몰랐거나 잘못 알았던 사실을 발견하는 것이다. 이 책에서 다루는 2016년 미국 대선에 얽힌 이야기가 바로 그런 경우이다. 모두의 예상을 뒤엎고 2016년에 트럼프가 미국 대통령으로 당선되었을 때, 전 세계 언론은 "샤이 보수(혹은 샤이 트럼프)"라는 표현을 자주 언급했다. 이 책을 읽기 전까지는 나도 트럼프의 당선이 "샤이 보수"의 힘인 줄 알았다. 그런데 2016년 대선 몇 개월 전부터 저자가 펜실베이니아 주, 미시간 주 등 미국 내 대표적인 낙후 지역들을 샅샅이 돌며 밀착 취재한 내용을 보면, 해당 지역의 유권자들이 공화당 후보인 트럼프를 선택한 이유는 그가 보수주의자여서가 아니라 그가 "그 힐러리라는 사람"과 달리 붕괴된 석탄 산업을 회복시키고 일자리를 주겠다고 약속했기 때문이다. 심지어 품격 없는 말과 행동 때문에 트럼프를 싫어하고 부끄러워했던 사람들조차 트럼프에게 "어쩔 수 없이" 표를 주었다. 그로부터 4년 뒤인 2020년 1월에도 그들은 트럼프 대통령 덕분에 생활이 나아졌으니, 이번 대선 때도 그를 뽑겠다고 말했다. 아마도 코로나-19가 지금처럼 크게 확산되지 않았다면, 트럼프는 재선에 성공했을 것이다.

코로나-19로 인한 충격과 그 피해가 갑작스럽고 즉각적인 탓에, 난민

사태, 기후변화, 중산층 붕괴, 극단주의의 부상 등 중요한 반세계화 이슈들은 지금 논의는커녕 언론의 주목조차 받지 못하고 있다. 그러나 눈에 띄지 않는다고 해서 문제 자체가 사라진 것도, 그 심각성이나 중요성이 약화된 것도 아니다. 저항 세력은 어딘가에서 조용히 불만을 쌓아가며 표출할 순간만을 기다리고 있을 것이다. 다행스럽게도, 코로나-19를 극복하는 방법과 세계화의 문제들을 해결하고 저항 세력을 잠재우는 방법이 다르지 않아 보인다. 즉, 각국이 연대하고 협력해서 창의적인 해법을 마련하고 실행해야 하는 것이다. 이는 저자의 결론이기도 하다.

온 세계인의 눈과 귀가 코로나-19의 피해 규모와 백신 개발에 쏠려 있는 지금, 익숙하다 못해 진부해져버린 반세계화를 이야기하는 이 책에 선뜻 손을 뻗기가 어려울지도 모른다. 하지만 사르트르의 선언과 달리, 이 책은 죽어가는 시리아 난민 어린이 앞에서 무력하지 않을 수 있다. 우리가 이런 이슈들에 눈과 귀를 계속 열어두기만 한다면 말이다.

2020년 겨울
최이현

인명 색인